21世纪高等学校
经济管理类规划教材
高校系列

MARKETING

市场营销学

✚ 谭文曦 张敏 主编
✚ 梁红静 陈丰琳 许莹 副主编

ECONOMICS AND MANAGEMENT

人民邮电出版社
北京

图书在版编目（C I P）数据

市场营销学 / 谭文曦，张敏主编. -- 北京 : 人民邮电出版社，2015.2(2017.1重印)
21世纪高等学校经济管理类规划教材. 高校系列
ISBN 978-7-115-38267-2

Ⅰ. ①市… Ⅱ. ①谭… ②张… Ⅲ. ①市场营销学－高等学校－教材 Ⅳ. ①F713.50

中国版本图书馆CIP数据核字(2015)第020939号

内 容 提 要

本书系统介绍市场营销学的相关知识。全书共 14 章，分别论述市场营销学的基础理论，市场营销战略规划和营销管理过程，市场营销环境，市场购买行为，市场营销调研和预测，目标市场管理策略，产品策略，价格策略，分销渠道管理，促销策略，营销计划、实施、组织与控制，服务营销，网络营销和国际市场营销的知识。在详细介绍市场营销学基本原理的同时，本书也尽可能地将国外的先进理论、方法和实践经验与我国的实际需要紧密结合起来，并且安排了大量的“导入案例”“课间案例”和“案例分析题”等案例教学的内容。

本书既可作为高等院校相关专业的教科书，也可作为从事企业管理等方面工作的在职人员的培训教材。

◆ 主 编 谭文曦 张 敏
副 主 编 梁红静 陈丰琳 许 莹
责任编辑 武恩玉
责任印制 沈 蓉 彭志环

◆ 人民邮电出版社出版发行 北京市丰台区成寿寺路 11 号
邮编 100164 电子邮件 315@ptpress.com.cn
网址 http://www.ptpress.com.cn
北京艺辉印刷有限公司印刷

◆ 开本：787×1092 1/16
印张：22.5 2015 年 2 月第 1 版
字数：545 千字 2017 年 1 月北京第 2 次印刷

定价：49.80 元

读者服务热线：(010)81055256 印装质量热线：(010)81055316
反盗版热线：(010)81055315

前 言 Forward

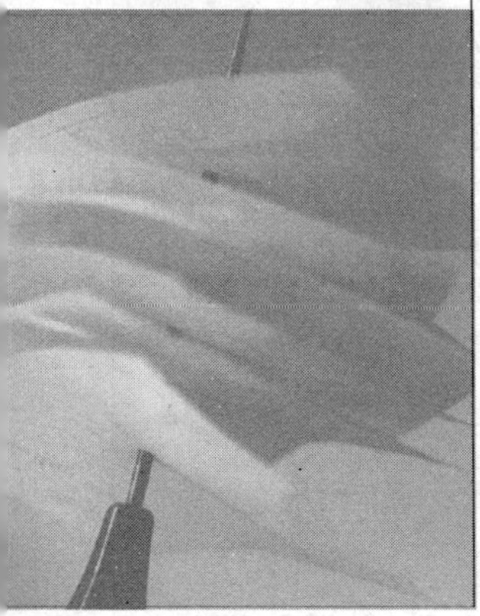

"现代管理之父"彼得·德鲁克（Peter F. Drucker）曾经说过："因为企业的目标是创造客户，所以企业有两个并且只有两个基本功能：市场营销和创新。"市场营销学是一门建立在经济科学、行为科学和现代管理理论基础之上的应用科学，它研究以满足消费者需求为中心的企业营销活动过程及其规律性。

21世纪是全球经济一体化的新时代，随着市场经济的发展和社会的进步，市场营销在企业经营和发展中所发挥的作用和带来的效益越来越明显，越来越得到企业的高度重视，营销已成为一个企业发展的重要驱动因素。目前，市场营销学已成为高等院校经济管理类专业的核心课程，是当今社会最受欢迎和重视的学科之一。

为了满足我国经济发展的需要，力求培养出既具有一定系统理论知识，又具有较强实践能力的高级应用型营销人才，同时也是为了满足市场营销专业对新教材的需要，故特别编写了本书。本书立足于提高学生整体素质和学生营销综合知识的运用能力，力求准确地阐述市场营销学的基本概念、基本原理和基本方法，充分吸收了国内外市场营销学理论研究和营销实践的新成果、新经验和新素材，以理论与实践相结合为主线，从易于阅读、理解、掌握的角度，对营销理论和企业营销实践活动进行全面、系统、深入的阐述。

本书具有如下特点。

（1）系统性。本书按照经典的市场营销理论架构来构建章节，系统、全面地反映现代市场营销理论的科学体系及其最新发展；在读者对基本营销理论、观念掌握理解的基础上诠释企业营销全过程。在编写上，每章都包括学习目标和课后习题。读者在学习各章前，通过阅读学习目标，了解各章的重点和难点，使学习更有针对性；各章最后的习题便于读者检查自己对本章内容的掌握程度和学习效果。

（2）前瞻性。在保证本书体系系统完整的基础上，充分考虑到21世纪市场营销环境的新形势，特别关注近年来国内外市场营销领域的最新变化，超前估计网络经济时代和信息化社会给市场营销带来的新要求、新机会和新挑战。

（3）实用性。本书注重对学生综合素质的培养，重点突出实际操作的可行性，培养学生的实践能力和解决实际问题的能力。每章都配有丰富的案例，包括导入案例、课间案例、章后案例分析；既有成功的，也有失败的；既有国内的，也有国外的，供读者综合运用市场营销学知识分析其中的成败得失，便于读者从中探求市场营销的真谛。

本书由谭文曦、张敏担任主编。参加编写的人员及分工为：第一章、第四章、第九章由谭文曦编写；第二章、第十章、第十一章由梁红静编写；第三章、第六章、第十二章由陈丰琳编写；第五章、第七章、第八章由张敏编写；第十三章、第十四章由许莹编写。

在本书的编写过程中，我们吸收了相关教材及论著的研究成果，在此，谨向市场营销学界的师友、同仁及作者表示衷心的感谢！

限于我们的水平，书中难免有不妥或疏漏之处，敬请广大读者批评指正。

编者

2014 年 10 月

目 录 Contents

第三章　市场营销环境

第四章　市场购买行为分析

第五章　市场营销调研和预测

第六章　目标市场营销策略

第七章 产品策略

第八章 价格策略

第九章 分销渠道管理

第十章 促销策略

第十一章 营销计划、实施、组织与控制

第十二章 服务营销

第十三章 网络营销

第十四章 国际市场营销

第一章 市场营销学导论

【学习目标】

（1）掌握市场营销及其相关的基本概念、核心概念。

（2）掌握市场营销观念类型、内容及演变过程。

（3）对市场营销学的相关理论有一定的了解和认识。

（4）了解营销学的意义和方法。

（5）把握营销领域新的发展趋势。

【导入案例】

开心农场与乐事薯片——SNS应用中的营销新变革

乐事公司最近联合校内网推出了一款以其品牌命名的社交网页游戏：乐事农场。这款游戏大致模仿现今各大SNS（Social Networking Services，社会性网络服务）正火爆上演的“开心农场”，游戏内容就是土豆的种植、薯片的加工，以及土豆与薯片的销售，再加上乐事品牌华丽的包装设计。

“开心农场”是2008年2月才上市的一款SNS应用，以农作物的种植、农场的经营与装扮为主题，因其准确的诉求点、优秀的易用性、清新雅致的界面，在短短几个月内迅速聚集了大量人气，成为几大SNS最为火爆的休闲游戏。

先知先觉

乐事这次抓住机会，在校内网这个完全对口的市场中，以游戏互动的形式将品牌形象强化加美化植入目标消费者心中。乐事的消费群体正是这些年轻人。作为一个知名品牌，乐事通过提供一个虚拟的薯片生产体验过程拉近了与消费者的距离，而且间接暗示了“绿色食品”的健康价值。

机会有限

乐事这一招，让人很容易联想起“汇源”“统一”“麦当劳”等品牌，它们的产品原材料是绿色农产品，主要消费群体也是SNS的用户——年轻一族，那么它们会不会紧跟乐事的步伐，也到“开心农场”里去开个品牌专区呢？

市场营销学是一门年轻的应用科学，在日新月异的市场环境中，还处在不断变革的状态中，最近又有哪些新的变化，需要我们去观察、去发掘。

资料来源：艾瑞网，2009年4月

第一节 市场与市场营销

市场营销在现代社会、经济生活中的地位日益重要，作用日益明显，因而专门研究市场营销活动及其规律的市场营销学也就成为目前经济管理学界最为热门的学科之一。准确把握与市场营销有关的概念，对于学习和掌握市场营销理论具有重要意义。

一、市场

我们天天接触市场，和市场打交道，那么什么是市场？它是怎么出现的呢？

市场属于商品经济的范畴，是随着商品经济的出现、发展而出现发展的。

我们知道，商品是用来交换的劳动产品，在社会经济生活中，由于社会分工不同，不同的生产者分别从事不同的产品生产，他们都在为别人的需要、为社会的需要而生产，他们之间是相互联系、相互作用、相互依存的，并形成市场。可见，市场是商品经济中社会分工的表现，没有社会分工，就不可能出现市场。

但是仅有社会分工，劳动的产品并不会成为商品，因为他们分别属不同的生产者所占有，他们有支配自己产品的权利，只有他们把劳动的产品拿到市场进行交换，才成为商品。

由上述分析可见，有社会分工和商品交换才有市场的出现。

为了交换方便，市场一般出现在交通便利的地方。交通运输的发展对市场的发展起着促进作用。为什么我国沿海地区的市场发展比内陆地区快，道理也在于此。

归于以上的分析，我们对市场的概念做如下的表述。

（一）市场是商品交换的场所

这种表述是狭义的，它把市场表述为空间场所，这一场所是进行商品交换的，而不是其他用途的。世界上许多事物脱离不了时间和空间的概念，而且随着时间和空间的变化而变化，市场也不例外。

事实上，人类社会最初出现商品交换是偶然进行的，是直接的物物交换的简单形式，这种形式没有空间地点是不可能进行的。随着商品经济的发展，出现以商人、货币为媒介的商品交换，形成了简单的商品流通，它也离不开空间地点。当今，我们常见的肉菜市场、农贸市场、商场等都是商品交换的场所。可见“场所”是商品交换的必要条件，任何时候都脱离不了，因此市场用商品交换的场所来表述是恰当的。

然而，随着商品经济的发展和科学技术的进步，交易的双方往往采用电话、传真、网络等现代化手段进行商务联系，市场的范围可能遍及全球，其边界无法辨别，故上面的表述就无法概括现代市场的整个含义了，为此必须从其本质来探索市场的概念，这就出现了第二种表述。

（二）市场是一种经济关系

具体地说，市场是一种以商品交换为内容的经济联系形式。这一表述就把市场看作商品交换关系的总体。在商品交换中，生产者、中间商和消费者之间进行着各种各样的交换活动，如生产、定价、储存、运输、促销、信息等一系列的活动，还牵扯到工商、财税、保险、法律、教育和其他相关的活动，这些交换活动都体现人与人之间的关系，确切地说体现人与人之间的经济利益的关系。可见，市场是商品交换关系的总体，或者说是一种经济关系。正确处理总体中各种经济利益关系，才能使商品交换活动顺利进行。

若从卖主的角度来看，市场的概念则有第三种表述。

（三）市场是对某种商品或劳务具有需求、支付能力和希望进行某种交易的人或组织

这是现代著名市场营销学家菲利普·科特勒的理解。这里所说的市场是指由购买欲望、购买力和通过交易达到商品交换，使商品或劳务发生转移的人或组织。这里所指的人不是单个的人，而是消费者群及组织购买者。

从市场营销学的观点来看，这样的市场对卖主来说非常重要，它是一个有现实需求的有效市场，它具备了人口、购买力和购买欲望三个要素。作为现实有效的市场，这三个要素缺一不可。所以有市场营销学家把市场用简单的公式概括如下。

市场=人口+购买力+购买欲望

人口是构成市场的基本因素，哪里有人，有消费者群，哪里就有市场。一个国家或地区的人口数量是决定市场大小的基本前提。

购买力是指人们支付货币购买商品或劳务的能力。购买力的高低由购买者收入多少决定。一般来说，人们收入多，购买力高，市场和市场需求也大；反之，市场也小。

购买欲望是指消费者购买商品的动机、愿望和要求。它是消费者把潜在的购买愿望变为现实购买行为的重要条件，因而也是构成市场的基本要素。

如果有人口，有购买力，而无购买欲望；或是有人口和购买欲望，而无购买力，对卖主来说都形成不了现实的有效市场，只能成为潜在的市场。

【课间案例】

如何发现和创造营销机会

一个鞋业公司派一名推销员到东南亚某国，去了解公司的鞋能否在那里找到销路。一星期后，这位推销员汇报说："这里的人不穿鞋，因而这里没有鞋的市场。"

接着该鞋业公司总经理决定派市场部经理到这个国家对此进行仔细调查。一星期后，经理汇报说："这里的人不穿鞋，是一个巨大的市场。"

总经理为弄清情况，再派他的市场营销副总进一步考察。两星期后，营销副总来电说："这里的人不穿鞋子，然而他们有脚疾，穿鞋对脚会有好处。无论如何，我们要根据他们脚比较小的特点重新设计我们的鞋子，同时要在穿鞋有益的宣传方面花一笔钱，有效捷径是与部落首领合作。这里的人不富裕，但他们盛产甜蜜的菠萝，这让我想起我们可以帮助他们把这些菠萝推销给我们的合作超市，让这里的人富足起来。我估计鞋的潜在销售期可达3年以上，因而我们的总费用包括推销菠萝的费用，都将得到补偿。总的算下来，我们还可赚得垫付款30%以上的利润。我认为，我们应该毫不迟疑地去干。"

资料来源：[美]菲利普·科特勒．市场营销管理——分析、规划、执行和控制．何永祺，何宝善主审校．中文6版．北京：科学技术文献出版社，1991，PP：37。

二、市场营销

（一）市场营销的含义

市场营销不同于销售和促销，营销主要是辨别和满足人类和社会的需要，把社会或个人的需要

变成有利可图的商业行为。对市场营销所下的最简单的定义就是“有利益地满足需求”。对市场营销的定义，近几十年来，中外学者表述各异，具有代表性的有以下几种（如表 1.1 所示）。

表 1.1　　不同学者或机构对市场营销所下的定义

马尔康·麦克纳尔（Malcolm Macnair）	市场营销是创造和传递新的生活标准给社会
E. J. 麦卡锡（E. J. Mccarthy）	市场营销是引导物品及劳务从生产者至消费者或使用者的企业活动，以满足消费者并实现企业的目标
菲利普·科特勒（Philip Kotler）	市场营销是个人或群体通过创造并同他人交换产品和价值，以满足需求和欲望的一种社会管理过程
美国市场营销协会（American Marking Association，AMA）	市场营销是创造、沟通与传递价值给客户，及经营消费者关系以便让组织与其利益人受益的一种组织功能与程序，是一种最直接有效的营销手段

尽管以上表述内容不尽相同，但通过综合可以概括为：市场营销就是与市场有关的人类活动，即以满足人类的各种需要和欲望为目的，通过市场变潜在交换为现实交换的活动。

由此也可以看出，市场营销的内容不是固定不变的，它随着市场营销实践的发展而发展。早期市场营销的核心内容就是推销，但现代市场营销与推销有着明显的区别。在现代社会，推销是促销的一种手段，促销是市场营销的一个组成部分。并且，市场营销有着更广泛的含义和更丰富的内容，它不仅包括产品的开发、定价、分销、促销，还包括市场的调研与预测、与企业及其产品有关的各种服务活动等。正如菲利普·科特勒所说：“推销只是市场营销冰山的尖端，仅仅是市场营销几个职能中的一个，并且往往不是最重要的一个。如果营销人员按购买者的需要来设计和生产适销对路的产品，并且搞好定价、分销和实行有效的促销等工作，那么这些产品就很容易推销出去。”美国企业管理权威彼得·德鲁克（Peter Drucker）认为：“市场营销的目的在于使推销成为不必要的。”

（二）与市场营销有关的几个概念

要全面理解市场营销的含义，还必须准确把握以下几个基本概念。

1. 需要、欲望和需求

人的需要和欲望是市场营销学的出发点。心理学家亚伯拉罕·马斯洛（Abraham Maslow）提出的需要层次理论说明了人类的需要，即人类的需要有 5 个层次：生理、安全、社交、尊重和自我实现。

需要是指人们没有得到某些基本满足的感受状态。人们在生活中，需要食品、衣服、住所、安全、爱情以及其他一些东西。这些需要都不是社会和营销者所能创造的，它们存在于人类自身的生理结构和情感中。

欲望是指人们想得到这些基本需要的具体满足物的愿望。例如，一个人需要食品，想要得到一个面包；需要引人注目，想要得到一件名牌西装；需要娱乐，想到电影院去看一场电影。

需求是指人们有能力购买并且愿意购买某个具体商品的欲望。在具有购买能力时，欲望便转换成需求。许多人都想要一辆高级轿车，但只有少数人能够并且愿意购买一辆。因此，一个企业不仅要估量有多少人想要本企业的商品，更重要的是应该了解有多少人真正愿意并且有能力购买。

2. 交换

人们有了需求和欲望，企业也将产品生产出来，还不能称为市场营销，产品只有通过交换才能产生市场营销。人们可以通过 4 种方式获得产品。

（1）自行生产。一个饥饿的人可以通过打猎、捕鱼、采果等来解除饥饿，而不必与其他任何人发生联系。这种情况下没有市场，更没有营销。

（2）强制取得。一个饥饿的人可以从其他人手中夺取食物，这对其他人来说，没有好处，甚至会遭到伤害。

（3）乞讨。饥饿的人可以向其他人乞讨食物，除了致谢，乞讨者没有拿出任何有形的东西。

（4）交换。饥饿的人可以用某些东西，如钱、别的货物、劳务等，与一个有食物的人交换。

营销活动产生于第 4 种获得产品的方式——交换。交换是构成营销基础的一个概念，是指通过提供某种东西作为回报，从其他人那里取得想要的东西的行为。

交换的发生，必须具备 5 个条件。

（1）至少有两方。

（2）每一方都有被对方认为有价值的东西。

（3）每一方都能沟通信息和传送物品。

（4）每一方都可以自由接受或拒绝对方的产品。

（5）每一方都认为与另一方进行交换是适当的或称心如意的。

具备了上述条件，就有可能发生交换行为。但交换能否真正发生，取决于双方能否找到交换条件，取决于买卖双方能否通过交换得到比交换前更多的满足。所以，交换也可以描述成一个价值创造的过程。

3. 产品

人类依靠产品来满足自己的各种需要和欲望。因此，可将产品表述为能够用以满足人类某种需要或欲望的任何东西。

产品包括有形与无形的、可触摸与不可触摸的。有形产品是为消费者提供服务的载体。无形产品或服务是通过其他载体，如人、地、活动、组织和观念等来提供的。当我们感到疲劳时，可以到音乐厅欣赏歌星唱歌（人），可以到公园去游玩（地），可以到室外散步（活动），可以参加俱乐部活动（组织），或者接受一种新的意识（观念）。服务也可以通过有形物体和其他载体来传递。实体产品的重要性不仅在于拥有它们，而在于使用它们来满足我们的欲望。人们购买小汽车不是为了观赏，而是因为它可以提供交通服务。所以，实体产品实际上是向我们传送服务的工具。如果生产者关心产品甚于关心产品所提供的服务，那就会陷入困境。过分钟爱自己的产品，往往导致忽略消费者购买产品是为了满足某种需要这样一个事实。人们不是为了产品的实体而买产品，而是因为产品实体是服务的外壳，即通过购买某种产品实体能够获得自己所需要的服务。市场营销者的任务，是向市场展示产品实体中所包含的利益或服务，而不能仅限于描述产品的形貌。否则，企业将导致“市场营销近视”，即在市场营销管理中缺乏远见，只看见自己的产品质量好，看不见市场需要在变化，最终使企业经营陷入困境。

4. 效用和满足

在对能够满足某一特定需要的一组产品进行选择时，人们所依据的标准是各种产品的效用。效用是消费者对满足其需要的产品的全部效能的估价，是指产品满足人们欲望的能力。效用实际上是一个人的自我心理感受，它来自人的主观评价。

例如，某消费者到某目的地去可乘坐的交通工具，可以是自行车、摩托车、汽车、飞机等。这些可供选择的产品构成了产品的选择组合。又假设某消费者要求满足不同的需求，即速度、安全、舒适及节约成本，这些构成了其需求组合。这样，每种产品有不同能力来满足其不同需要，如自行车省钱，但速度慢，安全性较差；汽车速度快，但成本高。消费者要决定一项最能满足其需要的产品。为此，将最能满足其需求到最不能满足其需求的产品进行排列，从中选择出最接近理想产品的产品，它对消费者效用最大，如消费者到某目的地所选择理想产品的标准是安全、速度，故他可能会选择汽车。

消费者选择所需的产品除效用因素外，产品价格也是因素之一。如果消费者追求效用最大化，他就不会简单地只看产品价格的高低，而会看每一元钱所能产生的最大效用，如一部好汽车的价格虽然比自行车贵，但由于其速度快、修理费少、相对于自行车更安全，其效用更大，从而更能满足消费者需求。

第二节 市场营销观念的发展与启示

市场营销观念是在一定的社会历史条件下产生，并随企业外部环境的变化而变化的。支配当前企业营销活动的现代营销观念是随着社会经济的发展和市场形势的变化不断演变的。从西方经济发达国家的情况分析，现代企业营销观念经历了5个阶段的演变过程。

一、生产观念

生产观念是指导销售者行为的最古老的观念之一。这种观念产生于20世纪20年代前。其主要表现是“我生产什么，就卖什么”。企业经营哲学不是从消费者需求出发，而是从企业生产出发。这种观念立足于两个重要前提：第一，消费者的注意力只集中在是否买得起和价格便宜与否上；第二，消费者并不关注同类产品还有非价格差异（如质量、花色品种、造型、外观等差异）。例如，美国汽车大王亨利·福特是生产观念的首倡者。他曾傲慢地宣称：“不管消费者需要什么颜色的汽车，我只有一种黑色的。”

生产观念是在卖方市场条件下产生的。在资本主义工业化初期以及第二次世界大战末期和战后一段时期内，由于物资短缺，市场产品供不应求，生产观念在企业经营管理中颇为流行。各企业将工作重点放在如何有效利用生产资源及提高劳动生产率，以获得最大产量及降低生产成本上。在这种观念的指导下生产和销售的关系必然是“以产定销”。

【课间案例】

从福特T型车的兴衰谈汽车营销理念的转变

1908年10月1日推出的福特T型车，是福特最成功的商业创举。规格统一、品种单一、价格低廉、大众需要又买得起的特性，使福特T型车的销量迅速增加。

到了20世纪20年代中期，美国汽车市场发生了巨大的变化，买方市场基本形成，道路及交通状况也大为改善，简陋而千篇一律的T型车虽然价廉，但已经不能满足消费者的需求。然而，面对市场的变化，福特仍然顽固地坚持以生产为中心的观念，宣称“无论你需要什么颜色的汽车，我福特只有黑色的”。而通用汽车公司则及时地抓住市场机会，推出了新式样和新颜色的雪佛兰汽车。雪佛兰一上市就受到消费者的追捧，而福特T型车的销量则剧降。1927年，累计销售了1 500多万辆的T型车不得不停产，通用公司也一举超过福特，成为世界最大的汽车公司。

根据市场特点及时改变营销理念成就了通用，而固守僵化的营销理念却使福特遭受了沉重的打击。从福特T型车的兴衰史可以看出，正确的营销理念是企业成败的关键。

国外的汽车营销理念经历了生产观念、产品观念、销售观念、市场营销观念到社会营销观念的变化。回顾最近几年中国汽车市场的变化，我们不难发现，在2002年以前我国的汽车市场处于生产观念阶段，产品供不应求，汽车企业营销的中心是如何提高产量，解决供需矛盾，降低价格，扩大市场占有率。在这一阶段，汽车企业也好，经销商也好，都不重视消费者的需求。到了2003年，随着竞争的加剧，产品供求关系得到改善，产品观念开始处于主导地位，汽车企业希望通过提供品种更多、质量更好的产品来赢得市场，新车型的上市数量达到了50多款。2003年年底，汽车产能迅速提高，买方市场初步形成，销售观念开始处于主导地位，各种促销手段不断出现，目的就是引导消费者的兴趣和欲望，把汽车尽快卖掉。从2004年4月开始，中国汽车市场出现了生产过剩现象，竞争日趋激烈，买方市场完全形成。

从市场特征来看，中国汽车市场现阶段应该是市场营销观念占据主导地位。然而，也许是中国汽车市场变化太快，无论是汽车企业还是经销商，真正按照市场营销观念从事经营活动的还是少数。市场营销观念的关键是以消费者为中心，满足消费者需求是企业的目的，利润是满足消费者需求的结果。但是，“宁要利润，不要市场”的观念在汽车行业仍很普遍，不注重消费者需求、产品定位不清晰、降价减配置等现象屡见不鲜，这些都与市场营销观念格格不入。因此，目前汽车市场“低迷”的根源不是宏观调控，也不是消费者持币待购，而是汽车企业和经销商的营销理念没有及时跟上市场的变化。

福特T型车的兴衰是营销理念决定企业成败的典型案例，同样也值得中国汽车市场借鉴。要救市必须转变营销理念，因为只有尊重市场规律，才能最终赢得市场。

资料来源：《中国汽车报》（2004年12月13日，第29版）

二、产品观念

产品观念也是一种较早的企业经营观念。随着西方资本主义迅速成长，市场规模急剧扩大，科学技术的进步使得大规模生产成为可能，市场已开始由卖方市场向买方市场转变。人们生活水平已有较大提高，消费者不再仅仅满足于产品的基本功能，而开始追求产品在功能、质量和特点等方面的差异性。因此，产品观念主张企业应不断致力于产品的改进，设法使包装、价格更具吸引力，改善分销渠道，以便引起消费者的注意。

但也应当注意，产品观念有其片面性，产品的质量与功能不应是营销者头脑中的质量与功能，而应是消费者头脑中的质量与功能，忽视后者就会陷入“营销近视症”的误区。

譬如，美国一家制造捕鼠器的公司组织力量花了若干年时间研究了老鼠的吃、活动和休息等各方面的特性，终于制造出了受老鼠“欢迎”的一种新型捕鼠器。新产品完成后，屡经试验，捕鼠效果确实不错，捕鼠率达100%。同时，与老式捕鼠器相比，新型捕鼠器还具有外观大方、造型优美、安全、可重复使用等优点。但这么好的东西却没有达到预计的销售业绩，这是为什么呢？经过调查，并非在销售策略上有什么失误，而是在研制产品时没有考虑到消费者的需求。由于购买、安装该新型捕鼠器的买主一般是家庭中的男性，而清理捕鼠器的任务却是见死鼠就害怕、恶心的家庭主妇。主妇们担心捕鼠器不安全，会伤害到人，结果许多家庭主妇只好将死鼠连同捕鼠器一块丢弃。所以该产品宣传的“可重复使用”的优点对消费者而言实则是缺点。总之，该捕鼠器公司以产品观念为指导，不考虑消费者的实际需求，闭门造车是导致其失败的根本原因。

三、推销观念

推销观念（或称销售观念）盛行于20世纪20年代末至50年代前，是为许多企业所采用的另一种观念，表现为“我卖什么，消费者就买什么”。推销观念认为，除非企业极力推销和促销，否则消费者将不会踊跃购买公司的产品。

自从产品供过于求，市场由卖方市场转为买方市场以后，推销观念就被企业普遍采用。许多企业家感到即使有物美价廉的产品，也未必能卖得出去；从过去的“酒香不怕巷子深”发展到“王婆卖瓜，自卖自夸”。前些年，我国很多企业将“全员推销”奉为“成功之路”。

推销观念在现代市场经济条件下被大量用于推销那些冷门产品，即购买者一般不会想到要去购买的产品或服务，如保险、墓地等。许多企业在产品过剩时，也常常奉行推销观念，如百货公司的“清仓大减价”“买一赠一”活动等。

这种观念虽然比前两种观念前进步了一些，开始重视广告及推销，但其实质仍然是以生产为中心，推销的目的是将产品销售出去，至于售后消费者是否满意则一概不予考虑。

【课间案例】

三株公司的兴衰

1994年，三株公司莺啼初试，销售额达1.25亿元，1995年猛增到23亿元，1996年则达到惊人的80亿元，而支撑这个销售奇迹的是三株公司惊人的销售手段。三株公司在全国所有的大城市、省会城市等注册了600个子公司，吸纳了15万销售人员，其传单、招贴标语和横幅满天飞，成为家喻户晓的名牌。

但从1997年开始，三株公司销售业绩开始滑坡，还欠下大批货款。这一方面有管理体制的原因，另一方面也与它狭隘的营销观念有关。三株公司只注重花费大量的人力、物力把生产出来的产品销售出去，忽视了市场的需求状况，致使产品功能与消费者日益变化的需求脱节。由此，三株公司销售业绩开始逐年滑坡，企业无力还贷。一个曾经盛极一时的品牌就这样逐渐被人们所淡忘。

四、市场营销观念

市场营销观念是作为对上述诸观念的挑战而出现的一种新型的企业经营哲学。这种观念是以满足消费者需求为出发点的，即“市场需要什么，就生产和推销什么”“能卖什么， 就生产什么”。企业的一切行为都要以市场的需要作为出发点，以满足市场的需要为归宿。

尽管这种思想由来已久，但其核心原则直到 20 世纪 50 年代中期才基本定型。第二次世界大战后，随着第三次科学技术革命的兴起，生产效率大大提高，生产规模不断扩大，大量军工企业转民用，使社会产品供应量剧增。高工资、高福利、高消费政策导致消费者购买力大幅度提高，需求和欲望不断发生变化，企业间的竞争进一步加剧。

许多企业开始认识到，必须转变经营观念，才能求得生存和发展。市场营销观念认为，实现企业各项目标的关键在于正确确定目标市场的需要和欲望，以及比竞争者更有效地传送目标市场所期望的物品或服务，进而比竞争者更有效地满足目标市场的需要和欲望。

市场营销观念的出现，使企业经营观念发生了根本性变化，它使企业从“以产定销”的模式中转变为“以销定产”或“以需定产”，即生产和经营消费者需要的产品，在此基础上实现利润。

市场营销观念同推销观念有何差别？

哈佛大学教授西奥多·莱维特曾对推销观念和市场营销观念做过深刻的比较，指出：推销观念注重卖方需求，市场营销观念则注重买方需求。推销观念以卖方需求为出发点，考虑如何把产品变成现金；而市场营销观念则考虑如何通过制造、传送产品以及与最终消费产品有关的所有事物，来满足消费者的需要。前者是由内而外的顺序，后者是由外而内的顺序（见图 1.1）。

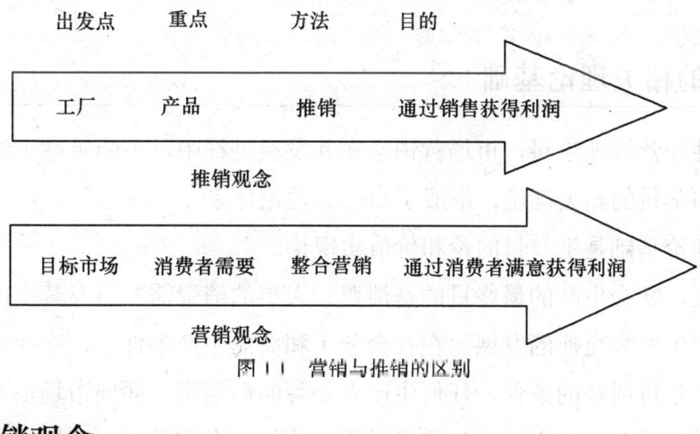

图 1.1　营销与推销的区别

五、社会市场营销观念

社会市场营销观念产生于 20 世纪 70 年代，是对市场营销观念在新形势下的修正和补充，是对市场营销观念的新发展。20 世纪 70 年代以后，西方市场环境发生了很大变化。以美国为例，20 世纪 70 年代以来出现了环境恶化、资源缺乏、通货膨胀、失业率增加等一系列问题，许多工商企业为了盈利，片面强调迎合消费者的需要，而忽视了社会的长远利益。

有些企业的产品在广受消费者欢迎赚了大钱的同时，往往会产生较大的社会成本，而企业在这方面往往没有承担相应的社会责任。例如，某些保健品的外包装越做越大、越漂亮，一包仅 50g 的西洋参片被包装为体积大数倍的礼盒，里面塞满了充填物，其目的仅仅是让消费者在购买时产生该礼品显得量多、大方、气派等感觉。但是这样的营销所产生的后果是环境废弃物、运输成本、仓储与货架陈列空间的占用成本等大大增加？

这些问题的出现，说明了一个企业在服务和满足消费需求方面虽然做得很出色，但往往忽视了消费者个人需求与社会长期利益之间的矛盾，所以就出现了许多新观念，诸如人类观念、明智的消费观念、生态准则观念等，想以这些新观念来修正市场营销观念，菲利普·科特勒将这些新观念统称为"社会市场营销观念"。社会市场营销观念就是要求企业不仅要坚持市场营销导向，以满足消费者（客户）的消费需求为己任，并以此获取利润，而且要兼顾消费者（客户）的长远利益。因此，企业在制定营销战略和策略时，要权衡三方面利益，即企业利益、消费者需要和社会利益。在营销活动过程中要承担社会责任，充分有效地利用人力资源、物力资源，在满足消费者的需求、取得合理利润的同时，要保护环境，减少公害，维持一个健康、和谐的社会环境以不断提高人类的生活质量。

从西方企业市场营销观念的演变来看，它是由外部市场环境变化引起的，每一个新观念的产生都是企业适应外部环境变动的结果。随着我国社会主义市场经济的发展，人们的生活方式、价值观念、消费观念正在或将要发生深刻的变化，因此，我国企业的市场营销观念也要不断更新。

第三节 市场营销学的相关理论及基本内容

一、市场营销学的相关理论基础

作为一门应用性经营管理学科，市场营销学在其发展过程中，不断吸纳了经济学、管理学、社会学、行为学等多门学科的相关理论，形成了自己的理论体系。

市场营销学的理论基础是生产目的论和价值实现论。

从一般意义上说，社会生产的最终目的是消费。人类的消费需要引发其生产行为，指示着生产方向和规模，推动着生产和交换的发展。在社会分工和商品生产条件下，交换是连接生产和消费的要素，同时也是生产不可或缺的条件。任何生产者必须面向消费、面向市场，不断提供能满足消费者需求和欲望的产品和服务，实现其价值交换过程，才能生存和发展。同样地，任何国家和地区，其物质财富、精神财富和社会组织财富的生产，只有同现实需要和未来持续发展的需要相协调，各部类价值及非物质部门生产的价值可相互平衡交换并实现，社会经济才能发展。因此，交换在人类经济与社会的发展进程中，无论在微观还是宏观层面，均占有举足轻重的地位和作用。

市场营销学以交换作为自己的核心概念，并且在实践中不断丰富和发展了交换理论。它的微观概念，如 1985 年美国市场营销协会（AMA）给出完整和全面的定义："市场营销是（个人和组织）对思想、产品和服务的构想、定价、促销和分销的计划和执行过程，以创造达到个人和组织目标的交换。"宏观市场营销则一般定义为满足社会（或人类）需要和欲望，实现潜在交换的人类活动。

市场营销学将交换作为一个相对独立的范畴抽出来，以价值实现为核心，运用系统论、决策论方法，构建了一个完整的理论体系。

这一理论体系营销的核心在于交换和实现潜在交换，并将之作为企业经营者的基本职能；提出产品价值的创造与实现的必要条件是满足消费者（社会）的特定需要，充分条件是积极适应环境，实施整体营销。这是一种以手段（生产、经营）适应目的（消费需要），以微观（企业活动）适应宏观（消费需要比例）的系统理论。其内容主要包括：市场营销哲学（观念）的演进与变革理论、市场营销调研理论、市场环境分析理论、消费者购买行为理论、市场细分化理论、市场营销组合理论以及营销组织与控制理论等，从而形成完整的体系。

因此，市场营销学是一门科学，有核心理论、概念和系统的方法论体系。

二、宏观与微观市场营销学

市场营销学的构建从微观（企业）开始，逐步形成了微观与宏观两个分支。宏观市场营销学从社会总体交换层面研究营销问题。它以社会整体利益为目标，研究营销系统的社会功能与效用，并通过这些系统引导产品和服务从生产进入消费，以满足社会需要。宏观市场营销学将营销视之为一种社会经济过程：“引导某种经济的产品和服务从生产者流转到消费者，在某种程度上有效地使各种不同的供给能力与各种不同的需求相适应，实现社会的短期和长期目标。”它强调从整体经济、社会道德与法律的角度把握营销活动，以及由社会（政府、消费者组织等）控制和影响营销过程，从而获得社会生产与社会需要之间的平衡，保证社会整体经济的持续、健康发展和保护消费者利益。

微观市场营销学从个体（个人和组织）交换层面研究营销问题。微观市场营销“是指某一组织为了实现其目标而进行的这些活动：预测消费者和委托人的需要，并引导满足需要的产品和服务从生产者流转到消费者或委托人。”显然，个人和组织（其典型是企业）的营销活动是围绕产品或价值的交换，为实现其目标而进行的决策与管理过程。在这一过程中，营销者首先要通过调查研究了解消费者的特定需要，并据此研制开发能满足这种需要的产品；然后，在进一步分析消费者行为的基础上，制订市场计划，实施适当的产品、分销、价格与促销策略。

三、微观市场营销学的逻辑结构

现代市场营销研究的主流仍然是微观市场营销学。为适应企业产品经营与销售业务的需要，微观市场营销学日益与经营决策和管理相结合，形成市场营销原理和市场营销管理两大系列。

微观市场营销学的逻辑结构特征包括：

① 强调了现代市场营销的基本指导思想，即“满足需求”“消费者满意”，并将其作为一条主线贯彻始终。

② 涵盖了现代市场营销的主要概念，并尽可能结合实际具体阐述。从营销的核心概念（交换），到营销管理哲学，到市场调研、市场细分、目标市场、产品定位等战略要素，以及市场营销组合各策略要素，都一一做了明晰的阐述。

③ 体现了现代市场营销研究的动态性，将营销的研究对象置于“昨天—今天—明天”的发展变

化过程之中，面向未来，强调了企业（营销者）与消费者（顾客）之间的信息沟通和学习过程的重要性。

④ 突出了现代市场营销的系统协调特性。一方面强调了企业营销系统与更大系统的协调关系，将企业营销与社会经济系统的协调和一些相关系统（如生产领域）的协调联系起来；另一方面，也将企业各营销职能作为一个分系统，强调它们之间的整合与协调。

第四节 研究市场营销学的意义和方法

一、21世纪的营销挑战

20 世纪是以知识创新和应用为重要特征的知识经济时代。现代科技的飞速发展，从根本上改变着人们的生活方式和社会生产方式，带来比以往更为复杂和快速变化的社会经济环境，以及更为剧烈的全球竞争。无论在宏观国家（地区）综合国力的发展层面，还是在微观企业经营与发展层面，21 世纪的营销挑战都是崭新的、全面的。

经济全球化、高技术特别是信息科技产业的崛起、金融危机和全球企业并购之风的兴起，预示着营销从观念、规划到方式都将发生深刻变化。一些学者将这些变化方向归纳为学习型营销，即善于学习、创新和运用新知识的组织将是最大的赢家。

新的环境要求经营者洞察购买者的知识及其学习过程，并在购买者的学习过程中发挥作用。因此，经营者不仅要自身（组织内部）学习和向购买者学习，而且要对购买者“半教半学”。这种新的营销观念认为，营销活动的规则随购买者的不断学习而演变，这种演变在一定程度上取决于营销者教给购买者的内容。

菲利普·科特勒曾预言 21 世纪初，市场销售领域将出现如下 10 大新趋势。

① 电子商务的发展，使批发和零售之间出现了实质性非居间化。

② 零售店交易量减少，它们更多是在推销“体验”而不是产品。

③ 建立客户信息库，根据某客户的特别需要提供“定制商品”。

④ 商家在通过富于想象力的方法来超过消费者期望方面做了出色的工作。

⑤ 公司重视并对个别客户、产品和销售渠道进行利润核算。

⑥ 许多公司进一步树立忠实于客户的远见。

⑦ 公司的活动和需要，更多依赖外部资源和合作。

⑧ 现场销售人员拥有更多的特许权限。

⑨ 大量的电视广告、报刊杂志广告消失，网络广告兴起。

⑩ 公司不可能长久地保持其竞争优势，除非他们具有尽快学习和尽快跟上形势变化的能力。

可见，学习、研究市场营销学，是知识经济时代的要求，是迎接 21 世纪挑战、适应环境变化的必需。

二、促进经济成长

宏观经济的稳定、健康和持续发展，已经成为各国（地区）关心的话题。经济成长取决于多方要素。其中，市场营销占重要地位。

第二次世界大战后许多国家的经济成长经验表明，市场营销观念的转变和贯彻，是经济成长的一个重要原因。彼得·德鲁克在分析西方国家的营销问题时指出：将营销作为企业的中心功能，“这种观念上的改变是欧洲在1950年以后快速复原的主要原因之一，……20世纪50年代以后，日本经济上的成功，主要归功于其接受营销为企业首要功能的观念”。美国自1900年以来，其经济革命主要是营销革命。这种营销革命对经济的影响不亚于20世纪任何技术上的革命。

回顾我国改革开放 30 多年来的经济成长过程，我们也不难看到市场营销对经济发展的重要作用。可以预言，随着我国社会主义市场经济体制的构建和完善，这种作用还将进一步加强，主要体现在以下方面。

① 市场营销在促进经济总量增长方面发挥着重要作用。在社会主义市场经济条件下，经济总量的增长取决于能满足人民日常增长的物质文化需要的社会有效供给，亦即能被市场接受的价值生产的总增长。市场营销以满足消费者需求为中心，强调不断开拓新的市场，为生产者、经营者提供不断向新的价值生产领域拓展和产品价值实现的手段，有效地促进经济成长。

② 市场营销通过营销战略与策略的创新，指导新产品开发经营，降低市场风险，促进新科技成果转化为生产力，充分发挥科技作为第一生产力在经济成长中的作用。

③ 市场营销的发展，在扩大内需和进军国际市场、吸引外资，以及解决经济成长中的供求矛盾和资金、技术等方面问题，开拓了更大的市场空间。

④ 市场营销为第三产业的发展开辟道路。专业性市场营销调研、咨询机构的发展，企业营销机构的充实，市场营销支持系统的发展，提供了大量的就业机会，并直接、间接地创造价值，促进第三产业的成长和发展。

⑤ 市场营销强调经营与环境的系统协调，倡导保护环境，绿色营销，对经济的可持续发展起重要作用。

在上述方面，市场营销已经和正在做出自己的贡献。面对新的情况和问题，进一步研究市场营销学，进一步促进我国经济的健康成长，具有重要作用。

三、促进企业成长

企业是现代经济的细胞。企业的效益和成长，是国民经济发展的基础。市场营销学对经济成长的贡献，主要表现在其解决企业成长与发展中的基本问题上。

价值交换（实现）是企业生存和发展的基础。作为社会分工单位的企业，必须按社会的某种需要创造价值（产品或服务），并通过交换过程实现其价值。市场营销学以满足需要为宗旨，引导企业树立正确的营销观念，面向市场组织生产过程和流通过程，不断从根本上解决企业成长中的关键问题，主要包括以下几方面。

① 市场营销学为企业成长提供了战略管理原则，将企业成长视之为与变化的环境保持长期适应关系的过程。企业为此必须不断了解变化的环境，预测其趋势，不断创新其产品及营销策略，避免营销短视风险，不断在更高层次上满足需要来实现自身成长。

② 市场营销学为企业成长提供了一整套竞争策略，指引企业创造竞争优势。在战略与策略层面，市场营销学十分重视研究，使企业在以满足需求为中心的基础上，形成自己的经营特色，以保证企业处于不败之地。

③ 市场营销学为企业成长提供了系统的策略方案。企业可以通过市场营销战略和营销组合策略做出决策和进行系统实施，来达到其成长目标。

④ 市场营销学也为企业成长提供了组织管理和营销计划执行与控制方法。

总之，研究市场营销学，我们将在一些最重要的方面，完成企业最基本的功能，促进企业的健康、持续成长。结合我国当前实际，许多国有企业、乡镇企业在经过一段时间发展后，陷入成长困境，虽然每个企业困境产生的具体原因不尽相同，但其营销管理薄弱是共同原因。另外，营造有影响力的跨国公司，研究和运用市场营销学、国际市场营销学，也是必不可少的。

四、市场营销学的研究方法

市场营销学的研究方法很多，主要有以下几种。

（一）传统研究法

1. 产品研究法

产品研究法是指对产品（商品）按类别（如农产品、机电产品、纺织品等）向纵深方向进行市场营销活动分析，是以产品为主体，分别研究各类产品或各个产品的设计、商标、包装、价格等。其优点是可以详细分析各类或各种产品营销中所遇到的问题；其缺点是商品（产品）会有许多共同的方面，不可避免地会造成重复劳动。这一方法的研究结果，形成各大类产品的市场营销学，如农产品市场营销学。

2. 机构研究法

机构研究法是以分销系统的各个环节（机构），如生产者、代理商、批发商、零售商等进行为研究对象，分析它们的市场营销活动的特性的研究方法。侧重分析研究流通过程的这些环节或层次的市场营销问题。其研究结果形成批发学、零售学等。

3. 职能研究法

职能研究法是研究市场营销的各类职能以及在执行这些职能中所遇到的问题及解决方法。将营销功能划分可分为交换职能、供给职能和便利职能三大类，并将之细分为购、销、运、存、金融、信息等内容，分别和综合进行研究。这一方法在西方学术界颇为流行。

（二）历史研究法

历史研究法是从发展变化过程来分析阐述市场营销问题的研究方法。例如，分析市场营销的含义及其变化、工商企业 100 多年来营销管理哲学（观念）的演变过程、零售机构的生命周期现象等，从中找出其发展变化的原因和规律性。市场营销学者一般都重视研究对象的历史演变过程，但也不把它作为唯一的研究方法。

（三）管理研究法

管理研究法是第二次世界大战后西方营销学者和企业界采用较多的一种研究方法，是从管理决策角度研究市场营销问题。其研究框架是，将企业营销决策分为目标市场策略和市场营销组合两大部分，研究企业如何根据其“不可控变数”即市场环境因素的要求，结合自身资源条件即企业可控因素，进行合理的目标市场决策和市场营销组合决策。管理研究法广泛采用了现代决策论的相关理论，将市场营销决策与管理问题具体化、科学化，对营销学科的发展和企业营销管理水平的提高起了重要作用。

（四）系统研究法

系统研究法是一种将现代系统理论与方法运用于市场营销学研究的方法。在管理导向的营销研究中，常常采用这一方法。企业市场营销管理系统是一个复杂系统，在这个系统中，包含了许多相互影响、相互作用的因素，如企业（卖主）、渠道伙伴（中间商）、目标消费者（买主）、竞争者、社会公众、宏观环境力量等。一个真正面向市场的企业，必须对整个系统进行协调和整合，使企业外部系统和企业内部系统步调一致、密切配合，达到系统优化，产生增效作用，提高经济效益。

市场营销学的研究方法正在不断创新和发展中，这也是这门学科的生命力之所在。

第五节 市场营销的新发展

菲利普·科特勒指出：“营销并非像欧几里得几何学那样，有着对概念与定理的一套固定体系。相反，营销是经营管理学中最富能动作用的一个领域，市场上经常出现新的挑战，公司必须做出反应。因此，毫不奇怪，新市场观念应不断出现以迎接市场新挑战。”

随着营销思想的发展，一系列营销新观念也在不断涌现，并被社会各界所接受。其中，代表性的观念有以下几个。

一、关系营销

关系营销突破了传统营销理论的局限，是对传统营销理论的延伸和创新。了解“关系营销”含义，要把握以下要点。

① 关系营销的核心是消费者满意（Customer satisfaction，CS）。市场营销的根本在于满足消费者需要，市场竞争的实质就是争取消费者的竞争。美国《哈佛商业评论》杂志的一份研究报告指出“重复购买的消费者可以为公司带来 25%～85%的利润，固定客户数每增长 5%，企业利润则增加 25%。另外，一位满意的消费者引发 8 笔潜在的生意，其中至少一笔成交；一位不满意的消费者会影响 25 个人购买欲望。”越来越多的企业已经认识到，发展与消费者长期友好关系，并把这种关系当作企业宝贵的资产，已成为当今市场营销的重要趋势。

② 关系营销的关键是建立并发展与相关组织和个人的良好关系。关系营销注重消除企业与相关组织和个人之间为了各自目标和利益而产生的对立性关系，促使双方为共同的利益和目标而相互支持、相互配合、相互合作，力求建立双边和多边的协同合作关系。营销者应与消费者、分销商、供应商、合作伙伴以及政府等建立和谐的关系。

③ 关系营销的重要特征是双向沟通。关系营销强调双向沟通，企业不仅要向社会简单地传递信息，而且要收集来自消费者及相关组织的反馈信息，通过双向交流促进信息的扩张和情感的发展。关系营销与传统营销的比较如表 1.2 所示。

表 1.2　　关系营销与传统营销的比较

项目	传统营销	关系营销
时间跨度	短期导向	长期导向
决策因素	经济变量为主	经济变量、非经济变量并重
营销目标	销售	关系/销售
双方目标	不同	一致
成交含义	完成交易	建立、发展关系
产品策略	产品	产品/关系
促销策略	产品/企业	强调双方满意
分销策略	至少不亏本	双赢
定价策略	竞争/成本	消费者满意/企业利益
资源投入	看成成本	看成投资
质量、服务	符合消费者要求	关系营销关键因素之一

二、绿色营销

绿色营销其主要内容如下。

① 开发绿色产品。绿色产品开发必须遵循以下原则：节省原料和能源；减少非再生资源的消耗；容易回收、分解；低污染或者没有污染；不对使用者身心健康造成损害；产品包装符合国家有关规定。

② 绿色促销策略。“绿色”已成为企业促销热门主题之一，绿色形象构成了企业形象和产品形象不可缺少的内容。为此，一些企业积极参与环保事业，采取绿色策略，大打绿色营销牌。

③ 绿色分销策略。减少运输过程中的包装物使用，更换运输中易对环境造成污染的包装物；优化分销渠道，降低分销中运输、存储等方面的能源消耗；做好废旧部件和包装物的回收和循环使用。

值得指出的是，人们往往以为实行绿色营销会加大企业成本，如对环境进行检测、治理、保护等均需要大投入，因而对绿色营销抱消极的态度，其实不然。一方面，由于消费者愿意使用绿色产品，“绿色企业”往往能树立形象，扩大销售领域，增加销售量，形成一定的经济规模以获得更多的利润。据美国农业部对 62 种绿色产品调查，1991 年这些产品厂家产量增长了 17.1%，产值了增长

24%，利润增长了 80%以上。另一方面，“绿色营销”又是一个巨大的商机，善于把握这一时机的企业，可以获得更多的市场机会。

三、服务营销

对服务营销，不能仅仅解释为“服务业的营销”，事实上，服务营销理论可以应用于各行各业。一个企业对市场的供应通常包含某些服务在内，这种服务成分可能是全部供应中的一小部分，也可能是占很大部分。据这种解释，服务供应可分为 5 种类型（如图 1.2 所示）。

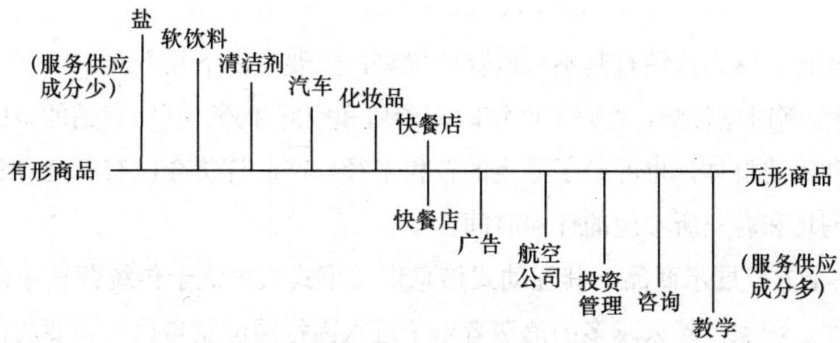

图 1.2　服务供应类型

① 纯有形商品。它主要是有形物品，如盐、毛巾、牙刷等，这些有形产品的营销没有伴随明显的服务。

② 伴随服务的有形产品。它是伴随着能提高消费者购买率的服务，尤其是技术复杂的高科技产品，在营销中更强调服务的重要性，如果没有服务，其销售就会萎缩。

③ 混合物。它是有形物品和无形服务各占一半的供应物，如快餐店不仅提供汉堡包，还提供一流的环境和服务。

④ 伴随有形物品的服务。指人们在享用服务的同时还会接受某些附加的辅助物品，如乘客在航空旅行中，航空公司还会提供一些简便的食品与饮料。

⑤ 纯无形服务，如心理咨询等。

为了搞好服务营销，必须注意以下几个原则。

① 服务营销中的差别性策略。在竞争激烈的市场中，如果没有服务差异，企业将无法脱离低层次的价格竞争模式。仅靠价格竞争，企业无法树立良好的企业形象和独特的品牌，也不会拥有对企业长久忠诚的消费者。服务营销中实施差别性策略，就是要发展差别供应、差别交付和差别形象。差别供应就是开发特色产品、开展特色服务，从而使自己提供的服务有别于他人；差别交付指在服务交付质量的能力和培育可信赖的消费者方面的差异化；差别形象指企业通过标志和品牌来建立差别形象，如当人们一看到“√”标志就会联想到“耐克”品牌，它集中地表达了国际一流体育用品的质量、形象和实力，给人以安全感。

② 服务营销中的服务质量策略。在激烈的市场竞争中，企业要超过竞争对手，除了服务差异外，还必须具有高于对手的服务质量。企业服务质量的优劣要由消费者和社会来评价。影响服务质量有五大因素：人（服务人员素质）、设施（现代化的设施设备）、材料（包括有形物质材料和信息等

无形材料）、时间（服务规范经受时间的考验）、环境。

③ 服务营销中的服务生产率策略。服务成本的飞速增长给企业造成巨大的压力，要求企业提高服务生产率，其基本途径包括：提高服务人员的技能并培养其积极的工作态度；在某种程度下可适当降低服务标准来增加服务数量；通过增加设备和标准化生产来实现服务工业化（如麦当劳的快餐装配线）；设计更有效的服务方式代替原来生产效率很低的服务方式；鼓励消费者自助；利用技术的力量。

四、网络营销

与传统营销相比，网络营销有其不可取代的优势，主要有以下几方面。

① 网络营销全新时空优势，克服了产销时间矛盾和空间矛盾。网络营销的范围大大突破了传统营销的销售范围和消费群体，也冲破了原定的销售半径。产品订货会没有了地点和时间的概念，取而代之的是一个网址和客户所希望的任何时间。

② 网络营销全方位展示商品，其互动式信息供需模式大大优于传统营销单向式介绍信息的模式。在一些经济发达国家，越来越多的消费者乐于进入因特网浏览自己所需要的信息。同时，个性化需求变得越来越明显，消费者可以从网络空间搜集到他们感兴趣的任何东西。并且，企业可以全方位、低成本地展示商品，消费者也能在最大范围内对商品性能、价格进行比较，大大节约了商品搜寻成本，进而降低成本、提高利润。

③ 网络营销的直接交易缩短了分销环节。网络营销之所以被称为“直接经济”，这是由于生产商和消费者可以通过网络直接进行商品交易，使产需可以面对面交流，使营销更加直接和自由化。消费者可以直接对商品款式、价格、功能等提出要求，他们直接参与了生产和流通，减少了市场不确定因素，生产商也更容易掌握市场需求。

④ 网络营销低成本运作模式。网上交易避开了建立有形网点的征地费、动迁费等巨大开支；信息制作、发布、更新、传送的成本低；实现无纸化贸易，减少商务活动中的材料消耗；配送实物可以通过优化运输，减少费用。对于数字化商品，如信息、资料查询、视听产品、联机服务（网上预订服务等）可以直接通过网络传送。

五、大市场营销

20 世纪 70 年代末期，企业的经营环境发生了急剧的变化，跨国公司得到很快的发展，企业竞争跨越国界，波及全球；垄断资本导致权力分配不均衡，现代大公司居于支配市场的地位；资本主义世界经济的不景气和持续“滞胀”，迫使各国采取贸易保护主义的政策，政府的干预加剧，权力机构进一步参与贸易竞争，政治和社会因素对市场营销的影响越来越大，市场的有形和无形的壁垒越来越多。于是，很多企业开始意识到，要有效地开拓市场，必须重新调整自己的营销观念，采取有效的措施，积极主动地影响外部环境，促进外部环境朝有利于企业的方面转化，并在一定程度上予以控制。

在这种情况下，美国的市场营销学家菲利普·科特勒于 1984 年提出了大市场营销的概念，科特勒认为所谓大市场营销，是企业为了成功地进入特定市场，并在那里从事业务经营，在策略上必须协调地使用经济、心理、政治和公共关系等手段，以取得外国或地方各有关方面的合作和支持，从而达到预期的目的。这里，特定市场是指进入屏障极高的封闭型或保守市场。在一般市场上，进入屏障主要来自消费者、资本、规模经济、专利、原料、场地、经销商、信誉等因素，而在大市场条件下，市场进入障碍还包括歧视性法律规定、垄断性协定、社会偏见与文化偏见、不友好的分销渠道、拒绝合作的态度等来自社会的较广泛的不利因素。由此，极大地增加了市场进入的难度，用普通的营销策略根本不可能进入市场，用大市场营销就可以有效地解决这一问题。

大市场营销是在传统营销的4P策略基础上加入两个新的P，即政治力量（Political Power）和公共关系（Public Relations）。与传统的市场营销相比，大市场营销有两个显著的特点：

① 十分重视协调企业与外部各方面的关系，以排除人为障碍，打通产品的市场通道。虽然大市场营销是针对国际贸易上的问题而提出的，但近年来国内市场营销中也经常会遇到诸如地方保护等方面的问题，因而对国内市场营销也有重要的指导意义。

② 突破了市场营销环境因素完全不可控制的传统观念。传统的市场营销认为，对于企业外部环境因素，企业只能适应、服从它，而不能控制、改变它，大市场营销强调主动、积极地进行营销，企业要通过各种努力对外部环境因素加以影响和改变，以利于企业的营销。

六、4C营销

随着经济的不断发展，企业营销环境发生了很大的变化，消费个性化、人文化、多样化的特征日益突出，针对传统的4P策略不能适应新的营销环境这一现状，美国营销专家罗伯特·劳特朋提出了4C营销理论，以取代4P营销理论。其主要内容如下：

① 以消费者或顾客（Consumer）取代产品（Product）。强调消费者是企业一切经营活动的核心。企业对消费者的关心程度要高于对产品的关心程度，要设计开发出能引起消费者共鸣的产品。有人把20世纪90年代称为感性消费时代，重视消费者的需求就要引导消费者的需求，创造消费者的需求，以便更好地满足消费者的需求。

② 以成本（Cost）取代价格（Price）。4C营销中的成本是从消费者的角度考虑的成本，而不是仅仅考虑生产中的成本，还要考虑消费者购物的成本，包括购物的货币支出、购物的时间耗费、体力和精力上的耗费以及消费者承担的种种风险。从这种意义上说，即使你的产品定价较高，如果能够说服购买者购买你的产品可以不必担心发生质量问题，能够及时供应零配件，能够及时得到维修服务，能够减少使用过程中的成本开支，使总的购物使用成本降低，消费者还是会接受你的产品，因为消费者算的账是他总共花了多少钱，得到了多大的利益。用成本取代价格，就是要企业懂得为了不断追求更高利润，就需要想方设法降低成本，推动生产技术和营销手段达到一个新的水平。

③ 以便利（Convenience）取代分销地点（Place）。强调企业提供给消费者的便利比营销渠道更重要。便利，就是方便消费者，维护消费者的利益，为消费者提供全方位的服务。为消费者提供方便要贯穿于经营的全过程之中，在产品销售前，企业应及时向消费者提供充分的关于产品性能质量、使用方法及使用效果的准确信息；在销售过程中，企业应给消费者以最大的购物方便，如自由挑选、

方便停车、免费送货等；在销售之后，应重视信息反馈，及时答复、处理消费者的意见，对有问题的产品要主动包退包换，对产品故障要提供及时、方便的维修等。

④ 以沟通（Communication）取代促进销售（Promotion）。强调企业应重视与消费者的双向沟通。以积极的方式适应消费者的情感，要建立在共同利益基础之上的新型的企业消费者关系。双向沟通有利于协调矛盾、融洽感情、了解和检验企业促销和沟通的效果，使信息能更有效地传达，以培养忠诚的消费者，忠诚的消费者是企业稳固的消费者，又是企业最理想的信息传播者。4C 营销理论与 4P 营销理论的最大不同之处，是在竞争激烈的市场上更加强调遵从消费者的个性，成本是消费者眼中的成本，便利是为消费者提全方位的方便，沟通更加强调了消费者对企业信息的反馈。

本章习题

一、判断题

1．市场营销等于推销。（　）

2．一个地区只要人口多又有高的购买力就能成为现实的市场。（　）

3．市场营销观念的一个重要特征就是将企业利润作为优先考虑的事情。（　）

4．市场营销学是一门建立在经济学、行为科学和现代管理学等基础上的应用科学。（　）

5．社会营销观念强调满足消费需求和实现企业利润目标的统一。（　）

二、单选题

1．工商企业的市场营销工作最早是以（　）为指导思想的。

A．产品观念　B．推销观念　C．生产观念　D．市场营销观念

2．市场营销观念的中心是（　）。

A．推销已经生产出来的产品　B．发现需要并设法满足它们

C．制造优质廉价的产品　D．制造大量的产品并推销出去

3．一种观点认为，只要企业能提高产品的质量，增加产品的功能，便会消费者盈门。这种观念就是（　）。

A．生产观念　B．产品观念　C．推销观念　D．市场营销观念

4．大市场营销概念是由（　）于 1986 年首次提出的。

A．科特勒　B．梅纳得　C．道宁　D．贝克曼

5．许多冰箱生产厂家近年来高举“环保”“健康”旗帜，纷纷推出无氟冰箱。它们所奉行的市场营销管理哲学是（　）。

A．推销观念　B．生产观念　C．市场营销观念　D．社会市场营销观念

三、简答题

1．什么叫市场？

2．什么叫市场营销？如何全面地理解市场营销的含义？

3．5种市场营销观念各自的内涵是什么？新旧观念有何不同？

4．研究市场营销学的意义何在？

5．营销思想有哪些新发展？有哪些新的趋势？

6．与市场营销观念相比，大市场营销观念有哪些发展？

四、案例分析题

雕爷牛腩：用互联网思维玩餐厅

2013年5月20日，雕爷牛腩正式营业。雕爷牛腩创办者叫孟醒，互联网名人，网名雕爷，是淘宝最大的精油品牌——阿芙的创始人。阿芙精油在淘宝上占有60%的市场份额。孟醒并非做餐饮的专业人士，开办这家餐厅，被很多人看作一次商业风险很高的尝试，充满了互联网式玩法的餐厅运作。

在北京，目前雕爷牛腩有7家分店，店面都不大，十来张桌子，装修简单，但很有特点。该店主打两道菜，咖喱牛腩饭和金汤牛腩面，每道一百多块。招牌的咖喱牛腩饭按普通吃客的说法，就是牛腩加米饭——盖浇饭的高雅吃法。虽然，味道还不错，但味道不算重点，就像海底捞一样，我们更津津乐道的是它的服务，也愿意带家人和朋友时不时吃一回。

对一个刚开业一年半有7家分店的餐厅，吃饭要排队，这已经很成功了。店内不大，十来张桌子，进店有人热情招呼，服务员都是小姑娘，黑衣、蒙黑面纱，有点异域且神秘的风格，给人第一感觉就很特别。

店里服务人员，唯一露脸的就是经理，形象好，很职业，耐心地跟消费者一样一样介绍菜品。“轻”和“奢”，在菜单上就能体现出来。菜品总共就十几种，两道主打，再加点商务简餐，因为雕爷不想给消费者太多选择。点好餐之后，讲究的小菜和饮料就来了，很特别的四碟小菜，并为男性消费者提供4种茶水；为女性消费者提供3种花茶，可免费不限量续杯。

说到这，先把核心告诉大家，雕爷牛腩，是在用互联网的思维和玩法，做一家与众不同的餐厅。什么互联网玩法呢？互联网产品思维，就是围着用户来，体验做到极致，然后用互联网方式推广。

在菜品和餐具上，尤其是细节方面，雕爷花了大心思，也花了大价钱。这些细节，充分体现出互联网精神，围绕用户需求，把产品体验做到极致。

菜品：主打牛腩的秘制配方，雕爷花了500万元，从周星驰电影《食神》中的原型——香港地区食神戴龙那儿买断。戴龙经常为李嘉诚、何鸿燊等港澳名流提供家宴料理，是香港回归当晚国宴的首席行政总厨。

茶水：很贴心，甚至贴心得有点多余和浪费。为男性消费者提供西湖龙井、冻顶乌龙、茉莉香片、云南普洱4种茶水，可无限续杯。这4碗茶味道从清到重，颜色从淡到浓，工艺从不发酵、半发酵到全发酵。而女性消费者可享用洛神玫瑰、薰衣草红茶、洋甘菊金莲花3种花茶，分别有美目、纤体和排毒之功效，同样可无限续杯。

米饭：有3种，分别为日本越光稻，日本国宝级大米，泰国香米，拥有特殊的茉莉香气；蟹田糙米，纯生态且未经深加工，保留更多的营养物质。前两种，更符合一般人口味，饭碗很小，可无限量免费添加。

筷子：每双筷子都是定制的、全新的，用的是缅甸“鸡翅木”，上面激光蚀刻“雕爷牛腩”。

吃完饭，筷子和牙签放入一个精致的纸套，可以带回家当留念。这可是口碑传播的好素材。

碗：牛腩面碗，竟然是有发明专利的，上方很厚重，很粗糙，端着手感好，对着嘴喝汤的三分之一，则很薄、很光滑。在碗口开了个拇指斜槽，方便卡住汤勺。

总之，细节做得相当精致、有品位，每一样都有讲究、有故事。花的心思和成本，必然很高，但回报也相当值。一是可识别的独特符号很多，打造细节竞争力；二是很人性化，体验好；三是超出预期的地方多，口碑传播好。

雕爷这么做，其实本着一个核心想法：只要超出消费者预期的满意度，提供高频次、反复消费的优质产品和服务，几乎一定会赚钱。但很多人对反复消费存疑，因为雕爷的菜品少，环境一般，仅靠味道好的两道菜，消费者没理由经常去。

为什么刚开业就那么火？为什么没开业时，明星们都跑去吃？据说某位明星带老婆去试吃，因为没有预约，被拒之门外。这就要说到雕爷牛腩的营销手法——封测，大家注意了，这种做法，网络游戏最常见，在互联网上不算新鲜，但和餐厅跨界怎么玩呢？

作为互联网人，雕爷很清楚网络游戏界最常玩的封测，他弄餐厅，也想搞搞封测，没想到效果还真不错。简单说，在2013年5月20日正式开业前，雕爷搞了半年的封测，邀请明星大腕们来试吃。各种成本，花掉雕爷近千万，但也得到了无数的口碑传播，尤其是明星们的热捧，在互联网上火得一塌糊涂。

事实上，封测直接触发了“迷恋七个触发器”里面的“神秘感”。一个餐厅，能有什么了不起的呢？但你吃不到时，就会格外想见识下。如同Facebook，没有哈佛大学后缀的邮箱，根本不让你注册，然后，所有常青藤大学的学生，都拼命想挤进来看看；等一对常青藤大学开放的时候，所有其他的大学生们，也都想挤进来，扎克伯格轻而易举获得了最初的成功。

餐饮行业和许多行业一样，都是无限改进型行业，一招鲜不管用，餐厅火爆3个月有什么用？装修费都赚不回来。所以，雕爷的第一目的，就是利用这半年的封测期，调整菜品，训练服务。顺道的第二目的，才是借机宣传，反正封测，一堆名人、达人、美食专家以及小明星们，为何不请来吃呢？况且伸手不打白吃的饭，封测被邀请，多有面子。这些明星们消化掉雕爷尚不完美的菜品和服务，还经常发微博夸夸雕爷。雕爷牛腩成为那段时期北京城撞星率最高的餐厅。

据说，没有预约的某明星，被服务员拒之门外之后，立即电话托了有分量的朋友，最终还是进来吃了。弄得越神秘，粉丝们越想来，封测试吃结束了，还愁不被挤爆了？

经过封测，雕爷牛腩一开业，花钱来吃的消费者，直接吃到的就是经过半年磨合期的、相对成熟的餐厅。

雕爷牛腩是在向一流的法餐厅、意餐厅看齐，菜谱恨不能就一张纸，加甜品才二三十道菜，但每一道都极尽巧思，恰到好处。每道菜都在最佳食用时间给消费者端上来。在雕爷牛腩，消费者甚至可以决定菜品的去留，呼声较低的菜品会被逐出菜单。同时菜单按照一月一小换，一季度一大换的节奏不断更新，根据时令为消费者打造最新鲜的味觉体验。

资料来源：《经理人》2013年09期

【思考与讨论】

做传统产品的企业如何用互联网思维进行营销？这个案例的借鉴意义何在？

第二章 市场营销战略规划和营销管理过程

【学习目标】

（1）了解市场营销战略的概念特征及层次。

（2）掌握市场营销战略规划的制定步骤，重点掌握分析业务组合采用的波士顿矩阵法和三种增长战略。

（3）对竞争性定位战略与竞争性营销战略有一定的了解和认识。

（4）了解企业营销的管理过程。

【导入案例】

克莱斯勒汽车公司之浮沉

一、案例简介

20世纪70年代西方石油危机时期，美国的三大汽车公司都陷于困境，出现亏损，尤其是克莱斯勒公司，该公司到1980年亏损额累计达到14.7亿美元，濒临破产。究其原因，主要是战略决策失误，这些美国公司长期以大型、豪华、舒坦但耗油量大的轿车为目标，全然未考虑能源问题，结果当前能源危机突然发生时措手不及，无力与日本汽车相抗争。此时，日本生产的小型节油轿车深受欢迎，大批打入美国市场。因此，有的美国公司几乎遭到灭顶之灾，如克莱斯勒公司。后来该公司聘用了著名企业家李·艾柯卡，做出正确的战略决策，才转危为安，重新发展起来。

二、深入剖析

克莱斯勒在20世纪30年代的销售额已经排到了美国企业行业的第二位，超过了福特，而克莱斯勒在20世纪70年代早已稳居北美三大汽车公司之一，不仅如此，在石油危机爆发之前克莱斯勒在人力资源，财务，生产管理，营销，物流，采购等等各个方面几乎表现得都很完美，内部管理和外部市场都运转的相当好，没有人会怀疑这样的公司会出问题。一个内部管理没有任何大问题的大公司为什么在石油危机中奄奄一息，濒临破产呢？

克莱斯勒在石油危机爆发之前的那段时间里，公司人力资源，财务，生产，营销等各个职能方面都做得很好，那么问题仅仅是石油危机这样的外部因素导致的吗？当然不是，日本汽车公司就是抓住这样的机会打开了美国市场，问题不在石油危机，而在克莱斯勒本身，虽然公司人力资源，财务，生产各个职能不存在问题，但是克莱斯勒的失误在于忽视了全局性、长远性的问题，就是能源问题，这就是一个战略问题，而这就是内部管理和外部市场都运转的相当好的公司为什么会突然遭遇如此之事，战略无小事，切莫疏忽大意。

亚科卡当时四处斡旋，说服政府拨款15亿美元救活了克莱斯勒，亚科卡遵循的是什么样的营销观念？或者说亚科卡用的什么办法救活了克莱斯勒？亚科卡就是运用了政治力量和公共关系化解了克莱斯勒的危机，从这里我们一方面可以看到亚科卡化解危机的能力，另一方面我们也可以看到有关公司全局性、长远性和根本性的问题并没有得到解决，这可能也就是为什么到现在克莱斯勒仍然还在亏损中挣扎的原因，但这种解决办法只是暂时的，根本问题的解决必须有正确的战略。

第一节 市场营销战略概述

一个企业以什么产品进入什么市场？采用何种策略进入市场？选择什么人群作为营销对象？诸如此类问题都是企业要面对的，而这些营销策略的制定都要围绕在一个核心展开，这就是市场营销战略。我们可以发现营销战略贯穿于整个市场营销中，同时营销战略包含了企业的总体战略、经营单位战略和职能部门战略等多个战略层次。

一、战略的概念和特征

菲利普·科特勒的观点是，当一个组织清楚其目的和目标时，它就知道今后要往何处去。问题是如何通过最好的路线到达那里。公司需要有一个针对其目标的全盘的、总的计划，这叫作战略。具体来讲，战略是指企业为实现各种特定目标以求自身发展而设计的行动纲领或方案，它涉及企业发展中带有全局性、长远性和根本性的问题。战略 5P（Mintzberg，1998）模型也是战略管理中的重点，包括 5 个方面的内容。

- 从企业未来发展的角度来看，战略表现为一种计划（Plan）。
- 从企业过去发展的角度来看，战略则表现为一种模式（Pattern）。
- 从产业层次来看，战略表现为一种定位（Position）。
- 从企业层次来看，战略则表现为一种观念（Perspective）。
- 从企业竞争来看，战略也表现为在竞争中采用的一种计策（Ploy）。

正如开篇所介绍的案例所示，一个企业的战略对企业至关重要，那战略有什么特征呢？

这里还要区分两个概念，即战略和战术的概念。战略是指企业为了实现预定目标所做的全盘考虑和统筹安排，战术是指为实现目标的具体行动。也就是说战略是纲领性的总体的方针，而战术是围绕战略展开的具体行动。

企业战略是设立远景目标并对实现目标的轨迹进行的总体性、指导性谋划，属宏观管理范畴，具有如下特征。

① 全局性。市场营销战略的制定是站在企业整体的角度，战略事关企业整体和全局。它是以企业大局为重，根据企业整体发展的需要制定的。规定的是企业整体行动，所追求的是企业的整体利益而不是某一个部门或者某一个人的利益。

② 长远性。营销战略是基于企业适应未来环境的变化而制定的一个相当长时间内的指导原则和对策而不是针对短期制定的，有时候会为了长远利益暂时牺牲短期目标。这也要求企业高层要具备长远的眼光。

③ 导向性。企业内的经营活动是相互联系的而不是孤立存在的，营销战略不仅规定和指导企业一定时期的市场营销活动，而且对企业内的其他生产经营活动起着导向作用。

④ 竞争性。营销战略的制定是基于对国内外市场竞争环境的认识，就如何使企业在竞争中不断创新，创造优势，立于不败之地所进行的筹划。

⑤ 纲领性。战略所规定的是企业整体的长远目标、发展方向和重点，以及应当采取的基本方针、重大措施和基本步骤。这些都是原则性的、概括性的规定，具有行动纲领的意义，必须通过展开、分解和落实等过程，才能变为具体的行动计划。

⑥ 稳定性。营销战略作为一定时期企业经营活动必须遵循的方针和原则，不能“朝令夕改”。战略是企业高层领导者们通过对企业外部环境和内部资源进行了认真分析和研究后所做出的慎重决策，除非外部环境发生重大变化，否则不能随意更改。

二、战略层次

企业的战略主要分为 3 个层次，总体战略、经营战略和职能战略，如图 2.1 所示。

（一）总体战略

总体战略又称公司战略。在大企业，特别是多种经营的企业，总体战略是最高层次战略。它需要根据企业使命，选择企业参与竞争的业务领域，合理配置企业资源，使各项经营业务相互支持、相互协调。总体战略的任务，主要是回答企业应在哪些领域进行活动。经营范围选择和资源合理配置是其中的重要内容。通常，总体战略是企业高层负责制定、落实的基本战略。

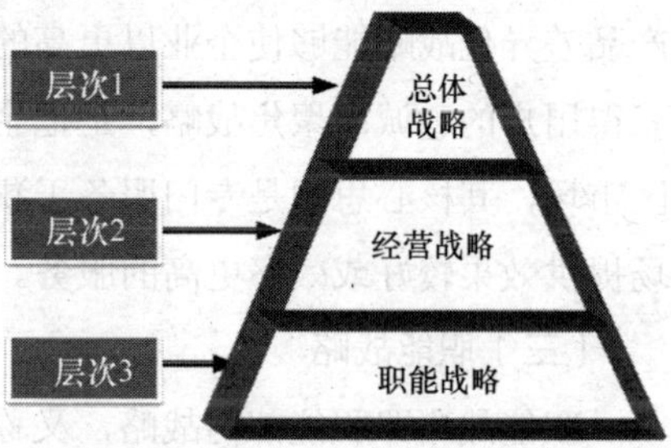

图 2.1　战略层次

【课间补充】

一、总体战略的主要问题：CEO的思维

1. 公司的使命是什么？

2. 公司的业务领域是什么？

① 进入领域

② 退出领域

3. 如何为诸多业务获取资金和分配资源？

4. 各业务之间的关系是什么？

5. 如何处理所有者、管理者和其他利益相关者的关系？

二、总体战略关注两个关键问题

① 企业应从事什么业务领域？

② 企业应如何管理所从事的业务领域（形成业务顺序及各业务间的关系）？

对这两个问题的思考有助于使企业的方针具有范围经济效应。所谓范围经济是指总体战略应使各业务所形成的总体价值大于各业务单独价值相加之和。

总体战略也可以分为 3 种类型，即发展型总体战略、稳定型总体战略、收缩型总体战略。

发展型总体战略也称发展战略，是指企业在现有的战略基础水平上向更高一级的方向发展；稳定型总体战略，是指在内外环境的约束下，企业在战略所期望达到的经营状况基本保持在战略起点的范围和水平上的战略；收缩型总体战略，是指企业偏离起点，而从目前的战略经营领域和基础水平收缩和撤退的一种经营战略。3 种类型的总体战略所适应的外部环境和内部条件有所不同，企业要依据这些因素进行选择。

（二）经营战略

经营战略又称经营单元战略、业务单元战略、竞争战略。在大企业，特别是企业集团，往往从组织形态上，把一些具有共同战略因素的二级单位（如事业部、子公司等），或其中的某些部分组合成一个战略经营单位（Strategic Business Units，SBU）。因此，经营战略是各个战略经营单位或者有关的事业部、子公司的战略。经营战略主要包括成本领先战略、差异化战略和聚焦战略。

成本领先战略，是指将企业的成本降低到低于绝大多数甚至所有竞争对手的成本，以大规模的生产和经营来降低成本，通过低价格来赢得市场，增加收入，最终实现盈利；差异化战略，是企业通过创造产品和服务不同于竞争对手的消费者感知价值，而取得竞争优势的一种竞争战略，成功的产品差异化战略能够使企业以更高的价格出售其产品，并通过使用户高度依赖产品的差异化特征而获得用户的忠诚；聚焦战略，是把企业的目标集中在某一特定的买主集团、产品线的某一特定的地区市场，其核心思想是专门服务于狭窄目标市场的企业比在更广阔范围内的竞争企业能够为目标市场提供效果较好或效率更高的服务。

（三）职能战略

职能战略即职能部门战略，又称职能层战略，是企业各个职能部门的短期性战略。职能战略可以使职能部门及其管理人员更加清楚地认识本部门在实施总体战略、经营战略过程中的任务、责任和要求，有效地运用有关的管理职能，保证企业目标的实现。

通常需要的职能战略，包括研究与开发管理、生产管理、市场营销管理、财务管理和人力资源管理等。不管哪一种职能战略，都要围绕所在战略经营单位的经营战略，以及为整个企业制定的总体战略来展开。

某公司的结构图如图 2.2 所示，第一层次（某多元化经营公司）属于总体战略——我们要干什么；第二层次（事业单元部）属于经营战略——在该业务单元上我们该做什么；第三层次（如市场营销部门）属于职能部门——为了配合经营战略，每个职能部门该做什么。

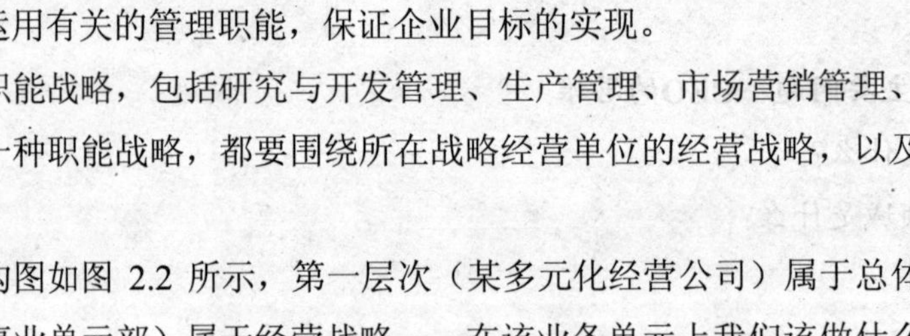

图 2.2　某公司结构

三、市场营销战略与企业战略的传统关系

（一）企业战略

企业战略是企业面对激烈变化、严峻挑战的环境，为求得长期生存和不断发展而进行的总体性的谋划。企业战略对企业利润实现有着重大影响，抓企业经营就必须抓好企业战略。企业战略服从和服务于企业经营目的，企业战略在本质上是保障企业获得最大利润的途径和手段。

企业战略作为一种理论来研究，虽然起步较晚但成果丰硕，新观点新方法不断涌现。无论是从钱德勒（1962 年）提出“结构追随战略”到著名的 SWOT 模型，还是迈克尔·波特（1980 年）提出的产业竞争“五力模型”和一般竞争战略等，他们都认为竞争是企业成败的关键，企业战略的核心就是要获取竞争优势，并在产业结构中合理定位。普哈德（1990 年）提出了企业核心竞争力的观点，将战略研究重点由外部环境分析转移到企业内部环境分析上。詹姆斯·穆尔（1996 年）提出企业生态系统的论点，并使战略联盟成为研究热点。面对纷繁复杂的战略管理观点和方法，企业应该如何选择？这是一个非常值得深思的问题。

对企业战略层次的划分上，托马森（1998 年）提出对集团企业有公司战略、经营战略、职能战略、运作战略 4 层，对子公司有经营战略、职能战略、运作战略 3 层。从内容上可分为：发展战略、竞争战略、营销战略、财务战略、人力资源战略、组织战略、研发（R&D）战略、生产战略、品牌战略等。

（二）市场营销战略在企业战略不同层次中的作用

一个市场营销战略贯穿在企业的各级层次上。在最高层次上，市场营销战略关系到整个企业，即选择活动组合和品牌策略的双重方面，主要是从若干年的远景角度出发确定企业所希望的活动组合。在这个层次上，市场营销战略连同财务策略、产业策略以及人力资源策略对所谓的企业“综合策略”做出了根本的贡献。在较低的等级层次上，一个市场营销战略可以关系到同一企业的一个系列产品，例如宝洁公司销售的所有品牌的洗发水或者各品牌的洗衣粉。在最底的层次上，也是最具操作性的层次上，一个市场营销战略也可以应用于个别产品。

（三）二者的传统关系

传统的观念认为，市场营销策略只是企业战略的一部分，大多数的营销战略都是根据企业的总体战略来制定的。也就是说，先有了企业的整体战略才有市场营销战略。很多企业往往都是先由企业的最高领导层为企业描绘出企业的宏伟蓝图，然后再让各职能部门的管理者或事业部的管理者在此基础上制订各事业部或职能部门的战略计划。由于各层级的战略计划是自上而下制订的，就导致他们只能通过提案的形式向公司最高领导层提供有关产品、产品线和责任领域的信息以及战略信息；并且自己制订市场营销目标和市场营销战略时也要受战略计划所引导。但是我们看到，成功的企业在战略上各有各的绝活，而失败的企业却是相似的，即它们都从根本上失去了自己的消费者基础或市场基础。

【课间案例】

贵州红星发展大龙锰业有限责任公司是一家以生产电解二氧化锰，为电池生产企业提供原料的上市公司。该公司自2002年成立以来，在短短的两年时间里，其生产能力就位居全国第二。产品已

顺利进入南孚、双鹿以及日本松下等知名电池生产企业，产品供不应求，在高档无汞碱性电池原料市场的占有率已位列全国第二。可谁又知道这家公司的前身竟是由已破产关闭的贵州汞矿系统的大龙氯碱镁厂、贵汞铁路专用线、贵汞汽修厂组建而成的。它成功的秘决是什么?为什么能在短时间内将注册的5 600万元资本，迅速扩展到年销售额3亿元、利润5 000万元以上的上市公司?其成功的秘决在于其在市场营销战略上的成功。公司立足于市场，通过对市场的诊断分析，能看到电池无汞化以及碱性电池需求的增长带来对相关原材料的强劲需求，诊断出市场缺口近2万吨，且市场需求以每年近30%的速度增长。基于此，公司迅速做出战略调整，抓住机遇，集中资金扩大生产能力，其主导产品电解二氧化锰生产能力从年产1万吨发展到2006年的3万吨，2007年将新扩建年产1万吨电解二氧化锰的生产线。同时，公司着眼于国际市场，提升企业战略高度，现除南孚、双鹿、豹王等知名电池生产企业红星产品的占有率已达48%外，日本松下与其签订了正式供货合同，需求超过5万吨的全球最大碱性电池生产企业美国金霸王公司也提出了不低于1万吨的采购需求。公司市场营销战略的成功有力地推动了企业战略的实施，使其真正实现了以市场为导向、财务管理为龙头、企业文化建设为依托的企业发展战略，并取得了成功。通过这个案例，我们不难看出，市场营销战略在企业战略的核心地位已经逐渐形成，两者的关系不再是以往的母与子的上下关系，而成为鸡与蛋的相生关系。市场营销战略的好坏直接影响整个企业的成败，市场营销战略的实施需要企业整体战略的支持，两者之间相互依存、相互影响。

第二节　市场营销战略规划的制定步骤

市场营销战略规划是要在相应的目标和有限的资源（或能力）与迅速变化的环境之间，发展和保持一种切实可行的战略适应的管理过程。即企业及其各业务单位为生存和发展而制定长期总战略所采取的一系列重大步骤。也可以这样理解，把战略规划看作企业的生命线，它是企业一切工作都必须遵循的总纲，一切业务活动都必须以战略规划所规定的任务和目标为转移。在企业总体战略规划的指引下，各部门应做好相应的规划。市场营销战略规划可以从以下几个方面去考虑。

一、认识和界定企业任务

彼得·德鲁克曾经提出下面这样 5 个问题：我们的企业是干什么的？我们的消费者是谁？我们对消费者的价值是什么？我们的业务将是什么？我们的业务应该是什么？企业如果能够回答这 5 个问题，说明企业已经确定了企业的任务。企业任务回答企业所进入的行业、所经营的业务、消费者是谁、企业未来的营销方向。企业任务是战略规划的基础和出发点，规定了在一定时期内，企业工作的业务性质、经营范围和服务对象，确定企业任务是战略规划的第一步。企业任务的结果是形成企业任务说明书。营销战略规划的第一步就是在明确企业任务的基础上，确定营销的方向，并与企业务各个部门合作，共同完成企业任务。

二、分析外部市场环境

企业所处的外部环境包括人口、政治、经济、文化、技术、自然等方面，无论企业进入国内某地区市场还是进入国际市场，这些因素都起着至关重要的作用。所以，在选择目标市场、制定营销策略前一定要分析相应的外部环境，否则会受到致命打击，尤其是企业准备进入国际市场时这点显得尤为重要。只有深入了解了所要进入地区的环境，了解哪些是企业的机会，哪些是企业的威胁，企业才能做出正确的战略决策。

三、分析企业内部环境

《孙子兵法》中的“知己知彼，百战不殆。”这句话同样适用于商战，企业在制定营销战略时除了关注企业外部不断变化的环境外，了解企业内部的环境也同样重要。既要知道企业的优势何在，核心竞争力何在，也要知道企业的“短板”是什么，做到保持并不断创新优势及核心竞争力，同时克服劣势，加长“短板”，让企业内部更加完善。

四、确定目标市场

目标市场，是指企业进行市场细分之后，拟选定进入并为之服务的子市场。企业通过将整个市场划分为若干个子市场，并对各子市场的需求差异加以区分，选择其中一个或几个子市场作为目标市场，开发适销对路的产品，制定相应的市场营销组合，以满足目标市场的需要。目标市场的确定是在上述步骤的基础上进行的，可以采用 SWOT 分析方法、波特“五力模型”、PEST 分析方法等进行分析，最终确定目标市场，在确定的目标市场上制定相应的营销策略。

五、分析业务组合，合理有效分配资源

任何一个市场的运作都需要资源，而企业的资源是有限的，有限的资源如何分配才能达到整体高效率是企业需要考虑的问题。业务组合是要考虑的首要问题，针对不同的业务组合采取不同的策略，使得有限的资源得以高效率的利用是我们需要考虑的，那什么是业务组合？如何划分业务组合？如何采取针对业务组合的不同策略呢？

业务组合是指企业将资金投入本企业的内部以产品为单位的各部门的比例。业务组合计划决定哪些业务应当发展，哪些业务应当维持，哪些业务应当缩减，哪些业务应当淘汰，以制定企业最佳的业务投资组合。

波士顿矩阵（BCG Matrix），又称波士顿咨询集团法，是分析业务组合的一个重要发分析方法。它由美国著名的管理学家、波士顿咨询公司（BCG）创始人鲁斯·亨德森于 1970 年首创。波士顿矩阵中决定产品结构的基本因素有两个，即市场引力与企业实力。通过以上两个因素相互作用会出现 4 种不同性质的产品类型，如图 2.3 所示。BCG 认为所有业务都是在几个经济上互不相同的产品部门中运行的，一个企业内部的这些业务的集合称为业务包。业务包理论主张，对一个企业业务包内

的每一种业务，都应该建立一个独立的战略。

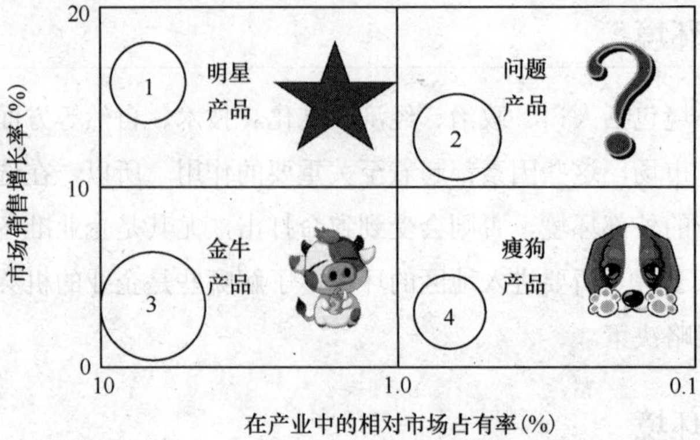

图 2.3 波士顿矩阵

建立波士顿矩阵的步骤如下。

（1）建立矩阵，以市场相对占有率为横坐标，以市场增长率为纵坐标。

① 相对市场占有率：反映企业竞争力，等于本企业在该业务的销售额与该行业除本公司外最大的销售额之比。当本企业市场份额最大（市场领导者）时，相对市场份额就是本企业市场份额与市场中第二大企业市场份额之比。市场相对占有率是企业指标，与企业市场营销运行水平有直接关系。0.1 的相对市场占有率表示该公司战略业务单位的销售额仅占市场领导者的销售额的 10%，以 1.0 为分界线，分为高与低两个区域。

② 市场增长率：产品销售的年增长速度，反映业务的前景，等于全行业的销售增加额与上一年的销售额之比。市场增长率是市场指标，不是企业指标，代表这项业务所在市场的年销售增长率，以 10%为分界线，分为高低两个区域。

（2）计算每项业务相对市场占有率与确认每项业务市场增长率并放入矩阵。一项企业战略业务单位用一个圆圈来表示，圆圈的位置表示该项业务在市场增长率与相对市场占有率方面的现状，圆圈的面积表示各单位销售额的大小。如图 2.3 所示，圆圈 1 的位置处于明星类产品象限内，高相对市场占有率，高市场销售增长率；圆圈 2 的位置处于问题类产品象限内，低相对市场占有率，高市场销售增长率；圆圈 3 处于金牛类产品象限内，高相对市场占有率，低市场销售增长率；圆圈 4 处于瘦狗类产品象限内，低相对市场占有率，低市场销售增长率。圆圈 3 的面积最大，表示该类产品销售额较大。

（3）分析 4 种产品特征。波士顿矩阵中不同的产品类型具有不同的特征和相应的战略对策，下面分别进行介绍。

① 问题产品：高市场增长率，低市场占有率。

问题类业务需要大量资金解决问题。这类产品一半是新产品，属于前途命运未卜的，有两种可能性：一种是发展为明星产品；另一种是下降为瘦狗产品或退出市场。一定要进行选择性投资。

② 明星产品：高市场增长率，高市场占有率。

企业须花费大量资金以跟上高速增长的市场，并击退竞争对手。明星产品常常是有利可图的，并且是公司未来的现金牛产品。应该积极扩大经济规模和市场机会，以长远利益为目标，提高市场占有率，加强竞争地位。

③ 现金牛产品：低市场增长率、高市场占有率。

现金牛产品可以不必大量投资来扩展市场规模，该业务能带来高额利润，因而给企业带大量财源。企业用现金牛产品支持明星产品、问题产品和瘦狗产品。

④ 瘦狗产品：低市场增长率，低市场占有率。

瘦狗产品一般利润较低，企业必须考虑这类业务存在的充分理由，如市场增长率可能会回升，或有机会成为市场领先者，或者就是出于某种情感上的原因，否则应收缩或淘汰。可以采用撤退战略，如减少批量、逐渐撤退。

【课间补充】

企业合理的产品组合是：有较多的现金牛产品与明星产品，问题产品1～2个；现金牛产品越多越好，瘦狗产品越少越好。企业的战略组合应是，以现金牛产品产生的利润扶植明星产品及有前途的问题产品，使其向明星产品发展，促使明星产品向现金牛产品发展，逐渐淘汰瘦狗产品。

相对市场占有率是资金的形成过程，而市场增长率是资金使用的形成。4种业务在组合中对现金流作用不同，现金牛产品代表大量的正资金流的形成，问题产品代表大量的负资金流，明星产品和瘦狗产品代表适量的正或负资金流向。

通过波士顿矩阵，我们可以看出企业理想的发展路径是将企业的问题产品改造成明星产品，而后变成现金牛产品。但是常常事与愿违，可能会出现这样两种我们不愿意见到的局面。

第一种结局是现金牛产品变成了瘦狗产品。例如，20 世纪 70 年代美国的跑鞋市场阿迪达斯（Adidas）与耐克（Nike）之间的地位转换。在 20 世纪 70 年代耐克出现以前，阿迪达斯一直统治着世界运动鞋市场，并曾占有美国 70%的市场，但到 1990 年时已经下滑到 2%。主要是由于它忽视了竞争对手的挑战，使自己的现金牛产品变成瘦狗产品。

另一种结局是现金牛产品的钱投到不明朗的产品。如同在牛身上挤了太多的奶，结果把牛挤死了。美国施乐公司在复印机上赚了很多钱，但没有注意维护，而是去开发计算机，在低中端市场被佳能（Canon）蚕食了一大片。施乐的计算机业务就是问题产品，问题产品发展失败，并未转化成明星产品或者现金牛产品，而变成了瘦狗产品。而由于施乐公司将复印机的利润都投向了计算机，本身的金牛产品复印机也受到了冲击。

波士顿矩阵法可以帮助我们分析一个公司的投资业务组合是否合理。如果一个公司没有现金牛产品，说明它当前的发展中缺乏现金来源；如果没有明星产品，说明在未来的发展中缺之希望。一个公司的业务投资组合必须是合理的，否则必须加以调整。如巨人集团在将保健品业务发展成明星产品后，就迫不及待地开发房地产业务，可以说，在当时的市场环境下，保健品和房地产都是明星产品，但由于企业没有能够提供源源不断现金支持的现金牛产品，导致企业不得不从本身还需要大量投入的保健品中不断抽血来支援房地产业务，导致最后两败俱伤，企业全面陷入困境。

（4）做出正确的决策分析。每种产品都有其生命周期，随着时间的推移或形势的变化，产品在矩阵中的位置也会改变。根据 4 种产品分类，企业可以采用如下 4 种策略。

① 拓展策略：目的是提高产品的市场占有率，适用于有前途的问题产品和明星产品。对这类产品应该大量投入，促进这类业务快速成长。

② 维持策略：目的是保持产品地位，维持现有市场占有率，适用于现金牛产品。

③ 收割策略：目的是追求短期收入，不考虑长远影响，适用于前景暗淡的现金牛产品，也适合问题产品和瘦狗产品。

④ 放弃策略：目的是只售出产品不再生产，把资源用于其他产品，适用于没有发展前途的瘦狗产品和没有发展前途的问题产品。

六、确定营销组合，制定整体战略

业务组合分析之后，就要对其分析，采取不同的战略。针对不同的策略除了在资源分配上要区别对待之外，还要从 4P（产品、价格、渠道、促销）的角度入手，制订不同的营销方案。这里主要讲一下对于采用拓展战略的业务组合，企业可以采用增长型战略。增长型战略主要分为 3 种，即密集型增长战略、一体化增长战略和多元化增长战略。

（一）密集型增长战略

密集型增长战略是指企业在现有产品和现有市场上充分挖掘潜力，努力提高销售额、利润额及市场占有率，主要有如下 3 种。

1. 市场渗透战略

通过加强调研和宣传，利用现有产品在现有的市场上争取扩大市场份额、增加销售数量，以达到扩大企业业务为目的。

市场渗透战略的主要方法主要有：鼓励现有消费者多买；牙膏企业劝消费者一天刷三次牙；争取竞争对手的消费者；争取尚未购买的潜在消费者，让公司产品的人成为公司产品的购买者，如牛奶公司宣传牛奶的好处让不喝牛奶的人喝牛奶。

市场渗透战略是有条件的，并不是所有企业都可以采用市场渗透战略，它必须满足如下条件：①现有市场没有饱和；②现有消费者的产品使用率还可大幅度的增加；③行业总体市场稳定；④竞争对手的市场份额下降；⑤规模经济支持了更多的竞争优势。

2. 市场开发战略

通过增加市场开发费用和促销费用，利用现有产品，以现有市场为基础不断向外扩张，开辟新的市场，以达到扩大业务的目的。

市场开发战略的方法有：在原有销售地区内增加新的目标市场。例如，儿童食品打入老年市场；高档产品进入一般消费者市场；从团体用户市场进入个人家庭市场，计算机的市场发展走的就是这种方式；增加新的销售渠道；增加新的销售地区，如从国内市场进入国际市场。

市场开发战略相当普遍，成功的例子也有很多。例如，蒙牛在全国各地的扩张，华为在亚非拉的投资，都可以看作是一种市场开发战略。

市场开发战略是有条件的，也不是所有企业都可以采用市场开发战略的，它必须满足如下条件：①具有可靠、便捷以及高质量的新分销渠道；②未开发的或未饱和的市场；③生产能力过剩；④基础工业快速全球化。

3. 产品开发战略

产品开发战略是指通过现有产品进行改进，使现有产品以新的姿态投放到现有市场上，以增强竞争力，扩大销售业务。

产品开发战略的方法有：增加新的特色；增加新的档次；增加新的换代品，例如原来只生产化妆品，现在增加生产洗涤用品。产品开发战略相当普遍，成功的例子也有很多。例如，可口可乐公司开发的酷儿，五粮液开发的五粮春、五粮醇，都是产品开发的例子。

产品开发战略是有条件的，也不是所有企业都可以用的，它必须具备以下条件：①产品处于生命周期的成熟期；②在技术快速变革的行业中进行竞争；③在同等价格下，竞争者提供质量更好的产品；④在高增长率的行业中进行竞争；⑤具有很好的研发能力。

市场渗透、市场开发、产品开发构成了密集型增长战略的 3 种形式，我们还可以把密集型增长战略看作专业化战略。因为不管是市场渗透、市场开发还是产品开发，要么基于现有产品，要么基于现有市场，它是一种比较保守的发展战略，有利于实现规模经济，及在行业或市场上建立起较强的竞争力。但是由于产品、市场范围有限，发展总有尽头，密集型增长战略有一定的局限性，而且将所有鸡蛋放入一个篮子里的做法毕竟存在一定风险。

（二）一体化增长战略

一体化增长战略是指企业在供产销链条（如图 2.4 所示）上谋求一体化发展，在行业内扩大企业规模，增强实力，形成集团化企业，成为行业主导者。它可分为纵向一体化和横向一体化，纵向一体化又包括前向一体化和后向一体化。一体化战略如图 2.5 所示。

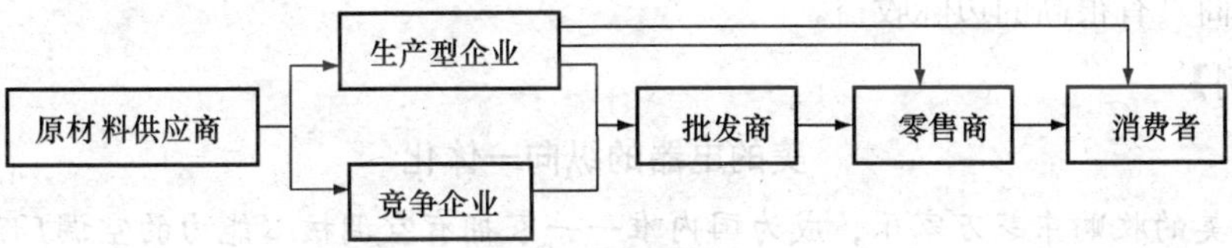

图 2.4　供产销链条

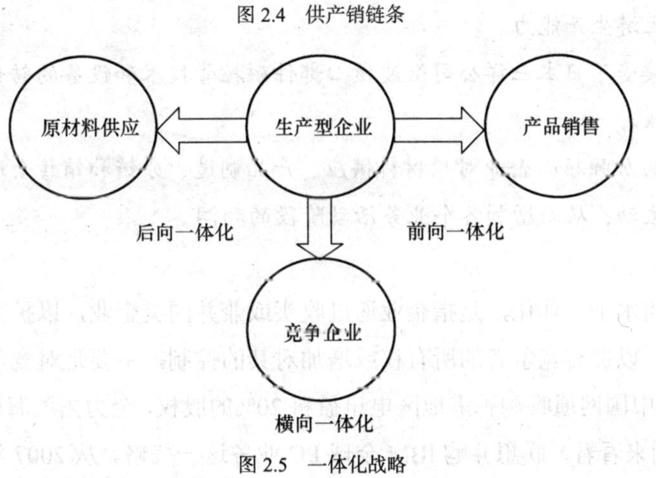

图 2.5　一体化战略

一体化的优势在于有利于提高经营效率，实现规模经济，提升控制力或获得某种程度的垄断；其劣势在于脱离行业困难、管理复杂、可能产生能力不平衡，不利于技术和产品研发风险。

1. 前向一体化

企业向前控制销售系统，可通过一定形式对其产品的加工和销售取得控制权甚至所有权，制造商在渠道、销售方面赢得所有权或增加控制。

例如，杉杉西服、海澜之家开直营店，自己建立销售渠道；通用汽车收购了10%的销售渠道；有些汽车制造商自设分销系统自己建立 4S 店［整车销售（Sale）、零配件（Sparepart）、售后服务（Service）、信息反馈（Survey）］等。典型的实施这一战略的例子是可口可乐公司，我们所说的销售渠道包括零售商、批发商等，但是可口可乐公司发现决定可乐销售量的不仅仅是零售商和批发商，分装商也起了很大作用时，于是它就开始不断地收购国内外分装商，并帮助它们提高生产和销售效率。现在，越来越多的制造商借助互联网和直销队伍直接销售自己的产品，这也是一种前向一体化。

前向一体化的条件包括：现有的渠道昂贵、不可靠，不能满足公司的需求；高质量的渠道可用性有限，公司所在的行业成长显著；现有的渠道具有高的边际收益。这时候前向一体化才是可行的，否则，盲目的前向一体化可能会导致失败。

2. 后向一体化

企业向后控制供应系统，具体可以通过自办、契约、联营或兼并等形式，最终取得其供给来源的控制权，并在公司的供应方面取得所有权或增加控制。

例如，汽车厂原来要向橡胶厂购买轮胎，现在与橡胶厂联合，让橡胶厂专为自己生产轮胎，从而优先保证了汽车厂的供应；造纸厂投资建设造纸林基地，这是典型的控制原材料供给的后向一体化。

后向一体化的条件包括：现有的供应商费用高、不可靠，不能满足公司的需求；供应商的数目少，竞争者的数目多；行业的某个部分高速度增长；公司具有足够的资本和人力资源来管理新的企业；现有供应商具有很高的边际收益。

【课间案例】

美的电器的纵向一体化

1998年，美的收购东芝万家乐，成为国内唯一一家拥有空调核心能力的空调厂商，从而拥有了雄厚的空调产业链上游生产能力。

2006年，美的接受了日本三洋公司微波核心部件磁控管技术和设备的转让，成为第一家拥有磁控管技术的中国企业。

纵向一体化是为加强核心企业对原材料供应、产品制造、分销和销售全过程的控制，使企业能在市场竞争中掌握主动，从而增加各个业务活动阶段的利润。

3. 横向一体化

横向一体化也叫水平一体化，是指企业通过收买或兼并同类企业，以扩大生产规模，或与同类企业实行合资经营，以拥有竞争者的所有权或增加对其的控制，主要是对竞争产品、互补产品、副产品的控制。例如，中国网通收购香港地区电讯盈科 20%的股权，全力拓展海外业务；联想并购 IBM 全球 PC 业务。我们来看看，联想并购 IBM 全球 PC 业务这一战略。从 2007 年的情况来看，联想的并购还算是比较成功的，并购后的联想集团 2007 第一季度净利润 6680 万美元，2007 年第二季度净利润 1.08 亿美元。

横向一体化的优势是赢得行业的垄断，可以在高速增长行业中竞争，实现规模经济，提高竞争优势，可以解决本企业缺少管理专家或特殊的资源的问题。横向一体化是对竞争对手的控制或者联合，其方法有并购或者收购。

【课间案例】

海尔的横向一体化

海尔最开始做什么电器？

从1991年起，海尔先后兼并了青岛空调器厂、冰柜厂和武汉希岛、红星电器公司等十几家大中型企业，集团资产从几千万元迅速增长至39亿元，成为中国第一家家电特大型企业。

海尔的业务范围包括冰箱、热水器、洗衣机、油烟机、洗碗机、灶具、消毒柜、空调、彩电、计算机、取暖器、微波炉、吸尘器、电饭煲、电磁炉、电风扇等。

（三）多元化增长战略

多元化增长战略是指企业在现有产品和业务的基础上增加新的、与原有产品和业务既非同种也不存在“上、下游”关系的产品和业务，从而实现企业的发展扩张。企业之所以实施多元化经营战略：一是为了规避经营风险；二是拓展企业的发展空间；三是为了增强企业市场实力和竞争优势。

多元化的优势在于分散风险以提高经营安全性，有利于企业向前景好的新兴行业转移，有利于促进企业原业务的发展；其劣势在于容易出现决策失误，易造成管理质量下降，具有财务风险。

多元化增长战略分为同心多元化、横向多元化和综合多元化如图 2.6 所示。

	现有市场	新市场
现有技术	现有市场 现有技术	同心多元化
新技术	横向多元化	综合多元化

图 2.6　多元化增长战略分类

1. 同心多元化

同心多元化是指利用原有的技术、特长、专业经验等开发与本企业产品相关联的新产品。例如，汽车厂商除了生产汽车外，还可以利用现有的机械技术和机械人才开发拖拉机、摩托车等。拖拉机、摩托车是与汽车不同的新行业，但是技术上和汽车有某种程度的相关性，汽车厂商可以利用现有技术做到多元化经营。所以说同心多元化的特点在于它发挥了企业原有技术优势，风险小，并且易于成功。同心多元化的案例还有伊利集团在生产牛奶的同时生产酸奶、冰淇淋等产品；色拉油企业利用副产品生产饲料。这都是我们生活中可以观察到的同心多元化的例子，大家平时如果留心观察，还会发现很多。

2. 横向多元化

横向多元化是指面向过去的市场，通过采用不同的技术开发新产品，增加产品种类和品种。实施多元化的企业仍面向过去的市场，只是通过采用不同的技术开发新产品，增加产品种类和品种。例如，大型百货商店开设餐厅、美容店等，百货商店中的店铺、餐厅、美容店服务的消费者是一样，但是店铺、餐厅、美容店提供的服务却是不一样的，我们把这种针对现有客户但是开发不相关产品的战略叫作横向多元化。横向多元化适合企业进行品牌延伸，但是要求采用横向多元化战略的企业必须有比较强的实力，否则轻易尝试自己不熟悉的产品可能不仅得不到好的收益，而且还会损失原有的消费者群体。例如，百货商店里开的美容店如果服务很糟糕的话，不但美容店得不到回报，可能还会使消费者也不愿意再光顾百货商店了，这样会使原本经营不错的百货商店也受到损失。所以，横向多元化也不是什么企业都可以采用的，必须是有一定条件才可以实施横向多元化。

3. 综合多元化

综合多元化是指发展与现有产品和现有市场无关的新产品、新技术，把业务经营范围扩展到本行业以外的具有发展前途的部门和领域。综合多元化的特点是它所面对的市场是新的，利用的技术也是新的，在新市场上做新产品，发展新业务，这样的风险是显而易见的。综合多元化是企业增长战略中风险最大的一种战略，成功的案例有很多，例如，美国的柯达，同时经营照相器材、食品、化工、石油、保险多种行业；美国通用电气公司（GE）同时经营基础设施、工业、金融服务、NBC全国广播公司、医疗等多个行业。失败的案例也有很多，例如，巨人集团、春都集团等；还有春兰集团，面对“空调大战”，春兰集团就采取了综合多元化，同时进入了摩托车、冰箱行业，资源的分散使其在竞争激烈的空调业失去优势。这就是经济管理专业类学科的困惑，也是经济管理类学科的乐趣，同样一个概念，同样一个战略，就像综合多元化，我们既可以举出非常成功的案例，有些公司利用综合多元化做大做强了；我们也可以据说失败的案例，有些公司正是由于采用了综合多元化走向衰落甚至破产了。所以市场营销学既是一门科学也是一门艺术。

【课间案例】

将脑袋打开 1mm

一家牙膏厂产品滞销，连续亏损。厂长看着仓库里积压的牙膏心急如焚，却想不出办法解决燃眉之急。厂里已经几个月发不出工资，工人们都眼巴巴地等着盼着，再拖延下去，大家非得饿死不可。厂长召集厂管理层开会，大家看着积压的产品都束手无策，因为滞销不是一个厂的问题，很多厂都存在此类问题。厂长看着大家急得直挠头，长长叹口气走了。第二天，他召开全体职工大会，做出一个大胆的决定：谁要是能想出好办法解决滞销问题，奖励1万元！20世纪90年代的1万元带给人的冲击波不亚于现在的100万！于是，大家纷纷献计献策，办法不断汇集到厂长的案头，集体的智慧开始露出光芒。

厂长一个一个看过之后，摇头不满，直到看到一个工人的策略才让厂长眼前突然一亮：把牙膏口端做大些，由原来的0.4cm改为0.5cm这样人们每次挤牙膏的时候，就会比以前挤出来得更多，牙膏的使用期也就比原来短，这样人们不知不觉每年消耗的牙膏就会比原来多出好几倍，牙膏的销售量一定会提上去的。厂长满意地笑了，立即将1万元奖励给这个工人。一段时间后，该厂的销量果然上去了。一个人的智慧拯救了一个厂！原来每人每天使用的牙膏的体积=$3.14\times(0.4/2)(0.4/2)\times2=0.2512\text{cm}^3$，原来每人1年使用的牙膏的体积=$0.2512\times365=91.688\text{cm}^3$。现在每人每天使用的牙膏的体积=$3.14\times(0.5/2)(0.5/2)\times2=0.3925\text{cm}^3$，现在每人1年使用的牙膏的体积=$0.3925\times365=143.2625\text{cm}^3$。每个人1年多用的牙膏体积=$143.2625-91.688=51.5745\text{cm}^3$，四舍五入约为$52\text{cm}^3$。这是一种什么策略呢？你想到了吗？

第三节 竞争性定位战略与竞争性营销战略

市场经济的本质是竞争，企业无时无刻不处于市场竞争中，这就需要企业保持清醒的头脑，选择相应的战略以应对竞争，同时要了解内外部环境，给企业本身一个清晰正确的定位来应对竞争，而不是盲目地竞争。

一、竞争性定位战略

在市场营销管理过程中，管理者不仅要考虑消费者的需要，还要考虑企业在市场竞争中的地位。企业的营销战略和策略必须从自己的竞争实力和地位出发，并根据自己同竞争者实力对比的变化，随时加以调整，使之与自己的竞争地位相匹配。定位需要企业对消费者、竞争对手、相关机构及企业自身优劣势有较为全面的了解之后才能做出正确的决策。定位不仅是企业对消费者的争夺，更是企业对行业地位的争夺。

迈克尔·波特的著作——《竞争战略》是他在1985年写的，他在该书中提出企业获得竞争优势有3种战略，即成本领先战略、差异化战略、聚焦战略。

1. 成本领先战略

成本领先战略是指公司致力于生产成本和分销成本的最低化，从而使自己的产品价格低于竞争者的价格，以迅速扩大销售量提高市场份额，成为市场主导者。例如，日本的摩托车产品在20世纪60年代打入美国市场时，就是以这种低成本、低价格战略取胜。到1965年，本田、雅马哈、铃木等已占有了美国摩托车市场份额的85%。

成本领先战略的优势有以下几点。

① 可以获得高于产业平均利润的利润。

② 可以有较大的降价空间，可有效地实施价格竞争，提高企业的价格竞争能力。

③ 可以以较低的价格销售产品，有利于扩大销售，提高市场占有率。

④ 可以以较低的价格限制潜在竞争者的加入。

成本领先战略劣势有以下几点。

① 成本领先地位的丧失。科技飞速发展，一时的技术领先不代表一直持续下去，会受到竞争者的模仿和超越，技术发展会将过去的投资与学到的经验抵消掉， 而成本降低的空间会日渐狭小，从而逐渐失去竞争优势.

② 成本优势难以弥补差异。低成本往往会造成企业内部过度关注企业内部效率，从而缺乏对外部市场形势以及消费者需求的良好把握，如果市场需求发生不利于低成本企业的显著变化，企业的低成本优势不复存在，而且低成本也是最容易被模仿和超越的。

2. 差异化战略

差异化战略就是培育发展那些在某些效益范围内会产生差别利益的优势。这样的企业大力发展别具一格的产品，争取产品比竞争者有独到之处，从而取得差异优势，即使价格较高，许多消费者还是愿意购买有特色的产品。例如，德国西门子公司就是推行这种战略的一个代表，它的产品以质量优异独具特色，举世闻名。

差异化战略优势有以下几点。

① 使企业减少与竞争对手的正面冲突。

② 有利于扩大企业和品牌的知名度。

③ 降低消费者对于价格的敏感性。

④ 具有特色的产品还能有效防止替代品的威胁。

差异化战略劣势有以下几点。

① 生产成本可能较高。差异化意味着要满足不同消费者的需求，这就要求资源要分配到不同的部门中，生产不同产品以满足这种差异，这时生产成本会提高，从某种程度上讲资源不能有效配置，处于低效率运行。

② 购买者更精明。有时购买者会比较这种差异化，如果认为其对他们是有益的，而且价格不会高出他们的心理预期，或者对价格不敏感，他们会付出高价购买这种产品，反之，则不会为了某些差异化付出高价。

③ 优势可能被模仿。市场竞争异常激烈，竞争者如果看到差异化被消费者接受，也会想方设法模仿这种差异，或者超越这种差异，从而更好地为消费者服务。

3. 聚焦战略

这种战略不追求全部市场，仅将其力量集中于一个或者几个细分市场上，更好地满足一定消费者的特殊需要，从而争取局部的竞争优势。例如，杭州娃哈哈起家之初在激烈竞争的营养液市场上，看准了儿童营养液这个细分市场，集中力量开发出娃哈哈儿童营养液，一举成功。该厂以 14 万元起家，仅用 3 年多的时间就发展到全国 500 家最佳经济效益工业企业的第 85 位，实现利润超过亿元。由此可见合理运用聚焦战略的威力。聚焦战略优势有：集中企业资源；实现规模化、专业化生产；提高盈利和知名度。

总之，成本领先战略关注在全局市场上的成本最小化；差异战略关注全局市场上的产品差异化；而聚焦战略关注于局部市场，这样的局部市场可能是一个细分市场，也可能是几个细分市场。

二、竞争性营销战略

竞争性营销战略主要有 4 种类型：市场领导者竞争战略、市场挑战者竞争战略、市场追随者竞争战略、市场补缺者竞争战略。

（一）市场领导者竞争战略

市场领导者是指在相关产品的市场上市场占有率最高的企业。一般来说，大多数行业都会有一家企业被公认为市场领导者，它在价格调整、新产品开发、渠道建设和促销力量方面处于主导地位。它是市场竞争的导向者，也是竞争者挑战、效仿或回避的对象。例如，美国汽车行业的通用汽车公司、饮料行业的可口可乐公司。市场领导者为了维护自己的优势，保持自己的领导地位，通常可采取 3 种策略：扩大总需求、保护现有市场份额和扩大市场份额。

1. 扩大总需求

市场需求量扩大对市场领导者的作用是很明显的，因为市场领导者占据着该市场最大的市场份额。下面简单介绍几种扩大总需求的方法。

（1）发掘新用户。每类产品总有其吸引购买者的潜力，购买者或者根本不知道有这类产品，或者因为其价格不合理或缺少某些性能而拒购，而这些可以通过市场渗透策略发掘并争取这部分消费者。例如，丝袜的生产销售厂商通过各种宣传手段使女性觉得某些场合不穿丝袜是不礼貌的，从而加大了丝袜的销量；一些超市通过打折促销的方式吸引对价格比较敏感的一部分消费者购买其产品。还可以通过地理扩展，如向其他国家或地区销售某种产品，达到销量增加的目的，但是选择目标市场要慎重。同一种产品进入新的目标市场也是发掘新用户的好办法，例如，强生婴儿沐浴露，除了婴儿市场，还宣传成人使用的效果，使其在成人市场上也有一定的销量。

（2）发现产品新用途。企业应该不断地进行研究和开发，通过发现并推广产品的新用途来扩大市场。消费者也是发现产品新用途的重要来源，企业要注意消费者对本企业产品使用的情况。例如，尼龙这种产品最初用于军用降落伞，后来被用于生产尼龙袜等。

（3）扩大产品使用量。可以通过宣传令使用者增加使用量或增加使用频率，或者说服人们在各种使用场合更多地使用该产品。

2. 保护现有市场份额

处于市场领导地位的企业，在努力扩大整个市场规模的同时，必须注意保护自己现有的业务，防备竞争者的攻击。由于资源有限，市场领导者不可能保持它在整个市场上的所有阵地，因此，它必须善于准确地辨认哪些是值得耗资防守的阵地，哪些是可以放弃而不会招致风险的阵地，以便集中使用防御力量。防御战略的目标是要减少受到攻击的可能性，将攻击转移到威胁较小的地带，并削弱其攻势。市场领导者常采用以下 6 种防御战略。

（1）阵地防御。在现有阵地周围建立防线，即在现有产品销售区域和经营业务范围内建立防线。这是一种静态的防御，是防御的基本形式，但不能作为唯一的形式。如果将所有力量都投入这种防御，最后很可能导致失败。

（2）侧翼防御。指市场领导者除保卫自己的主要阵地外，还应建立某些辅助性的基地作为防御阵地，必要时作为反攻基地。同时，特别要注意保卫自己较弱的侧翼，防止对手乘虚而入。例如，20 世纪 70 年代美国汽车市场被日本汽车占据，属于侧翼防御不当。

（3）先发防御。在敌方对自己发动进攻之前，先发制人抢先攻击，也就是走在对手前面。其具体做法是，当竞争者的市场占有率达到某一危险的高度时，就对它发动攻击；或者是对市场上的所有竞争者全面攻击，使对手人人自危。有时，这种以攻为守的防御强调的是心理作用，并不一定付诸行动。

（4）反攻防御。当市场领导者遭到对手发动降价或促销攻势，或改进产品、市场渗透等进攻时，不能只是被动应战，而应当看清竞争对手的真正目的，及其进攻的方式和手段，然后根据自己的实力选择恰当的时机进行主动反攻。

（5）运动防御。要求领导者不但要积极防守现有阵地，而且要扩展到可作为未来防御和进攻中心的新阵地，它可以使企业在战略上有较多的回旋余地。

（6）收缩防御。有时，在所有市场阵地上进行全面防御会力不从心，从而会降低资源的有效使用率，顾此失彼，在这种情况下，最好的行动是实行战略收缩，放弃某些薄弱的市场，把力量集中用于具有市场的优势阵地中。

3. 扩大市场份额

在价格和成本不变的情况下，市场领导者设法提高市场占有率，是增加收益、保持领导地位的一个重要途径。有些企业的产品市场占有率虽然较低，但利润率很高。提高市场占有率时应考虑以下 3 个因素。

① 引起反垄断诉讼的可能性。许多国家为维护市场竞争，制定了反垄断法，当企业的市场占有率超过一定限度时，就有可能受到反垄断诉讼和制裁，甚至是被政府强制分解为若干个相互竞争的小公司。

② 经济成本。当市场份额已达到一定水平时，企业需要在管理上花费大量的财力。再提高一点市场份额的边际成本非常大，甚至得不偿失。

③ 企业在争夺市场占有率时所采用的营销组合策略，只有在下列两种情况下，市场占有率才同收益率成正比：规模经济，单位成本随着市场占有率的提高而下降；公司在提供优质产品时，销售价格的提高大大超过为提高质量所投入的成本。

（二）市场挑战者竞争战略

市场挑战者是指在行业中名列第二位、第三位等次要地位的企业。例如，软饮料行业的百事可乐公司、快餐行业的肯德基公司等。市场挑战者如果要向市场领导者和其他竞争者挑战，首先必须确定自己的战略目标和挑战对象，然后再选择适当的挑战进攻策略。

1. 明确战略目标和挑战对象

战略目标同进攻对象密切相关，针对不同的对象存在不同的目标。

（1）攻击市场领导者。这是风险大但潜在收益高的战略，特别是在市场领导者做得并不好的时候，此种方法非常明智。为取得进攻的成功，挑战者要认真调查研究消费者的需要及其不满之处，这些就是市场领导者的弱点和失误。通过产品创新，以更好的产品来夺取市场也是可供选择的策略。

（2）攻击与己实力相当者。这是风险与收益均属一般的战略。市场挑战者对一些与自己势均力敌的企业，可选择其中经营不善而发生危机者作为攻击对象，以夺取它们的市场。

（3）攻击区域性小型企业。风险小但潜在收益也小的战略。可选择一些地方性小企业中经营不善而发生财务困难者进行攻击。

2. 选择进攻战略

在确定了战略目标和进攻对象之后，挑战者要考虑进攻的策略问题。其原则是集中优势兵力于关键的时刻和地方。

（1）正面进攻。是指集中兵力向对手的主要市场发动攻击，打击的目标是敌人的强项而不是弱点。这样，胜负便取决于谁的实力更强，谁的耐力更持久，进攻者必须在产品、广告、价格等主要方面大大领先对手，方有可能成功。进攻者如果不采取完全正面的进攻战略，也可采取一种变通形式，最常用的方法是针对竞争对手实行降价。通过加大在研究开发方面的投资，降低生产成本，从而在低价格上向竞争对手发动进攻，这是持续实行正面进攻战略最可靠的基础之一。

（2）侧翼进攻。是指集中优势力量攻击对手的弱点，有时也可正面佯攻，牵制其防守兵力，再向其侧翼或背面发动猛攻，采取“声东击西”的战略。侧翼进攻可以分为两种：

① 地理性的侧翼进攻，即在全国或全世界寻找对手相对薄弱的地区发动攻击；

② 细分性侧翼进攻，即寻找市场领导企业尚未很好满足的细分市场。

侧翼进攻不是指在两个或更多的公司之间浴血奋战来争夺同一市场，而是要在整个市场上更广泛地满足不同的需求。因此，它最能体现现代市场营销观念，即“发现需求并且满足它们”。同时，侧翼进攻也是一种最有效和最经济的战略，较正面进攻有更多的成功机会。

（3）包抄进攻。是一种全方位、大规模的进攻战略，它在几个战线发动全面攻击，迫使对手在正面、侧翼和后方同时全面防御，意图夺取对手的大片市场。进攻者可向市场提供竞争者能供应的一切，甚至比对方还多，使自己提供的产品无法被拒绝。当挑战者拥有优于对手的资源，并确信包抄计划的完成足以打垮对手时，这种战略才能奏效。

（4）迂回进攻。是一种最间接的进攻策略，它避开了对手的现有业务和市场，而在其还没有涉及的市场上进行进攻。其具体办法有 3 种：①发展无关的产品，实行产品多元化经营；②以现有产品进入新市场，实现市场多元化；③通过技术创新和产品开发，以新产品替换现有产品。

（5）游击进攻。主要适用于规模较小、力量较弱的企业，目的在于通过向对方不同地区发动小规模、间断性的攻击来骚扰对方，使之疲于奔命，最终巩固永久性据点。游击进攻可采取多种方法，包括有选择的降价、强烈突袭式的促销行动等。

（三）市场跟随者竞争战略

美国市场营销学者李维特教授认为，有时产品模仿像产品创新一样有利。因为一种新产品的开发和商品化要投入大量资金，市场领导者地位的获得是有代价的。而其他厂商仿造或改良这种产品，虽然不能取代市场领导者，但因不必承担新产品创新费用，也可获得很高的利润。

并非所有在行业中处于第二位、第三位的公司都会向市场领导者挑战。因为这种挑战会遭到领导者的激烈报复，最后可能无功而返，甚至一败涂地。因此，除非挑战者能够在某些方面赢得优势，如实现产品重大革新或是分销渠道有重大突破，否则，它们往往宁愿跟随市场领导者，而不愿对市场领导者贸然发动攻击。

这种效仿市场领导者为市场提供类似产品的市场跟随战略，使跟随者的行业市场占有率相对稳定。具体来说，市场追随战略可分为以下 3 种。

（1）紧密跟随。指在各个细分市场和产品、价格、广告等营销组合战略方面模仿市场领导者，完全不进行任何创新的公司。但是，如果这种紧密跟随演变成生产假冒伪劣产品的行为，就是不道德的，应当受到法律的制裁。

（2）距离跟随。指在基本方面模仿市场领导者，但是在包装、广告和价格上又保持一定差异的公司。只要模仿者不对市场领导者发动进攻，市场领导者一般不会介意。这种跟随者易被市场领导者接受，同时它也可以通过兼并同行业中的弱小企业而使自己发展壮大。

（3）选择跟随。指在某些方面紧跟市场领导者，在某些方面又自行其是的公司。在跟随的同时还要发展自己的独创性，但同时避免直接竞争。这类跟随者之中有些可能发展成为挑战者。

（四）市场补缺者竞争战略

几乎每个行业都有些小企业，它们专心致力于市场中被大企业忽略的某些细分市场，在这些小市场上通过专业化经营来获取最大限度的收益。这种有利的市场位置就称为“补缺（Niche）”。而所谓市场补缺者，就是指占据这种位置的企业，也被称为市场利基者。一个理想的补缺者具有如下特点：具有一定的规模和购买力，能够盈利；具备发展潜力；强大的公司对这一市场不感兴趣；本公司具备向这一市场提供优质产品和服务的资源和能力；本公司在消费者中建立了良好的声誉，能够抵御竞争者入侵。

补缺战略的关键是专业化，例如，最终用户专业化、垂直专业化、消费者规模专业化、特殊消费者专业化、地理市场专业化、产品产品特色专业化、客户订单专业化、质量/价格专业化、销售渠道专业化、服务专业化或产品线专业化。

第四节 企业的市场营销管理过程

市场营销管理过程（Marketing Management Process）指的是识别、分析、选择和发掘市场营销机会，以实现企业的战略任务和目标的管理过程，以及企业与其最佳的市场机会相适应的过程。

市场营销管理过程分为 4 个步骤：分析市场机会、选择目标市场、设计营销组合、管理营销力量。这 4 个步骤我们在后面不同章节都会详细介绍。这里简单将这 4 个步骤阐述一下。

一、分析市场机会

分析市场机会是企业实际市场营销工作的首要任务，是以后各项市场营销工作的基础，包括寻找发现市场机会和分析评估市场机会两项内容。

先来辨别几个概念的异同。首先必须明确的是环境机会不等于企业机会，只有那些与企业的经营宗旨、目标任务及企业的资源相适应的环境机会才能成为企业机会。

① 企业机会是那些没有被满足的消费者需求。除了机会还有环境威胁，环境威胁是指各种不利的趋势所形成的挑战。

② 企业市场营销机会是指对这个企业的市场营销具有吸引力的、能享有竞争优势的环境机会。

③ 微观企业市场营销系统是指专门从事收集、整理、分析和评估有关营销信息的一些机构。

二、选择目标市场

市场营销管理过程的第 2 个步骤是研究与选择目标市场，目标市场是企业准备进入为之服务并占领的市场。市场细分是企业选择目标市场的有效手段与方法。这里有几个概念需要明确。

① 市场细分化是指按照不同的需求特征把消费者分成若干类型，即把市场分成若干部分。

② 目标市场（Target Market）是指在市场细分的基础上，选择一个或几个子市场作为自己的服务对象，被选中的子市场为目标市场。

③ 市场目标化（Market Targeting）或目标市场营销（Target Marketing）是指企业根据自己的资源条件选择一定的目标市场进行经营。

④ 市场定位是指企业在目标消费者心目中为自己的产品确定一定位置，形成一定特色，即在目标市场上树立一定的品牌形象和企业形象，以有别于竞争者。

三、设计市场营销组合

市场营销管理过程的第 3 个步骤是设计市场营销组合。市场营销组合（Marketing Mix）是企业的综合营销方案，即企业根据目标市场的需要和自己的市场定位，对自己可控制的各种营销因素（产品、价格、渠道、促销等）的优化组合和综合运用，使之协调配合，扬长避短，发挥优势，以取得更好的经济效益和社会效益。市场营销组合是企业可控因素多层次的、动态的、整体的组合，即具有可控性、复合型、动态性和整体性的特点。

市场营销组合是美国哈佛大学尼尔·鲍登（Neil Bordaen）教授首先提出来的。

（一）4P

20 世纪 60 年代，美国营销学家麦卡锡把各种可控因素归纳、简化为 4 个基本变数——4P，即产品（product）、价格（price）、地点（place）、促销（promotion）。4P 是市场营销过程中可以控制的因素，也是企业进行市场营销活动的主要手段，对它们的具体运用，形成了最基本的企业市场营销战略。下面分别介绍这 4 个可控因素。

① 产品。它是指企业提供给目标市场的货物和服务的集合，这其中包括产品的效用、质量、外观、式样、品牌、包装和规格，此外还包括服务和保证等因素。

② 价格。它是指企业出售产品所追求的经济回报，主要包括基本价格、折扣价格、付款时间、借贷条件等。

③ 渠道。它是指企业为使其产品进入和达到目标市场所组织所实施的各种活动，包括途径、环节、场所、仓储和运输等。

④ 促销。它是指企业利用各种信息载体与目标市场进行沟通的传播活动，包括广告、人员推销、营业推广与公共关系等。

4P 策略具有十分鲜明的特点。首先这 4 个因素是企业可以调节、控制和运用的，如企业根据目标市场情况，能够自主决定生产什么产品，制定什么价格，选择什么销售渠道，采用什么促销方式。其次，这些因素都不是固定不变的，而是不断变化的。企业受到内部条件、外部环境变化的影响，必须能动地做出相应的反应。这 4 个因素是一个整体，它们不是简单的相加或拼凑集合，而应在统一目标指导下，彼此配合、相互补充，从而能够求得大于局部功能之和的整体效应。

（二）6P

菲利普·科特勒把“4P”发展为“6P”，即增加两个 P，政治权力和公共关系。1986 菲利普·科特勒提出，在实行贸易保护的条件下，企业的市场营销战略除了 4Ps 之外还必须加上“2Ps”，即“政治力量”（Political Power）和“公共关系”（Public Relations）。因而大市场营销就是 6P。

我们应当看到，“大市场营销”（6Ps）与传统的市场营销基本理论有所不同。这种不同主要体现在大市场营销对“政治力量”和“公共关系”的重视上。其实，就是没有科特勒的大市场营销观念，我们也能看得出来政治力量和公共关系对营销活动有巨大的影响。

（三）4C

20 世纪 90 年代以来，随着消费者个性化的日益突出和市场形势的变化，传统的“4Ps”理论受到“4Cs”新论的挑战。20 世纪 90 年代，罗伯特·劳特伯恩（Robert Lauterborn）针对 4P 组合提出了“4C 组合”。所谓 4C 就是消费者的欲求和需要、消费者满意的成本（Cost）、消费者购买方便性和增加互相沟通。

消费者代替原来 4P 中的产品，指消费者的欲望和需要比产品功能更重要；成本（Cost）代替价格，指消费者为满足欲望和需要所付出的全部成本，包括为购物所费的时间、经历等；方便（Con-venience）代替渠道，指消费者购物的方便性，如方便停车、挑选、结账等；沟通（Communication）代替促销，指消费者与企业之间信息和感情上的沟通，双向的沟通比单向的促销更重要。

（四）4R 策略

4R 营销理论是由美国整合营销传播理论的鼻祖唐·舒尔茨（DonE.Schuhz）在 4C 营销理论的基础上提出的新营销理论，阐述了一个全新的营销四要素：关联（Relevance）、反应（Reaction）、关系（Relationship）、回报（Reward）。下面分别介绍这 4 个要素。

① 关联。企业与消费者是一个命运共同体，建立并发展与消费者之间的长期关系是企业经营的核心理念和最重要的内容。

② 反应。在相互影响的市场中，对经营者来说最现实的问题不在于如何控制、制订和实施计划，而在于如何站在消费者的角度及时地倾听和将商业模式转移成为高度回应需求的商业模式。

③ 关系。在企业与客户的关系发生了本质性变化的市场环境中，抢占市场的关键已转变为与消费者建立长期而稳固的关系。与此相适应产生了 5 个转向：从一次性交易转向强调建立长期友好合作关系；从着眼于短期利益转向重视长期利益；从消费者被动适应企业单一销售转向消费者主动参与到生产过程中来；从相互的利益冲突转向共同的和谐发展；从管理营销组合转向管理企业与消费者的互动关系。

④ 报酬。任何交易与合作关系的巩固和发展都是经济利益问题。因此，一定的合理回报既是正确处理营销活动中各种矛盾的出发点，也是营销的落脚点。

（五）4S 策略

4S 是指满意（Satisfaction）、服务（Service）、速度（Speed）和诚意（Sincerity）。4S 市场营销策略则主要强调从消费者需求出发，建立起一种“消费者占有”的导向。它要求企业针对消费者的满意程度对产品、服务、品牌不断进行改进，从而达到企业服务品质最优化，使消费者满意度最大化，进而使消费者达到对企业产品产生一种忠诚。

① 满意。它指的是消费者满意，强调企业要以消费者需求为导向，以消费者满意为中心，企业要站在消费者立场上考虑和解决问题，要把消费者的需要和满意放在一切考虑因素之首。

② 服务。它包括几个方面的内容：首先精通业务工作的企业营销人员要为消费者提供尽可能多的商品信息，经常与消费者联络，询问他们的要求；其次对消费者态度要亲切友善，用体贴入微的服务来感动用户；再次要将每位消费者都视为特殊和重要的人物，也就是那句“消费者是上帝”；另外在每次服务结束后要邀请每一位消费者下次再度光临，作为企业，要以最好的服务、优质的产品、适中的价格来吸引消费者多次光临；最后要为消费者营造一个温馨的服务环境，这要求企业应对文化建设加大力度；当然在整个服务过程中最重要的是服务人员用眼神表达对消费者的关心，用眼睛去观察，用头脑去分析，真正做到对消费者体贴入微关怀的服务。

③ 速度。它是指不让消费者久等，而能迅速地接待、办理，有最快的速度才能迎来最多的消费者。

④ 诚意。它是指要以他人利益为重的真诚来服务客人。要想赢得消费者的人，必先投之以情，用真情服务感化消费者，以有情服务赢得无情的竞争。

四、控制市场营销

所谓市场营销控制，是指市场营销经理经常检查市场营销计划的执行情况，看看计划与实际情况是否一致，如果不一致或没有完成计划，就要找出原因所在，并采取适当措施和正确行动，以保证市场营销计划的完成。市场营销控制有以下 4 种主要类型。

（1）年度计划控制。任何企业都要制订年度计划，然而，年度市场营销计划的执行能否取得理想的成效，还需要看控制工作进行得如何。所谓年度计划控制，是指企业在本年度内采取控制步骤，检查实际绩效与计划之间是否有偏差，并采取改进措施，以确保市场营销计划的实现与完成。

（2）盈利能力控制。除了年度计划控制之外，企业还需要运用盈利能力控制来测定不同产品、不同销售区域、不同消费者群体、不同渠道以及不同订货规模的盈利能力。由盈利能力控制所获取的信息，有助于管理人员决定各种产品或市场营销活动是扩展、减少还是取消。

（3）效率控制。假如盈利能力分析显示出企业关于某一产品、地区或市场所得的利润很差，便应考虑有没有高效率的方式来管理销售人员、广告、销售促进及分销。市场营销经理必须重视上述市场营销组合因素的有效性以及考虑应该如何引进某些资料以改进执行情况。

（4）战略控制。由于市场营销环境变化很快，往往会使企业制定的目标、策略、方案失去作用。战略控制是指市场营销经理采取一系列行动，使实际市场营销工作与原规划尽可能一致，在控制中通过不断评审和信息反馈，对战略不断修正。市场营销战略的控制既重要又难以把握。因为企业战略的成功是总体的和全局性的，战略控制注意的是控制未来，是还没有发生的事件。战略控制必须根据最新的情况重新估价计划和进展，因而难度也就比较大。

【课间案例】

一家小厂的营销管理过程

英国有一家小油漆厂，访问了许多潜在的消费者，调查他们的需求，其结论如下：普及市场（60%）对各类油漆产品均有潜在需求，但该企业无力参与竞争。另有4个细分市场各占市场份额的10%，这4个市场如下。

① 家庭主妇：不懂室内装修需何种油漆，但追求质量好，效果美观，且希望油漆商能提供设计。

② 油漆工助手：需购买质量较好的油漆为住户装修，一向从老式金属器具店或木材厂购买。

③ 老油漆技工：一向不买调好的油漆，只买颜料和油料自己调配。

④ 对价格敏感的青年夫妇：收入低，租公寓居住，按英国习惯，公寓住户需粉刷住房，以保护房屋。他们购买油漆不求质量，只要比白粉刷浆稍好就行，但价格需便宜。

经过对市场需求及竞争者情况的研究，该厂决定选择青年夫妇作为目标市场，并制订相应的市场营销组合：

① 产品：经营少量不同颜色及包装的油漆，并据消费者喜爱随时增加、改变或取消颜色品种和装罐的大小。

② 分销：产品送抵消费者住处的每一家零售店，目标市场内若出现新的商店，设法将其纳入经销网。

③ 价格：保持单一低廉价格，不提供任何特价优惠，也不随其他厂家调整价格。

④ 促销：以"低价、满意的质量"为口号，适应目标市场消费者的需求特点。定期变换店内布置和广告版本，创造新颖形象，并变换广告媒体。

本章习题

一、判断正误

1．规划投资组合实质上是企业高层对各个经营单位及其业务进行评估和分类，确认它们的发展潜力，决定投资结构。（ ）

2．根据BCG分析法，对于现金牛产品的经营单位或业务应采用发展策略。（ ）

3．某些基本的市场竞争战略是不会随时间、地点和竞争者改变的。（ ）

4．一般来说，企业利润水平与市场占有率同向增长。（ ）

5．属于瘦狗产品的企业一般采用收割或放弃战略。（ ）

二、单项选择

1．在调整业务投资组合时，对某些问题产品业务单位，欲使其转入明星产品单位，宜采取（ ）战略。

A．保持　　B．收割　　C．发展增大　　D．放弃

2．某企业生产的29英寸彩电原来只在城市市场销售，现在决定投入到农村市场以进一步提高市场占有率，则其采用的营销发展战略属于（ ）。

A．市场渗透战略　B．市场开发战略　C．产品开发战略　D．产品多元化战略

3．市场增长率和相对市场占有率都较低的业务单位是（ ）。

A．问题产品　B．明星产品　C．现金牛产品　D．瘦狗产品

4．战略环境因素变化的结果，对企业及其活动形成有利的条件是（　　）。

A．环境威胁　　B．市场机会　　C．市场利润　　D．成本降低

5．企业利用原有的市场，通过从不同的角度开发新产品，达到扩大企业业务领域、稳固占有市场的目的，这种增长策略是（　　）。

A．同心多样化　　B．水平多元化　　C．集团多样化　　D．水平一体化

三、简答题

1．波士顿矩阵中各战略业务单位含义是什么？应采取何种投资策略？

2．企业在什么情况下采用密集型增长、一体化增长、多元化增长战略？各战略下面的细分战略是什么？

3．企业实现一体化增长的方式有哪些？

4．战略有几个层次？分别是什么？

四、案例分析题

谁打倒了这个“黄色巨人”

2013年1月5日，《华尔街日报》报道，柯达准备数周内申请破产保护。届时，柯达将在法庭监督下出售大约1100项专利。柯达，曾占据全球胶卷市场份额的2/3，曾拥有超过14.5万名员工，曾是行业的代名词。它，将去哪里……

1883年，柯达公司的创始人伊士曼发明胶卷。

1888年，第一部柯达照相机上市，开启摄影时代。

1981年，柯达公司的销售额一举冲破100亿美元。

2003年，柯达进行战略调整，宣布停止投资胶卷业务。

2005年开始，柯达几乎年年亏损，市值从15年前的310亿美元锐减至不足1.5亿美元。

2012年1月5日，柯达准备数周内申请破产保护。

谁，动了我的柯达？是没有抓住数字影像时代的发展机遇？还是战略调整失误？或是其他原因？

【思考与讨论】

结合以上案例并收集相关资料，分析柯达由盛到衰的原因是什么？

第三章 市场营销环境

【学习目标】

（1）了解企业与环境之间的互动关系。

（2）理解市场营销微观环境的构成。

（3）理解市场营销宏观环境的构成。

（4）掌握环境威胁和市场营销机会对企业市场营销的影响。

【导入案例】

海尔沙尘暴里寻商机

海尔集团首席执行官张瑞敏曾多次提出：中国企业要参与国际竞争，必须以速度取胜。也许这正是海尔成功的奥秘所在。在2002年春天的沙尘暴袭来之际，海尔再一次抓住商机，以迅雷不及掩耳之势推出新品，充分体现出以速度取胜的真谛。

一、沙尘暴里“雪中送炭”

自2002年3月下旬以来，我国北方绝大部分地区都受到了沙尘暴或沙尘天气的影响，沙尘所到之处天空昏暗、空气混浊。居民即使紧闭门户，在粉尘飞扬的室内也很难舒畅呼吸。沙尘暴已不折不扣地成为北方越来越频繁的“城市灾难”。但中国著名的家电品牌海尔集团却在此次沙尘暴中独具慧眼，在灾难中发现了巨大商机。

海尔“防沙尘暴Ⅰ代”商用空调，正值沙尘暴肆虐北方大地、人们生活饱受沙尘之扰而苦不堪言之时推出，可谓“雪中送炭”。该产品使用者在有限的空间之内，有效地将沙尘暴的危害降低到最小限度，筑起一道健康的防护墙。

据悉，在海尔“防沙尘暴Ⅰ代”商用空调推向市场的两周时间内，仅在北京、西安、银川、太原、天津、济南等十几个城市就卖出了3 700多套，部分城市甚至出现了产品供不应求、人们争购的局面。仅凭“防沙尘暴Ⅰ代”商用空调，海尔商用空调在2002年3月的销量便达到了2001年同期的147.8%。

二、海尔沙里淘金

当多数人都看到沙尘暴的危害时，海尔却看出了商机，根据市场的变化、人们的个性化需求，迅速推出了最受北方地区欢迎的产品——“防沙尘暴Ⅰ”代商用空调。当时，国内生产空调的企业已达400多家，家电企业更是数不胜数，为什么仅海尔能做到这一点呢？不难看出，海尔在反应速度、市场应变能力、个性化产品开发、技术力量的转化方面，具有的强大优势和实力。这大概也是海尔能发展成为知名的国际化大企业，而其他企业所难以企及的原因所在了。

据环境监测专家称，2002年我国北方地区沙尘暴形势比较严峻，而且是频繁发生。自1999年起，我国进入新一轮沙尘天气的频发期，这也是继20世纪五六十年代以来我国所遭受的最严重的沙尘暴侵袭。据悉，仅在2001年，我国监测网络就观测到32次沙尘暴现象，虽然我国已启动一系列重大环保工程来恢复沙尘暴源区和路径地区的植被和生态环境，力图从源头控制沙尘暴的爆发，但这也并不能在短期内解决我国北方地区的沙尘暴问题。据专家估计，即使国家环保措施得力，最快也要15～20年方能从根本上解决沙尘暴问题，而在这期间沙尘暴仍将频频发生。

沙尘暴给人们带来的种种危害，使人们“谈沙色变”。它使沙尘漫天，空气中弥漫着一股土腥味，外出不便，车辆、楼窗、街道乃至整个城市都蒙上了层层灰尘。但由此也引发了一股“沙尘暴经济潮”，精明的商家看出了其中蕴含的无限商机，采取了相应的策略，从而带动了车辆洗刷、家政服务、环卫清扫、吸尘器、空调、墨镜、口罩等行业的兴旺。例如，海尔集团便在沙尘暴再现之际，迅速开发推出了“防沙尘暴Ⅰ代”商用空调。此产品受到我国北方地区人们的欢迎，其销售业绩在短期内便得到了大幅度提高。

应该说有了市场需求才有相应的产品产生，既然在短期内我国北方地区无法从根本上解决沙尘暴的问题，就只有采取种种防御措施，尽可能将沙尘暴给日常生活所带来的负面影响降到最低。海尔“防沙尘暴Ⅰ代”商用空调的应运而生，给处于沙尘之中的人们带来了重新享受清新生活的希望。这种采用多层HAF过滤网技术、独特的除尘技术、离子集尘技术的海尔“防沙尘暴Ⅰ代”商用空调，可以清除房间内因沙尘暴带来的灰尘、土腥味及各种细菌微粒，经过滤后的空气犹如森林中的一般清新，从而在人们日常生活中为抵御沙尘暴的侵袭筑起了一道道绿色的防护城。

三、“沙尘暴经济”经典案例

海尔“防沙尘暴Ⅰ代”商用空调的推出，在诸多“沙尘暴经济”案例中是一个较为成功和经典的案例。这种新产品一经推出便热销市场，海尔这一次又把握住了“天时、地利、人和”的优势，给国内企业上了极为生动的一课。把握住了“天时”，在沙尘暴于2002年3月19日刚一开始之际，海尔便迅速推出了“防沙尘暴Ⅰ代”商用空调，时机把握得恰到好处。该空调是由海尔商用空调科研开发人员连夜开发出的，其推出也充分反映出了海尔的“速度”优势，包括市场应变的速度、新产品开发的速度、生产订单转化的速度。利用了“地利”之便，海尔并不是将这种产品盲目地推向市场，而是进行了精心的市场定位、市场细分，借用在全国各地营销渠道的优势，将这些产品推向受沙尘暴影响较大的华北、东北、西北及华东部分地区。在第二次沙尘暴到来之际，很多的用户已用起了这种空调，除尘换新风效果均非常好。赢得了“人和”，由于人们饱受了沙尘暴带来的空气污浊、灰尘到处飞舞的苦处，于是，具有独特防沙除尘多层过滤网、健康负离子技术的海尔“防沙尘暴Ⅰ代”商用空调便赢得了民心，受到了宠爱。

当前家电企业如何从海尔当年“沙里淘金”中挖掘出成功经验呢？通过本章的学习，将解决这一问题。

第一节 市场营销环境概述

一、市场营销环境的含义

市场营销环境是指企业营销职能外部的不可控制的因素和力量，是影响企业生存和发展的外部条件。环境是企业不可控制的因素，营销活动要以环境为依据，企业要主动地适应环境，而且要通过营销努力去影响外部环境，使环境有利于企业的生存和发展，有利于提高企业营销活动的有效性。

按对企业营销活动影响因素的范围划分，市场营销环境可分为微观环境和宏观环境，如图 3.1 所示。微观环境是指与企业紧密相连，直接影响企业营销能力的各种参与者，也称作直接营销环境，包括企业本身、市场营销渠道企业（供应商、中间商）、消费者、竞争者以及社会公众。宏观环境是指一系列巨大的社会力量，也称作间接营销环境，主要包括人口环境、经济环境、政治法律、科学技术、社会文化及自然环境等因素。微观环境直接影响与制约企业的营销活动；宏观环境一般以微观环境为媒介去影响和制约企业的营销活动，在特定场合，也可直接影响企业的营销活动。

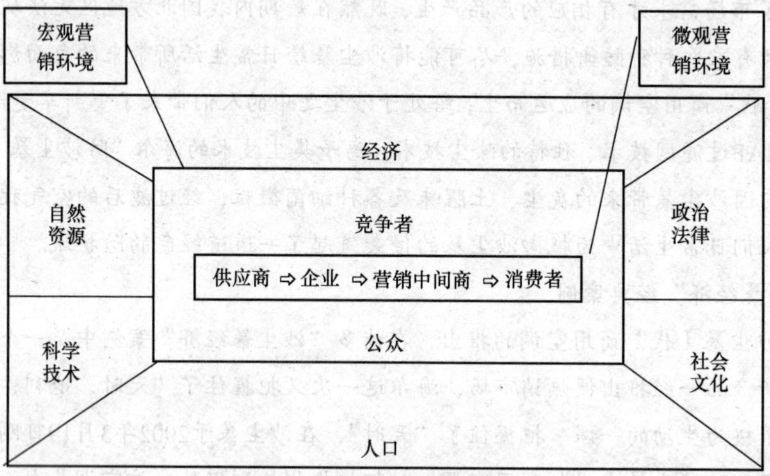

图 3.1　市场营销环境的构成

二、市场营销环境的特征

（1）客观性。市场营销环境作为一种客观存在，是不以企业的意志为转移的，有着自己的运行规律和发展趋势，对营销环境变化的主观臆断必然会导致营销决策的盲目与失误。营销管理者的任务在于适当安排营销组合，使之与客观存在的外部环境相适应。

（2）关联性。构成营销环境的各种因素和力量是相互联系、相互依赖的。如经济因素不能脱离政治因素而单独存在；同样，政治因素也要通过经济因素来体现。

（3）层次性。从空间上看，营销环境因素是多层次的集合。第一层次是企业所在的地区环境，例如当地的市场条件和地理位置；第二层次是整个国家的政策法规、社会经济因素，包括国情特点、全国性市场条件等；第三层次是国际环境因素。这几个层次的外界环境因素与企业发生联系的紧密程度是不相同的。

（4）差异性。营销环境的差异主要是因为企业所处的地理环境、生产经营的性质、政府管理制度等方面存在差异，不仅表现在不同企业受不同环境的影响，而且同样一种环境对不同企业的影响也不尽相同。

（5）动态性。外界环境随着时间的推移经常处于变化之中。例如，外界环境利益主体的行为变化和人均收入的提高均会引起购买行为的变化，影响企业营销活动的内容；外部环境各种因素结合方式的不同也会影响和制约企业营销活动的内容和形式。

（6）不可控性。影响市场营销环境的因素是多方面的，也是复杂的，并表现出企业不可控性。例如，一个国家的政治法律制度、人口增长及一些社会文化习俗等，企业不可能随意改变。

三、企业与环境的互动关系

企业处在非常复杂的环境里，环境对企业的生存和发展影响重大。早期的组织理论研究将企业看作是一个封闭的系统，对企业与外界环境关系的研究不够重视。但是，20世纪七八十年代以来，随着企业生态学、企业生命周期论等理论的发展，组织与环境之间的关系也得到了深入探讨，学者们提出了一系列理论来讨论、解释企业与环境之间的关系，尤其是国内学者陈国权对此更是进行了系统的整理和回顾。

（1）开放系统理论。开放系统理论（Open System Theory）认为，组织要满足自身的各种需要，要生存和发展下去，就必须与其所处的环境进行物质、能量和信息等各方面的交换，否则就会死亡。因此，组织必须像生物体一样对环境开放，与周围环境建立一种融洽的关系。

（2）权变理论。权变理论（Contingency Theory）认为，每个组织的内在要素和外在环境条件都各不相同，因而在管理活动中不存在适用于任何情景的原则和方法，即在管理实践中要根据组织所处的环境和内部条件的发展变化随机应变，没有一成不变的、普适的管理方法。

（3）种群生态学。种群生态学（Population Ecology）认为，组织像自然界的生物一样，其生存依赖于它们获得充足资源的能力。由于面临其他组织的竞争及资源的稀缺性，只有最适应环境的组织才能够生存。环境通过优胜劣汰选择最强者，组织必须争夺有限的资源来维持自身的生存和发展。因此，组织间的关系以竞争为主。

（4）组织生态学。组织生态学（Organizational Ecology）认为，组织和环境是互动的，不仅环境会选择组织，组织也会主动构造自己的未来，尤其当组织联合起来时，环境就会变得可协商，不再是独立的、影响组织的外在力量。组织生态学最著名的观点就是：“进化是相互适应者生存，而不是最适者生存。”组织生态学强调合作，即一个相互联系的群体之间通过相互适应实现整个群体生存。

（5）合作竞争理论。合作竞争理论（Cooperation-competition Theory）认为，企业之间既不是单纯竞争，也不是单纯合作，而是合作和竞争共存，强调合作与竞争的同时性。该理论把与企业相关的伙伴企业分成四类——消费者、供应商、互补者和竞争者，企业与它们之间形成了二维的价值网，一个企业对另一个企业来说，可能会同时扮演不同角色。

（6）资源依附理论。资源依附理论（Resource-based Theory）强调组织对环境的适应性，认为既有组织能够努力提高其生存机会，并在改变环境的同时对其做出反应。资源依附理论的一个主要贡献在于从缓冲、分化和兼并中，认识并描述被组织用来改变和适应环境的各种战略。

（7）商业生态系统理论。商业生态系统理论（Business Ecosystem Theory）认为，每一个企业都应与其所处环境（即商业生态系统）“共同进化”，而不只是竞争或者合作，或单个企业的进化。企业要成功，不仅需要完善自己，还应该塑造整个商业生态系统的发展，因为其所处生态系统的前景制约着企业发展。“共同进化”这一观点超越了对企业之间只是“合作竞争”这一关系的认识。总之，企业所处的环境在不断变化，企业和环境之间的关系也在不断变化。企业必须正确认识和把握其与环境之间的关系，制定相应的市场营销策略。

第二节 市场营销宏观环境

公司以及所有相关者都是在一个大的宏观环境中活动的，这种环境既提供机遇，也存在威胁。市场营销宏观环境是指那些给企业造成市场机会和形式环境威胁的主要社会力量，这些主要社会力量是企业不可控制的变量，包括人口环境、经济环境、自然环境、技术环境、政治环境以及文化环境。

一、人口环境

人口环境是指人口的规模、密度、地理位置、年龄、性别、民族、职业和其他一些统计量的情况。企业必须密切注意企业的人口环境方面的动向，因为市场是由那些想买东西并且有购买力的人构成的，而且这种人越多，市场的规模越大。目前许多国家人口环境方面的主要动向包括以下几个方面。

（一）人口规模

世界人口正呈现着爆炸性的增长趋势，1991 年世界人口 54 亿，并且以每年 1.8%的速度增长。据联合国有关资料报道，到 2001 年 7 月世界人口已达到 6 亿多，其中 80%的人口属于发展中国家。世界人口的迅速增长，给企业带来了一定的市场机会，但同时也带来了很多威胁。一方面，人口数量是决定市场规模的一个基本要素，人口越多，那些与人口紧密联系的食品、服装、家用电器及其他生活必需品等的需求量也在增加，因此市场也在增加；另一方面，人口的迅速增加，会对粮食的需求形成巨大压力，并进一步加剧能源的供需矛盾，也对交通运输形成了更大的压力。企业在制定市场营销战略时，要认真研究这些情况，努力将环境威胁转变成市场营销机会。如应对人口增加带来的能源的供需矛盾，可以研究开发节能产品，用太阳能、地热能等可再生资源代替石油和煤。

（二）年龄结构

不同年龄的消费群体对商品的需求差异很大，一方面是由于他们的爱好及价值观不同，另一方面是因为他们的收入不同，从而影响了他们的购买力。例如对食品制造企业来说，可以把整个大市场分成若干个子市场，如婴儿市场、儿童市场、青少年市场、成人市场以及老年人市场。不同的子市场对食品的关注点也是不同的，如婴儿市场更注重营养，青少年市场主要更注重口感，而老年人市场则更注重健康。目前，人口的年龄结构正呈现一个明显的趋势，即人口老龄化。中国人口老龄化正呈现加速发展态势，60 岁及以上人口占我国人口总数的比例将年均增长 16.55%，到 2030 年，中国 65 岁以上人口占我国人口总数的比例将超过日本，成为全球人口老龄化程度最高的国家。2040 年 60 岁及以上人口占我国人口总数的比例将达 28%左右。到 2050 年，60 岁及以上老人占我国人口总数的比例将超过 30%，社会进入深度老龄化阶段。人口老龄化，给某些行业带来了机会，也给某些行业带来了威胁。例如，人口老年化将使市场对医疗设备、保健品、助听器、老花镜的市场需求迅速增加，而对体育用品、玩具、服装等的需求减少。

（三）性别结构

人口性别的不同导致了其生理及心理需求不同，进而产生了不同的购买习惯和行为方式。与男性群体相比，女性群体的购买显得更感性，冲动消费占了很大比例，因此企业在进行市场营销活动时，要更加注意如何从感官角度来刺激女性群体的购买欲望，而吸引男性群体更多的应该是产品的功能。

（四）家庭结构

家庭是社会的一个细胞，也是很多产品需求的主力军，家庭结构影响着家庭的消费规模以及结构。传统家庭被认为由丈夫、妻子、孩子及长辈组成，而随着西方文化的全球性传播，世界各国的家庭结构正在发生很大的变化，家庭结构显现多元化的特点。例如，单身家庭、单亲家庭、丁克家庭、混合家庭等非传统家庭大量出现，并呈现家庭小型化趋势。这种变化带来了新的市场需求，如对住房的需求量增加促进了房地产行业的发展。

（五）民族结构

基本上每一个国家都是由一个或者多个民族组成，每个民族在全国人口中所占的比例为民族结构。日本是一个极端，主要由大和民族组成；而美国则是另一个极端，其民族结构是所有国家中最复杂的一个。由于各个民族在漫长的人类历史的发展进程中，形成了各自的民族习惯，他们在饮食、服饰、宗教信仰、语言、生活爱好等物质和文化方面各有特点，企业营销人员应根据各个民族的特点来判断其需求状况和消费结构，从而采取相应的市场营销策略。

（六）教育水平和职业

人们所受的教育程度和所从事的职业不同，会表现出不同的价值观念、审美观念以及购买行为，从而影响了企业的市场营销活动。例如，受教育程度较高的“白领”“金领”等往往追求产品的高雅、美观、新颖、品牌；而受教育程度较低的“蓝领”更多的是追求产品的物美价廉、性价比高。各种职业的消费者，由于收入水平、社会地位、从事的工作性质的不同，对商品的设计、款式、包装等方面的要求也不同。因此企业要根据自己目标市场的特点来进行市场营销活动。

（七）人口的地理分布及区间流动

世界人口的分布是不均匀的，有的国家和地区人口密度大，有的国家和地区人口密度小。一方面人口密度大，市场需求量大，企业的市场营销机会多；反之则机会比较少。另一方面由于每个区域的自然条件、经济发展条件、社会文化传统不同，因此他们的消费习惯和需求特点就不同。例如，我国南方人以大米为主食，北方人则以面粉为主食，民间还流传着“南甜北咸，东辣西酸”的说法，因此在餐饮上形成了粤菜、川菜、徽菜、淮扬菜等著名菜系。

随着经济活动和城市化的发展，人口流动性也越来越大。在我国，由于改革开放，城市化步伐加快，大量人口从农村涌入城市，从地城市涌向沿海经济发达地区；另外，由于城市交通拥挤，污染日益严重，许多人纷纷从城市涌向郊区。人口的流动会带来市场需求和购买力在不同地区间的转移。企业要开展好市场营销活动，一定要研究人口流动的状况和趋势，适时适地地满足消费者的需求，特别是在消费者日常生活必需品的设置方面要充分考虑人口流动的变化。例如，一些城市由于郊区人口日益增多，很多国际化的“一站式”的购物中心落户其中，并获得了良好的销售业绩。

二、经济环境

经济环境就是指构成企业生存和发展的社会经济状况和国家经济政策，是由影响消费者购买力和支出模式的因素构成。各国在收入水平和收入分布方面差别很大。例如，自给自足式的经济类型，人们主要消费本国农业和工业产品，这些国家的市场机会很小；而工业化国家则为各种各样产品提供了巨大的市场。营销者必须密切注意购买力变化的主要趋势和人们的消费方式，不仅要考虑二者的关系，而且要考虑世界市场。

（一）消费者收入的变化

消费者的购买力来自消费者收入，但是并不是全部收入都用来购买商品和服务，购买力只是收入的一部分。因此，在研究消费收入时，要注意以下五点。

① 国民收入。它是指一个国家物质生产部门的劳动者在一定时期内（通常为一年）新创造的价值的总和。

② 人均国民收入。它是用国民收入总量除以总人口。这个指标大体上反映一个国家的经济发展水平。根据人均国民收入，可以推测不同的人均国民收入相应地所需消费的耐用消费品或服务，及与经济水平相对应的消费水平、结构和其呈现出的一般规律性。

③ 个人收入。它是指所有个人从多种来源中所得到的收入，对其可从不同方面进行研究。例如，一个地区个人收入的总和除以总人口，就是每人平均收入。该指标可以用作衡量当地消费者市场的容量和购买力水平的高低。

④ 个人可支配收入。它是指在个人收入中扣除税款和非税性负担后所得余额，是个人收入中可以用于消费支出或储蓄的部分。

⑤ 个人可任意支配收入。它是指在个人可支配收入中减去用于维持个人与家庭生存不可缺少的费用（如房租、水电、食物、燃料、衣着等项开支）后剩余的部分。这部分收入是消费需求变化中最活跃的因素，也是企业研究营销活动时所要考虑的主要对象。因为从个人可以支配的收入中用于维持生存所必需的基本生活资料部分，一般变动较小，相对稳定，即需求弹性小；而用于满足人们基本生活需要之外的这部分的需求弹性大，它一般用于购买高档、耐用消费品，以及旅游等，所以是影响商品销售的主要因素。

（二）消费者支出模式的变化

表 3.1 给出了不同收入水平的家庭在主要支出项目上花费的比例。食品、住房和交通花去收入的大部分。但不同收入水平的家庭有不同的支出方式，其中一些差别早在 19 世纪就由恩斯特·恩格尔注意到了，他研究了人们的支出方式随着收入的提高而变化的规律。他发现消费者支出模式主要受消费者收入的影响。随着消费者收入变化，消费者支出模式就会发生相应变化。德国统计学家恩

斯特·恩格尔对此表述如下：

表 3.1　　不同收入水平消费者的支出

项目	收入水平/%		
	10 000～15 000 美元	20 000～30 000 美元	50 000 美元以上
食品	17.7	15.8	12.6
住房	24.8	23.0	24.9
公用设施	8.6	7.1	4.7
服装	5.4	5.8	5.8
交通	17.4	19.1	17.6
医疗健康	7.8	5.5	3.7
娱乐	3.7	4.7	6.1
烟	1.5	1.2	0.5
捐助	2.2	2.9	4.3
保险和退休	4.5	8.2	13.2
其他	6.3	6.7	6.6

① 随着家庭收入增加，用于购买食品的支出占家庭收入的比例（即恩格尔系数）就会下降。

② 随着家庭收入增加，用于住宅建筑和家务经营的支出占家庭收入的比例大体不变（燃料、照明、冷藏等支出占家庭收入的比例会下降）。

③ 随着家庭收入增加，用于其他方面（如服装、交通、娱乐、卫生保健、教育）的支出和储蓄占家庭收入的比例就会上升。

三、自然环境

自然环境主要指营销者所需要或受营销活动所影响的自然资源，它包括地理地形因素、自然资源因素、自然灾害因素、环境保护因素等内容。目前自然环境方面的主要动向如下。

（一）自然资源逐渐枯竭

传统上，人们将地球上的自然资源分成三大类。

（1）取之不尽、用之不竭的资源，如空气、水等。一方面空气受到污染的情况日益严重；另一方面由于世界各地水资源分布不均以及城市用水量增加很快，使世界上很多国家和地区缺水现象越来越严重。这种情况不仅影响了人们的生活，而且对相关企业也构成了一种环境威胁。

（2）有限但可以更新的资源，如森林、粮食等。我国森林覆盖率低，仅为 12.98%；人均森林面积只有 0.12 公顷，远远低于世界人均森林面积 0.9 公顷。我国虽然土地资源比较丰富，但其中耕地面积比较少，并且由于城市和建设事业发展快，耕地面积迅速减少。近 30 年间我国的耕地平均每年减少 54 公顷。由于农民收入比较低，越来越多的农民选择进城务工维持生活，这种情况如果持续下去，我国的粮食和其他作物（如猪肉等）的供应将会成为日益严重的问题。

（3）有限但不能更新的资源，如石油和煤、矿藏等。现代工业文明无限度地索取和利用导致这类资源在一段时期内供不应求，有些国家需要这类资源的企业正面临这或曾经面临着威胁，所以必须寻找替代品。在这种情况下，企业就需要研究与开发新的能源与材料，如太阳能、风能、原子能等新能源，或开发研制节能的新型产品，这样就给某些企业带来一定的机会。

（二）环境污染日益严重

在许多国家，随着工业化和城市化的进程加快，环境污染越来越严重。空气污染、水资源污染、土壤和植物里有害物质的含量增高，随处可见的塑料包装物、一次性餐具，都使污染成为引人瞩目的大问题。例如，2007 年 5 月 31 日江苏省无锡太湖暴发严重的蓝藻污染，造成无锡全城自来水发臭，全市几百万人的生活用水和饮用水严重短缺，使人们的生产生活都受到了很大程度的影响；2009 年 2 月 20 日江苏盐城饮用水大面积受到污染，对上下游的很多企业造成很大的威胁。

（三）政府对自然环境的干预越来越多

政府从长远利益和整体利益出发，对有利于保护自然环境的行为给予一定的奖励措施，如之前对 1.6L 以下排量的汽车减免购置税；对不利于自然环境的行为给予一定的惩罚，如强令关闭对水资源造成污染的化工企业。企业在进行市场营销活动的同时，应充分考虑自然环境的可持续发展，树立环保意识。

四、技术环境

技术环境是指一个国家和地区的技术水平、技术政策、新产品开发能力以及技术发展动向等，它也许是左右我们命运的最具戏剧性的力量。技术已经带来了像抗生素、器官移植和笔记本电脑这样的奇迹，它还创造了像汽车、电视机及信用卡这样的综合性产品。我们对技术的看法取决于是被它的新奇还是被它的荒谬所打动。新技术必将取代旧技术。这种转换影响了真空管业，如静电复印机取代了碳素纸业，汽车取代了马车，高密光盘取代了录音带。当旧产业与新技术抗衡时，它们必将失败。新技术创造新市场和新机遇。下面是技术发展的一些趋势。

（一）技术变化的步伐加快

许多今天看来很普通的产品在 100 多年前是不存在的。A. 林肯对汽车、飞机、留声机、收音机和电灯一无所知；W. 威尔逊不知道电视、气体密封罐、家用冰柜、自动洗衣机、空调、抗生素或计算机；F. D. 罗斯福没见过静电复印、合成洗涤剂、磁带式录音机、避孕药片或人造地球卫星；而 J. F. 肯尼迪不知道什么是个人电脑、高密光盘放音机、数字手表、磁带录像机（VCR）或传真机。那些不能跟上技术变化的公司会发现，它们的产品很快就过时了，他们也将失去新产品的市场机遇。今天，科学家们正在广泛研究新技术，这些技术将使我们的产品和加工工艺发生革命性变化。在生物技术、微电子、机器人和材料科学方面，人们已经取得了令人振奋的成果。

科学家们也在构思另外一些奇妙的产品，像飞行汽车、三维电视、向外星移民等。所有这些都不仅是技术问题，也是商业问题，即必须使这些产品既实用又使人们能够支付得起。

（二）高研究开发（R&D）预算

根据分析，2014 年全球研发（R&D）支出预计增长 3.8%（约 600 亿美元），增长至 1.6 亿亿美元。

美国是世界上最大的研发投资者，它通过高研究水平保持世界竞争力。此次预测认为，美国将在研发方面投资其 GDP 总量的 2.8%。美国的研究活力估计能增加 3.2%，2014 年的投资额度达 4 650 亿美元。管理公司的科研人员也是一项具有挑战性的工作，因为他们可能厌恶成本控制，有时对解决科研问题比对开发出可营销的产品更感兴趣。为了能够以营销导向，公司开始把营销人员也放到 R&D 小组之中。

（三）强调小改小革

由于开发与引进新技术成本很高，许多公司更强调产品的小改革，以避免在重要创新方面的赌博。即使是像杜邦公司和贝尔实验室这样的以研究为导向的公司，现在也都变得谨慎起来。多数公司愿意把资金投放在模仿竞争者的产品上，或在特性和款式上做出小的改进上，或只是对现有品牌进行简单的延伸。可以说，大多数的研究是防御性的，而不是进攻性的。

（四）法规的增加

由于产品变得越来越复杂，公众需要知道它们是否安全。因此，政府部门要调查并禁止具有潜在不安全性的产品。在美国，联邦食品和药品管理局已经建立了一套复杂的规则来试验新药；消费品安全委员会也为消费品制定了一套标准，并惩罚那些经营不符合标准的产品的公司。这些规则已使研究成本大大增加，并且使研究过程大大延长。营销者在搜索和开发新产品时应该了解这些规则。营销者需要理解变化着的技术环境，以及新技术服务于人类需要的方式，他们也需要与 R&D 人员密切合作，以便进行更多的、以市场导向的研究，他们还必须对可能伤害用户的创新保持清醒的头脑。

五、政治环境

政治环境极大地影响着营销决策。政治环境包括法律、政府部门和压力群体，在一个确定的社会中，他们影响和制约着各类组织和个人，包括法律对工商业的制约，例如，增加立法或改变政府部门或机构，还包括加强道德伦理和社会责任。良好的法规可以鼓励竞争，并保证产品与服务市场的公平竞争。因此，政府需要制定一系列公共政策来指导工商活动，即为全社会的利益制定约束工商业的法律和规定。

（一）增加立法

在过去若干年中，世界各国都在增加与工商业有关的立法。美国有许多与此有关的法律，包括竞争、公平交易、环境保护、产品安全、广告的真实性、包装与标签、定价以及其他重要方面的法律。欧盟委员会一直在努力制订有关竞争活动、产品标准、产品可靠性以及在成员国之间进行商业交易的新法律。一些国家在消费者立法方面甚至比美国走得更远。例如，挪威就禁止一些销售促进的方式，如赠券、竞赛和奖金这些不适当的或不公平的方式；泰国要求在全国范围内销售食品的公司必须有低价位的食品，以便低收入者也能在商店中购买到便宜的食品；印度规定食品公司若推出市场上已有的某类商品如另一种可乐饮料、新品牌的稻米等，必须得到专门的批准。要理解公共政策对一种特殊营销活动的含义，不是一项简单的事情。例如，在美国有联邦法、州法和地方法，并且这些法律互相重叠。在达拉斯销售的阿司匹林受联邦标签法和达拉斯州广告法的约束。此外，法规在不断变化。营销者必须努力跟上各种有关法规的变化。

工商立法之所以需要，主要有几方面原因。第一个原因是公司之间互相保护。尽管工商界的经理们可能赞成竞争，但当法律威胁到他们的时候，有时他们也会试图反对立法。所以，要通过法律来确定和保护公平的竞争。第二个原因是保护消费者。如果没有法律的话，有些公司就会制造劣质产品、做虚假广告、通过包装和价格欺骗消费者，这种不公平的做法又由各种中间商得到强化。工商立法的第三个原因是，保护社会利益不受工商活动的侵害。获利性企业活动并不总是带来更好的生活质量，制定一些规则，可以保证企业对其生产和产品的社会成本负责。

（二）实施法规的政府部门

国际营销者可能接触几十甚至上百个政府部门，这些部门负责执行政策和法规。在美国，国会已经设立了许多这样的部门，例如，联邦贸易委员会、食品药品监督局、州际商务委员会、联邦通信委员会、联邦动力委员会、联邦航空管理局、消费品安全委员会、国家环境保护局和消费者事务办公室等。由于这些政府部门有一些独立的权力来贯彻法律，所以他们是公司实施营销活动的主要影响者。有时，这些部门的官员很急躁，其行为难以估计；有时，这些部门由律师和经济学家所控制，他们又缺乏对工商活动和营销活动的实际感受。因此，近几年来，联邦贸易委员会已经选了一些营销专家进入委员会，他们能够更好地解决复杂的工商问题。

新的法律将继续出现。工商界的经理们在为其产品和营销项目制订计划时，必须密切注视其发展。营销者需要了解有关竞争、消费者和社会的法律，包括地方的、国家的以及国际的法律。

（三）更强调伦理和社会责任

营销伦理是指在营销活动中所涉及的伦理问题，是企业在营销过程中的内在行为准则，是企业营销活动的一种规范、设计和引导，是为企业的长期发展和自我完善所服务的。社会责任是指组织通过透明的、合乎道德的行为，为其决策和活动对社会和环境的影响而承担的责任。营销伦理所体现的恰恰是企业社会责任在法律层次、伦理层次和慈善层次承担责任的内容。当企业在营销过程中，追求既重注盈利又注重社会使命的双赢，以为客户提供最大价值为基础，形成企业、消费者、社会和其他伙伴各方利益共享，实现企业与生态、环境和谐共生、和谐发展时，实际上就是在履行企业的法律责任、伦理责任和慈善责任。营销伦理与社会责任的统一，是市场营销的发展方向，更是走向企业与社会和谐的必然。

六、文化环境

文化环境是影响企业营销诸多变量中最复杂、最深刻、最重要的变量。社会文化是某一特定人类社会在其长期发展历史过程中形成的，它主要由特定的价值观念、行为方式、伦理道德规范、审美观念、宗教信仰及风俗习惯等内容构成，它影响和制约着人们的消费观念、需求欲望及特点、购买行为和生活方式，对企业营销行为产生直接影响。

（一）文化的持久性

在一个特定社会中的人们具有许多信仰，其中核心的信仰是相当牢固的。例如，大多数美国人都相信要工作、结婚、有同情心和诚实。这些信仰又形成了日常生活中的态度和行为。核心的信仰通过父母传递给孩子，通过学校、教堂、工商业和政府得到强化。二级信仰相对容易改变。相信婚姻是核心信仰，相信人们应该早结婚是二级信仰。营销者可能改变人们的二级信仰，但要改变人们的核心信仰则很困难。例如，营销者能够有效地告诉人们应该晚结婚，却不能有效地告诉人们根本不结婚。

（二）文化的转变

尽管核心的信仰和价值观是非常牢固的，但文化的变化确实存在。让我们看一下流行音乐、电影人物的性格、年轻人的发型、服装等就能理解这一点。为了确定机遇和威胁，营销者要预测文化的转变。有一些公司提供这样的预测。例如，亚科罗维奇营销研究公司把美国文化总结成41个方面，如神秘主义、为今天而生活和注重感觉等。该公司给出了注重各个方面的人口的比例，以及变化的趋势，如注意健康和福利的人口比例近年来持续增长。这种信息有助于营销者用适当的产品和沟通来适应这种趋势。一个社会的文化是通过各种方式表现出来的，如通过人们对自己和他人的看法、对组织和社会的看法，以及对自然界和宇宙的看法表现出来。

1. 人们对自己的看法

在对待自己和对待他人的态度上，人与人之间是有很大差别的。一些人追求个人生活的幸福、快乐、多彩和舒适；另一些人则通过宗教、创造以及对事业或其他生活目标的追求以实现自我成就感。人们利用产品、品牌和服务作为自我表现的手段，他们购买与自己观点相匹配的产品和服务。

在20世纪80年代，个人成就和物质需求戏剧性地膨胀，这对营销来说意义极大。在以自我为中心的社会中（Me-Society），人们购买他们梦想着的汽车，度过他们梦想着的假期，他们在户外从事健身活动（慢跑、网球），在艺术和手工艺上花更多的钱。在这种人们追求自我充实的社会中，休闲产业（露营、划船、艺术和手工艺以及各种运动）具有良好的增长前景。

2. 人们对他人的看法

最近，观察家们已经发现，社会正从以我为中心向以我们为中心（We-Society）转变，即更多的人希望与他人合作并服务于他人。盲目消费及只关心自己逐渐被节省、关心家庭和帮助他人所取代。这种变化表明，社会性产品和服务的发展前景是乐观的，如健康俱乐部、家庭集体度假和运动，这些都可以改变人们之间的沟通。此外，这种变化也表明，像摄像机和计算机这样的间接社会性产品的市场也将快速增长，有了这类产品，尽管人们独处，也会感到像和他人在一起一样。

3. 人们对组织的看法

人们对公司、政府部门、行业协会和其他组织的态度是不同的。一般来说，人们愿意为重要的组织工作，而且期望这些组织做一些社会性工作。近年来，美国人对组织的忠诚在下降，对工商业组织和政治组织都产生了怀疑。根据最近对美国家庭主妇的调查，75%的人认为，大多数大公司只考虑他们自己。这种趋势表明，组织需要寻找新的方式以赢得消费者的信任。他们需要检查自己的广告信息，以确保它们是诚实的；他们也需要检查自己的各种活动，以确保他们像好公民那样尽义务。越来越多的公司评估自己在重要公众中的形象，而且利用公共关系活动来建立正面形象。

4. 人们对社会的看法

人们对其所在社会的态度是不同的。有的人爱社会并捍卫它；有的人是改革者，想改变它；有的人对社会不满意，想离开它。人们的社会文化背景影响着他们的消费形式、储蓄水平及对市场的态度。

在20世纪八九十年代，美国消费者的爱国主义倾向加强了，为了对此做出反应，许多美国公司用美国制造和美国旗帜来强化促销。例如，B&D 公司（Black & Decker）在其工具上印了一个类似美国旗的符号；而在过去几年中，美国纺织工业用“精心制作，美国的骄傲”的广告运动强烈地刺激了美国消费者，这个运动特别强调美国制造。

5. 人们对自然的看法

人们对自然界的态度是很不相同的。有人感到受自然界的统治；有人感到应与自然界和平相处；还有人在寻求如何控制自然界。长期以来，人们一直认为自然界是富有的，并通过技术不断增加对自然界的控制。然而，近些年来，人们已经认识到，自然界是有限的、脆弱的。人类的活动可能损害它，甚至毁灭它。

对自然界的爱使人们倾向于进行露营、步行、划船、钓鱼和各种户外活动。企业界对此已经做出反应：提供更多的步行工具、更多的露营设备、更好的防虫霜，以及其他产品；旅行社提供更多的野外旅游；食品制造商发现自然食品的市场增长很快，如天然麦片、天然冰激凌，以及保健食品；而营销沟通部门在产品广告中则多采用展示自然的背景。

6. 人们对宇宙的看法

人们对宇宙的起源及人类在其中的地位的看法也是不同的。虽然多数美国人相信宗教，但是，在很长一段时间里，人们对宗教的信仰在渐渐下降。由于人们已经对宗教的起源产生了怀疑，他们开始寻求可立刻获得满足的商品和经验。在 20 世纪 80 年代，人们更倾向于用职业成就和财富来衡量成功与否。然而，某些专家指出，随着人们对新的和更广泛的内在目标的追求，对宗教信仰的回归已经出现。人们开始从拜物主义和实用目标转向追求更确定的价值观和是非观。正像一位专家所说，在 20 世纪 90 年代，社会对成功的定义将出现明显的变化，幸福的家庭和服务于社区将取代以金钱作为衡量人们成功的标准。当然，人们仍然关心买东西花多少钱，但是家庭、社会、地球以及信仰才是更持久的。

【课间案例】

肯德基家乡鸡商场沉浮

商海沉浮，事事难料。1973年9月，香港市场的肯德基公司突然宣布多间美国家乡鸡快餐店停业，仅剩四间还在勉强支持。

在美国，消费者一般是驾车到快餐店，买了食物回家吃。因此，在店内是通常不设座的。而在中国香港市场的肯德基公司仍然采取不设座位的服务方式。

为使肯德基家乡鸡首次在香港地区推出获得成功，肯德基公司配合了声势浩大的宣传攻势，在新闻媒体上大做广告，并且采用该公司的世界性宣传口号“好味到舔手指”。

凭着广告攻势和新鲜劲儿，肯德基家乡鸡还是火红了一阵子，很多人都乐于一试，一时间也门庭若市。可惜好景不长，3个月后，肯德基就“门前冷落鞍马稀”了。到1975年2月，首批进入香港地区的美国肯德基连锁店集团全军覆没。

在世界各地拥有数千家连锁店的肯德基为什么唯独在香港遭受如此厄运呢？经过认真总结经验教训，发现是中国人固有的文化观念决定了肯德基的惨败。

10年后，肯德基带着对中国文化的一定了解卷土重来，并大幅度调整了营销策略。广告宣传方面低调，市场定价符合当地消费，市场定位于16～39岁的人。1986年，肯德基家乡鸡新老分店的总数在香港地区为716家，占世界各地分店总数的1/10，成为香港快餐业中，与麦当劳、汉堡包皇、必胜客薄饼并称的四大快餐连锁店。

为什么肯德基公司20世纪70年代会在香港举步维坚呢?

一是鸡的口味和价格不符合香港市场的消费习惯和消费水平。

二是在店内通常不设座的方式不符合香港市场的就餐习惯。

三是在世界其他地方行得通的广告词“好味到舔手指”在中国人的观念里不容易被接受。舔手指被视为肮脏的行为，味道再好也不会去舔手指。人们对这种广告较反感。

本案例中，肯德基公司在20世纪70年代因为忽视了香港的社会文化环境，忽视了中国人固有的文化观念，忽视了中国人的消费习惯和购买行为特点，导致其产品在香港市场全军覆没。

20世纪80年代，肯德基公司总结上次开拓市场的经验，吸取上次的失败教训，注重对市场营销环境的研究，采取了富有针对性的营销策略，因此取得了辉煌的成绩。

肯德基在香港市场上的沉浮记深刻地说明了：市场犹如一匹烈马，只有了解它才能更好地驾驭它。

企业的经营管理活动并非企业自身独立的活动，必然与周围环境发生各种各样的联系，各种环境的变化决定或影响着企业的经营管理。企业必须关注、监测和预测其周围市场营销环境的发展变化，并善于分析和识别由于环境变化而造成的主要市场机会和威胁，及时采取适当的措施和对策，使其经营管理与市场营销环境的发展变化相适应。

第三节 市场营销微观环境

营销管理工作就是通过创造用户价值和满意度来建立公司同用户的关系。然而，营销经理不可能单独完成这项工作，他们能否成功还取决于公司微观环境的其他要素，如公司的管理部门、供应商、中间商、用户、竞争者和公众。

一、公司管理部门

在制订营销计划时，营销管理部门要考虑公司的其他部门，如高层管理部门、财务部门、研究与发展部门、采购部门、制造部门和会计部门等。所有这些相互联系的部门构成了企业的内部环境。最高管理部门确定公司的宗旨，建立公司的目标，制定公司的总体战略和政策。营销经理必须在高层管理部门制定的战略计划指导下制订营销计划，而营销计划在实施之前也必须得到高层管理部门的批准。

营销经理还必须同公司其他部门密切配合。财务部门关心的是如何筹集和使用资金，以便贯彻营销计划；研究与发展部门要集中精力设计出既安全又有吸引力的产品；采购部门关心的是如何得到零配件和原材料等供应物品；制造部门负责保质保量生产出产品；而会计部门则要计算收入与成本，以便使营销部门了解是否达到了计划目标。总之，所有这些部门对营销部门的计划和活动都有影响。在营销观念指导下，所有这些职能都必须考虑“用户”，必须协调一致，以便创造出超价值的产品和良好的用户满意度。

二、供应商

供应商在整个用户“价值传送系统”中起着重要的纽带作用。他们为制造公司提供资源，以便制造产品或提供服务。由于供应状况对营销活动具有重大影响，所以，营销经理必须对此严密监视。供应短缺或延迟、工人罢工，以及其他许多事件都会导致短期内销售额下降，并在长期内降低用户满意度。营销经理还必须控制关键供应品和价格变动趋势，因为供应成本上升，将导致价格上升，从而降低公司的销售数量。

任何公司都不能够完全自给自足。原材料、零部件、燃料以及许多企业服务都是必需的投入。供应商是与环境的一个关键连接，供应商意味着支出费用，但也可能意味着是合作伙伴。一个汽车制造商可能有上百个供应商，这是一种双向关系。许多这样的公司为了支持关键领域里“更好的供应商”正在大幅度地减少供应商的数目，但这是以所留下的供应商会给予长期的合作、保证全面的高质量、及时的发货、对研究和设计提供支持等为前提条件的。

不过，完全依赖于一两个供应商有着很大的风险，这就如同小公司只有一两个客户一样。任何行动或决定都可能会产生至关重要的后果。

供应商对于市场过程的重要性包括以下方面：

① 它是产品供货能力、发货时间和产品质量的关键决定因素；

② 原材料的费用是产品总成本的一个重要组成部分；

③ 供应链与初级生产商有许多连接，而且很容易受到外界因素的影响；

④ 供应商的相对权力一般是至关重要的，权力大小取决于其规模、替代产品及供应商之间竞争的激烈程度；

⑤ 与供应商有关系的质量是市场营销有效性的一个关键参数；

⑥ 供应商可能采取存货政策，通过使存货空间最大化来促进销售；

⑦ 如果合作关系没有产生任何市场效益的话，可以考虑向后合并。

三、营销中间商

营销中间商帮助制造公司促销、销售和分配产品给最终用户。营销中间商包括批发零售公司、物流公司、营销服务代理和金融中间商。

① 批发零售公司是帮助本公司发现用户并向用户销售产品的公司，包括批发商和零售商，他们购买商品并把它们再卖出去。选择批发零售商并与其合作并非一件易事，因为制造公司目前已不再能够从大量小型的独立批发零售商中筛选了，他们面对着大型的已成长起来的批发零售商组织。这些组织具有足够的力量决定合作条款，甚至能够把制造公司从大市场中驱逐出去。

② 物流公司帮助制造公司把产品从某一地点运到目的地。在与独立的储存或运输公司合作时，制造公司必须决定采用何种方式能够有效地储存和运输产品，同时还要权衡成本、交货期、速度和

安全等问题。

③ 营销服务代理是指进行营销研究的公司、广告服务公司、媒介公司和营销咨询公司等。它帮助制造公司实现营销目标，促使产品到达正确的市场。当制造公司决定接受这类公司的服务时，必须认真进行选择，因为它们在创造性、质量、服务和价格方面的差别可能很大。

④ 金融中间商包括银行、信贷公司和保险公司等，它们帮助制造公司进行金融交易，降低商品买卖中的风险。大多数公司和用户都依赖金融中间商融通资金。

像供应商一样，营销中间商也是公司整个价值传送关系中的重要组成部分。在建立使用户满意的相互关系过程中，制造公司不仅要优化自己的实施活动，而且要有效地同供应商及营销中间商合作，以便优化整个系统的实施活动。

总的来说，营销中间商对于市场营销过程的重要性包括以下方面。

① 若无法有效地将产品发送给客户的分销商会对企业产生负面的影响。应该在费用、发送、速度和安全这几个方面达到某种平衡。

② 高效的合作伙伴在运输、存货管理、市场知识、销售计划与陈列，以及售后服务方面占有优势，对于产品供货能力、供货及时性、质量和价格有着至关重要的影响。

③ 市场推广者既要与最终消费者进行交流，也应该与将产品发送到最终用户手中的营销中间商进行交流。

④ 由于营销中间商所处的战略性地位，他们拥有一定的经济杠杆作用。营销中间商的数目正在变得越来越少，但权力却变得越来越大。

⑤ 营销中间商都有某种共同的利益，这是合资经营和成为合作伙伴的基础。

现在，由于电子商务的出现，生产商开始考虑对消费者进行直接营销，这就可能将价值链中的营销中间商排除出去。

四、用户

公司需要仔细地研究它的用户市场。市场营销学是根据购买者及其购买目的进行市场划分的，包括：

① 消费者市场，即为了个人消费而购买的个人和家庭所构成的市场；

② 生产者市场，即为了生产、取得利润而购买的个人和企业所构成的市场；

③ 中间商市场，即为了转卖、取得利润而购买的批发商和零售商所构成的市场；

④ 政府市场，即为了履行职责而购买的政府机构所构成的市场；

⑤ 国际市场，即由国外的消费者、生产者、营销中间商、政府机构等所构成的市场。

消费者对于市场营销过程的重要性：

① 对大多数组织来说，消费者是收入的唯一来源；

② 如果消费者改变他们的习惯或转向企业的竞争对手，那么企业的生存就受到了威胁；

③ 相比一个满意的消费者，一个不满意的消费者会更多地将其经历告诉他人；

④ 一般来说，由于其中涉及收入流的生命周期，消费者维系要比发掘新消费者的成本效率高得多；

⑤ 消费者希望物有所值。这一点综合了广义上所说的因消费产品而产生的满足感和相关的价格这两个方面；

⑥ 消费者的偏好可能变化得非常快；

⑦ 通过市场构成，可以影响消费者的偏好和他们的购买理性；

⑧ 对消费者的了解和进行比较的范围由于互联网的使用而在不断扩大。

五、竞争者

市场营销观念指出，一个公司若想成功，就必须为用户提供比其他竞争者更大的价值和更高的满意度。因此，营销者所要做的不仅仅是简单地满足目标用户的需要，还必须对产品进行定位，使本公司的产品或服务在用户心目中比竞争者具有更大的优势。没有任何一种竞争策略对所有的公司来说都是最好的。每一个公司都需要考虑自己的规模，以及同竞争者相比自己在行业中的地位。在一个行业中，占统治地位的大公司所采用的策略可能不适合小公司。然而，仅仅规模大还不够，大公司有取胜的策略，也有失败的策略。实际上，小公司也可能制定出比大公司获得更高回报率的策略。竞争者主要包括以下几种类型。

① 愿望竞争者：向企业的目标市场提供种类不同的产品以满足不同需要的其他企业；

② 一般竞争者：向企业的目标市场提供种类不同的产品但可以满足同一种需要的其他企业；

③ 产品形式竞争者：向企业的目标市场提供种类相同，但质量、规格、型号、款式、包装等有所不同的产品的其他企业；

④ 品牌竞争者：向企业的目标市场提供种类相同、产品形式也基本相同，但品牌不同的产品的其他企业。

竞争对手对市场营销过程的重要性包括：

① 没有任何企业可以不考虑竞争环境就做出决定；

② 即使是垄断企业也必须考虑到潜在的进入者或有效的替代者；

③ 定价必须考虑到市场压力和竞争对手的反应；

④ 竞争对手越多，他们所提供的产品越近似，销售对于价格的变化就越敏感；

⑤ 价格大战会时不时地爆发，但不用价格而用品牌和其他的产品及促销战术，才是规范的竞争。

六、公众

公司的营销环境也包括各种公众。公众是指任何对组织达到目标具有实际或潜在兴趣或影响的群体，主要包括以下几类。

① 金融公众：这种公众影响公司获取资金的能力。银行、投资公司、股东是主要的金融公众。

② 媒介公众：指传递新闻、特写、编者按的公众，包括报纸、杂志、广播和电视台等。

③ 政府公众：政府对企业经营活动制定了各种各样的规定，营销人员必须经常向公司的律师咨询有关产品安全性、广告真实性等方面的政府规定。

④ 民间公众：公司的营销决策可能受到消费者组织、环境组织、少数人群体或其他群体的质询。

公司的公共关系部门有助于使公司同民间群体和消费者保持接触。

⑤ 地方公众：每个公司都有地方公众，例如，企业周围的居民和社区组织。大公司通常设一个社区关系主任职位，由其处理社区方面事务，出席社区会议，回答问题，以及致力于其他一些有意义的活动。

⑥ 一般公众：公司需要知道一般公众对其产品和活动的态度，公司在一般公众中的形象直接影响到他们是否购买本公司的产品。

⑦ 内部公众：包括公司的工人、经理、志愿人员和董事会成员。大公司采用新闻公告或其他方法向内部公众传递信息。如果职工感觉公司很好，他们就会把这种正面形象扩散给外部公众。一个公司可以为其主要公众和用户准备营销计划。如果一个公司想要从某种公众处得到某种专门的反响，如良好的意愿、口碑、时间和资金的捐赠，它就必须为这些公众提供某种有足够吸引力的东西，以便得到所期望的反应。

第四节 营销环境分析与企业的对策

许多公司认为，营销环境是不可控的，必须去适应。他们被动地接受营销环境，而不努力改变它。他们分析环境，制定策略，以便帮助公司避开风险并利用环境提供的机遇。一些公司则持环境管理的观点。这些公司不是简单地观察环境然后做出反应，而是采取积极的措施去影响营销环境中的公众和其他方面。他们雇佣一些说客去影响有关本产业的立法；分阶段地利用一些事件获得媒体的有利报道；通过影响编辑人员来形成公众的观点；对违反规则的竞争者提出正式抗议或法律诉讼，以便保证合法的竞争；他们还签订完善的合同来更好地控制分销渠道。

还有一些公司找到某种正当的方式来克服似乎不可控的环境制约。例如，美国银行巨人——花旗银行（Citibank）多年来一直想在马里兰州开展全方位银行服务，而过去在该州仅有信用卡和少量的其他服务。按照马里兰州的法律，州外的银行仅可以提供有限的几种服务，不得做广告，不得建立分支机构和从事其他营销活动。1985 年 3 月，花旗银行公司向该州提出，在该州建立一个信用卡服务中心，它可以带来 1 000 个就业机会，还要为中心提供 100 万美元现金作为资产。由于这项提案对马里兰州非常有利，获得了批准。花旗银行成了该州第一家提供全方位服务的州外银行。虽然营销管理并不总是影响环境，但在许多情况下，不该仅仅满足于观察环境，然后做出反应。例如，一家公司几乎不可能影响人口的变化、经济环境或文化，但只要有可能，聪明的营销者就应对环境采取积极的方法，而不是只采取观察加反应的方法。

一、环境威胁与市场营销机会

市场营销发展趋势基本上可分为环境威胁和市场营销机会两类。

环境威胁指环境中一种不利的发展趋势所形成的挑战，如果不采取果断的市场营销行动，这种不利趋势将损害企业市场机会。企业市场营销经理应能识别企业所面临的威胁，并按其严重性和出现的可能性进行分类，之后，为那些严重性大且可能性也大的威胁制订应变计划。

市场营销机会指对企业营销管理富有吸引力的且具有竞争优势的领域或动向。这些机会可以按其吸引力以及每一个机会可能获取成功的概率来加以分类。企业在每一个特定机会中的成功概率，取决于其业务实力是否与该行业所需要的成功条件相符合。

二、分析市场营销环境的方法

每一家企业都会面临环境威胁以及市场机会，但是，并不是所有的环境威胁和市场机会都一样大。企业的最高管理层可以用“环境威胁矩阵”和“市场机会矩阵”加以分析、评价（如图 3.2 所示）。

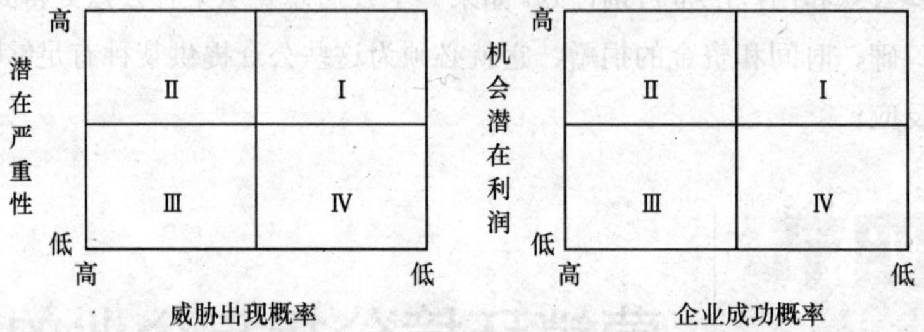

(a) 环境威胁矩阵　　(b) 市场机会矩阵

图 3.2　市场营销环境的分析与评价

环境威胁矩阵图横向代表威胁出现的概率，纵向代表潜在的严重性，表示盈利减少程度。对于第Ⅱ象限的威胁，企业应处于高度警惕状态，并制定相应的措施，尽量避免损失或者使损失降低到最小，因为它的潜在严重性和出现的概率均很高。对于第Ⅰ、Ⅲ象限的威胁，企业也不应该掉以轻心，要给予充分的重视，制定好应变方案。对于第Ⅳ象限的威胁，企业一般应注意其变化，若有向其他象限转移趋势时应制定对策。

市场机会矩阵图的横向代表企业成功概率，纵向代表机会潜在利润，表示潜在盈利能力。用此矩阵分析和评价企业所经营的业务，可能会出现 4 种不同结果。

① 第Ⅱ象限的环境机会，属于机会潜在利润和企业成功概率都高的状态，企业在这一市场条件下应全力去发展。

② 第Ⅰ象限的环境机会，属于机会潜在利润高和成功概率低的环境条件，企业应设法改善自身的不利条件，使第Ⅰ象限的环境机会逐步移到第Ⅱ象限而成为有利的环境机会。

③ 第Ⅲ象限的环境机会，属于机会潜在利润低和成功概率高的环境机会，对大企业来说这种环境往往不予重视，对中小企业来说则可以不失时机地捕捉这样的机会。

④ 第Ⅳ象限的环境机会，属于机会潜在利润低和成功概率低的环境条件，对这样的环境状态，企业一般是一方面积极改善自身条件，另一方面静观市场变化趋势，随时准备利用其转瞬即逝的机会。

【课间案例】

“金六福”的成功之路

从1998年年底开始，随着第一瓶五星金六福白酒在四川五粮液酒厂下线，金六福只用了短短 3 年时间，就做到新锐白酒第一的规模；被中国食品工业协会授予“跨世纪中国著名白酒品牌”。2003年，金六福销量达到18亿元；2004年突破20亿元，并被评为“中国驰名商标”，品牌无形价值更是高达28.8亿元。金六福只用了短短7年的时间，成为中国最具有价值的白酒品牌之一，它是如何一路“飞”奔，做到了几十个亿的销售额，跻身白酒市场前五强的呢?

金六福为什么能成功？首先，金六福与五粮液的合作，采取了OEM（代工生产）的方式。这种方式虽然在白酒界比较普遍，但为什么金六福能够成功，是因为金六福产品的支撑点是被称为“中国白酒大王”的五粮液。这是产品的实体部分，产品品质有保证，不容质疑。其次，“金六福”的品牌名称具有很强的联想度，这个名字不但琅琅上口，而且很直观地给人一种喜庆、幸福、吉祥、圆满的感觉。同时，这些年金六福围绕“福文化”的品牌定位进行了一系列的营销传播，使得金六福已经在很大程度上成为了目标消费群体对于幸福、吉祥、圆满、喜庆等情感体验的产品载体。最后，从1998年上市以来，金六福酒的主打产品即为金六福星级系列、福星系列、为幸福干杯系列等。从品牌名称和系列产品的创设中，不难看出，金六福品牌的核心价值始终围绕一个“福”字，并由此进行品牌传播和品牌体验。这就是产品的虚体部分。有五粮液的背景支持，还有金六福本身所体现的“福”文化，以及始终如一地宣传这种文化，使金六福的产品吸引力强大而又厚重。

在百年奥运之际，金六福以“中国奥委会合作伙伴”的名义，将中国福文化的厚重与悠远倾情演绎在奥运的大舞台之上，向世界传播我们民族的福文化。

世界各民族文化的迥异常常会造成意识形态上摩擦和人生信仰上的冲突，这是宣扬民族文化的瓶颈。但代表人们心灵美好祝愿的福文化却是全世界各国人民共同拥有的美好向往，是一种包容性的民族文化，也只有包容性的文化才会是世界文化融合的交汇点。

2005年12月15日，金六福“发短信，赢机票”短信互动活动在全国范围正式启动。整个活动期间，无论是移动、联通还是小灵通客户，只需编辑短信“春节回家金六福酒”，发送到9191315，即可参加抽奖，就有机会获得千元机票，“飞”回家。很明显，金六福2006年春节的营销已经拉开序幕，并且延续了2005年春节的活动内容。

环境机会与威胁分析如下。

（一）优势

1. 金六福找准品牌支撑点五粮液。

2. 金六福品牌名称具有很强的联想度，给人一种喜庆、幸福、吉祥、圆满的感觉。

3. 金六福酒的主打产品金六福星级系列、福星系列、为幸福干杯系列，都是向中高档市场进军，从而扩大金六福酒的市场。

4. 金六福酒下属系列在名称上也延续了“金六福”这一完美的寓意。

5. 在2005年金六福展开的营销活动，这一活动所吸引的群体主要是在外务工人员，以及出国人员。

6. 在奥运百年之际，金六福以“中国奥委会合作伙伴“的名义，来宣传自己，从而达到让国内外更多的人知道金六福酒的目的。

7. 金六福的广告语十分吸引人，如“好日子离不开它——金六福”，并且金六福还采用了甜美可人的小女孩为它做广告。

（二）劣势

1. 金六福的主要目标市场是中档浓香型市场，而这一档竞争品牌多，竞争对手实力强。

2. 由于金六福为中档白酒，平时需求量较大，所以出现了“假酒事件”。

3. 虽然金六福找到了品牌支撑点五粮液，但五粮液集团生产的白酒品种、品牌众多，任何一个品牌在市场上出现漏洞，都可能殃及金六福。

4. 金六福在与其他品牌进行竞争时，没有一套有效的竞争方案，仍处于价格战、广告战和五花八门的促销礼品等低级竞争阶段。

5. 金六福与五粮液是OEM的合作方式，由于近些年金六福的发展越来越好，五粮液也有了想要控制金六福的意思，而金六福的一大难题是：想继续与五粮液OEM合作方式，又怕五粮液耽误了自己的前程；单飞，又怕因为失去五粮液的根基，而从此一落千丈。

金六福在进入白酒市场的初期阶段，品牌文化方面做得非常好，尤其是金六福确定了“福文化”这个核心价值，金六福充分地了解了中国人购买白酒时图一个好寓意的心理，现在的金六福已打开了自己的销售市场，并开发了众多系列，以满足不同人群的需求。但是金六福同时也面临着很多考验，如竞争对手的日益强大和五粮液想要控制金六福等。虽然金六福现在的发展非常好，但是面对多家竞争对手的日益强大，金六福也需要研究出一套新的竞争方案，如果金六福还是按照以前的竞争方法进行“近身肉搏”的话，恐怕金六福今后的销售量会有所下滑。

三、企业对机会和威胁的反应

对于企业所面临的主要威胁和最好的机会，最高管理层可以做出以下对策。

（1）面对机会的反应。

最高管理层对企业所面临的市场机会，必须慎重评价其质量。美国著名市场营销学者西奥多·莱维特曾告诫企业家们，要小心仔细地评价市场机会。他说：“这里可能是一种需要，但是没市场；或者这里可能是一个市场，但是没有消费者；或者这里可能有消费者，但目前实在不是一个市场。又如，这里对新技术培训是一个市场，但是没有那么多消费者购买这种产品。那些不懂得这种道理的市场预测者对于某些领域（如闲暇产品、住房建筑等）表面上的机会曾做出惊人的错误估计。”

（2）面对威胁的反应。

企业对所面临的主要威胁有 3 种可能选择的对策：

① 反抗，即试图限制或扭转不利因素的发展。

② 减轻，即通过调整市场营销组合等来改善环境适应，以减轻环境威胁的严重性。

③ 转移，即决定转移到其他盈利更多的行业或市场。

本章习题

一、判断题

1. 在一定时期货币收入不变的情况下，如果储蓄增加，当期购买力也会随之增加。（　　）

2. 宏观营销环境大致包括5个方面内容：政治环境、竞争环境、经济环境、法律环境、供应企业等。（　　）

3. 微观环境与宏观环境之间是一种并列关系，微观环境并不受制于宏观环境，各自独立地对企业的营销活动发挥着影响作用。（　　）

4. 恩格尔系数越高，人们的生活水平越高；反之，恩格尔系数越小，人们的生活水平越低。（　　）

5. 将企业的竞争者分为平行竞争者和产品形式竞争者是从消费者的角度对竞争者所做的划分。（　　）

二、单选题

1. 当家庭收入达到一定水平时，随着收入增长，恩格尔系数将（　　）。

A. 下降　　B. 增大　　C. 不变　　D. 上下波动

2. “捷安特”自行车公司是“桑塔纳”轿车生产厂的（　　）。

A. 愿望竞争者　　B. 平行竞争者　　C. 产品形式竞争者　　D. 品牌竞争者

3. 绿色营销观念的诞生是基于人们对以卜（　　）环境产生的反思。

A. 经济环境　　B. 政治环境　　C. 科技环境　　D. 自然环境

4. 公共汽车、出租车、中巴车之间的竞争属于（　　）竞争。

A. 愿望　　B. 平行　　C. 产品形式　　D. 品牌

5. 旅游业、体育运动消费业、图书出版业及文化娱乐业为争夺消费者一年内的支出而相互竞争，它们彼此之间是（　　）。

A. 愿望竞争者　　B. 平行竞争者　　C. 产品形式竞争者　　D. 品牌竞争者

6. 一个国家人口中青年人的比例上升，将会对（　　）行业带来环境威胁。

A. 美容用品、服装、大学教育　　B. 运动器材

C. 家庭旅游、人寿保险　　D. 健康保险、滋补保健品、闲暇旅游

7. 影响社会购买力从而影响企业市场营销的最重要因素是（　　）。

A. 消费者收入　　B. 消费者支出　　C. 消费者信贷　　D. 居民储蓄

三、简答题

1. 市场营销坏境具有哪些特征？

2. 市场营销宏观环境包括哪些因素？

3. 市场营销微观环境包括哪些因素？

4. 市场机会矩阵4个象限各有什么特征？

四、案例分析题

社会化媒体是一个近来出现的概念，大致上指的是“能互动的”媒体。社会化媒体将以往媒体一对多的传播方式转变为多对多的“对话”。据国内社会化媒体营销专家唐兴通的观点，社会化媒体可以分为以下几类：社会关系网络、视频分享网络、照片分享网络、合作词条网络、新闻共享网络、内容推选媒体、商务关系网络等。网络时代和信息社会背景下，社会化媒体成为人们交流的重

要渠道，同时也自然成为企业营销的信息传播渠道。阅读下面关于社会化媒体的文章并讨论。

酒店业结合社会化媒体和移动应用的新营销方式

当社会化媒体和移动应用这两个当今互联网业界的宠儿结合在一起，会给企业带来什么样的作用呢？一方面，社会化媒体为企业提供了最详细、最细微的客户信息，企业可以在社会化媒体上挖掘目标客户的性格、年龄、喜好等数据；另一方面，移动应用则为企业提供了一个随时随地陪伴客户的最佳渠道。无论是财政、客户关系管理还是企业前景，社会化媒体和移动应用都是企业的必备选择。

而国际旅游酒店业不仅加入了社会化媒体营销和移动营销的行列，甚至可以说是走到这个行业的前列。美国各大酒店已经开始通过Facebook提供直接预订服务，便捷和直接接触的特性或许能够把游客从线上旅游代理机构手中吸引过来。下面我们就看看社会化媒体和移动应用究竟给酒店业带来什么样的革新。

一、利用社会化媒体挖掘客户细微需求

喜达屋酒店集团全球网络服务副总裁大卫·古德斯曼表示："当客户需要帮助朋友预订酒店时，我们可以随叫随到；如果他们打了'Like'，我们就可以跟他们开始对话。"古德斯曼把公司的Facebook主页当作是延伸喜达屋与客户之间关系的渠道之一。"喜达屋与客户之间不再是客户住酒店的那10天而已，而是一年的相伴互动。"喜达屋集团共开放了旗下9个公司1000家旅馆的Facebook页面。

另外特朗普酒店集团的Facebook预订服务已经开设将近6个月了，该公司发展收购执行副总裁伊万卡·特朗普的Facebook个人主页甚至有一个预订插件。一旦客户通过Facebook进行预订，相关工作人员就会与客户取得联系，建立客户喜好档案，了解客户想要的配套设施、特定的室内温度等细微需求。自2009年以来，巴巴多斯的30家小酒店和连锁店已经在Facebook上提供预订服务。

康奈尔大学酒店管理学院发言人格伦·威廉姆表示，酒店公司必须随时随地陪伴客户，而不是让客户亲自去寻找预订系统。预订服务能够直接帮助酒店与客户建立对话和关系，利用社会化媒体进行沟通能够使这种关系超越预订交易本身。酒店能够借助社会化媒体发现客户喜欢什么枕头，想喝什么饮料，想住哪种类型的房间等细微需求。威廉姆表示个性化的服务能够带来回头客，最终使旅馆能够保持价格优势。"旅馆需要体现这种随时陪伴的价值，因为如果把焦点放在最低的价格，打价格战必将导致更劣质的服务，客户满意度也会降低。"

二、利用社会化媒体占据旅游业竞争优势

游客也一直希望在这些新平台上有相关的旅游服务。根据旅游行业权威调查机构PhoCusWright发现13%的社交网络用户在这些平台上购买旅游服务，35%的智能手机用户期待在明年能够通过手机预订旅游服务。著名在线旅游公司（Expedia、Travelocity、Orbitz和Priceline）均把在线酒店预订服务比例从2008年的41%提升至2010年的46%。

这些在线旅游机构确实为酒店带来不菲的收入，即通过这些机构以低价出售尽可能多的房间，但是存在多重缺点。威廉姆表示，与客户直接预订相比，酒店通过在线旅游机构出售房间赚取的利润会少很多。而且这些客户开始转向这些在线机构满足其旅行需求，这样与客户建立关系的是这些预订网站，而不是酒店了。

对于酒店业来说，社会化媒体为他们提供了一个从这些在线旅游机构夺回客户的契机。游客可以直接在Facebook等社交网络上直接联系到酒店企业，通过对话，酒店根据游客的具体需求来提供最符合需求的服务，从而重新建立了两者的关系。

三、与客户互动，根据客户行为完善酒店服务

Facebook新闻发言人吉利安·卡罗尔表示旅游行业是最理想的合作伙伴，“旅游本质上就具有社交性”。游客需要向朋友咨询酒店餐馆安排，之后还会分享对酒店的看法。卡罗尔还表示，除了预订服务外，一些与旅游相关的公司还通过Facebook解决客户投诉、开展线上营销活动等。

为了帮助旅游公司改善自己的主页，Facebook向他们提供一些分析数据，如“Like”某个页面的用户的人口统计数据。公司可以发现一天中哪个时段能够取得最好的互动效果，哪些动作能够促使更多的用户按下“Like”按钮。

无论是直接的互动，还是通过数据挖掘工具得到的客户信息，都为酒店提供了改善自身服务的绝佳的机会。

四、借助移动应用提供随时随地的服务

移动营销的优势在于企业可以随时随地提供服务，而客户可以利用零碎时间来表明自己的需求。例如，凯悦酒店集团就允许客户通过智能手机订房和退房。这就意味着，游客下飞机后，就可以在前往酒店的车上订房，到了酒店之后直接拿钥匙就可以了。希尔顿酒店集团估计大约61.5万位客户下载了他们的手机应用。该应用提供预订房间或者修改预订的功能，还有菜单浏览等新功能。

在这里要特别分享的就是被普遍看好的LBS（基于位置服务，Location Based Service）营销。LBS不仅为企业提供了客户的地理位置信息，而且还是线上和线下结合的工具。例如，比利时知名啤酒Stella Artois结合AR（扩增现实，Augmented Reality）与LBS技术制作了一个应用，用户开启手机摄像头对着街道，就会显示离自己最近的酒吧，包括地址、名称。最特别的是，将手机往地上拍摄，还会出现箭头符号，引导一步步走到酒吧。如果喝醉了，该应用提供叫车服务。

最近，星巴克就联手国内移动社交网络服务商街旁网推出新产品免煮咖啡VIA的营销活动，用户可通过签到分享自己对VIA的饮用感受，并同步到各主流社交网络上。企业方面可借此取得传播效应，获取用户的地理位置信息以及社交网络数据，用户则可以通过分享获取勋章、优惠券等。

资料来源：Socialbeta.cn，2011年5月

【思考与讨论】

1. 列举你所了解的社会化媒体，并总结其特点。

2. 社会化媒体对于酒店业的营销贡献有哪些？

3. 在信息社会背景下，社会化媒体的兴起对于企业的营销环境有哪些影响？

第四章 市场购买行为分析

【学习目标】

（1）了解消费者市场的特点及购买行为模式。

（2）了解组织市场的特点及购买行为模式。

（3）掌握消费者购买决策的过程，明确各个阶段应采取哪些营销对策。

【导入案例】

"品牌精神"吸引消费者

Cason是一名广告公司的年轻设计师，刚刚买了一部蓝色的索尼爱立信的手机，可是3个月后，同事就发现Cason的手机变成了红色，手机音乐的铃声从《两只蝴蝶》变成了《童话》。正当大家以为Cason换了一部新手机时，Cason得意洋洋地告诉大家，他只不过将手机的外壳换了，并下载了新的手机音乐、新的待机画面，而这些细节的改变，就使他具有一种换了新手机的感觉。

手机可以更换外壳、MP3随身听可以变换背景的颜色、家具可以自由组合，相比以往，许多产品的设计变得更加灵活多变——"80后"消费群体对于产品新鲜感追求的倾向性比其他年代的消费群体更为明显，在这种心理趋势驱动下，许多产品本身的核心功能反倒成了次要因素，而一些额外的附加功能却完全可以成为他们决定购买的关键。对于他们来说，手机不再是通信的工具，而是一种时尚的炫耀品，佩戴某款价格昂贵的手表不是为了看时间，而是为了得到某个群体的认可或者获得一种时尚的标签。时尚，已成为"80后"的生活准则，这一生活准则不仅反映了"80后"消费群体的突出心理特征，更成为许多企业制定营销策略时需考虑的关键因素。

"80后"消费群体对于品牌、时尚的追求，对产品品牌精神与消费感受的注重，使许多企业必须对产品赋予新的定义——在产品功能使用的基础上，要想赢得这批年轻一代消费者的青睐，就必须为产品注入一种容易打动他们的品牌精神，如动感地带用周杰伦的"酷"来表现"我的地盘听我的"理念，百事可乐用F4等明星的"时尚"来演绎"年轻一代的选择"的品牌内涵。

"80后"作为一个正在不断崛起的消费群体，他们的消费权力、消费意识、消费话语权正在深刻影响着许多企业的市场策略。如何深刻地解读他们的消费心理，把握时代潮流的发展趋势呢？这对于任何一家企业抢占市场都具有非常重要的意义。通过本章的学习，将解决这一问题。

资料来源：全球品牌网，2006年6月

第一节 市场类型

市场是营销者最关注的部分，因为在以市场为导向的企业中，整个企业的价值链都是围绕市场进行的，市场是企业营销活动的出发点和归宿。为了进一步研究市场，就必须对其进行分类。按照市场所在地理位置的不同，可以将市场划分为国际市场和国内市场，城市市场和农村市场；根据市场交换对象的不同，可以将市场划分为商品市场、劳务市场、技术市场、金融市场等；根据消费者购买目的的不同，可以将市场划分为消费者市场和组织市场。在此我们仅仅研究根据消费者购买目的的不同划分的市场类型（如图 4.1 所示），即对消费者市场和组织市场的需求和购买行为进行分析研究，并掌握其特点，从而为市场营销决策奠定基础。

- 市场
  - 消费者市场
  - 组织市场
    - 产业市场（生产者市场）
    - 中间商市场
    - 政府与公共团体市场（非营利组织市场）

图 4.1　市场的类型

消费者市场又称消费品市场，是指个人或者家庭为满足生活需要而购买各种有形产品和无形服务所形成的市场。它是市场体系的基础，也是现代市场营销研究的主要对象。

组织市场是由一切购买有形产品和无形服务需求的各种组织机构所组成。它可以分为三种类型：产业市场（生产者市场）、中间商市场和政府市场。

产业市场又叫生产者市场，是指一切购买产品和服务并将之用于生产其他产品或服务，以供销售、出租或者供应给他人的个人或者组织。通常由农业、林业、渔业、机械制造业、建筑业、服务业等构成。

中间商市场是指那些通过购买商品或者服务并转售或出租给他人来获得利润的个人和组织。它通常由各种批发商和零售商组成。

政府市场是指为执行政府的主要职能而采购或者租用商品的各级政府单位，即政府作为市场时主要是指各级政府的采购机构。由于各国政府要经常采购各种物资和服务，因而形成了一个很大的市场。据统计，政府机构是市场活动最大的买主，采购数量约占整个市场 30%的份额。

由于这些市场中的购买主体、购买规模、购买决策等不同，每个市场都有其不同的特点，这其中又以产业市场为典型和代表。比较消费者市场和生产者市场，它们在以下几个方面有明显的区别，如表 4.1 所示。

表 4.1　消费者市场和生产者市场对比

项目	消费者市场	生产者市场
购买者	个人或家庭	组织中的专业人员
购买目的	生活消费，不谋求盈利	生产消费，追求盈利
购买数量	少	大
市场分布	分散	集中
所处环节	最终消费	中间环节（生产件消费）
需求弹性	富有弹性	缺乏弹性
购买行为	非专业购买	专业性购买
购买决策	简单、多变	复杂、理性
主要分销方式	间接分销	直接分销
主要促销方式	广告、营业推广	人员推销

第二节 消费者市场及购买行为分析

一、影响消费者购买行为的主要因素

消费者行为取决于他们的需要和欲望，而人们的需要和欲望以及消费习惯和行为，是由多种因素共同作用的结果，这些因素主要包括文化因素、社会因素、个人因素和心理因素。影响消费者购买行为的因素如图 4.2 所示。

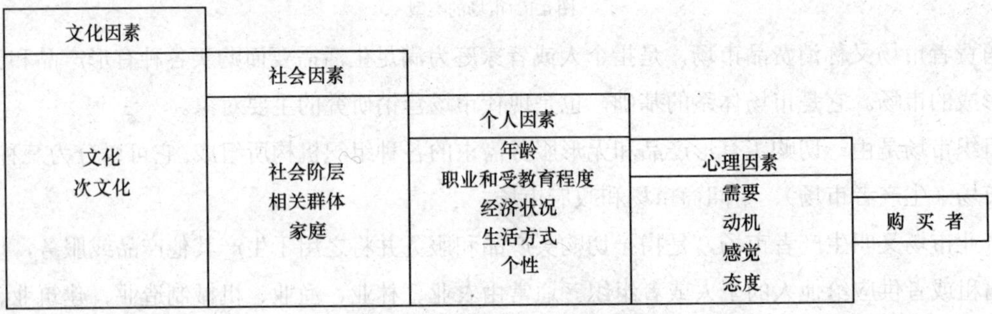

图 4.2　影响消费者购买行为的因素

（一）文化因素

文化因素对消费者购买行为具有最广泛、最深远的影响。下面从文化、次文化和社会阶层这 3 个方面来理解文化因素对消费者购买行为所起的作用。

1. 文化

文化是影响人类欲望和行为的最根本的决定因素。文化的差异会引起消费者行为的差异，具体表现为婚丧、服饰、饮食、建筑风格、节日、礼仪等物质生活和精神生活的各个方面具有不同的特点。例如，东方国家习惯把红色作为吉祥的象征，而在法国和瑞典红色则被视为不祥之兆。因此，当中国的红色爆竹销往法国和瑞典时，销路自然不畅。

2. 次文化

每一种较大的文化群体中都包含着能为其成员提供更为具体的认同感和社会化等较小的次文化群体。这其中包括民族次文化群体、宗教次文化群体、种族次文化群体和地域次文化群体等。

（1）民族次文化群体。由于长期所处的自然环境和社会环境不同，不同的民族在饮食、服饰、建筑、礼仪、道德观念上往往有很大差别。

（2）宗教次文化群体。不同的宗教群体，具有不同的文化倾向、习俗和禁忌。我们国家有佛教、天主教、伊斯兰教、道教等，每一种宗教都具有独特的清规戒律，从而对教徒的生活方式和习俗加以规范，提倡或抑制某种消费行为。

（3）种族次文化群体。种族是指在体质形态上具有某些共同遗传特征的人群。国际上通行的四分法把人类分为四大人种：蒙古利亚人种（黄种人）、高加索人种（白种人）、尼格罗人种（黑种人）、澳大利亚人种（棕种人）。每一种族都有自己的价值观和生活规范，对商品的需要方面也存在很大的差别。

（4）地域次文化群体。这是指因居住地的自然地理条件不同，形成每个地理区域不同的生活方式、爱好和风俗习惯等。例如我国长期以来由于地理区域的不同，在菜肴风味方面，就有川菜、鲁菜、粤菜、淮扬菜等菜系，其口味各具特色。

（二）社会因素

消费者行为还受到社会因素的影响，如社会阶层、消费者相关群体、家庭及其所处的社会角色和地位。

1. 社会阶层

社会阶层是指在社会中具有相对同质性和持久性的群体，它们是按等级排列的，每一阶层的成员具有相似的价值观、兴趣爱好和行为方式。按照教育水平来分，可以分为高级知识分子、中级知识分子以及初级知识分子；按照职业来分，可以分为教师阶层、律师阶层、公务员阶层、医生阶层以及工人阶层、农民阶层等；收入和社会地位来分，可以分为社会上层、社会中层以及社会底层。

2. 相关群体

相关群体是指那些直接或间接影响购买者的看法和行为的个人或团体。一个人的消费习惯、喜好往往不是天生的，而是受别人的影响和感染的，是在潜移默化中逐渐形成的，这是相关群体的作用所在。

直接相关群体又称为成员群体，即某人所属的群体或与其有直接关系的群体，它包括首要群体和次要群体。首要群体是指与某人直接、经常接触的一群人，如家庭成员、亲朋好友、邻居、同事所形成的团体；次要群体是指对某人影响但不频繁的一群人，如行业协会、学术会议、宗教组织等。

间接相关群体是指某人的非成员群体，即某人不属于其中的一员，但又受其影响的群体，它包括向往群体和厌恶群体。向往群体是指某人崇拜的一些人或者希望加入的一些集团，如运动健将、影艺明星、名门淑女等。近年来由于人们追崇韩剧，于是大街小巷很多韩版服装比较受年轻人喜爱。厌恶群体是指某人讨厌或反对的一群人。一个人总是不愿意与厌恶群体发生任何联系，各方面都希望与其保持一定距离。

3. 家庭

消费者往往是以家庭为单位来购买产品的，家庭成员对消费者购买行为影响比较大，因此家庭是社会中最重要的消费者购买组织。社会学家根据家庭权威的不同，把家庭分为 4 种类型：①丈夫支配型，即家庭购买决策权掌握在丈夫手中；②妻子支配型，即家庭购买决策权掌握在妻子手中；③各自为主型，即每个家庭成员对自己所需商品独立做出购买决策；④共同协商型，即大部分购买决策由家庭成员相互协商、相互妥协做出，最后使双方都认可。因此企业的市场营销者应该了解在购买产品的决策中，谁有较大的影响力，或者谁在哪些方面更有影响力。

4. 角色和地位

一个人在一生中要从属于许多不同的群体，担任不同的角色，具有不同的社会地位，因此会产生不同的需要，进而购买不同的商品。例如，某人在儿子面前是父亲，因此要为儿子购买学习书籍；在妻子面前是丈夫，因为要在某些特定的节日为妻子购买化妆品；在父亲面前是儿子，因此要为父亲购买医疗产品；在下属面前是领导，因此要买名牌西服来显示其地位等。因此市场营销者应该对消费者购买行为时的社会角色有所了解，这样可以有的放矢地满足其需要。

（三）个人因素

1. 经济状况

经济状况是指消费者可以支配收入、资产、储蓄和借贷等能力，是决定消费者的购买行为和消费模式的主要因素。一般情况下，高收入群体倾向于购买高档产品，而低收入群体倾向于消费低档产品。

2. 年龄和家庭生命周期

不同年龄的消费者有着不同的需求和偏好，他们购买产品的种类和式样也有不同。例如，儿童是零食和玩具的主要消费者，青少年是文体用品和服装的主要消费者，中年人是住房和家庭用品的主要消费者，老年人是保健用品的主要消费者。

人们的购买行为不但受到年龄的影响，还受到家庭生命周期的影响。西方有关学者把传统的家庭分化为 9 个阶段：

① 单身阶段。处于这一阶段的消费者一般比较年轻，几乎没有经济负担，穿戴比较时髦，参与许多体育娱乐活动。

② 新婚夫妇。这个阶段经济状况较好，并且没有小孩。这个阶段他们需要购买家具、汽车、电冰箱等耐用消费品，并时常支出一定的旅游费用。

③ 满巢期（Ⅰ），指最小的孩子在 6 岁以下的家庭。处于这一阶段的消费者往往需要购买儿童食品、玩具和支付大量孩子的保育费用。因此常常感到购买力不足。

④ 满巢期（Ⅱ），指最小的孩子在 6 岁以上的家庭。处于这一阶段的消费者需要购买大量的食品、清洁用品和支出孩子上学等教育。

⑤ 满巢期（Ⅲ），指夫妇已经上了年纪，子女已经长大，但尚未独立。处于这一阶段的消费者经济状况尚可，消费习惯稳定，可能购买富余的耐用消费品。

⑥ 空巢期（Ⅰ），指子女已经成年并且独立生活，但是父母仍在工作的家庭。处于这一阶段的消费者经济状况最好，对娱乐品、旅游以及奢侈品比较感兴趣。

⑦ 空巢期（Ⅱ），指子女独立生活，父母退休的家庭。处于这一阶段的消费者收入日益减少，倾向于购买有益健康的产品。

⑧ 鳏寡就业期。尚有收入，但是经济状况不好，消费量减少，集中于生活必需品的消费。

⑨ 鳏寡退休期。收入很少，消费量很小，主要需要特殊食品、保健用品以及医疗产品。

3. 生活方式

生活方式是指一个人在生活或者工作中所表现出来的有关活动、兴趣和看法的模式。不同生活方式的群体对产品和品牌有不同的要求。因此市场营销者应该了解目标消费者的生活方式以及产品与消费者生活方式的关系，为不同生活方式的消费者提供他们所需要的产品。

4. 个性

个性是指一个人所特有的心理特征，它导致了一个人对其所处环境的相对一致和持续不断的反应。正如世界上没有两片完全相同的树叶一样，每个人都具有不同的个性特征。每个人的个性影响着对他们对产品的需求。例如，依赖性强的人比较容易建立品牌忠诚；独立性强的人不轻易相信广告，对市场营销敏感度比较低。

（四）心理因素

消费者购买行为要受其需要、动机、知觉、学习以及信念和态度等主要心理因素的影响。

1. 动机

动机是指一种升华到足够程度的需要，它能够引导人们去探求满足需要的目标。按照心理学的一般观点，人的行为是受其动机支配的，而动机是由未满足的需要引起的。所谓需要就是客观刺激通过人体感官作用于人脑而引起的某种缺乏状态。但并不是每一种需要都产生动机，也并不是每一种动机都会产生行为，只有最强烈的需要即“优势需要”才能产生动机，也只有最强烈的动机即“优势动机”才能产生行为。

心理学家曾提出很多关于人类行为动机的理论，如马斯洛的需要层次理论、赫茨伯格的双因素理论、弗洛伊德的动机理论等。这里重点介绍马斯洛的需要层次理论。

表 4.2 马斯洛的需要层次

需要层次	需求类别	需求的主要内容
5	自我实现需要	希望自我潜能和才赋得到极度发挥的需要（成功的成就感、能力得到体现等）
4	尊重需要	希望得到尊敬、赞美、赏识和承认地位的需要（荣誉支配权力、地位等需求）
3	社会需要	归属感、爱情、友谊等方面的需要（朋友交往、伙伴关系、参加某些集团或者机会等）
2	安全需要	对安全、安定的需要（财产安全、人身安全、职业安全、健康保障等方面的需要）
1	生理需要	对日常衣食住行的需要（为满足饥、渴而需要吃、喝，需要穿衣、休息、睡觉等）

马斯洛将人类的需要分为 5 个层次：生理需要、安全需要、社会需要、尊重需要以及自我实现需要，如表 4.2 所示。它们是按照从低到高的层次组织起来的，只有当较低层次的需要得到满足后，较高层次的需要才会出现或者满足。一个人生理需要满足后，才回去寻找安全需要；也只有在安全需要获得满足之后，社会需要才会出现，以此类推。例如，一个人很爱看书做研究，可当他在极度饥饿的情况下，即使面对再好看的书，他都不会首先选择去看书，而是选择去填饱肚子。

2. 知觉

消费者在购买行为中与产品接触时，会借助于耳鼻喉舌以及体肤等感觉器官感觉商品的物理属性，随着感觉的深入，人们将感觉到的材料通过大脑进行分析综合，从而产生知觉。所谓知觉是个人选择、组织并解释信息的投入，以便创造一个有意义的过程。人们之所以会对同一个产品产生不同的知觉，是因为人们要经历 3 种知觉过程。

① 选择性注意。这是指消费者在外界诸多信息中只注意到对自己有意义的信息或者某些与其他信息相比有明显差别的信息。这要求市场营销者在吸引消费者注意力方面多下工夫。

② 选择性扭曲。这是指消费者有选择地将某些信息加以扭曲，并使之符合自己原有的认识和思维模式，然后加以接受。这说明消费者经常有按照自己的想法来解释信息的倾向。

③ 选择性保留。这是指消费者常常仅记住那些与其信念和态度相符合的信息，忘记与自己态度和信念不相符合的信息。例如，当消费者喜欢诺基亚产品时，他会倾向于记得诺基亚产品的优点，而容易忽视诺基亚产品的不足和缺陷。

因此市场营销者应精心设计他们的促销活动，才会突破消费者知觉选择性的壁垒，达到预期的效果。

3. 学习

人们的很多行为是与生俱来的、本能的，但大多数行为包括其购买行为都是来源于后天的经验和学习。学习是指由经验而引起的个人行为上的变化。一个人的学习是通过驱使力、刺激物、诱因、反应和强化等因素相互影响和相互作用的过程。驱使力是诱发人们行为的内在刺激力量。例如，某商务人士重视身份地位，尊重需要就是一种驱使力。当这种驱使力被引向某种刺激物如名表时，驱使力就变成了动机。他对购买名表的反应会受其周围各种诱因的影响，如有关广告成功人士都戴某名牌手表或者家人的支持，那么他对某名牌手表的反应也就随之加强，以后如果再遇到相同的诱因时，就会产生相同的反应，即采取购买行为。如果反应被反复强化，久而久之就成为购买习惯了。这就是消费者的学习过程。由于市场营销环境在不断发生变化，新产品新品牌不断涌现，消费者必须在收集到相关信息后才做出购买行为，这本身就是一种学习过程。

4. 信念和态度

所谓信念是指一个人对某些事物所持有的看法和相信程度。例如消费者认为苏宁电器商品货真价实、服务热情周到、信誉比较好，这一信念一旦形成一般很难改变，它简化了消费者的购买决策过程，引导消费者习惯性地去苏宁电器购买家用电器等产品。

所谓态度是指消费者对某些事物或观念长期持有的好与坏的认识上的评价、情感上的感受和行为倾向。由于消费者的态度具有一定的持久性和广泛性，所以企业市场营销者想改变消费者的态度比较困难，这要求企业从设计产品到推向视市场的整个过程都需要考虑消费者的需求特点，努力从一开始就让消费者形成对产品比较好的看法。

二、消费者购买行为类型

消费者购买行为会随着其购买决策类型的不同而有所不同。在消费者购买饮料、牙膏、个人计算机和住房等不同产品时的差异极大，越复杂越昂贵的品牌购买决定，购买者参与的程度会越大，并且可能还需要其他人（如家庭成员、朋友、销售人员等）参与购买决策。西方学者根据购买过程中参与者的介入程度和品牌间的差异程度，将消费者购买行为分为以下 4 种类型。

（一）复杂型购买行为

复杂型购买行为是指消费者面对不经常购买的贵重产品，由于品牌之间的差异比较大，购买风险比较大，消费者通常会高度参与，他们往往会广泛收集有关产品信息，并认真学习、了解产品的性能、特点等，经过反复比较，从而对产品产生某种信任，最后决定购买的消费者购买行为类型。例如，某消费者要购买一台数码相机，他有可能连不同品牌数码相机的属性都不知道。在这种情况下，营销人员必须研究高度参与的消费者是如何收集信息并对其行为进行评估，并建议厂商制定相应的广告营销策略，以使消费者掌握该产品的属性、各种属性的相对重要性以及该产品所具有的较重要的特征。同时，必须使其品牌特征与众不同，运用各种方法来影响消费者的最终决定。

（二）多变型购买行为

多变型购买行为又称寻求多样化的购买行为，是指对于品牌差异比较大的产品，消费者并不愿意花长时间来选择品牌，而是不断变换所购产品的品牌的消费者购买行为。消费者购买行为的变换并不是对于所购产品的不满意，而是为了寻求多样化。针对这种购买行为，市场营销者可以采用占据有利货架位置、降低价格或提供各种优惠、赠券、免费试用等特色活动来刺激消费者选择产品。

（三）习惯型购买行为

习惯型购买行为是指对于价格比较低、经常购买、品牌差异比较小的产品，消费者不需要花费多时间就可以做出决策的购买行为。他们有时会长期购买同一品牌的产品，但并不是特别偏好某一品牌，而是出于习惯。例如，食盐、白糖等，消费者购买时大都不会关心品牌，而是靠多次购买或者多次使用去选择某一品牌。在这种情况下，市场营销者可以采用重复性、反复性广告，以加深消费者对产品的熟悉程度。

（四）和谐型购买行为

和谐型购买行为是指当各个品牌之间的差异不明显的情况下，消费者往往不会花很多精力去收集不同品牌间的信息从而进行比较，而是会把注意力更多地集中在品牌价格是否优惠、购买时间和地点是否便利等问题上，在了解相关特性后，一般会很快地做出购买决策的购买行为。但是，消费者在购后往往会产生一种不协调的感觉，或是因为所购产品某些方面不是很满意，或是因为听到有关其他产品更好的消息。为了减少这种不协调感觉，消费者广泛收集各种对已购产品的有利信息，以证明自己购买决策是正确的。对于这种购买行为，市场营销者应尽可能地与消费者进行沟通，增强他们的信念，提高对所购产品的满意程度。

三、消费者购买决策过程

消费者购买行为是一种内在的复杂心理活动过程。很多学者为了便于研究，把这一过程划分为若干个阶段，这样营销者可以针对不同的决策过程阶段采取不同的有效促销措施。菲利普·科特勒把复杂性购买行为的决策过程划分为 5 个阶段，如图 4.3 所示。

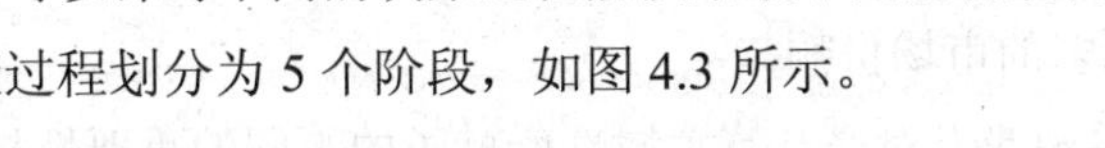

图 4.3　消费者购买决策过程

（一）引起需要

引起需要即引发购买行为的动因，也是购买决策过程的起点。当消费者在现实生活中感觉到或意识到对某种商品或服务有需求，而现实又没有满足这个需求，一般会通过购买行为来满足该需求。消费者这种需求的产生，既可以是内在的生理需要或心理需要引起的，如因饥饿而引发购买食品、因口渴而引发购买饮料；也可以是由外界刺激所产生，如看到电视中的西服广告而打算自己买一套、路过水果店看到新鲜的水果而决定购买等。当然，有时候消费者的某种需求可能是内在需求和外界刺激共同作用而产生的结果。在这个阶段，市场营销人员应该去识别引发消费者需要的各种因素，从消费者那收集信息，不但要设法满足消费者现在的需要，还要想办法弄清楚消费者的潜在需要，从而制定出有针对性的营销战略。

（二）收集信息

当消费者产生了购买动机之后，便会开始收集有关信息，也就是关于能够满足自己需要的产品和服务的资料，以便做出购买决策。一般来说，消费者信息的来源主要有以下4个渠道。

① 个人渠道。这是指从家庭、亲友、邻居、同事等熟人那里得到信息。这种信息来源可信度最高但信息量比较少。

② 商业渠道。这是指从推销人员、经销商、广告、商品包装、产品说明书、展览会等处得到的信息。这种信息来源信息量最大，但可信度比较低。

③ 公共渠道。这是指消费者从电视、广播、报刊、杂志等大众传播媒体和各种消费者团体的评论中所得到的信息。这种信息来源的信息没有商业来源那么多，但可信度比商业来源高。

④ 经验渠道。这是指消费者自己在对产品的接触、检查、试验或使用过程中得到的信息。这种信息来源可信度比较高，但在较复杂的购买行为中，不太容易获得。

由于产品的种类和消费者的个人特征的不同，各种信息渠道对消费者的影响力也不同。市场营销者应该及时掌握消费者了解信息的过程和动向，了解各类信息对消费者的影响程度，从而制定出竞争力更强、吸引力更大的营销计划，设法通过有关渠道对企业和产品信息进行传播。

（三）比较评价

当消费者从不同的渠道获取到有关信息后，便对可供选择的品牌进行分析和比较，并对可能选择的产品做出评价，从而确定自己所偏好的品牌。消费者一般会从以下几个方面对产品进行评价。

① 产品属性。它是指产品能够满足消费者需要的特性。消费者一般将某一种产品看成是一系列属性的集合。例如，照相机的照片清晰度、速度、体积、价格；计算机的信息存储量、图像显示能力、软件适用性；手表的准确性、式样、耐用性。这些都是消费者感兴趣的产品属性，但消费者通常会对不同的产品属性赋予不同的权重，因此市场营销人员应分析不同类型的消费者分别对产品的哪些属性感兴趣，以便进行市场细分，对不同需求的消费者提供具有不同属性的产品，通过满足不同消费者的需求来获得更多的市场份额。

② 属性权重。它是指消费者对产品有关属性所赋予的不同的重要性权数。消费者被问及如何考虑某一产品属性时立即想到的属性，被称为产品的特色属性。而有些属性可能被消费者遗忘，而一旦被提及，消费者就会认识到它的重要性，这被称为产品的非特色属性。市场营销人员不仅应该关心特色属性，而且也要重视非特性属性。

③ 品牌信念。它是指消费者对某品牌优劣的总的看法。消费者会根据各品牌的属性及各属性所占的权重建立起对各个品牌的不同信念，如确认哪种品牌在哪一属性上占优势，哪一属性相对较差。

④ 效用函数。效用即消费者对某一品牌的满足程度。效用函数是指消费者所期望的产品满足程度随产品属性的不同而有所变化的函数关系。产品属性的满足程度不同，形成不同的效用函数。例

如，某一消费者购买一件衣服的满足感，会随着款式的新颖、优良的质地等属性而上升，但也会因购买价格的上升而使满足感减少。它与品牌信念的联系是：品牌信念是消费者对某品牌的某一属性达到何种水平的评价，而效用函数用来描述的是该属性达到何种水平消费者才会接受。

⑤ 综合评价。消费者从众多可供选择的品牌中，根据他所看重的属性，通过一定的评价方法，对各种品牌进行评价，从而根据自己的偏好形成品牌选择方案。

（四）购买决策

消费者通过对产品反复评价后，已经初步形成对某产品的购买意向。但是否能将购买意向转变为购买行动，这主要还会受到两个方面的影响。

（1）其他人的态度。消费者的购买意图，会受其周围人态度的影响，其影响的程度取决于他人所持态度的强弱及与消费者之间关系的密切程度。一般来说，他人的态度越强或与消费者的关系越密切，其影响就越大，消费者改变购买意图的可能性就越大。例如，妻子想买一大屏幕的彩色电视机，而丈夫坚决反对，妻子就很有可能改变或放弃购买意图。

（2）意外的情况。消费者购买意向是在预期收入、预期产品的价格和预期的购买满足感等基础上形成的。但如果当他正准备采取购买行动时，发生了一些意外的情况，诸如因失业而减少收入，因产品涨价而无力购买，或者有其他更需要购买的东西等，这一切都将会使他改变或放弃原有的购买意图。

（五）购后评价

一般情况下，消费者购买商品后，会通过自己的使用和亲朋好友的评价，对自己购买的产品产生某种程度的满意或不满意。消费者对其购买活动的满意感（S）是其产品期望（E）和该产品可觉察性能（P）的函数，即 $S=f(E, P)$。

① 若 $E=P$，则消费者会满意；

② 若 $E>P$，则消费者不满意；

③ 若 $E<P$，则消费者会非常满意。

消费者对其购买的产品是否满意，不仅会影响到自己以后会不会重复购买，而且会影响他人购买。如果消费者对产品满意，他会向周围其他人宣传该产品的优点甚至鼓动、劝导周围人购买此产品；如果对产品不满意，同样也会向周围人诉说自己购买产品的不满，从而影响产品的形象。因此，市场营销人员应采取有效措施尽量减少购买者买后不满意的程度，并通过加强售后服务、保持与消费者联系等方式，来增加消费者对产品的满意感或者减少不满意感。可见，消费者的购买决策过程是一个复杂的过程。市场营销人员通过了解购买者如何经历引起需要、收集信息、评价方案、购买决策和购后评价的全过程，就可以为其目标市场设计有效的市场营销策划来最大限度地满足消费者的需求。

【课间案例】

读懂消费者心理提升销售业绩

化妆品专卖店的数量日益增多，消费者不断被分流，店铺每天的消费者数量非常有限。如何把握住有限的客源达成较高的业绩，是每个店铺老板最关心的事情。在有限的客源中挖掘优质的消费者达成销售是一门学问：能够区分出消费者的消费层次需要专业知识；顺利达成销售需要促成技巧；让消费者高兴而来满意而归需要掌握消费者的消费心理。销售人员需把功课做在前面，服务时举止得体，语言表达准确、用词恰当，达到把服务做到消费者"心坎里"的至高境界。

掌握消费者的心理之前首先要问自己一个问题，消费者为什么到店铺来购物？是店铺的知名度和影响力左右了消费者，还是店铺的美誉度与优质的服务让消费者满意；是店铺经营的品牌吸引了消费者，还是店铺的老板人缘好让消费者形成偏好。从分析消费者来店铺的理由可以分析出消费者的消费心理，有助于店铺有针对性地为消费者提供个性化的优质服务。一般情况下，到专卖店的消费者90%以上都是购物的，如果你的店铺低于这个指标，店铺的老板必须重视起来并总结原因。消费者购买化妆品的主要原因：高端消费者是为了美丽时尚，留住青春，延缓衰老，提高生活质量，彰显尊贵，对于高档消费者来讲，品牌的知名度是影响购买的重要指标，因为高端消费者一定要彰显名贵，体现地位；中档消费者也是为了美丽、延缓衰老和提高生活品质，但对于中档消费者来讲品牌知名度与使用效果是影响购买的关键因素，中档消费者的消费理念是注重效果价格也要适宜，价格高则受财力影响，价格低伤及消费者面子，中档消费者的消费心理比较微妙，掌握难度比较高；对于低档消费者化妆品就是护肤的工具，低档消费者对价格比较敏感，价格是影响低档消费者购买的最关键的因素。消费者来到店铺就是准备来购物的，为什么转了一圈走了？是店铺没有消费者需要的品牌？是营业员没有接待好、照顾好消费者，还是店铺商品的价格偏高让消费者流失呢？消费者来店铺不购买产品的原因又是什么呢？

从需求心理的角度分析。

（1）不需要购买化妆品。营业员推荐化妆品消费者表示不需要，其实，不是消费者不需要而是消费者没有发现适合自己的商品，或者是消费者有顾虑、有疑问因而不能做决定。营业员应该表示理解并聆听消费者的观点，然后阐述自己的观点引导消费者做出购买决定。因为每一个女性都希望自己年轻靓丽，保持青春的活力延缓衰老，要解决这些问题都需要化妆品的保护，并且越早使用将来的效果也越明显。

（2）消费者表示没有钱。营业员首先要顺应消费者的想法，消费者嫌贵，原因可能有两点：一是真的不能承受；二是对营业员推荐的商品不满意。营业员要通过交流了解消费者的真实想法，给消费者留足面子，还要问消费者这是唯一的理由吗？把消费者的问题锁定，这样解决后消费者不好意思出尔反尔，否则还会接连不断地出现问题，有针对性地解决消费者的问题有利于促成销售。

（3）与其他店铺做比较。消费者在购买某种化妆品的时候总是爱相互比较，包括比价格、比优惠幅度、比赠品、比配送等，让营业员手忙脚乱，不知道应该用什么样的语言和方法解决消费者的疑虑。其实，营业员只要做到让消费者了解到店铺独具的、无可比拟的优势即可。

（4）化妆品没有用完。绝大多数的女性消费者都会在化妆品还没有使用完的情况下，就到专卖店去选择适合自己的化妆品。资料显示绝大多数的女性消费者有几套甚至多套化妆品，她们往往自己也不知道哪种化妆品最适合自己这时候就需要营业员的判断和引导了，要通过对消费者皮肤问题的分析，激起消费者现在就赶紧购买的欲望，从而成功达成销售。

不同年龄、不同性别、不同类型的消费者消费行为各有特点，店铺的营业员只有非常熟练地掌握消费心理专业知识，同消费者交流时准确掌握消费者的消费心理，通过交流了解消费者的喜好与价值取向。例如，消费者注重品牌知名度还是质量第一，注重使用效果还是看重赠品，相信营业员还是推荐或是自主选择等。同时，通过与消费者的交流还要发现消费者的弱点，清楚消费者想要什么，从而实现“消费者很满意，店铺高业绩，营业员高收入”的多赢局面。

不同类型的消费者都保持着各自的消费的特征。

（1）时尚型消费者。时尚型消费者在消费倾向方面具备很大的随意性，属于非理性消费。她们是敢为人先的群体，容易接受新鲜事物和新概念。对时尚型消费者一定要着重强调“新”，例如，最新技术、最新概念、最新的产品、最超前的护肤理念等，以此满足消费者求“新”的迫切心理，激发消费者立即拥有的欲望，这类消费者对品牌价格不敏感。

（2）实用型消费者。实用型消费者追求节俭、抵制浪费的消费理念，特别注重产品的实际效果，即使用前后的变化，必须有成功的范例或者亲身体验，也就是说大多数的消费者在使用后才可以选择，追求稳妥的消费心理，容易选择市场上比较成熟的老产品。对于实用型的消费者一定要强调产品是老品牌，很多人在使用并且使用效果非常好，让消费者打消疑虑放心购买产品。

（3）保守型消费者。保守型消费者属于习惯性消费的群体，生活和消费都有一定的规律和固定的习惯，对适合自己的化妆品会形成偏爱并一直使用下去，宁愿相信别人也不愿意相信自己的消费群体，总是觉得别人的东西好，是典型的不自信的人。对于保守型消费者一定要让她们看营业销售记录，了解产品的销售情况、消费者使用后的信息反馈资料，必要的时候还要让消费者看看她认识的消费者的使用情况，用真实的例子和真实的资料让消费者放心，消费者自然会做出购买决定。

（4）怀疑型消费者。怀疑型消费者思虑过多、处处怀疑，你越是想让她们相信，她们越会怀疑。对于怀疑型消费者最好的办法是只接待不推荐，如果你不向她推荐，她反而会询问你。对不同类型的消费群体，店铺应该一视同仁，都应该提供优质的服务，让消费者高兴而来满意而归。

此外，还可从其他角度对消费者进行分类，例如主动购买型与被动接受型，理智分析型与盲目冲动型，果断大胆型和犹豫不决型等。例如主动型消费者会主动询问营业员；被动型消费者需要营业员反复推荐才能做出决定；理智型消费者需要深思熟虑后才决定，感性的消费者只要能够找到其冲动点就可购买了。判断分析消费者需要营业员的专业能力和经验阅历，无论是按照消费的行为分类还是按照消费的习惯分类，是按照购买的动机还者是购买的心理分类，所有的消费者都具备几个相似的特征，因为不管如何分类万变不离其宗，如果化妆品店铺的营业员能够熟练掌握这些专业技巧，推荐成功率也会快速提升，接待消费者的时候巧妙运用这些技巧的店铺的业绩绝对会大幅度提升。

第三节 组织市场及其购买行为分析

组织市场是以某种组织为购买单位的购买者所构成的市场。一般由产业市场、中间商市场、政府市场组成。由于组织市场与消费者市场在市场结构与需求、购买单位性质、购买决策等方面的差异，与消费者市场相比，组织市场有其独特的特点。

一、组织市场的特点

（一）购买者人数较少但购买规模较大

由于组织市场的购买一般是成批地集中性购买，所以与消费者市场相比较，组织市场的购买者的数量比较少，但其购买的数量或者金额却大得多。例如，美国固特异轮胎公司产品很大一部分是销售给通用、福特以及克莱斯勒等汽车制造商。

（二）地理位置相对集中

由于各地自然条件、资源、交通设施、历史改革情况以及生产力布局的原因，一个国家的产业布局相对集中，这也就导致组织市场的购买者往往集中在某些区域，以至于这些区域的业务量占据全国市场的比例很大。以我国为例，石油化工企业云集在东北、华北以及西北的一些油田附近，金融业在东南沿海地区相对集中，汽车产业主要集中在长春、上海、北京、天津等一些大城市。

（三）需求上具有派生性、波动性，缺乏弹性

组织市场购买产品或服务是为了满足其消费者的需要，也就是说，组织市场对产品的需求归根到底是消费者对消费品的需求中派生出来的，因此需求具有派生性。如皮革制造商之所以购买皮革，是因为消费者要到鞋店去买鞋。

由于组织市场的需求是派生性需求，其容易受经济前景、科技发展以及经济周期的影响，消费者市场需求较小的波动就会导致组织市场需求很大的波动。例如，有时消费者需求只增减10%，就会使相关的产业购买者需求增减200%。

组织市场的需求一般缺乏弹性，即需求一般直接受价格影响的幅度不大。一般来说，在需求链条上距离消费者越远的产品，价格的波动越大，需求弹性却越小。例如，在一定时期人们对空调需求量不变的情况下，因为生产规模和生产能力有限，空调厂家不会因为原材料的涨价或者降价而减少或增加对原材料的购买需求。

（四）购买决策参与者多，专业人员购买

组织市场购买者参与者往往不止一个，而是由很多人组成一个采购中心来进行采购决策。由于组织市场所购商品的技术性都比较强，对产品质量、规格、性能等方面都有比较严格的要求，因此

组织市场的采购通常由若干技术专家和最高管理层组成的采购委员会指导采购工作。

（五）直接购买和互惠购买

组织市场倾向于直接向供应商购买其所需要商品（特别是那些单价高、数量大技术复杂的技术设备），一般不通过中间商购买。这样能够保证供应商按照自己的要求提供产品和相应的服务。

互惠购买即购买者和供应商相互购买对方的产品，并给予一定的优惠。最简单的就是组织市场往往这样选择供应商："如果你购买我产品，我就买的产品"。互惠有时还表现为三角形或多角形关系。例如，假设有 A、B、C 三家公司，C 公司是 A 公司的消费者，A 公司就提出这样的互惠条件：如果 B 公司购买 C 公司的产品，A 公司就购买 B 公司产品。

二、产业市场购买行为

（一）产业购买决策的参与者

在产业市场的购买行为中，参与购买决策的人往往有好多个，他们组成一个采购中心影响企业的购买行为。韦伯斯特和温德将采购中心定义为："所有参与购买决策过程的个人和集体，他们具有某种共同的目标并一起承担由决策引发的各种风险。"企业的采购中心一般包括使用者、影响者、采购者、决定者和控制者。

1. 使用者

使用者即企业中将实际使用所购产品或服务的人员。使用者是采购中心中真正需要该产品的成员，因此他们也经常是最初提出购买某种产品建议的人，他们对计划购买的产品的品种、规格等方面有一定的要求。

2. 影响者

影响者即企业内外直接或者间接影响购买决策的人员，他们通常协助企业的决策者决定购买产品的品种、规格以及标准等。一般包括企业的技术人员、财务人员、质量管理人员等。

3. 采购者

采购者即具体执行采购任务的人，他们有权选择供应商并协定购买条件，他们的主要任务是选择供应商和进行交易谈判。

4. 决定者

决定者即企业里有权决定采购项目和供应商的人。决定者最终要对所要购买的产品或服务做出最后的选择，他们在采购中心中拥有最大的权力。在例行的采购中，采购者就是决定者；而在较复杂的采购中，决定者通常是企业的管理者。

5. 控制者

控制者即可控制信息流的相关人员，他们可以阻止销售人员或信息与采购中心人员接触。他们通过分发有关产品的打印材料或广告，或者指定销售人员与采购中心的某位人员进行交谈来进行控制。例如，采购代理往往有权阻止供应商的推销人员与使用者或者决策者见面。

当然，并不是任何产业购买者采购任何产品都必须有上述 5 种人员参加购买决策过程。采购中心规模的大小和成员的多少会随着采购产品的不同而不同。因此，产业市场营销者必须了解谁是主要的决策参与者，他们对购买行为的影响有多大，他们在决策时所使用的评价标准是什么，这样以便于针对不同购买决策参与者制定具体的推销方案。

（二）影响产业购买者决策的主要因素

同消费者购买行为一样，产业购买者也同样受到各种因素的影响。美国的韦伯斯特和温德将影响产业购买者行为的各种因素归纳为 4 个主要因素：环境因素、组织因素、人际因素以及个人因素。

1. 环境因素

环境因素即企业所面临的外部环境因素，这是影响产业购买者最主要的因素。其主要包括一个国家经济前景、宏观经济政策、市场需求、政策与法规等。例如，2008 年全球金融危机大的背景下，很多产业购买者减少了投资、原材料采购量以及库存量。

2. 组织因素

组织因素即企业本身的因素，包括目标、文化、政策、程序、组织结构和制度等。每个产业用户自身的因素都是不同的，因此产业市场营销者应尽力了解各种采购组织，细心搜集他们的信息。另外，产业市场营销者还应该注意到组织购买领域中存在以下 4 种趋势。

（1）集中采购。有许多大公司为了降低成本把原来各部门分散进行的采购活动集中起来，设立统一的采购部门进行采购，这样有助于为组织节约成本。但对市场营销者来说，集中采购意味着营销者要同人数较少、素质更高的专业采购员打交道。

（2）长期合同。许多产业购买者愿意同所信任的供应商签订长期合同，双方经常直接联系，订单往往只需要简单磋商，即可直接下达。另外，为了缩短交货时间，降低订货成本，产业购买者还经常采用电子订货系统，通过计算机将订单直接传递给供应商。

（3）零库存采购。存货的管理直接关系到企业的利润，因此越来越多的企业正努力降低存货成本。这样很多产业购买者要求供应商及时供货以降低存货运营成本，也就是将存货成本转嫁给供应商。

（4）采购部门升级。采购部门以前在组织地位比较低，近年来由于竞争的加剧，采购工作的重要性加强，很多企业开始重新审视采购部门并提升其地位，有些大公司甚至将采购负责人提到副总裁的地位。

3. 人际因素

企业的采购中心通常包括使用者、影响者、采购者、决定者和信息控制者。这些人在权力、地位、情绪和说服力等方面各有不同的特点。若采购者有较高的权威和较大的影响力，则营销者应该和采购者多进行交流和沟通。因此营销者应该充分了解一个组织内部谁将会影响到对自己产品的采购决策，以便有的放矢地做出努力。

4. 个人因素

虽然产业购买是理性行为，但产业购买行为是由采购中心的人决定的。每个参与采购决策的人，总难免受到个人感情因素的影响，包括个人年龄、动机、直觉和偏好、收入、受教育程度、性格、风险意识等。因此，产业市场营销者要努力对其消费者的特点有所了解，处理好与消费者之间的关系，这将有助于营销业务的开展。

（三）产业购买者的行为类型

产业购买者行为的复杂程度和采购的数量，主要取决于采购业务的类型。产业购买者的行为可分为 3 种类型：直接重购、修正重购以及全新采购。

1. 直接重购

直接重购即企业采购部门根据以前的采购情况不做任何修订直接进行的采购业务。这是一种重复性的、程序化的购买决策。在这种情况下，原有的供应商应该保持产品质量和服务质量，并努力采取有效措施来提高采购者的满意程度。新的供应商若想争夺这个市场会比较困难，可以先设法取得一部分订货量，以后逐步再争取更多的订货量。

2. 修正重购

修正重购即企业采购部门为了寻求更低的价格、更好的服务以及更有力的交易条件，修订采购方案，改变产品的规格、型号、价格等条件，或寻找更合适的供应商。这种采购类型比较复杂，参与的人数也会比较多。这种情况既给原供应商带来威胁，使原供应商需要采取更有效的措施维护原有地位；又给新的供应商提供机会，新的供应商可采取更优惠的条件来挣得一席之地。

3. 全新采购

全新采购即企业采购部门因为组织发展需要第一次采购某种产品或者服务，这是最复杂的采购行为。这种情况下成本费用和风险都比较大，因此参与决策的人数和所需要的信息也比较多，购买决策所需要的时间也比较长。但对供应商来说是一次很好的机会，产业市场营销者要尽可能多地主动接近对采购行为有影响的决策人，并向企业提供充足的信息，帮助解决企业遇到的问题，以优质的产品和服务获得企业订单。

（四）产业购买者的决策过程

产业购买者的决策过程根据其购买行为类型的不同而有所不同。在直接重购这种最简单的行为类型下，产业购买者购买过程所经历的阶段最少；在修正重购情况下，购买过程稍微多一些；而在全新采购这种最复杂的情况下，购买过程的阶段最多，一般需要经过以下 8 个步骤。

（1）认识需要。认识需要是企业内部的相关人员认识到为了满足组织生产或业务发展需要，而需要购买某些商品。认识需要一般来自两个方面：一是内部因素，如企业决定生产某种新产品，需要新的设备和原材料，设备或者零部件需要更新，或者发现过去采购的原材料出现问题等；二是外部因素，这是指组织中有关人员在广告、人员推销或展销会上发现更合适、更先进以及更物美价廉的产品。

（2）确定需要。认识到组织需要之后，就要把所需要的产品种类与数量，从整体上确定下来。简单的采购任务，采购中心直接决定；复杂的采购任务，就要组织有关的生产人员、工程技术人员、采购人员、市场调研人员等进行研究，进一步分析需求，确定所需要产品的种类、品质、规格、性能及数量等。

（3）说明需要。确定需要之后，接下来还要对所需产品的规格、型号等技术指标做详细的说明，以作为采购人员取舍的标准。一般很多组织用价值工程对其进行评判，以其价值的大小作为取舍的标准。价值工程是美国通用电器公司工程师 L. D. 迈尔斯在第二次世界大战后首先发明的。价值工程所说的“价值”是指某种产品的功能与这种产品所耗费的资源（即成本或费用）之间的比例关系，其公式为：V(价值)=F/C，式中，F 为功能（指产品的用途、效用、作用）；C 为成本。另外，产业市场营销者也要善于运用价值工程向消费者说明其产品所具有的良好功能。

（4）寻求供应商。企业采购部门对所需购买的产品做出具体明确的规定后，就要开始寻找合适的供应商。准备购买产品的价值越高，企业寻找供应商时就越谨慎。一般可以通过以下途径寻找：工商企业名录、商业咨询机构或者其他企业的推荐、商业广告会展览会等。产业市场营销者应努力通过这些途径宣传自己的产品、扩大企业的知名度。

（5）征求意见书。企业采购部门在找到一批合格的供应商之后，就要开始征求他们对供货的意见和建议，并要求他们寄来产品说明、价目表等有关信息资料，特别是较复杂和贵重的产品，会要求供应商提供比较详细的资料。因此产业市场营销者要重视这些资料的编写及报价单的填写，要尽量把自己企业形象和优点表现出来，努力让采购商接受自己的报价。

（6）选择供应商。企业采购部门在收到各个供应商的资料后，根据供应商产品质量、产品价格、信誉和历来表现、技术服务等来评价供应商，然后通过与中意的供应商进一步洽谈，争取到较低的价格和更好的条件。许多精明的企业都会同时选择几个供应商，并在他们中间分配份额。这样既可以避免受制于一个供应商，减少风险；又可以迫使供应商之间展开竞争，从而得到更多的优惠条件。

（7）签订合同。企业采购部门选定供应商之后，就会发出正式订货单，写明所需要产品的规格、数量、要求交货时间、保修条件等项目。这一般是以买卖双方签订合同的方式完成。现在很多西方企业日益趋于采用“一揽子合同”（又称无库存采购计划）的订货方式，从而与供货商建立长期关系。当需要采购时，买方的计算机就会自动打出订货单发给供应商。这样，存货由供应商保存着，产业市场购买者可以减少库存，降低存货成本，加速资金周转。产业市场的营销者可与购买者签订长期供货合同，建立起稳定的供货关系，阻止竞争者加入。

（8）绩效评价。企业购进产品之后，采购部门会主动与使用部门联系，了解他们对所购产品是否满意，并检查各个供应商履行合同情况。根据对供应商的检查和评估，来决定是否延续、修正或者终止向该供应商采购。

三、中间商市场购买行为

中间商市场的购买行为与产业市场存在一定相似之处。例如，中间商市场也需要很多人参与采购决策；决策过程也是从认识需要开始；中间商的购买行为也同样要受到环境因素、组织因素、个人因素以及人际因素的影响等。在参与购买行为时，中间商要根据不同的购买类型，做出相应的决策。

（一）中间商购买行为的主要类型

1. 购买新品种

购买新品种是指中间商第一次购买某种从未采购过的新品种。在这种购买行为情况下，可根据商品的价格和利润率、买主需求强度、供应者为该商品提供的广告和促销补贴、供应者的声誉或企业形象等，来决定是否购买。购买决策过程类似于产业市场的新购买情况。

2. 选择最佳供应者

选择最佳供应者是指中间商对将要购买的品种已经确定，但需要确定从哪家供应商进货对其最有利或者最合适。近年来，许多中间商尤其是实力雄厚的零售商正努力提高所经营商品的质量或服务水平，开始开发或使用自主品牌。在美国，中间商品牌商品的销售额已占全部销售额的40%以上。此时，中间商采购工作的主要目的就是寻找某一个合适的供应商并生产自己品牌。

3. 寻求更佳条件

寻求更佳条件是指中间商并不热衷于更换供应商，但又希望从原有的供应商那里获得更为有利的供货条件，如更好的服务、更合适的信贷条件、更大的价格折扣等。当中间商的经营成本上升或消费者需求突然下降导致边际利润减少时，中间商在采购时要注重与供应商的价格谈判。

（二）中间商的主要购买决策

中间商购买行为是因消费者需求衍生出来的，因此经常要按照消费者的需求来制定或修改采购决策。其采购决策一般包括配货决策、供应商组合决策和供货条件决策。配货决策是指经营范围、经营品种，即中间商的产品组合。供应商组合决策是指选择什么样的供应商与之进行交换活动。供货条件决策是指具体采购时所要求的价格、交货期限、信用等条件。其中配货决策最为重要，因为中间商的配货决策将影响供应商组合决策以及供货条件决策。中间商的配货决策通常有以下 4 种形式。

（1）独家搭配。这是指中间商决定只经营某一家制造商的产品，如只经营安踏运动服装的专卖店。

（2）深度配货。这是指中间商决定经营许多厂商制造的同类产品的各种型号规格。例如，苏宁电器经营三星、春兰、海尔、LG 等许多厂商制造的洗衣机。

（3）广泛配货。这是指中间商经营的产品种类多，范围广泛，但并没有跨行业经营，仍保持企业既定的类型。例如，一般相片冲洗店除了冲洗相片的基本业务外，还出售相机、胶卷、相框等相关的照相器材。

（4）混合配货。这是指中间商经营各种没有关联的商品。例如，很多百货店经营食品、服装、烟酒、家用电器等多种产品。

四、政府市场购买行为

政府是社会组织的一个重要组成部分，也是组织市场中一个比较特殊的市场。目前，世界各国政府采购的金额一般要占 GDP 的 10%以上，政府市场无疑已形成了一个独特的、规模较大的集团消费市场。

（一）政府采购的概念

我国 2002 年 6 月正式颁布的《中华人民共和国政府采购法》对政府采购的含义进行了定义：“政府采购是指各级国家机关、事业单位和团体组织，使用财政性资金采购依法制定的几种采购目录以内的或者采购标准以上的货物、工程和服务的行为。”这一定义反映了政府采购的几个基本要素：

① 政府采购的主体。它是指国家机关、事业单位和团体组织，而不是一般的个人或企业。从主体本身的性质来看，其采购的目的主要就是满足开展正常的政务活动或为社会公众提供公共服务的需要。

② 政府采购的资金来源。政府采购的资金来源于财政专属资金，主要包括预算内的资金和预算外资金。这是对政府采购进行必要的法制管理的主要原因。

③ 政府采购的范围。它主要指“依法制定的集中采购目录以内”的商品和服务，以及“采购标准以上”的商品和服务。从这点可以看出政府采购必须通过必要的法定程序，并把其纳入法制管理范围。

（二）政府采购的基本原则

政府采购作为组织市场购买行为的一部分，它的主要意义在于实施宏观调控，优化配置资源，而不是经营或者转卖获得盈利。一般来说，政府采购应遵循以下原则。

1. 公开性原则

这是指有关政府采购的法律、政府、程序和采购活动都要公开，从而增加政府采购的透明度，维护社会公共利益，促进和保障国家有关法律、法规和社会经济政策的贯彻执行。

2. 公平性原则

政府采购应以市场方式进行，所有参加竞争的投标商机会均等，并享受到同等待遇。允许所有有兴趣参加投标的供应商、承包商、服务提供者参加竞争，资格预审和报标评价对所有的投标人都使用同一标准；采购机构向所有投标人提供的信息都应一致；不应对国内或国外投标商进行歧视等。

3. 效率性原则

这是指政府在采购过程中，应遵循计划原则，按计划制定采购物资和服务的标准。并要求政府采购部门公开招标、货比三家等方式，使有限的财政资金可以购买到更多的物美价廉的商品，或得到高效、优质的服务，实现货币价值的最大化，实现市场机制与财政改革的最佳结合。

（三）政府采购的主要方式

根据《中华人民共和国政府采购法》规定，政府采购基本上采用公开招标、邀请招标、竞争性谈判、单一来源采购、询价等方式。其中公开招标是政府采购最主要的采购方式。

1. 公开招标

公开招标是指不限定投标企业，按照一定的招标程序所进行的采购方式。这种采购方式对所有的投标者都是一视同仁的，主要看其是否能更加符合招标项目的规定要求。但整个招标、评标的过程都会消耗大量的人力、物力以及财力，因此一般采购项目价值比较大的情况下才会使用这种方式。

2. 邀请招标

邀请招标也称选择性招标，由采购人根据供应商或承包商的资信和业绩，选择一定数目的法人或其他组织（不能少于三家），向其发出招标邀请书，邀请他们参加投标竞争，从中选定中标的供应商。邀请招标的原因一方面由于所采购货物、工程或服务具有一定特殊性，只能从有限范围的供应商处采购的；另一方面是由于采用公开招标方式的费用占政府采购项目总价值的比例过大，即招标成本比较高。

3. 竞争性谈判

竞争性谈判是指采购人或代理机构通过与多家供应商（不少于三家）同时进行谈判，最后从中确定最优供应商的采购方式。一般适用于没有充分的时间进行常规性投标采购的，招标后没有供应商投标或者没有合格标的，或技术复杂、性质特殊、不能确定详细规格或者具体要求的项目。

4. 单一来源采购

单一来源采购也称直接采购或定向采购，是指达到了限额标准和公开招标数额标准，但所购商品的来源渠道单一，或属专利、首次制造、合同追加、原有采购项目的后续扩充和发生了不可预见紧急情况不能从其他供应商处采购等情况。该采购方式的最主要特点是没有竞争性，所以也就不需要进行广泛的招标和竞价，但一般也要经过提出采购要求、进行交易谈判、签订和履行交易合同的过程等程序。

5. 询价

询价这是指采购单位向国内外的供应商（通常不少于三家）发出询价单，并让其报价，在报价基础上进行比较并确定最优供应商一种采购方式。询价采购一般适用于货物规格、标准统一、现货货源充足且价格变化幅度小的政府采购项目。

本章习题

一、判断题

1. 马斯洛的需求层次论认为，人类的需要可以由低到高顺序排列成不同的层次，在不同时期各种需要对行为的支配力量不同。（　　）

2. 消费品尽管种类繁多，但不同品种甚至不同品牌之间不能相互替代。（　　）

3. 影响购买者决策的心理因素主要包括职业、生活方式、性格、动机等。（　　）

4. 购买者追求的利益是细分生产者市场的最常用的标准。（　　）

5. 在政府购买行为中，政府倾向选择国外的供应商而不是本国的供应商。（　　）

二、单选题

1. 一个消费者的完整购买过程是从（　　）开始的。

A. 筹集经费　　B. 收集信息　　C. 引起需要　　D. 决定购买

2. 消费者购买行为的直接原因是（　　）。

A. 感受　　B. 有钱　　C. 攀比　　D. 动机

3. 企业部分地改变要采购的商品规格、质量、价格、供应者，这种购买行为称为（　　）。

A. 间接购买　　B. 修正重购　　C. 全新采购　　D. 探索性购买

4．对消费者的购买行为具有最广泛、最深远影响的因素是（　）。

A．文化因素　　B．个人因素　　C．心理因素　　D．行为因素

5．在下列影响消费者行为的因素中，属于社会因素的是（　　）。

A．宗教　　B．教育　　C．相关群体　　D．生活方式

三、简答题

1．什么是消费者市场？消费者市场的特征是什么？

2．消费者购买动机可分为哪几种类型？其表现形式有哪些？

3．简要分析影响消费者购买行为的主要因素。

4．根据消费者购买决策过程，为某类企业制订市场营销计划。

5．产业市场有何特点？

6．产业购买者的决策参与者有哪些？产业购买者的购买情况有哪几类？

四、案例分析题

“宝洁”也有教训

世界各地基本消费需求很少会有不同，但是消费者认知的独特性与当地市场的特殊性，将会影响营销策略。宝洁公司在美国以外的市场推销其产品的失败教训，便是一个很好的说明。

第二次世界大战之后，宝洁公司不顾当地消费者习惯与口味，采取直接引入产品的做法，迅速地向国际市场扩张。例如，宝洁公司在英国引入一种香料油味道的牙膏，但并不受到欢迎。因为英国人很讨厌香料油的味道。香料油在当地被用作药膏，而不被用于食物或牙膏。宝洁公司在英国推出“杜恩”洗发精后的冬天，使用者开始接连不断地抱怨在洗发精瓶中发现有结晶的情形。这是因为宝洁公司忽略了英国家庭的浴室温度通常低于该洗发精的结晶温度。

数年后，宝洁公司进入日本市场又将过去的教训抛在脑后。“起儿”洗衣机是宝洁打入日本市场的第一个产品，并直接从美国进口。该产品拥有一项优势——可依据各式洗涤温度，即热洗、温洗或冷洗等来清洗衣物。但是日本妇女一向用自来水洗涤衣服，3种温度的洗衣方法对于她们毫无意义。因此，该产品销售量不佳。

【思考与讨论】

1．请分析宝洁公司在英国和日本失败的原因。

2．结合案例分析影响消费者购买的因素。

第五章 市场营销调研和预测

【学习目标】

（1）掌握市场营销信息系统的构成要素。

（2）熟悉市场营销调研的职能，掌握市场营销调研的程序。

（3）了解市场定义的层次，掌握市场需求预测的方法。

【导入案例】

1985年，可口可乐公司犯下了一个重大的营销失误——放弃了原始配方可乐，取而代之的是有着更甜、更润滑口感的新可乐。

开始时，新可乐销售得很好，这得益于狂轰滥炸式的产品介绍广告。但很快，令人震惊的公众反应又使得销售量变得低迷。每天可口可乐公司开始从消费者那里收到大量的表示不满的邮件和接到超过1500个投诉的电话。一个名为"喝老可乐的人们"的组织发出抗议，分发T恤衫，并威胁说如果可口可乐公司不能重新使用老的可乐配方的话，他们将提起公诉。仅仅3个月以后，可口可乐公司重新采用了老可乐的配方。新可乐渐渐悄无声息地退出了市场。

新可乐的销售到底哪里出错了？许多分析都把它归咎于市场调研的错误。

可口可乐公司把它的市场调查研究仅局限在一个狭小的范围内。调查仅仅测试了味觉，而忽视了当消费者失去老可乐，而以一种新可乐取而代之时的感觉。它没有考虑到那些无形的东西——可乐的名字、历史、包装、文化传承和联想。

可口可乐公司拥有美国最大的、管理得最好的、最先进的市场调研策划部，它使公司几十年来在竞争激烈的软饮料市场上一直处于上层地位。即使是可口可乐公司也不可避免地会做出市场调研方面的错误决策，其他公司更有可能会犯类似的错误。

市场调研包括哪些方面的内容？应该如何开展？通过本章的学习，将解决这些问题。

第一节 市场营销信息系统

一、市场营销信息

市场信息是各种相互联系的客观事物在运动变化中，通过一定传递形式而揭示其一切有特征性内容的总称。市场营销信息是指在一定时间和条件下，与企业的营销活动有关的各种消息、情报、数据和资料的总称。按照信息来源划分，一般可以把市场营销信息分成外部环境信息和内部管理信息两大部分，这样划分便于信息的调研管理。

（一）外部环境信息

外部环境信息是指来自企业外部反映客观环境变化的各种与营销活动有关的信息，具体包括以下几个方面。

（1）政府的方针、政策、法规、计划与相关文件。政府某些政策、法规的修改会使一些产品无销路而退出市场，而另一些产品则因此得到许可开发从而进入市场。这类信息企业应当作为常规性收集的重要信息。

（2）市场竞争情况。企业为了在竞争中立于不败之地，必须想方设法去获取竞争者的信息，如竞争对手的经营规模、产品特点、技术设备等。把握了竞争对手的情况，企业就占据了营销活动中的先机，并通过对比明确了自身开展营销活动的优势和劣势。

（3）市场需求状况。现代营销活动企业的营销决策是以市场需求为核心，因此市场需求状况信息是企业调研的重要内容，包括消费者需要什么、在何时需要及其愿意按何种条件接受企业产品或服务等。

（4）科技发展水平。科学技术的不断发展，使新产品、新行业的不断涌现，企业必须及时掌握相关科技发展现状，如国内外科技的最新成就（产品结构、质量及功能提高，新材料、新工艺、新技术的应用等），并据此不断改进现有产品和开发新产品，才能跟上时代发展的步伐。

（5）其他。企业的营销活动不是孤立的活动，需要许多相关行业的支持，如水、电、煤、油、天然气等动力供应，以及各项原材料及设备的更新等。因此相关行业的生产动态，新能源、新材料及其代用材料的发展情况，以及自然资源条件、气候变化与旱涝灾情、国际形势的重大变化等内容，都是企业应当重视和研究的信息。

（二）内部管理信息

内部管理信息是指通过企业内部管理的各项经济指标反映营销情况的信息。内部资料可以帮助研究人员迅速而经济地取得企业积累的各种数据、资料，从中可以明确存在的机会与问题，比较计划和实际完成水平，是取得营销信息的一个重要来源。

内部管理信息主要包括以下内容。

（1）生产成果：包括产品产量（销量）、产品质量、品种 3 部分。

（2）物资利用：指原材料、燃料、动力、设备等在生产过程中的消耗情况。

（3）人力资源：包括职工人数指标、工资总额指标、工时利用指标、劳动生产率指标等的变动情况。

（4）财务状况：主要包括资金、成本、利润三大指标，是企业营销必不可少的参考数据。

二、市场营销信息系统的构成

著名市场营销学家菲利普·科特勒将市场营销信息系统（Marketing Information System，MIS）定义为：“是由人、设备与程序所构成的持续和相互作用的结构，用于收集、整理、分析、评估和分配那些恰当的、及时的、准确的信息，以使营销决策者能改善对于其营销计划的设计与控制。”营销信息系统为企业创造良好的营销环境服务，它既可为企业确定战略目标的方法和政策提供服务，同时也为企业执行和控制具体营销计划创造条件。

利用市场营销信息系统，企业可以准确地把握相对重要、及时的信息，排除干扰，从而做出更有效的决策。例如，世界零售巨头以低成本为核心竞争力，而其核心竞争力的形成在很大程度上是依靠于市场营销信息系统的构建。

营销信息系统一般由内部报告系统、营销情报系统、营销调研系统和营销决策支持系统这 4 个子系统所构成，它们各司其职，共同完成企业内外部环境的沟通，形成完整的营销信息流循环过程，如图 5.1 所示。通过这 4 个子系统，市场营销管理者可以收集所需要的信息，适时分配信息，对营销环境及各组成要素加以监视和分析，从事市场营销的分析、计划、执行和控制。最后，管理者的营销决策和计划再流回市场，与营销环境相沟通。

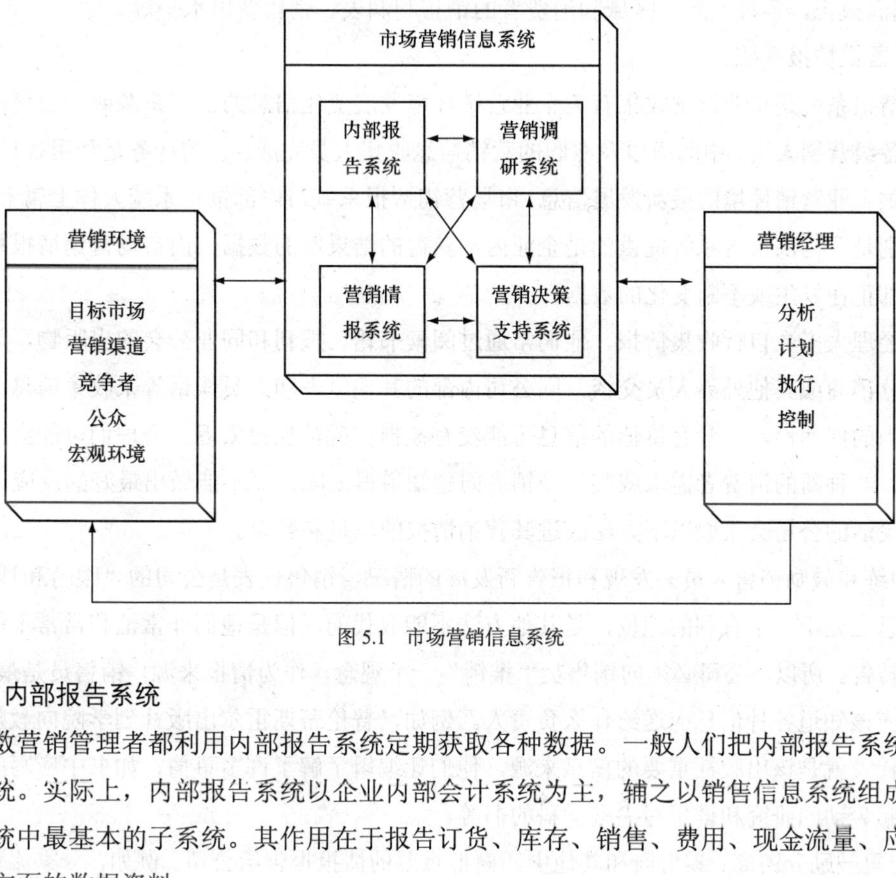

图 5.1　市场营销信息系统

（一）内部报告系统

大多数营销管理者都利用内部报告系统定期获取各种数据。一般人们把内部报告系统理解为内部会计系统。实际上，内部报告系统以企业内部会计系统为主，辅之以销售信息系统组成，它是营销信息系统中最基本的子系统。其作用在于报告订货、库存、销售、费用、现金流量、应收账款、应付款等方面的数据资料。

内部报告系统的核心是订单—发货—账单的循环。销售人员把订单送至企业，负责管理订单的机构把有关订单的信息送至企业内的有关部门，然后企业把账单和货物送至购买者的手中。具体流程如图 5.2 所示。

营销人员经常需要使用的企业内部信息包括：

① 销售活动有关信息。产品系列、区域和消费者等方面的销售情况；当前的销售额和市场占有率与历史上最好年份的比较等。

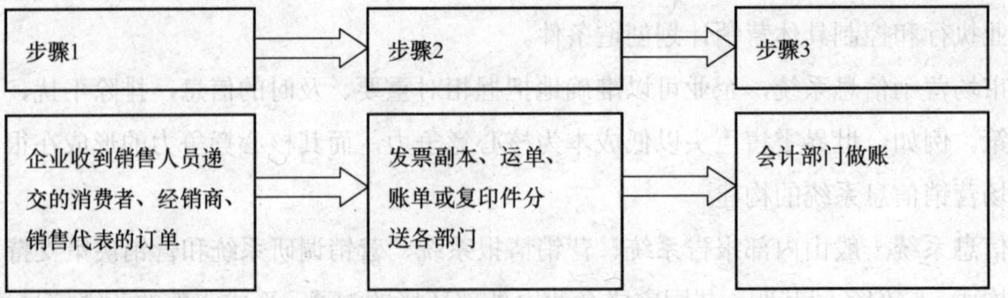

图 5.2　内部报告系统流程

② 产品存货量有关信息。准确的存货信息对企业的销售和生产均有十分重要的作用，它涉及生产的进度安排和销售中与购买行为的衔接。

③ 产品成本有关信息。由会计角度所提供的产品成本资料是企业进行产品定价时的重要依据。

④ 利润报告。各种产品、区域和消费者的销售利润表、销售费用水平等。

（二）营销情报系统

营销情报系统是企业日常收集有关企业营销环境发展变化信息的一些来源或一整套程序，往往由企业的各级营销人员、中间商以及专职的营销信息收集人员完成。它的任务是利用各种方法收集、侦察和提供企业营销环境的最新发展信息。市场营销情报系统与内部报告系统大体上属于互补关系，二者的区别是，内部报告系统提供的是企业内部获得的结果性的数据，而市场营销情报系统提供的是企业外部正在发生或不断变化的数据。

营销经理大多数自行收集情报，他们常通过阅读书籍、报刊和同业公会的出版物，与消费者、供应商、分销商或其他外界人员交谈，同公司内部的其他经理和人员谈话等来收集信息。但这种方法带有相当的偶然性，一些有价值的信息可能没有被抓住或被抓得太迟。经理们可能会由于对一个竞争活动、一种新的消费者需求或某一经销商问题知道得太晚，而不能做出最好的反应。

经营灵活的公司会采取以下方法改进其营销情报的质量和数量。

① 训练和鼓励销售人员去发现和报告新发展的情况。销售代表是公司的“眼睛和耳朵”。他们在收集信息上处于一个有利的地位，是其他方法不能取代的，但是他们非常忙和常常不能把重要的信息及时转告。所以，公司必须向销售员“推销”一个观念，作为情报来源，销售员是最重要的人。销售员也应该知道各种信息应送给什么负责人。例如，普伦蒂斯霍尔出版社到学院向教师推销教科书的销售代表就是该出版社重要的信息来源，他们让编辑了解了许多事情，如书中应写些什么、谁在做能引起轰动的研究和谁想写尖端学科的书等。

② 公司鼓励分销商、零售商和其他中间商把重要的情报报告给公司。例如，一家流体动力产品的主要生产商，曾安排每位分销商递交一份包括他们产品在内的销售总发货单给公司营销调研部。该公司分析这些单据以了解最终用户的特点，并帮助分销商改进营销计划。

③ 公司安排专业人员收集营销情报。零售商可以派出“佯装购买者”在自己的商店挑选商品和购买商品时为难营业员——用这种方式来评估员工对待消费者的态度。例如，达拉斯城最近雇用费德贝克·普拉斯公司，是一家专业商店代理商，观察停车场的工作人员对市民停车的态度。尼门·马科斯公司雇用同一家代理商调查在美国的 26 家商店。该公司的副总裁说：“这些商店坚持一流的服务，但没有与一流的销售相匹配。”在派出佯装购买者调查后，商店告诉销售员应怎样“推销”，并

向他们提供佯装者的报告复印件。这类报告常用的问题是：营业员过多长时间才接待你？假如他想要你购买，他是怎样做说服工作的？营业员关于商店产品的知识多不多？公司还应该购买竞争者的产品从而了解竞争者；参加公开的商场和贸易展销会；阅读竞争者的出版刊物和出席股东会议；和竞争对手的前雇员、目前雇员、经销商、分销商、供应商、运输代理商交谈；收集竞争者的广告；阅读经济类报纸和商业公会的报道等。

④ 公司向外界的情报供应商（如信息研究公司）购买信息。这些调研公司收集事例与消费者数据比公司各自收集信息的成本要小得多。

⑤ 公司建立内部营销信息中心以收集和传送营销情报。相关职能人员审阅较重要的出版物，摘录有关新闻，并制成新闻简报送给营销经理参阅。信息中心建立一个有关信息的档案。职能人员协助经理们评估新的信息。这些做法可以大大改进可供营销经理使用的信息质量。

（三）营销调研系统

在企业的营销管理过程中，营销管理者经常需要通过专门性的调查研究搜集有关信息。例如，企业希望测定某一产品广告的效果，以便安排接下来的广告投放费用，在做出决策之前，有必要先对广告投放效果进行调研。

营销调研是指系统地、客观地收集、整理、分析市场营销活动的各种数据或资料，用以帮助营销人员制定有效的市场营销决策。营销调研系统与内部报告系统和营销情报系统最本质的区别是：它的针对性很强，侧重于为解决特定的具体问题而从事信息的收集、整理、分析。

（四）营销决策支持系统

营销情报系统和调研系统搜集到的信息，通常还需要做进一步的分析。营销决策支持系统由一个统计库和一个模型库构成。该系统的作用是利用统计分析方法和数学模型来分析营销信息，从中得出更为精确的研究结果，以帮助决策者更好地进行营销决策。营销决策支持系统如图 5.3 所示。

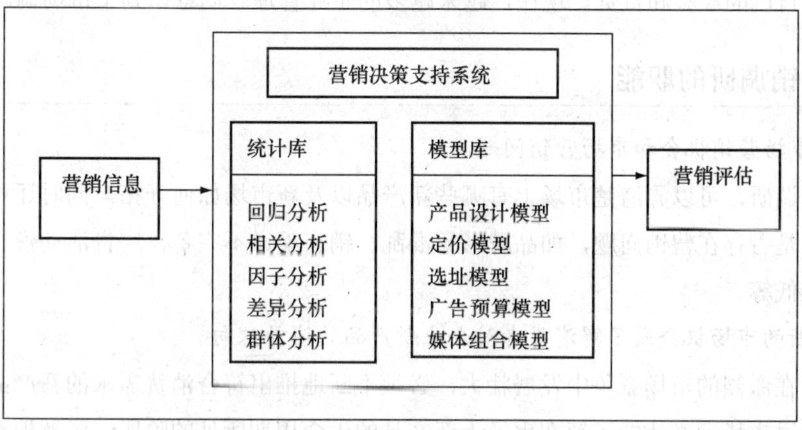

图 5.3　营销决策支持系统

① 统计工具库。这是一组统计方法，用来从所收集的各种数据资料中抽取有意义的信息，以满足营销决策的需要。统计方法本身就是一门专业技术，在营销决策支持系统中常用计算平均数、测量离散度、资料交叉列表等统计方法。另外，也常运用各种多变数统计技术去发现资料中的重要关系，如回归分析、相关分析、因素分析、聚类分析等。

② 模型库。模型的设计是用来表达某些系统或过程的一组变量及它们之间的相互关系，帮助回答“假设某条件下，可能有哪些情况？什么是最佳情况？”等问题。营销决策支持系统的模型库收集能帮助营销人员制定更好的营销决策的各种模型，包括最佳产品特征模型、价格模型、销售区域优化模型、广告媒体组合模型、营销组合预算模型等。

营销决策支持系统的建立和运用是运用科学方法对某些营销问题的理解、预测和控制，需要营销者综合掌握统计学、管理学及计算机应用等学科知识和研究方法。

第二节 市场营销调研

市场营销调研1910年首先在美国出现，第二次世界大战后逐渐推广到世界各国。现代美国企业通常将销售额的0.02%～1%作为营销调研的预算，供企业市场营销研究部门使用或购买外部专业市场营销研究公司的服务。近年来，随着我国经济体制改革深化，无论是面对变幻莫测的市场的企业，还是承担日益复杂的宏观调控任务的政府经济管理职能部门，要想更好地进入市场，都应重视市场调研，并建立相应的研究机构。与此同时，社会上专门提供各种市场调研服务的公司也应运而生。

从最一般的意义上讲，市场营销调研是以营销管理和决策为目的，运用科学方法，对有关信息进行有计划、有步骤、系统地收集、整理、分析和报告的过程。

市场营销调研应用的范围很广，企业中常见的一些调研项目有宏观环境调研、市场需求分析、销售分析、市场占有率分析、竞争产品研究、价格研究、广告研究、分销渠道研究、消费者购买行为分析等。过去，中国的企业不重视市场调研，不愿为收集信息支付高额费用和付出等候时间，企业家们更相信自己的经验和直觉。现在，越来越多的企业管理者们意识到了市场调研的重要性。

一、市场营销调研的职能

1. 弄清市场营销机会和市场营销问题

通过市场调研，可以弄清楚市场上有哪些新产品以及新市场如何开拓。同时还可以发现企业市场营销活动中是否存在营销问题，如品牌形象混乱、销售渠道不完备、广告活动没达到目标市场、品牌知名度较低等。

2. 发现新的市场机会或了解消费者对企业新产品的消费意向

企业为了在激烈的市场竞争中发展壮大，必须不断地推出符合消费需求的新产品，在推出新产品前，只有通过市场调查才能了解在市场上新产品的生命周期所处的阶段、了解消费者对新产品的接受程度以及新产品的市场空间等，只有这样才能把握市场机会，使企业迅速提高自身的竞争力，提高产品的市场占有率。

3. 了解竞争对手产品的市场表现

企业要想使产品稳固地占领市场，提高市场竞争力，必须了解竞争对手产品目前的价格、促销等策略，分析市场细分状况，寻找适合本企业发展的目标市场，进行恰当的产品定位，以便知己知彼，在竞争中占有优势。

4. 评估、监测市场运营状况

企业营销方案一旦形成，就需要持续不断地监控实施效果。企业营销管理者需要通过市场调查，市场的经营状况及时获知，了解某一种营销策略的执行情况，及时进行方案调整，否则可能会带来不必要的资源浪费。

二、市场营销调研的程序

典型的市场营销调研大都可分为 3 个阶段：调查准备阶段、正式调查和结果处理阶段。这 3 个阶段又可进一步分为 5 个步骤：明确问题、制订调研计划、组织实施计划、分析调查资料、提出研究报告。

（一）明确问题

营销调研的内容十分广泛，首先要求调研人员认真地确定要研究的问题，从而商定调研的目标。问题提得越明确，越能防止调研过程中不必要的浪费，即将信息采集量和处理量减至最低。因此，在调研过程中，要避免调研的问题过于宽泛。例如，“怎样才能全面提高企业的竞争力”，这个问题范围太大，影响企业竞争力的因素太多，不是一次调研能解决问题的。但也要避免调研的问题过于狭窄。

【课间案例】

通用汽车公司市场调研内容

美国通用汽车公司在一次调研活动中提出的调研问题为：“在汽车中安装全球卫星定位系统（GPS）是否能为公司带来更多的利益？”

为了回答这个问题，这次调研活动拟定了以下具体的调查内容。

① 公司各个目标消费者群体对GPS的了解程度。

② GPS对不同的目标消费者群体的作用。

③ 不同的消费者群体对GPS系统可以接受的价格水平。

④ 哪些类型的消费者最有可能购买安装有GPS系统的汽车。

⑤ 向消费者提供GPS系统对公司在各个目标市场中的市场份额有何影响。例如，在面包车中以2000美元的价格安装GPS系统可以使公司的市场份额提高4%左右，等等。

一般而言，企业的营销管理人员最了解有哪些问题需要调研，市场调研人员则知道具体调研的方法，两者结合，才能对所要调研的问题范围做出准确的界定。

在确定了营销中存在的问题后，管理人员和调研人员应共同确定调研目标。一个调研项目可能有 3 种目标：一是探索性调研；二是描述性调研；三是因果关系调研。

探索性调研是搜集原始数据。当企业对需要调研的问题尚不清楚，无法确定应调查哪些内容时，只能先搜集一些有关数据进行分析，找出症结所在，然后再做进一步调研。描述性调研是通过调研如实地记录并描述市场营销的情况和问题，如某种产品的市场潜量、消费者态度和偏好等。

因果关系调研是测试假设的因果关系的正确性，如降价 10%能否使销售额上升 10%。总之，探索性调研所要回答的问题主要是“是什么”；描述性调研所要回答的主要是“何时”或“如何”；因果关系调研所要回答的主要是“为什么”。一般先进行探索性调研，然后再进行描述性调研或因果关系调研。

（二）制订调研计划

调研计划应包含以下内容。

1. 确定所需要的信息

营销决策需要哪些信息，是调研计划所要解决的首要问题。在企业的营销活动中，只有善于找出实质性的内容，才能最大限度地提高调研的价值。一般市场营销调研所需要的信息如下几种。

① 市场信息：包括商业趋势信息，区域市场、国内市场和国际市场的潜在需求量、地区分布及特性、市场占有率分析等信息。

② 消费者信息：包括消费者的购买动机、购买行为、消费者对产品的满意程度、对品牌的偏好程度及细分市场的分析等信息。

③ 产品信息：包括现有产品的改良，竞争产品的对比研究，新产品的开发，品牌名称的设计，包装设计等信息。

④ 价格信息：包括价格弹性，竞争产品价格研究，成本、利润分析及需求分析等信息。

⑤ 分销渠道信息：包括工厂和货源仓储研究、现有分销渠道的业绩分析、营销辐射区域研究及最佳分销渠道建设研究等信息。

⑥ 促销信息：包括促销手段的选择、媒体选择、促销效果分析，企业形象研究，竞争对手的促销分析，销售人员报酬、销售配额及地区结构研究等信息。

2. 信息来源

信息可分为一手资料和二手资料。一手资料又称原始资料，是为当前某种特定目的直接从调查对象那里获取的信息；二手资料则是已由别人收集、整理、且通常是已经发表过的信息。

一般来说，专业调查人员应掌握主要二手资料的提供源，以尽可能利用二手资料，因为获得二手资料相对来说较容易且快捷（也称案头调查）。特别是互联网的发展为企业收集二手资料提供了极大的方便。二手资料主要有两个来源：一是内部资料；二是外部资料。内部资料包括企业营销信息系统中储存的各种数据。外部资料主要是政府的各类出版物，公开出版的各种报刊、书籍，各类咨询公司、信息中心提供的有关数据。调研人员一般可较迅速、便宜地得到二手资料，而搜集一手资料则成本较高，并且往往需要几个星期甚至几个月的时间才能完成。

不过，在正式的营销调研中，收集一手资料往往必不可少，这是由于：一是一手资料对解决特定的问题针对性更强；二是二手资料可能存在可获得性、时效性和准确性等方面的问题。实际上，营销调研的核心之一就是如何有效地收集到必要、充分且可靠的一手资料。

3. 调研方法

调研方法即收集一手资料的方法，主要有 3 种：观察法、实验法和询问法。

（1）观察法是指通过调研人员直接到现场观察、调查对象收集信息，也可通过照相机、摄像机等工具达到观察的目的。有经验的调研人员可通过观察法方便地得到某些在其他场合很难得到的信息，并能排除被调查对象的紧张心理或主观因素的影响。但观察法在需要判断调查对象内心活动的情况时不适合。

（2）实验法是最科学的方法，最适合因果型性调研，例如研究包装、广告或价格对产品销量的影响。运用实验法时，需挑选被实验者，组成若干相互对照的小组，给予不同的条件，同时对其他变量加以控制，然后观察不同条件下所得结果的差异是否具有统计学上的意义，以找出因果关系。采用实验法的难点在于，保持外部环境中所有因素不变是一件花费高且不易做到的事。

（3）询问法介于观察法的探测性和实验法的严密性之间，是最常见的方法，更适合于描述性调研。询问法在具体做法上又有邮寄问卷、电话询问和直接面谈等多种形式。

邮寄问卷就是将设计好的问卷邮寄给被调查者，请他们填好后寄回。这种方法的优点是询问面广，被调查者有充分的时间回答问题；缺点是时间周期长，问卷回收率低。

电话询问可立即得到所需信息，且提问灵活，成本也低；但交谈时间有限，很难对较复杂的问题进行提问，还可能因消费者感到受到打扰而引起其反感。

直接面谈的形式最为灵活。根据每次面谈的地点和人数，又可分为上门采访、商场现场采访、个别询问、集体询问、座谈会等。这种方法的优点是面谈中调查人员可充分地提问题，被调查者也能充分发表自己的意见；缺点主要是成本太高，能访问的人数有限，故更适合用于探测性调研。

还有一种做法是调查人员携带问卷访问被调查者，并帮助被调查者填写问卷。这种方式可弥补邮寄问卷回收率低、被调查者不理解问卷而导致回答不准确的问题；还可弥补访问法提问随意性大、结果难以进行统计分析的不足，但所需人力、物力较大。

随着互联网的发展，通过电子邮件向被调查者发送电子调查问卷成了一种可行的方式，它比向全国发送传统邮件快得多，回收率也高得多。当然，目前这种方式还只适用于在上网人群中进行的调查。

4. 抽样计划

抽样计划要解决 3 个问题：谁是抽样对象？调查样本有多大？样本应如何挑选出来？

大多数的市场调查是抽样调查，即一种专门组织的非全面调查，它是按照一定的方式，从调研总体中抽取出一部分单位作为样本进行调查，并根据所得的结果推断总体情况和特征的一种专门性的调查活动。

抽样方法按照是否遵循随机原则分为随机抽样方法和非随机抽样方法。

（1）随机抽样方法。随机抽样就是按照随机原则进行抽样，即调查总体中每一个个体被抽到的可能性都是相同的，是一种客观的抽样方法。随机抽样方法主要有简单随机抽样、等距抽样、分层抽样和整群抽样。

（2）非随机抽样方法。常用的非随机抽样方法主要有任意抽样、判断抽样、配额抽样、雪球抽样等。

上述方法各有利弊，需根据实际情况权衡之后选择使用。

另外，只要在调查中采用的是样本，就会产生两种类型的误差：测量误差和抽样误差。前者发生于被调查者未能根据要求提供事实时；后者则发生于样本不能代表目标消费者群时，包括随机误差和非随机误差（关于样本数量的确定和抽样程序请参考有关专业书籍）。

5. 调研工具

在收集原始数据时，有两类可供选择的调研工具：一是调查问卷；二是某些机械工具，如录音机、照相机、摄像机、收视测试器、印象测试机、交通流量计数器等。其中，最常用的是调查问卷。

调查问卷由一组被调查者回答的问题所组成。如果决定了使用问卷，还有需考虑问卷的设计问题，这是一项须认真谨慎、小心对待的工作，并且经验和技巧也是必不可少的。例如，怎样将开放式（被调查者可以任意回答）、封闭式（被调查者只能从列出的有限的答案中做出选择）两种基本类型的问题结合使用？怎样排列问题顺序？怎样防止误解和遗漏？调查计划还应包含实施的时间、人力安排和预算等。表 5.1 和表 5.2 提供了两种问题的表达形式。

表 5.1　封闭式问题

名称	说明	例子
单项选择	一个问题提出两个答案供选择	您打算购买宝洁公司的洗发水吗？ A. 是　B.否
多项选择	一个问题提出 3 个或更多的答案供选择	您购买住房时考虑的主要因素是什么？ A. 价格　B. 面积　C. 交通情况　D. 周边环境　E. 设计　F. 施工质量
李克特量表	被调查人可以在同意和不同意的量度之间选择	小的航空公司一般比大公司服务得好。 A. 坚决不同意　B. 不同意　C. 不同意也不反对　D. 同意　E. 非常同意
重要性量表	对某些属性从根本不重要到极重要进行重要性分等	某饭店就餐环境对我来说： A. 极重要　B. 很重要　C. 比较重要　D. 很不重要　E. 根本不重要
语义差异量表	在两个意义相反的词之间列上一些标度，由被调查人选择他愿意的方向和程度的某一点	大——小 有经验——无经验 现代化——老式
排序量表	对某些属性从质劣到极好进行重要性分等	某航空公司的食品服务是： A. 极好　B. 很好　C. 好　D. 尚可　E. 质劣

表 5.2　开放式问题

名称	说明	例子
自由格式	被调查者几乎不受任何限制回答问题	您对海尔公司提供的产品售后服务有什么意见？
语句完成法	提出一些不完整的语句，每次一个，由被调查者完成该语句	您在购买海尔公司的产品时，最重要的考虑点是______
词汇联想法	列出一些词汇，每次一个，由被调查者写出他头脑中涌现词	当您听到下列文字时，您脑海中涌现的一个词是什么？ 航空公司______ 电器公司______

（三）实施调研计划

在实施调研计划阶段的主要任务是根据调研方案，组织调查人员深入实际收集资料，它又包括以下两个工作步骤。

（1）组织及培训。企业往往缺乏有经验的调研人员，要开展营销调研首先必须对调研人员进行一定的培训，目的是使他们对调研方案、调研技术、调研目标及与此项调研有关的经济、法律等知识有一明确的了解。

（2）收集资料。收集信息既可由企业内部的营销调研人员完成，也可委托外部的调研公司完成。企业自己收集信息可加强对调研过程和信息质量的控制，但专业调研公司则可更客观地完成调研工作，而且成本较低。调研中的数据收集的实际工作量最大，支出费用最大，且最容易出错。所以，调研人员在计划实施过程中，要尽可能准确地按照计划要求进行，使所得到的数据尽可能接近事实。

（四）分析调查资料

收集来的信息必须经过分析和处理才能使用。这一阶段包括：①检查资料是否齐全；②对资料进行编辑加工，去粗取精，找出误差，剔除前后矛盾处；③对资料进行分类，并根据数据资料制图、列表，以便于归档、查找、使用；④运用统计模型和其他数学模型对数据进行处理，以充分发掘从现有数据中可推出的结果，在看似无关的信息之间建立起内在联系。

（五）提出研究报告

调研的目的显然不是让大量的统计数字、表格和数学公式搅乱决策者的头脑，而是要对决策者关心的问题提出结论性的建议。正规的市场调研必须就它所研究问题的结论提出正式的报告。报告应包括这样几项内容。

① 引言：说明调研的目的、对象、范围、方法、时间、地点等。

② 摘要：简明概括整个研究的结论和建议，这也许是决策者有时间读的唯一部分。

③ 正文：详细说明调查目标、调查过程、结论和建议。

④ 附件：包括样本分配、数据图表、问卷附件、访问记录、参考资料目录等。

报告提交后，调研人员的工作并未结束，他们还须跟踪了解该报告的建议是否被决策者采纳，如果没有采纳，原因是什么；如果采纳了，采纳后的实际效果如何，是否需要提出进一步的补充和修正意见。

三、市场调研过程中应注意的问题

营销调研过程中，有些常见的错误应引起注意。

（1）信息过量。收集资料过多，或过分强调原始资料，使整个调查耗时长，费用大，花费了很多时间在访问或阅读计算机输出的冗长报告上，却难以从数据中找出有意义的结论。

（2）访问人员缺乏训练。研究人员耗费许多时间设计出了可行的计划和问卷，却由于访问人员对调研目标和问卷的理解不当而误事。此外，调研人员素质的参差不齐，导致某些调研结果不甚理想，也会加深主管人员对调研工作的偏见，以为市场调研不过是设计问卷、选择样本、进行访问，报告也只是一项信息收集工作的总结，并不能为决策部门提出有意义的建议。

（3）不注意利用外部力量，过于相信自己。专业调研公司一般比企业设置的调研部门有更充足且训练有素的专业调研人员，能根据客户的要求在较短时间内完成调研课题，更能减少企业内部人员主观因素对调研结果的干扰，但很多企业却不善于利用这一力量。

第三节 市场需求的衡量和预测

一、不同层次的市场

在营销中，可以将市场按不同层次划分为：潜在市场、有效市场、合格有效市场、目标市场、渗透市场，如图 5.4 所示。

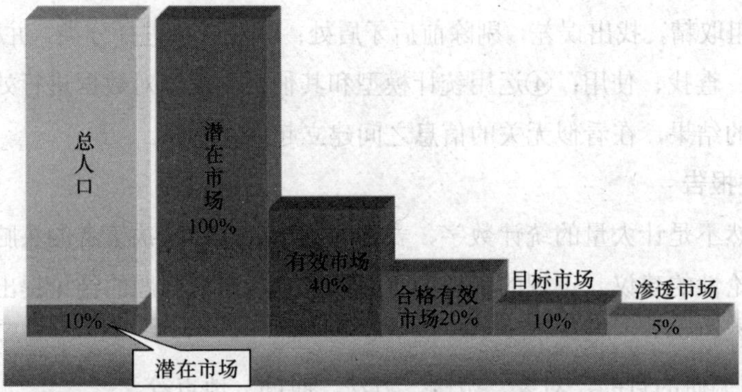

图 5.4 不同层次的市场

市场就是某一产品的全体实际和潜在购买者的集合，市场的规模是随着一个特定市场商品的购买人数而定的。潜在市场就是指那些表明对某个在市场上出售的商品有某种程度兴趣的消费者群体。

仅有消费者的兴趣还不足以确定一个市场。潜在消费者必须有足够的收入买得起这个产品，并且他们对这个产品的获得有一定的渠道。如果一个产品无法分销到某个地区，该地区的潜在消费者就不能得到这个产品。有效市场是由一群对某一产品有兴趣、有收入和渠道的潜在市场消费者所组成。政府规定有些产品限制销售给某些消费者，如有的国家和地区禁止向 18 岁以下青年销售酒精类产品，那么，18 岁以上的成年人就组成了合格有效的市场——成为对在某个市场上出售的商品有兴趣、有收入和可取得该商品的合格的消费者群体。

企业一旦确定了合格有效市场后，它可选择追求整个合格有效市场或者集中全力于某些细分市场。目标市场是企业决定要在合格有效市场上追求的那部分。渗透市场就是指那些已经买了该公司产品的消费者群体。

二、市场需求衡量中的有关概念

（一）市场需求

市场需求指在特定的地理区域、特定的时间、特定的营销环境中，由特定的消费者群体愿意购买某种产品的总量。

1. 市场需求受市场营销的影响力

市场需求对产品价格、产品改进、促销和分销等一般都表现出某种程度的弹性，其影响力表现在以下几个方面：

① 市场营销支出水平，即所有花费在市场营销上的支出；

② 市场营销组合，即在特定期间内企业所用市场营销工具的类型与数量；

③ 市场营销配置，即企业市场营销力量在不同消费者群体及销售区域的配置；

④ 市场营销效率，即企业运用市场营销资金的效率。

2. 市场需求函数

认识市场需求概念的关键在于市场需求不是一个固定的数值，而是一个函数，即市场需求受以上讨论诸因素的影响。因此，市场需求也被称为市场需求或市场反应函数，如图 5.5 所示。该图反映行业市场营销费用与市场需求之间的对应关系。

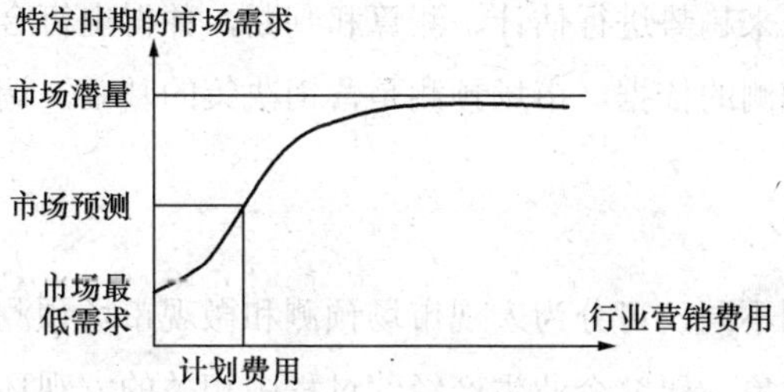

图 5.5　营销费用—市场需求曲线图

图 5.5 中，市场最低需求表示不做营销努力也可达到的需求量；市场潜量表示营销促进到极限的需求量；市场预测表示的企业按照一定营销费用预算可能得到的需求量。

一般情况下，当企业的营销费用在市场最低需求与市场潜量差别大的市场上，花费较多的营销预算，即做出较多的营销努力来扩大市场是值得的；当企业的营销费用在市场最低需求与市场潜量差别小的市场上，企业的营销努力应该着眼于保持现有的市场份额，因为扩大市场获得的收益可能太小。

（二）市场潜量

市场潜量是指在特定的营销环境下，随着行业营销活动的强化及不懈努力，某类产品的市场需求所能达到的最大极限（或称为最高市场需求）。

在这个概念中，“特定的营销环境”这一点是十分重要的，因为它最终决定着市场潜量。例如，在经济繁荣时期与经济萧条时期，这两种不同的环境下，市场潜量的差异是极其明显的，通常在前者条件下比在后者条件下市场潜量要大得多。

（三）企业需求

企业需求是指在市场需求总量中企业所占的份额，用公式表示为

$$Q_i = S_i Q$$

式中：Q_i 为企业需求量；S_i 为企业的市场份额；Q 为市场总需求量。

由上式可见，企业需求量的大小不仅要受到市场总需求量的影响，而且还要受到企业市场份额的影响。在市场竞争中，企业的市场份额与其营销努力成正比。

（四）企业销售预测

当营销者估算出企业需求后，下一个任务是选择营销努力的水平。被选出的营销努力水平将产

生一个特定的销售水平。

企业销售预测是与企业选定的营销计划和假设的营销环境相对应的销售额，即预期的企业的销售水平。

企业销售预测的图解式描述，可采用与图 5.5 中市场预测同样的方法：纵轴用企业销售额代替，横轴用企业营销努力代替。

三、市场预测的概念及程序

（一）市场预测的概念

市场预测就是在市场调研的基础上，依据市场的历史和现状，个人或组织凭经验或应用一定的预测技术，对市场发展的未来趋势进行估计、测算和判断，并得出符合逻辑的结论的有目的的活动和过程。市场调研是市场预测的依据，市场预测是营销决策的基础，调研和预测的目的是实现营销决策的精确性和科学性。

（二）市场预测的分类

（1）按预测涉及的范围不同，可分为宏观市场预测和微观市场预测。宏观市场预测是把整个行业发展的总图景作为研究对象，研究企业生产经营过程中相关的宏观环境因素；微观市场预测是从单个企业角度出发，研究预测市场竞争者地位、企业市场销售量、企业市场占有率等各要素。

（2）按预测的时间长短不同，可分为长期预测、中期预测和短期预测。长期预测是指对 5 年以上市场发展前景的预测；中期预测是 1 年以上 5 年以下的市场发展变化的预测；短期预测的预测时间一般在 1 年以下。

（3）按预测方法的性质不同，可分为定性预测和定量预测。定性预测是对预测性质的分析，包括已知现象确定概念判断其未来的发展。它主要是依据个人主观经验和直觉进行分析，对事物的性质及发展前途进行估计和预测。定性预测方法主要包括购买者意向调查法、集体经验判断法、专家意见法及市场实验法等。定量预测主要是依据前期收集的数据资料，通过建立适当的数学模型，分析和获取现在市场变化情况，并预测未来市场变化趋势。定量预测方法主要包括时间序列分析法、线性趋势方程法和一次指数平滑法等。

（三）市场预测的程序

市场预测是一项比较复杂的工作，需要按照一定的科学程序进行。一般来说，市场预测应遵循以下程序。

（1）确定目标。确定目标，即明确要预测什么，达到什么目标。只有明确了预测目标，预测者才能根据这一目标选择合适、有效的预测方法。

（2）拟定预测计划。在预测计划中，预测者应该详细列明工作内容，安排具体执行人员和责任人，保证各项工作之间的合理衔接和交叉作业，以提高效率、缩短预测活动周期。

（3）收集和整理资料。资料的收集是预测的基础，市场调研是获得资料的主要途径。预测者要注意所收集资料的全面、准确、具体，从而保证预测的科学性。

（4）建立预测模型，并进行分析评价。预测者将收集的资料进行整理分析以后，即可寻找资料中各种经济变量之间的数量关系，并据此做出理论假设，建立预测模型。对此预测者必须认真进行选择和评价，选择最贴近预测对象特性的预测模型。

（5）进行预测，估计误差。通过预测模型得出的结果往往与实际情况有出入，不能直接运用。为了有效地指导决策，预测者必须准确地估计预测结果的准确度，即误差有多大、在多大程度上是可信的，以便决策者在运用预测值进行预测时，能够更加全面地设计和评价行动方案。

（6）审查预测结果并进行修正。在多个预测人员分别做出预测的情况下，预测的结果可能会不同。管理人员要对预测结果进行分析审查，对模型的预测值进行修正，提高预测结果的可信度水平，最后获得理想的预测值。

四、市场需求预测常用方法

这里主要介绍定性预测方法和定量预测方法。

（一）定性预测方法

定性预测简单易行，但缺乏客观标准，往往受预测者经验、认识的局限而带有一定的主观片面性。定性预测方法在预测精度要求不高时较为可行。

定性预测的具体方法主要有以下几种。

1. 购买意向调查法

许多企业经常关注新消费者、老消费者和潜在消费者未来的购买意向情况，如果存在少数重要的消费者占据企业大部分销售量这种情况，那么购买者意向调查法是很实用的。购买者意向调查法是通过一定的调查方式（如抽样调查、典型调查等）选择一部分或全部的潜在购买者，直接向他们了解未来某一时期（预测期）购买商品的意向，并在此基础上对商品需求或销售做出预测的方法。在缺乏历史统计数据的情况下，运用这种方法，可以取得数据资料，从而做出市场预测。

例 5.1 某调研组织向消费者提问，“在未来 6 个月内您打算购买一辆汽车吗？”答案可能有 5 种不同的选择，该购买意向分组表如表 5.3 所示。

表 5.3 购买意向分组表

状态描述	肯定购买	有可能买	不一定	不太可能买	肯定不买
概率（P_i）	100%	80%	50%	20%	0%
汇总人数(n_i)	n_i	n_i	n_i	n_i	n_i

由表 5.3 知，平均购买率为

$$\eta = \frac{\sum P_i n_i}{\sum n_i} \times 100\%$$

则预期购买总量 $Q = \eta \times N$ 。式中，N 表示预测地区总人数或总户数。

2. 集体经验判断法

集体经验判断法是由预测主持人召集某些熟悉业务、具有经验和综合分析能力的主管人员、职能人员、业务人员对预测问题进行讨论、分析、判断的方法。这种方法尽管是主观估测的结果，但由于预测人员都掌握一定的市场资料，具有相当丰富的经验，因此，对过去一段时期的需求情况比较正常、营销环境又不会出现重大变化的产品进行预测时，具有较高的实用价值。

在用此法预测时，可以根据各人所提的预测值，进行加权平均。其权数可按照各人在企业中所处的地位与作用的不同而定。

例 5.2 根据表 5.4，对某企业年度销售额进行预测。

表 5.4 销售额数据资料 单位：万元

预测人员	权数	最差的销售		最可能的销售		最好的销售		预测期望值
		销售额	概率	销售额	概率	概率	销售额	
人员 1	5	5000	0.2	5500	0.7	6200	0.1	5470
人员 2	6	5200	0.1	5600	0.8	6000	0.1	5600
人员 3	7	4500	0.1	5100	0.7	5600	0.2	5140

人员 1、人员 2 和人员 3 分别就最差的销售、最可能的销售以及最好的销售的销售额及其出现的概率进行预测，那么就可以通过这些预测数值求出每位预测人员的预测期望值。

人员 1 预测期望值=5000×0.2+5500×0.7+6200×0.1=5470（万元）

可求得预测值分别为 5600 万元和 5140 万元。

根据各人员的预测期望值和对应的权重，就可以计算出预测值。

预测值=(5470×5+5600×6+5140×7)/(5+6+7)=5385（万元）

3. 专家意见法

专家意见法又称德尔菲法，由美国兰德公司于 20 世纪 40 年代首创。其具体做法是：将征询的问题分别寄给选定的若干专家，请他们分别填写后寄回。然后主持人将这些意见分别归纳，并形成文字，再一次寄给专家，请他们再填写并寄回。经过多次反复，意见逐步趋向集中，直至得出比较一致的结论为止。此法简单，科学性强，在缺乏资料、无法应用数学模型的条件下，被广泛采用。德尔菲法具有 3 个特征：

① 匿名性。由于专家们分别填写自己的意见，互不相知，因而既能避免被权威左右，又不会损害非权威者面子，可以畅所欲言。

② 反馈性。要经过多次反馈征询意见，使预测结果更准确地反映专家集体的意见。

③ 趋同性。经过几轮反馈，专家的意见会逐渐趋于一致，呈现出统一的趋势。

德尔菲法的不足之处是信函往返耗费时间较长，对预测意见的分类、整理、归纳需花费较多的人力。

4. 市场实验法

企业搜集到的各种意见的价值，无论是购买者、销售人员的意见还是专家的意见，都取决于获得各种意见的成本、可行性和可靠性。如果购买者对购买并没有认真细致的计划，或其意向变化不定，或专家的意见也并不十分可靠，在这些情况下，就需要利用市场实验这种预测方法。在预测一种新产品的销售情况和现有产品在新的地区或通过新的分销渠道的销售情况时，利用这种方法效果最好。

（二）定量预测方法

1. 时间序列分析法

企业可根据过去的销售情况，预测未来销售发展趋势。前提是要先证明企业历年的销售数据确实具有连续性的因果关系，然后才可用作预测未来销售发展趋势的依据。

某种产品历年销售量（Y）的时间数列，可按趋势（trend）、周期（cycle）、季节（season）和意外事件（erratic events）4个要素进行分析。

① 趋势（T）：即人口、资金构成和技术等要素发展变化的基本情况。它可从过去的销售曲线的变化规律中推测出来，也可看作是过去销售曲线的自然延伸。

② 周期（C）：即经济周期波动的影响。剔除周期性的影响，对中期预测相当重要。

③ 季节（S）：指一年中销售变化的固有模式，如与日、周、月或季相关的规律性变动。这种变动往往是与气候、假日、交易习惯，甚至消费者上下班时间相联系的。季节性模式常作为短期销售预测的一种依据。

④ 意外事件（E）：包括台风、水灾、火灾及其他偶然性的灾害和动乱等。这些因素都是可能遇到而又无法预测的，根据历史资料进行销售预测时，应剔除这些偶然因素的影响，以求得到较规范的销售行为模式。

时间序列分析法就是根据上述4个要素（T、C、S、E）分析原始销售数列Y，再结合这些要素预测未来的销售。

2. 线性趋势方程法

将销售额按照时间顺序排列，根据以往的销售额数据建立回归方程，假如方程参数通过检验，则可对未来销售额的数量进行预测。这里仅介绍一元线性回归法。

一元线性回归分析法的数学模型为

$$y_c = a + bt$$

式中，y_c为因变量（预测值）；t为时间；a、b为回归系数。

回归方程参数的计算公式为

$$\begin{cases} b = \dfrac{n\sum yt - \sum y \sum t}{n\sum t^2 - \left(\sum t\right)^2} \\ a = \overline{y} - bt \end{cases}$$

式中，n为表示观察值的数目。

此方程中的t是序列中的时间指标，为了计算简便起见，可以采用假定的序号，以中间一年为原点，记作0，原点以前各年份记作$\left(-1,-2,-3,\cdots,-\dfrac{n}{2}\right)$，原点以后各年份依次记作$\left(1,2,3,\cdots,\dfrac{n}{2}\right)$。当序列项数为奇数时，采用这种方式比较方便。当序列为偶数项时，则用中间两个时期的中点为原点，前后各个时期依次用$(-1,-3,-5,\cdots)$和$(1,3,5,\cdots)$表示。由于原点前后两半部分的正值和负值相互抵消，使$\sum t = 0$，所以上述方程可以简化为

$$\begin{cases} b=\dfrac{\sum yt}{\sum t^2} \\ a=\dfrac{\sum y}{n} \end{cases}$$

应用一元线性回归分析方法，必须满足以下条件：

① 预测对象影响因素之间必须存在因果关系，并能确定这种关系还在发生作用；

② 要有足够的统计数据。一般所取数据应在 20 个以上，因为数据过少会影响预测的准确性；

③ 根据呈现的规律能反映未来的变化趋势并且分布确有线性状况。

例 5.3 试根据表 5.5 的数据预测某企业 2014 年的销售额。

表 5.5 某企业销售额的趋势值 单位：万元

年份	年份序号 t	t^2	销售额 y	yt	趋势值 y_c
2000	−5	25	54	−270	47.42
2001	−4	16	50	−200	53.10
2002	−3	9	52	−156	58.78
2003	−2	4	65	−130	64.46
2004	−1	1	68	−68	70.14
2005	0	0	76	0	75.82
2006	1	1	85	85	81.50
2007	2	4	90	180	87.18
2008	3	9	94	282	92.86
2009	4	16	98	392	98.54
2010	5	25	102	510	104.22
合计	—	110	834	625	—

可计算得：

$$\begin{cases} b=\dfrac{\sum yt}{\sum t^2}=\dfrac{625}{110}=5.68 \\ a=\dfrac{\sum y}{n}=\dfrac{834}{11}=75.82 \end{cases}$$

则直线趋势方程为：$y_c=75.82+5.68t$

2014 年时，t 值为 9，代入上述方程，则 y_c=126.94（万元）。

3. 一次指数平滑法

一次指数平滑法是通过对预测目标历史统计序列的逐层平滑计算，来消除由于随机因素造成的影响，找出预测目标的基本变化趋势，以此预测未来。其基本公式为 $S_t=\alpha\chi_t+(1-\alpha)\chi_{t-1}$。

式中，S_t 为第 t 期一次平滑值，即第 t+1 期的预测值；α 为平滑系数；χ_t 为第 t 期观察值；χ_{t-1} 为第 t−1 期平滑值。

① 初始值的确定。如果观察期 n 大于 15，以第一期观察值为初始值；如果观察期 n 小于 15，以前三期观察值的平均数为初始值。

② 平滑系数的选择。如果时间序列有不规则变化，而长期趋势呈稳定的水平趋势，应取 0.05～0.20。在实际应用中可以取几个值比较，选择预测误差最小的值。

预测方法是多种多样的，可根据市场预测的目的和需求决定用哪种方法进行预测，同时还必须结合市场预测对象本身的特点和发展变化规律等进行考虑。

本章习题

一、判断题

1．市场营销情报系统提供的是内部实际资料。（　　）

2．即使不支出任何营销费用，市场对某种产品仍然存在一个基本的需求量。（　　）

3．市场需求预测即是凭借预测者的经验和感觉对未来市场需求量的猜测。（　　）

4．企业销售预测是确定营销计划或营销努力水平的基础。（　　）

5．德尔菲法的特点是专家互不见面，避免互相影响，且反复征询、归纳、修改，意见趋于一致，结论比较切合实际。（　　）

二、单选题

1．由人、设备和程序组成，它为营销决策者收集、挑选、分析、评估和分配所需要的、适时的信息，这被定义为（　　）。

A．营销信息系统　　B．营销分析系统　　C．内部报告系统　　D．营销调研系统

2．运用科学的方法，有目的地收集、整理和分析研究有关市场营销方面的信息，提出解决问题的建议，供营销人员了解营销环境，发展机会与问题，作为市场预测与营销决策的依据，我们把它称为（　　）。

A．营销信息系统　　B．市场调研　　C．市场预测　　D．决策支持系统

3．随着行业营销费用的增加，刺激消费的力度加大，市场需求一般会随之增大，但当营销费用超过一定水平后，就不能进一步促进需求，市场需求达到极限值，这个极限值叫作（　　）。

A．市场需求　　B．企业需求　　C．市场潜量　　D．市场最低量

4．在预测一种新产品的销售情况和现有产品在新的地区或通过新的分销渠道的销售情况时，最好采用（　　）。

A．专家意见法　　B．市场实验法　　C．时间序列分析法　　D．直线趋势法

5．运用线性趋势法对某商场连续 7 年的营业额建立的直线趋势方程为 $Y = 0.5 + 0.3x$（亿元），则第 8 年可能实现的营业额预测值是（　　）。

A．2.6 亿元　　B．2.9 亿元　　C．0.8 亿元　　D．1.7 亿元

三、简答题

1．营销信息系统中的 4 个子系统各自发挥什么作用？

2．市场营销调研的程序包括哪 5 个步骤？

3．什么是专家意见法？

4．定性预测方法有哪些？

5．定量预测方法有哪些？预测如何进行？

四、案例分析题

20世纪80年代初，国内某化妆品有限责任公司开发出适合东方女性需求特点的具有独特功效的系列化妆品，并在多个国家获得了专利。营销部经理初步分析了亚洲各国和地区的情况，并首选日本作为主攻市场。为迅速掌握日本市场的情况，公司派人员直赴日本，主要运用调查法收集一手资料。调查显示，日本市场需求量大、购买力强，且没有同类产品竞争者，这使公司人员兴奋不已。此外，公司又在调查基础上按年龄层次将日本女性化妆品市场划分为15～18岁、18～25岁（婚前）、25～35岁及35岁以上4个子市场，并选择了其中最大的一个子市场进行重点开发。营销经理对前期工作感到相当满意，为确保成功，他正在思考再进行一个市场试验。另外，公司经理还等着与他讨论应采取何种定价策略。

【思考与讨论】

该公司运用的收集一手资料的调查法一般会有哪几种方式？各有何特点？

第六章 目标市场营销策略

【学习目标】

（1）了解市场细分的概念及分类方法。

（2）理解有效市场细分的条件。

（3）熟悉评估子市场的过程及选择子市场的方法。

（4）掌握环境威胁和市场营销机会对企业市场营销的影响。

【导入案例】

海尔的洗衣机市场

海尔洗衣机厂依靠雄厚的技术力量，有针对性地研制开发了多品种、多规格的洗衣机产品，以满足不同的需求，使海尔洗衣机成为中国洗衣机行业跨度最大、规格最全、品种最多的企业。

海尔能同时规模生产波轮式、滚筒式、搅拌式洗衣机，使中国消费者可以享受到不同类型洗衣机所带来的便利。

海尔的洗衣机容量，大到可以洗一家人一周所有的衣服，小到洗孩子的一双袜子，每隔0.2kg海尔就有一款洗衣机可以满足消费者的不同洗衣需求。

海尔的洗衣机，从双桶半自动、全自动洗衣机到洗衣、脱水、烘干三合一洗衣机，应有尽有。

——海尔根据目前国内许多家庭居住面积小，没有足够的洗衣机空间的情况，设计了中国第一台“极限设计，全塑外壳”的“小神童”系列洗衣机。

——海尔了解到一部分用户在使用全自动洗衣机时，往往不是一次性完成洗衣、脱水、程序，而是希望将不同的衣服分开洗涤，然后一起脱水，因此第一台计算机后置、采用仿生设计原理的“小神童”全自动洗衣机问世。

——海尔在市场调研、分析中发现消费者在使用洗衣机时，最烦恼的是同一台洗衣机只有一个洗涤速度（约150r/min）、一个甩干速度（约800r/min），使有的衣物因洗涤、甩干转速过高容易磨损，又带电；有些衣物则因转速过低，洗不净，甩不干。海尔开发出最少耗电、最低磨损、最佳洗涤效果的变速洗衣机。

——海尔洗衣机推到农村市场后，发现洗衣机在农村不是用来洗衣服，而是用来洗蔬菜、洗红薯，日子一长，排水管内自然淤积了大量的油污和泥沙。海尔开发出命名为“大地瓜”的功率更为强劲的能专门用于蔬菜洗涤的洗衣机。

那么海尔集团为什么要开发品种齐全的洗衣机系统产品？海尔的洗衣机产品又是根据什么来分类的？通过本章的学习将解决这些问题。

第一节 市场细分

一、市场细分的概念和作用

市场一词对不同的人含义不同。如超级市场、股票市场、劳动力市场、鱼类市场、跳蚤市场这些词语都很熟悉。所有这些类型的市场都有一些共同之处。第一，它们由人（消费者市场）或组织（产业市场）构成。第二，这些人或组织具有可以由特定的产品范畴来满足的需要或需求。第三，他们有能力购买他们想要的产品。第四，他们愿意用他们的资源（通常是货币或信用）来交换他们想要的产品。

在市场内，细分市场是具有一个或多个相同特征并由此产生类似产品需求的人或组织组成的亚群体。从一个极端来讲，如果世界上的每个人或组织对某种产品的需求与欲望是完全一致的，即无差异需求时，我们可以把整个消费者市场定义为一个大的细分市场，把产业市场定义为另一个大的细分市场。从另一个极端来讲，如果世界上的每个人或组织的需求具有不同特点时，则每个人或每个组织都可以定义为一个细分市场（定制营销）。企业应制定有针对性的营销来满足消费者或组织具有不同特色的需求。但这种情况在现阶段对企业营销来说是极其困难的。因为这会受到许多营销因素（如企业预期利润目标）的制约和影响。在现实生活中，当消费者的某些因素比较接近的时候，消费者的需求与欲望也会有相似之处（如图 6.1 所示），营销管理人员会按照"求大同，存小异"的原则，进一步归纳这些不同需求。在后面结合市场细分的标准会进一步说明。

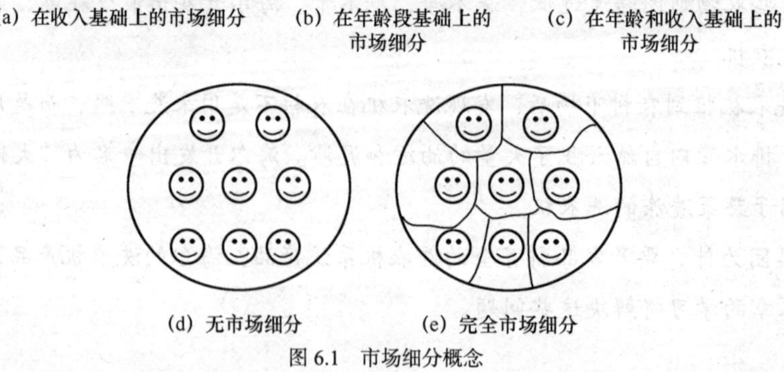

(a) 在收入基础上的市场细分　(b) 在年龄段基础上的市场细分　(c) 在年龄和收入基础上的市场细分

(d) 无市场细分　(e) 完全市场细分

图 6.1　市场细分概念

市场细分（Market Segmentation）是指营销者利用一定需求差别因素（细分因素），把某一产品整体市场消费者划分为若干具有不同需求差别的群体的过程或行为。值得注意的是：市场细分不是对自己的产品进行分类；市场细分不是按企业的性质进行分类；市场细分是按照消费者的需要和欲望进行分类。

市场细分具有以下作用：

（1）市场细分是制定市场营销战略的关键环节。市场营销战略包括选定目标市场和决定适当的营销组合两个基本观念。在实际应用上，有两种途径。

①从市场细分到营销组合。这是指先将一个异质市场细分为若干个“子市场”，然后从若干子市场中选定目标市场，采取与企业内部条件和外部环境相适应的目标市场策略，并针对目标市场设计有效的市场营销组合。②从营销组合到市场细分，即在已建立了营销组合后，对产品组合、分销、促销及价格等做出多种安排，将产品投入市场试销。再依据市场反馈的信息，研究消费者对不同营销组合的反应有何差异，进行市场细分，选定目标市场；最后按照目标市场的需求特点，调整营销组合。

（2）市场细分有利于发现市场营销机会。市场营销机会是已出现于市场但尚未加以满足的需求。这种需求往往是潜在的，一般不易发现。运用市场细分的手段便于发现这类需求，并从中寻找适合本企业开发的需求，从而抓住市场机会，使企业赢得市场主动权。例如，香港地区香皂市场竞争一直很激烈，但我国外贸部门通过市场细分发现，香港地区香皂市场竞争激烈的主要是高中档产品，低档香皂却是一个“空档”。于是，大陆香皂业利用工资低的优势，顺利地进入了香港低档香皂市场。又如，我国服装市场竞争较激烈，通过市场细分可以看出，竞争激烈的主要是青年服装市场和儿童服装市场，老年服装市场却很冷清。于是有些服装企业把目标市场放在老年服装市场上，生产出各式各样的老年服装，结果大获成功。这些“空档”市场，都是企业的市场机会。

（3）市场细分能有效与竞争对手相抗衡。在企业之间竞争日益激烈的情况下，通过市场细分，有利于发现目标消费者群的需求特性，再通过调整产品结构，增加产品特色，以提高企业的市场竞争能力，有效地与竞争对手相抗衡。例如，森永和明治是日本最大的两家糖果公司，以前生产的巧克力都是满足儿童消费市场的，森永公司为增强其竞争能力，经过市场调查与充分论证，研制出一种“高王冠”的大块巧克力，定价 70 日元，推向成人市场。明治公司也不甘示弱，通过市场细分，选择了 3 个子市场：初中学生市场、高中学生市场和成人市场。该公司生产出两种大块巧克力，一种每块定价 40 日元，用于满足十二三岁的初中学生；一种每块定价 60 日元，用于满足十七八岁的高中学生；两块合包在一起，定价 100 日元，适宜于满足成人市场。明治公司的市场细分策略，比森永公司高出一筹。

（4）市场细分能有效地拓展新市场，扩大市场占有率。企业对市场的占有不是轻易就能拓展开来的，必须从小到大，逐步拓展。通过市场细分，企业可先选择最适合自己占领的某些子市场，以此作为目标市场。当占领这些子市场后再逐渐向外推进、拓展，从而扩大市场占有率。

（5）市场细分有利于企业扬长避短，发挥优势。每一个企业的营销能力对于整体市场来说，都是有限的。所以，企业必须将整体市场细分，确定自己的目标市场，把自己的优势集中到目标市场上。否则，企业就会丧失优势，从而在激烈的市场竞争中遭受失败。特别是有些小企业，更应该注意利用市场细分原理，选择适合自己的市场。

二、市场细分的要求

企业在进行市场细分时，一般来说，应把握住下面4个要求。

（1）要有明显特征。市场细分应使企业营销人员能够识别有相似需求的消费者群体，这些群体应具有企业能分析的明显的特征和行为。

（2）企业可以接受。要根据企业的实力，量力而行。在进行细分时，企业应考虑划分出来的细分市场，必须是企业有足够的能力去占领的子市场，在这个子市场上，能充分发挥企业的资源优势。

（3）企业有适当的盈利。在市场细分中，被企业选种的子市场还必须有一定的规模，即有充足的需求量，能够使企业有利可图，并实现预期利润目标。如果细分市场的规模过大，企业"吃不了，无法消化"，在竞争中处于弱势；如果规模过小，企业又"吃不饱"，现有的资源得不到有效利用，甚至连利润都难于确保。因此，细分出的市场规模必须恰当，才能使企业得到合理的利润。

（4）市场要有发展潜力。市场细分应有相对的稳定性，因为，如果细分市场一旦被企业选定为目标市场，它应给企业带来的利益不应仅是目前的，还必须能够给企业带来较长远的利益。所以，企业在进行细分时必须考虑市场未来发展是否有潜力。

三、市场细分的标准

企业要进行市场细分，首先就是要确定按照什么样的标准来进行细分。一般来说，凡是影响消费者需求的一切因素，都可以作为市场细分的依据。市场细分的标准必须能区分不同的需求。企业可以根据行业和自己的情况选择适当的因素作为标准（或变数）来对市场进行细分。

（一）消费者市场细分的标准

1. 地理细分（Geographic Segmentation）

地理细分把市场分成不同的地理区域，如国家、地区、州、县、城市或街区。一个公司可能只在一个或少数几个地理区域发展，或者在所有区域经营，但只关注地理方面的需要和愿望差异。许多公司按地区安排他们的市场营销计划，他们使产品具有地方性，在广告、推广和销售等方面也是尽量适应地区、城市甚至街区。

例如，坎贝尔公司（Campbell）在路易斯安那州和密西西比州卖 Cajun 牌的秋葵荚汤，而在得克萨斯州和加利福尼亚州卖特辣的奶酪汤。庄臣公司在制造"雷达"牌杀虫剂时，使用地理市场细分方法，强调在适当的地理区域和适当的时间里杀虫。当它的主要家用杀虫剂市场份额超过40%的时候，庄臣公司找到了不同的虫子的分布规律，并开展了有针对性的营销。例如，公司在蟑螂较多的城市比如休斯敦和纽约促销杀蟑螂剂，在跳蚤较多的坦帕市和伯明翰市促销杀跳蚤剂。使用市场细分方法后，"雷达"牌杀虫剂在各地区的市场份额几乎都有所增长，庄臣公司在美国市场上每年4.5亿美元的杀虫剂销售额，也增长了5%。

一些公司则试图开发尚未开发的地区，许多大公司从竞争激烈的大城市撤走，而在美国的小城镇开店。例如麦当劳在小城镇里开小型连锁店。汉普顿旅馆的策略也大体相同。田纳西州的汤散德镇只有 329 人，就是在小镇里也算小的。它坐落在交通繁忙的地点，并且还在诺克斯维尔到大雾山景点的要道上，这个小镇要为旅游者和差旅人员提供服务。汉普顿在汤散德镇开了第 290 家连锁旅馆，并且打算到 1996 年再在这类小镇开 100 家旅馆。在小镇开店成本较低，汤散德镇的汉普顿旅馆只有 54 个房间，而不是像议普顿其他旅馆那样，有 135 个房间，但小规模正好适合小的需求。

2. 人口细分（Demographic Segmentation）

不同的年龄、性别、收入、职业、教育、宗教、种族或国籍的消费者，会有不同的价值观念、生活情趣、审美观念和消费方式，因而对同一类产品 必定会产生不同的消费需求。

（1）年龄。人们在不同的年龄阶段由于生理、心理等因素的不同，对商品的需求和欲望有着很大的区别。如玩具市场应按年龄的不同，开发启蒙、益智、科技、消遣、装饰等功能不同的玩具。

（2）性别。男性和女性在不少商品的使用上存在很大的区别。如服装市场、化妆品市场，一般可以按照性别的不同，分为女性市场和男性市场。

（3）收入。收入水平不同的消费者，在购买时对商品的要求也不同。高收入的消费者，对产品比较注重"质"的需求，购物场所习惯到百货公司和专卖店；低收入的消费者，则侧重"量"的需求，通常喜欢到廉价的货仓商场、超市及普通商店。但若以收入作为细分标准，不应忽视低收入群由于"补偿"心理或自身水平有限，也会购买高质量、高价格的产品。

（4）文化程度和职业。不同文化程度的人，他们的价值观、信念、习惯等存在较大的差异；不同职业的特点，也会使人们在购买上存在很大差异，如工人、农民、教师、艺术家、干部、学生，对报纸、书刊的消费有明显的不同。

（5）民族。例如，我国有 56 个民族，绝大多数民族都有自己特殊的消费习惯和爱好。

3. 心理细分（Psychographic Segmentation）

心理细分根据社会阶层、生活方式或个性特点将购买者分为不同的群体。在同一人口群体中的人们会有不同的心理模式。

（1）社会阶层。社会阶层影响人们对汽车、服装、家具、休闲活动、阅读习惯和商店种类的偏好。许多公司以特定的社会阶层作为目标市场，设计吸引他们的产品或服务。

（2）生活方式。人们对各种产品的兴趣受到生活方式的影响，人们所购买的产品也能体现各自的生活方式。市场营销人员不断用消费者生活方式来细分市场。达克·海德找到了一种普通学生的生活方式，并说："你能使他们成为你的新消费者，才能使他们成为你的老消费者。"《Redbook》杂志以生活方式划分子市场，如 25～44 岁的妇女必须围着丈夫、家庭、住宅和工作转。据最近的《Redbook》杂志中的广告说："她是主张自我为中心的那代人的产物。30 岁左右的女人要平衡家、家庭和事业，比任何一代人都要做得多。她拒绝放弃自己的娱乐，尽管她的岁数能告诉她自己应该做什么，但她拒绝放弃自己的快乐。她觉得自己还年轻，还应该实现自己的想法。"据《Redbook》杂志来看，这类消费者给了保健食品和健身器材一个很好的目标市场，她会穿坏许多运动鞋，吃许多维他命，喝许多无糖苏打水，也会比其他消费者群体更经常地发现有新东西可买。

（3）个性。市场营销人员也用个性因素来细分市场，并使产品具有和消费者个性相吻合的特点。使用个性因素的成功市场细分策略曾在化妆品、香烟、保险和酒类销售取得很好的结果。本田公司为它的小型摩托车展开的市场营销战役给出了一个很好的运用个性来进行市场细分的例子。本田公司准备在14～22岁的人中间销售它的Spree型、Elite型和Aero型摩托车，但实际在广告中，它选择了更大范围的个性群体。例如在一则广告中，一个孩子在床上跳上跳下，并配有解说："你一辈子都想得到。"这则广告使看广告的人想到那些欢快的时刻，也就是冲破束缚，做父母原本禁止孩子们做的事。广告的含义是他们骑上本田摩托车就能重新体验从前的感觉。所以，虽然本田公司的广告瞄准的是年轻的消费者，但是它也在吸引所有追赶潮流和有独立个性的不同年龄的群体。实际上，半数以上的本田摩托车是卖给年轻的专业人员的，另有15%的车卖给了50岁以上的人。本田牌摩托车吸引着所有具有反叛精神以及独立性的人。

4. 行为细分（Behavioral Segmentation）

行为细分根据人们的知识、态度及对产品的反应和使用情况，将购买者分为不同群体。许多市场营销人员认为行为因素是进行市场细分的最佳起点。

（1）购买时机。以消费者对产品的需要、购买和使用的时机作为市场细分的标准。如旅行社可为每年的几个公众长假提供专门的旅游线路和品种；为中小学生每年的寒暑假提供专门的旅游服务；公共汽车公司根据上下班高峰期和非高峰期这一标准，把乘客市场一分为二，分别采取不同的营销策略，如在上下班高峰期加派客车，非高峰期减少客车，以降低成本，提高效益。

（2）寻求的利益。根据消费者对产品的购买所追求的不同利益来细分市场的一种有效的依据。如钟表市场，购买手表的消费者追求的利益大致可以分为三类：一是追求价格低廉；二是侧重耐用性和产品的质量；三是注重产品品牌的声望。因此，生产钟表的企业，如果用追求的利益来细分市场，就必须了解消费者在购买某种产品时所寻求的主要利益是什么；了解寻求某种利益的消费者主要是哪些人；还要了解市场上满足这种利益的有哪些品牌；哪种利益还没有得到满足。然后确定自己的产品应突出哪种特性，从而最大限度地吸引某一个消费者群。美国学者 Haley 曾运用利益对牙膏市场进行细分而获得成功。他把牙膏需求者寻求的利益分为经济实惠、防治牙病、洁齿美容、口味清爽4种。

表6.1　牙膏市场的利益细分

利益细分	人口统计特征	行为特征	心理特征	符合利益的品牌
经济实惠	男性	大量使用者	自主性强者	大减价的品牌
防治牙病	大家庭	大量使用者	忧虑保守者	品牌A、E
洁齿美容	青年	吸烟者	社交活动多者	品牌B
口味清爽	儿童	薄荷爱好者	喜好享乐者	品牌C

（3）使用者情况。许多产品可以按照消费者对产品的使用情况进行分类。使用情况可以分为：从未使用过、曾经使用过、准备使用、初次使用、经常使用这 5 种类型。对于不同的使用者情况，企业所施用的策略是不相同。一般而言，资力雄厚、市场占有率高的企业，特别注重吸引潜在购买者，通过他们的营销策略，把潜在使用者变为实际使用者。一些中、小型的企业，主要是吸引现有的使用者，提高他们对产品的使用率和对品牌的信赖和忠诚；或让使用者从竞争者的品牌转向本企业的品牌。

（4）品牌忠诚度。市场可以通过消费者品牌忠诚度（Brand Loyalty）来划分。品牌忠诚度是指消费者在购买决策中，多次表现出来对某个品牌有偏向性的（而非随意的）行为反应。它是一种行为过程，也是一种心理（决策和评估）过程。品牌忠诚度的形成不完全是依赖于产品的品质、知名度、品牌联想及传播，它与消费者本身的特性密切相关，靠消费者的产品使用经历。一些消费者是忠诚购买者，他们一直都买一个品牌的产品；另一些消费者是习惯购买者，他们对品牌有点儿崇信，但也会买两三个其他品牌的同类产品，一般是买不到最喜欢的品牌，就买其他的；也有一些消费者无品牌忠诚者，这些人购买时，或许总是求新，或许老买降价产品。一个公司可以通过分析市场上品牌忠诚类型学到许多东西。公司应该首先研究忠诚自己产品的消费者。例如，“高露洁”发现它的购买者一般都是中等阶层的大家庭，他们很关心健康，这些特点实际为“高露洁”指出了目标市场。通过对不怎么忠诚于公司产品的购买者进行研究，公司可以找出自己公司较具竞争力的产品。当发现原来自己产品的消费者转而，去购买别的品牌时，公司可以发现自己的弱点。至于说无品牌忠诚者，公司可以采用降价销售自己产品等手段，以便吸引他们。

（二）产业市场细分的标准

产业市场的细分标准，有些与消费者市场的细分标准相同，如追求利益、使用者情况、地理因素等，但还有一些不同的标准。美国的波罗玛（Bouoma）和夏皮罗（Shapiro）两位学者，提出了一个产业市场细分变量表，较系统地列举了产业市场细分的主要变量，并提出了企业在选择日标市场时应考虑的主要问题（见表 6.2）。

表 6.2　　产业市场主要细分标准

人口变量

- □行业：我们应把重点放在购买这种产品的哪些行业？
- □公司规模：我们应把重点放在多大规模的公司？
- □地理位置：我们应把重点放在哪些地区？

经营变量

- □技术：我们应把重点放在消费者所重视的哪些技术上？
- □使用者或非使用者情况：我们应把重点放在经常使用者、较少使用者、首次使用者或从未使用者身上？
- □消费者能力：我们应把重点放在需要很多服务的消费者上，还是只需少量服务的消费者上？

采购方法

- □采购职能组织：我们应将重点放在那些采购组织高度集中的公司上，还是那些采购组织相对分散的公司上？
- □权利结构：我们应选择那些工程技术人员占主导地位的公司，还是财务人员占主导地位的公司？
- □与用户的关系：我们应选择那些现在与我们有牢固关系的公司，还是追求最理想的公司？
- □总的采购政策：我们应把重点放在乐于采用租赁、服务合同、系统采购的公司，还是采用密封投标等贸易方式的公司？
- □购买标准：我们是选择追求质量的公司、重视服务的公司，还是注重价格的公司？

情况因素

- □紧急：我们是否应把重点放在那些要求迅速和突击交货或提供服务的公司？
- □特别用途：我们应将力量集中于本公司产品的某些用途上，还是将力量平均花在各种用途上？
- □订货量：我们应侧重于大宗订货的用户，还是少量订货者？

个人特性

- □购销双方的相似性：我们是否应把重点放在那些其人员及其价值观念与本公司相似的公司上？
- □对待风险的态度：我们应把重点放在敢于冒风险的用户还是不愿冒风险的用户上？
- □忠诚度：我们是否应该选择那些对本公司产品非常忠诚的用户？

（资料来源：菲利普·科特勒.市场营销管理［M］. 郭国庆，等，译.北京:中国人民大学出版社，1997：258. ）

四、市场细分的有效性

企业实施市场细分化策略，必须注意市场细分的有效性和实用性，不能为细分而细分。细分之前必须要有明确的目的和方向。例如，我们若用 15 个细分变量的组合来进行细分，从理论上来说，就可以得出 5.22 亿个细分市场。这无疑会增加企业的选择难度。很显然，这种细分是毫无现实意义的。那么，怎样才能保证市场细分的有效性。一般说来，有效的细分市场应满足以下条件。

（1）市场规模具有可衡量性。经过细分后的市场是可以识别并加以衡量的，也就是说，细分出来的市场不仅范围比较清晰，而且能大致判断这个市场的大小。因此，用以细分市场的各种特征应该是可以衡量的。例如，在一个特定的市场范围内，消费者不同性别的人数、各个年龄组的人数、各个收入组的家庭户数，这些数据通过相应的资料都是可以获取的，同时以这些数据为基础的市场规模也就是可测的。

（2）需求足量性。细分出来的市场必须有充分的现实需求，而且需求水平能够符合企业销售的期望水平，同时还要有一定的需求潜量，从而使企业在进入这个市场之后能够有良好的发展前景。因此，企业在进行市场细分时，必须考虑细分市场上消费者的数量、消费者的购买能力和产品的使用频率。具有需求足量性的细分市场，是那些拥有足够的潜在购买者的市场，而且购买者拥有充足的货币支付能力，从而使企业能够补偿生产与销售成本，获得预期的利润。

（3）可进入性。细分后的市场是企业的营销活动影响能够到达的市场，主要表现在 3 个方面：①企业具有进入这些细分市场的资源条件和竞争实力；②企业能够通过媒体有效地把产品信息传递给众多的消费者；③产品经过一定的销售渠道能够抵达该市场。考虑细分市场的可进入性，实际上就是考虑企业营销活动的可行性，很显然，对于不能进入或难以进入的市场进行细分是毫无意义的。

（4）具有稳定性和开发价值。稳定性就是要求经过细分所形成的市场中，消费者群的需求应该在一个较长的时期内保持相对的稳定，这样才能保证企业有效地开发这个市场，并获得预期的收益；相反，如果细分市场的需求频繁变化，就会给企业的经营带来风险。

（5）反应的差异性。细分出来的各个子市场，对企业营销变项组合中任何要素的变动都能灵敏地做出差异性的反应。例如，某几个子市场单独设计一套市场营销变项组合，若所有的子市场都按同一方式对价格变动做出反应，就无需为每一个子市场规定不同的价格策略。只有那些会对价格变动立即做出不同反应的消费者群才需要按价格进行细分。

【课间案例】

汇源果汁的果蔬汁饮料市场开发

在碳酸饮料横行的20世纪90年代初期，汇源公司就开始专注于各种果蔬汁饮料市场的开发。虽然当时国内已经有一些小型企业开始零星生产和销售果汁饮料，但大部分由于起点低、规模小而难有起色；而汇源是国内第一家大规模进入果汁饮料行业的企业，其先进的生产设备和工艺是其他小作坊式的果汁饮料厂所无法比拟的。汇源果汁充分满足了当时人们对营养健康的需求，凭借其100%纯果汁专业化的大品牌战略和令人眼花缭乱的新产品开发速度，仅用短短几年时间就跃升为中国饮料工业十强企业之一，其销售收入、市场占有率、利润率等均在同行业中名列前茅，从而成为果汁饮料市场当之无愧的引领者。其产品线也先后从鲜桃汁、鲜橙汁、猕猴桃汁、苹果汁扩展到野酸枣汁、野山楂汁、果肉型鲜桃汁、葡萄汁、木瓜汁、蓝莓汁、酸梅汤等，并推出了多种形式的包装。应该说，这种对果汁饮料行业进行广度市场细分的做法是汇源公司得以在果汁饮料市场竞争初期取得领导地位的关键成功要素。

但当1999年统一集团涉足橙汁产品后一切就发生了变化。在2001年统一仅“鲜橙多”一项产品销售收入就近10亿元，在2001年第四季度，其销量已超过汇源。巨大的潜力和统一“鲜橙多”的成功先例吸引了众多国际和国内饮料企业的加入，可口可乐、百事可乐、康师傅、娃哈哈、农夫山泉、健力宝等纷纷杀入果汁饮料市场，一时间群雄并起、硝烟弥漫。根据中华全国商业信息中心2002年第一季度的统计显示，汇源果汁的销量同样排在统一“鲜橙多”之后，除了西北区外，华东、华南、华中等六大区都被统一“鲜橙多”和康师傅的“每日C”抢得领先地位，可口可乐的“酷儿”也表现优异，显然汇源果汁的处境十分难堪。尽管汇源公司把这种失利归咎于可能是“PET包装线的缺失”和“广告投入的不足”等造成，但在随后花费巨资引入数条PET生产线并在广告方面投入重金加以市场反击后，其市场份额仍在下滑。显然，问题的症结并非如此简单。

在市场的导入初期，由于客户的需求较为简单直接，市场细分一般是围绕着市场的地理分布、人口及经济因素（如年龄、性别、家庭收入等）等广度范围展开的，与行业分类方法有点相似。这种分类方法是把业已存在或潜在的市场用容易区分或识别的标准（如年龄、性别、性能、原料、产地等单一要素，最多为二维变量）来划分成更小的子行业，以便于统计、分析和归纳其特性。

各细分的子行业由于有易于识别的有形标准，相互间往往不交叉，且这种分类标准一经确定后往往多年不变。其一般应用在政府、行业协会及社会研究机构等，主要目的是从行业整个产业链的角度加以引导和规范使其健康发展。其特征表现在目标细分市场的形象化。也就是说，通过市场的广度细分，其目标细分市场可以直接形象地描写出来。例如，当企业把市场分割为中老年人、青年人以及儿童等几个目标细分市场时，人们都能形象地知道这些细分市场的基本特征。由于这种分类方法简单、易于操作、费用低，大部分企业都可掌握且也乐于采用。但只有在市场启动和成长期的恰当时几率先进行广度市场细分的企业才有机会占有更大的市场份额。这时候品牌竞争往往表现得不够明显，竞争一般会表现在产品、质量、价格、渠道等方面，有人称“为产品竞争时代”。汇源果汁就是在此期间脱颖而出的一个专业品牌，并成为数年来果汁业的领跑者。

但当客户的需求多元化和复杂化，特别是情感性因素在购买中越来越具有影响力的时候，此时市场竞争已经由地域及经济层次的广度覆盖向需求结构的纵深发展了，市场也从有形细分向无形细分（目标市场抽象化）转化，即细分后的目标市场，无法通过形象的描述来说明。例如，我们可以通过市场的深度细分，找到“追求时尚”这一目标细分市场。但这个目标细分市场在哪里？它是由哪些消费者组成？这些消费者是否有着共同的地理、人口及经济因素特征？企业应该采取什么样的方法与这个目标细分市场人群沟通？显然，这时的目标细分市场已经复杂化和抽象化了，企业对消费者的关注也已从外在因素进入心理因素层面。同时，企业也无法用传统的方法去接近所选择的目标细分市场，这时运用科学的市场研究方法来正确地细分市场就显得尤其重要了。而这时仍然运用市场竞争初期的浅度市场细分方法或是“行业细分”的方法对市场进行细分已根本无法适应市场竞争的要求了。以统一“鲜橙多”为例，其通过深度市场细分的方法，选择了追求健康、美丽、个性的年轻时尚女性作为目标市场。首先其选择500 ml、300 ml等外观精制适合随身携带的PET瓶，而卖点则直接指向消费者的心理需求：“统一鲜橙多，多喝多漂亮”。其所有的广告、公关活动及推广宣传也都围绕这一主题展开，如在一些城市开展的“统一鲜橙多TV-GIRL选拔赛”“统一鲜橙多阳光女孩”及“阳光频率统一鲜橙多闪亮DJ大挑战”等，无一不是直接针对以上群体，从而极大地提高了产品在主要消费人群中的知名度与美誉度。再看可口可乐专门针对儿童市场推出的果汁饮料“酷儿”。“酷儿”卡通形象的打造再次验证了可口可乐公司对品牌运作的专业性，相信没有哪一个儿童能抗拒“扮酷”的魔力，年轻的父母也对小“酷儿”的可爱形象大加赞赏。而汇源果汁饮料从市场初期的主打“营养、健康”到现在仍然沿袭原有的功能性，其包装也仍以家庭装的为主，根本没有具有明显个性特征的目标群体市场。只是运用广度（也是浅度）市场细分的方法切出“喝木瓜汁的人群”“喝野酸枣汁的人群”“喝野山楂汁的人群”“喝果肉型鲜桃汁的人群”“喝葡萄汁的人群”“喝蓝莓汁的人群”等一大堆在果汁市场竞争中后期对企业而言已不再具有细分价值的市场。即使其在后期推出了500 ml的PET瓶装的“真”系列橙汁和卡通造型瓶装系列，但也仅是简单的包装模仿，形似而神不似。

至此，我们已能看出在这场果汁饮料市场大战中，汇源公司的行业领导者地位如此轻易被动摇的真正原因。我们说汇源与统一、可口可乐公司相比，他们间经营出发点、市场细分方法的差异才是导致市场格局发生变化的关键因素。

汇源公司是从企业自身的角度出发，以静态的广度市场细分方法来看待和经营果汁饮料市场；而统一、可口可乐等公司却是从消费者的角度出发，以动态市场细分的原则，即随着市场竞争结构的变化而调整其市场细分的重心，来切入和经营市场。同样是市场细分，但在市场的导入期、成长期、成熟期和衰退期，不同的生命周期却有不同的表现和结果。

第二节 目标市场选择

市场经过细分之后，摆在企业面前的是若干个细分市场，究竟哪个细分市场对本企业来说存在着市场机会，也即哪个市场可以作为本企业的目标市场，使企业可以集中自己有限的资源并发挥自己的优势为目标市场的消费者服务，同时也取得相应的经济回报。我们必须对细分市场进行分析和评价，确定本企业的目标市场。

目标市场（Target Market）是指企业准备用产品或服务以及相应的一套营销组合为之服务或从事经营活动的特定市场。

【课间案例】

云南白药牙膏的崛起

目前，中国牙膏市场已经进入成熟期，市场细分程度高，价格竞争激烈，具有高度垄断和激烈竞争的双重特点。以高露洁、佳洁士、中华、黑人为代表的外资、合资品牌牢牢把持第一阵营，市场份额超过2/3，且增长势头强劲。两面针、冷酸灵、黑妹、立白、蓝天六必治等国产品牌则稳占第二线阵营。

2004年，拥有百年历史的著名药企云南白药集团向外界发布了一个新战略：进军日化领域，第一步就是推出白药牙膏，开启了中药与现代日化产品的联姻之路。云南白药牙膏是云南白药集团股份有限公司研发生产的一种具有护龈固齿功能的产品。与普通牙膏相比，云南白药牙膏最明显的差异就是增加了白药的成分，利用白药止血、活血、消炎、消肿的功用，来预防和治疗牙龈出血和口腔溃疡等疾病。它的推出正是针对我国牙周病发病率居高不下，且市场缺乏有效的防治牙周疾病的产品的现状。

在云南白药牙膏上市之前，云南白药的团队经过调研，发现传统牙膏解决的大多是牙齿的问题，即注重防蛀、清洁和美白的作用，而很少关注口腔健康问题。然而，中国90%的成年人都有不同程度的口腔问题。无论是专业的医学统计数据还是云南白药牙膏所请的策划公司的调研，都发现随着饮食习惯的改变（麻、辣、烫）和工作压力的增大，口腔溃疡、牙龈肿痛、出血、萎缩等口腔问题正快速蔓延。这些口腔“小问题”虽然不足以去医院，却极大困扰了人们的情绪，由此产生了针对口腔问题的巨大潜在消费需求。

这些传统牙膏所不能解决的、又存在巨大潜在需求的“空白点”，恰恰是云南白药牙膏能填补的优势点。云南白药作为中国仅有的3个中药绝密品种，已被实践证明具有极好的止血化淤等功效。借助白药的核心技术，云南白药牙膏不但对治疗牙龈出血效果显著，而且能有效防治口腔溃疡、牙龈肿痛、牙龈萎缩、牙龈炎、牙周炎、口臭、蛀牙等常见口腔问题。相比于一般的草本汉方牙膏，——云南白药六大活性因子，具有“一修二养三提高”的功效，这些独特卖点在同类产品中显得出类拔萃。由于云南白药牙膏主要成分的成本很高，因此在上市伊始，不同地区每支的定价在22～24元。显然，云南白药牙膏将自己定位于高端市场。

作为一家中药企业，进军与其差异很大的日用品行业，云南白药牙膏面对佳洁士、高露洁等国际日化领域的巨鳄，前景不免让人担忧。但是，云南白药牙膏奇迹般地崛起了。从2004年试销到2008年短短5年间，云南白药牙膏销售总额已突破11亿元。2008年，云南白药牙膏进入全国牙膏市场销售额排行榜前5名，在部分城市仅次于佳洁士和高露洁排名第三，成为连锁大卖场、专业卖场等现代渠道的第一民族品牌，也是功能性牙膏的第一品牌。

云南白药牙膏按照“功能”这一依据，对中国本土牙膏市场进行了细分，研发出具有护龈固齿功能的牙膏，其锁定的目标消费群体是：深受口腔溃疡、牙龈肿痛、出血、萎缩等口腔问题的困扰，但不足以去医院，生活较为忙碌，收入较高，希望通过刷牙这一日常生活习惯，来获取防治牙龈出血、牙周炎、牙龈炎以及牙龈萎缩、口腔溃疡等专业性口腔护理的人群。这一目标市场恰好是存在巨大潜在需求的市场“空白点”，因而能获得一大批消费者的青睐。

一、确定目标市场的步骤

确定目标市场的步骤如图 6.2 所示。

细分市场 → 评价细分市场 → 确定目标市场 → 制定目标市场策略

图 6.2　确定目标市场的步骤

二、评估细分市场

评估细分市场是指企业对各个细分市场进行评价，并确定具体的细分市场作为服务对象开展营销活动。市场细分揭示了企业所面临的细分市场的各种机会，企业在评估各种不同的细分市场的时候，可采用波特“五力模型”进行分析评价，如图 6.3 所示。

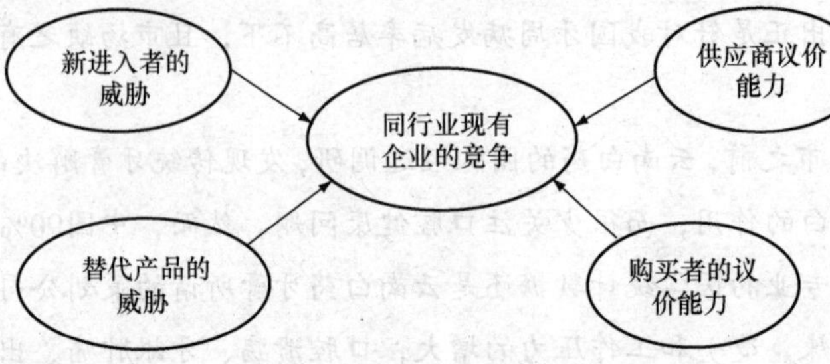

图 6.3 波特“五力模型”

波特五力模型（Porter's Five Forces Model），由迈克尔·波特（Michael Porter）于 20 世纪 80 年代初提出，它认为行业中存在着决定竞争规模和程度的 5 种力量，这 5 种力量综合起来影响着产业的吸引力。5 种力量分别为同行业现有企业的竞争、新进入者的威胁、替代产品的威胁、购买者的议价能力和供应商的议价能力。

① 同行业现有企业的竞争。细分市场中若已有众多实力雄厚的或侵略性的竞争对手，该市场不具有吸引力。其表现为：市场内产量大幅上升，而细分市场需求萎缩，退出市场的障碍过多，竞争对手在细分市场中投入大量资本，所有这些均会导致价格战或广告战及新产品的出现，从而使企业竞争成本上升。

② 新进入者的威胁。新进入者会促使市场供给增大，会与现有企业发生原材料与市场份额的竞争，最终导致行业内现有企业盈利水平降低。新进者者进入市场越容易，市场的吸引力越小。

③ 替代产品的威胁。替代产品将制约该细分市场价格和利润的上升。

④ 购买者的议价能力。高的议价能力将迫使企业降价或增加服务从而减少利润。其表现有：购买者集中起来或形成一定组织；产品间差异不明显；购买者转换购买渠道成本很低；购买者对价格敏感。

⑤ 供应商的议价能力。如果企业的供应商有能力控制供应产品的价格和数量，该市场不具吸引力。其表现为：供应商集中起来或形成一定的组织；供应商提供的产品是公司重要的生产要素；替代产品少；公司转换供应商的成本很高。

三、确定目标市场范围

市场经过细分、评价后，可能得出若干可供进军的细分市场，企业是向某一个市场进军或向多个市场进军呢？这就需要确定目标市场的范围。企业可以在 5 种目标市场类型中进行选择。

（1）密集单一市场。最简单的方式是公司选择一个细分市场集中营销。例如，大众汽车公司集中经营小汽车市场；理查德·D·伊尔文公司集中经营经济商业教科书市场。公司通过密集营销，更加了解本细分市场的需要，并树立了特别的声誉，因此便可在该细分市场建立巩固的市场地位。

另外，公司通过生产、销售和促销的专业化分工，也获得了许多经济效益。如果细分市场补缺得当，公司的投资便可获得高报酬。同时，密集市场营销比一般情况风险更大。个别细分市场可能出现不景气的情况。例如，年轻女士突然不再买运动服装，这使运动品牌公司的收入锐减，或者某个竞争者决定进入同一个细分市场亦会影响该市场原有企业的利益。由于这些原因，许多公司宁愿在若干个细分市场分散营销。

（2）有选择的专门化。有选择的专门化是指选择若干个细分市场，其中的每个细分市场在客观上都有吸引力，并且符合公司的目标和资源，各细分市场之间很少有或者根本没有任何联系，但每个细分市场都有可能盈利。这种多细分市场目标优于单一细分市场目标，因为这样可以分散公司的风险，即使某个细分市场失去吸引力，公司仍可继续在其他细分市场获取利润。

（3）产品专门化。产品专门化是指集中生产一种产品，公司向各类消费者销售这种产品。例如，显微镜生产商向大学实验室、政府实验室和工商企业实验室销售显微镜。公司准备向不同的消费者群体销售不同种类的显微镜，而不去生产实验室可能需要的其他仪器。公司通过这种战略，在某个产品方面树立起很高的声誉。如果产品——这里是指显微镜，被一种全新的显微技术代替，就会发生危机。

（4）市场专门化。市场专门化是指专门为满足某个消费者群体的各种需要而服务。例如，公司可为大学实验室提供一系列产品，包括显微镜、示波器、本生灯、化学烧瓶等。公司专门为某个消费者群体服务，而获得良好的声誉，并成为该消费者群体所需各种新产品的销售代理商。但如果大学实验室突然经费预算削减，它们就会减少从这个市场专门化公司购买仪器的数量，这就会对该公司产生危机。

（5）完全市场覆盖。完全市场覆盖是指公司想用各种产品满足各种消费者群体的需求。只有大公司才能采用完全市场覆盖战略。例如，国际商用机器公司（计算机市场）、通用汽车公司（汽车市场）和可口可乐公司（饮料市场）。

四、确定目标市场战略

企业通过对市场进行细分，发现一些潜在需求或未被满足的需求，并结合企业自身的目标和资源，分析竞争的情况，寻找到理想的市场机会，这就是目标市场的选择。企业决定选择哪些细分市场为目标市场，有以下 3 种目标策略可供选择。

（一）无差异性市场策略

企业经过市场细分之后，虽然认识到同一类产品有不同的细分市场，但权衡利弊得失，不去考虑细分市场的特性，而注重细分市场的共性，决定只推出一种产品，或只用一套市场营销策略来满足市场所有消费者的需求，以求在一定程度上适合尽可能多的消费者需求。例如，过去，广州啤酒厂仅生产一种口味、一种规格、一种包装、一种价格的玻璃瓶装“双喜”啤酒供应广东市场。

由于只有一种产品，企业容易做到机械化、自动化、标准化生产，容易做到大批量生产，容易做到生产成本低、产品质量好；又由于仅采用一种营销策略，销售成本也最低。这样企业能以物美价廉的产品迎合消费者的需要，但这种策略也有其不足。首先，不能满足消费择的多种需求。因为市场上的消费者的需求是千差万别的，企业只有一种产品难于满足所有消费者的需求和欲望。其次，容易引起竞争的过度。一旦企业的这种产品销路好、能获得丰厚的利润，必然招来许多竞争者。再次，不能长期使用。因为一种产品能长期为消费者所接受是罕见的，特别是在现代社会，产品更新换代很快，其他企业不断推出新产品，老产品很容易被淘汰。

这一策略适用于初上市的或获得专利权的产品，因为没有竞争者或竞争者少。此外，此策略还适合于生产规模大、实力雄厚的大企业。

（二）差异性市场策略

企业经过市场细分之后，认识到不同细分市场消费者存在不同的需求，企业决定推出多种产品，采用多种市场营销策略，分别去满足多个目标市场消费者的需求。例如，广州花城汽水厂生产各种不同的高档饮料，用不同的口味、不同的功能、不同的包装、不同的广告宣传，分别吸引多个目标市场的消费者。他们用“高橙”饮料去适应北方市场和部队市场消费者的需要，用“高能”饮料去满足运动员、飞行员、强体力劳动者、强脑力劳动者迅速补能的需要，以“人参花饮露”去适应老年人滋补身体的需要，以“乐声宝”去满足演员、教师等消费者护嗓的需要等。

由于构成整体市场的消费者的需求是千差万别的，即使对同一种产品的需求，在型号、规格、款式、颜色等方面的需求也有明显的差异。企业选择多个目标市场并根据每个细分市场消费者的需要，用不同的产品、不同的市场策略去满足各个目标市场消费者的需要。所以，这种策略的优点：一是销售量大，目标市场越多，消费者的需求就越多，产品的销售量就越大；二是风险小，因为企业有多个市场，避免了因为一个目标市场出现问题时，威胁到整个企业的生存和发展。但该策略最大的不足是成本高。由于企业生产的产品多，需要多项研究费用、多套生产设备、多种熟练生产工艺的技术人员和生产工人、多种产品包装，再加上产品需求批量小，生产成本必然高；且用多套分销渠道网络，多种促销措施，以致于分销费用、储存费用、广告宣传费用、人员推销费用都大幅度增加，从而使销售成本也大大增加。

这一策略适用于产品生命周期的成长期后期和成熟期。因为这一时期竞争者多，企业采取这一策略可以获取市场竞争优势，增强企业的竞争力。

（三）密集性市场策略

密集性市场策略也称集中性市场策略，是指企业集中力量去满足一两个目标市场消费者需要。

由于企业认为自己的资源有限，企业应集中所有的力量在这一两个目标市场上，争取在这一两个市场上获取较高的市场占有率，不断取得竞争优势，逐渐扩充自己实力。例如，广东省中山市小霸王电子工业公司，专门生产小学生用的电子学习机，使小霸王产品称雄于国内学习机市场。这种策略的优点是投资少，见效快。因为企业只有一两个市场，需要的资金较少，同时由于这一两个市场是企业的命根，企业必然会竭尽全力对目标市场做深入的调查研究，及时收集消费者意见，及时反馈信息，及时按消费者的需求和欲望去改进产品，提供最佳服务，从而迅速地产生销售效果。但由于企业只有这一两个市场，万一市场发生变化，就会导致企业经营失利，使企业难于翻身。风险大是这种策略的不足。这一策略适应于资源薄弱的小型企业，或是处于产品生命周期衰退期的企业。

五、确定目标市场策略应考虑的因素

前面所述的 3 种目标市场策略各有其长处和不足，企业应根据具体的情况加于选择。企业在确定采用何种目标市场策略时应考虑如下因素。

（1）企业资源包括企业的人力、物力、财力、信息、技术等方面。当企业资源多，实力雄厚，可运用无差异性或差异性市场策略；当企业资源少，实力不足，最好采用密集性市场策略。

（2）产品的同质性。生产同质性高的产品的企业，如大米、食盐等，由于其差异较少，企业可用无差异性市场策略；生产同质性低的产品，如衣服、照相机、化妆品、汽车等，对于这类产品，消费者认为产品各个方面的差别较大，在购买时需要挑选比较，企业适宜采用差异性市场策略去满足不同消费者的需求。

（3）产品所处的生命周期阶段。产品处于生命周期不同的阶段，由于市场的环境发生变化，企业应采用不同的市场策略。在产品的投入期和成长期前期，由于没有或很少有竞争对手，一般应采用无差异性市场策略；在成长期后期、成熟期，由于竞争对手多，企业应采取差异性市场策略，开拓新的市场。在衰退期，则可用密集性市场策略，集中企业有限的资源。

（4）市场的同质性。如果各个细分市场的消费者对某种产品的需求和偏好基本一致，对市场营销刺激的反应也相似，则说明这市场是同质或相似的，这一产品的目标市场策略最好采用无差异性市场策略。例如，我国的电力，无论是北方市场或南方市场、城市市场或农村市场、沿海地区市场或是内陆地区市场，其需求是一致的，都需要 220 V、50 Hz 的照明电，电力应采用无差异市场策略。如果各个细分市场的消费者对同种产品需求的差异性大，则这种产品的市场同质性低，应采用差异性市场策略。例如在洗衣机市场中，城市消费者与农村消费者的需求不同，南方消费者与北方消费者的需求不同，高收入层与低收入层的需求也会不同。洗衣机应采用无差异性市场策略。

（5）竞争状况。首先应考虑竞争对手的数量。如果竞争对手的数目多，应采用差异性市场策略，发挥自己优势，提高竞争力；如果竞争对手少，则采用无差异性市场策略，去占领整体市场，增加产品的销售量。其次应考虑竞争对手采取的策略。如果竞争对手已积极进行市场细分，并已选用差异性市场策略时，企业应采用更有效的市场细分，并采用差异性市场策略或密集性市场策略，寻找新的市场机会。如果竞争对手采用无差异性市场策略，企业可用差异性市场策略或密集性市场策略与之抗衡，如果竞争对手较弱，企业也可以实行无差异性市场策略。

第三节 市场定位

企业进行市场细分、确定目标市场之后，紧接着应考虑目标市场各个方位的竞争情况。因为在企业准备进入的目标市场中往往存在一些捷足先登的竞争者，有些竞争者在市场中已占有一席之地，并树立了独特的形象。新进入的企业如何使自己的产品与现存的竞争者产品在市场形象上相区别？这就是市场定位的问题。

【课间案例】

星巴克和哈根达斯

都是在20世纪90年代中后期登陆中国大陆市场，都是定位在曾经“稀少”的中高端人群，起初“曲高和寡”也都是在中国市场，星巴克与哈根达斯获得了前所未有的“高歌猛进”。他们的成功之处就在于他们是“面对”着消费者，而不是“背对”着消费者。

100多年前，星巴克是美国一本家喻户晓的小说里主人公的名字。1971年，3个美国人开始把它变成一家咖啡店的招牌。

1987年，霍华德·舒尔茨和他的律师，也就是比尔·盖茨的父亲以380万美元买下星巴克公司，开始了真正意义上的“星巴克之旅”。

1921年，在美国纽约的一个家庭——如今风靡世界的哈根达斯开始了这个品牌的“婴儿期”。

1961年，哈根达斯冰淇淋的创始人鲁本·马特斯正式将自己生产的冰淇淋命名“Haagen-Dazs”，一个出自北欧语系的品牌名称从此开始了她的“哈根达斯一刻”。

如今，星巴克咖啡已经成为世界连锁咖啡的第一品牌，哈根达斯冰淇淋也成为全球最具人气的顶级冰淇淋品牌。星巴克咖啡已经在全球38个国家开设了13 000家店，哈根达斯冰淇淋也在全球55个国家拥有700多家专卖店和几万个零售点。虽然传统意义上“根红苗正”的咖啡与冰淇淋并非起源于美国，但星巴克咖啡与哈根达斯冰淇淋目前已经俨然是这些品类中最“正宗”的代名词。

1999年1月11日，北京国贸中心一层开设了一家星巴克咖啡店，这意味着星巴克品牌正式登陆中国大陆。哈根达斯自1996年在上海南京路上开设第一家专卖店，如今也已过完了十八岁生日。虽然，星巴克与哈根达斯都是将目标人群锁定在像北京、上海这样的大型城市以及这些城市里的中高端人群，但在中国市场的发展速度还是出乎他们自己的预计。目前要准确说出他们在中国的店铺数量，唯一的办法就是让时间短暂停止。因为他们一刻也没有放慢他们在中国市场的快速扩张，每月、每季度的数据都在发生着显著的变化。

美妙的中国之旅

2006年的中国对于星巴克与哈根达斯来讲，都有着非同寻常的意义。

2006年星巴克全球董事长霍华德·舒尔茨两次造访大陆市场，旨在将中国大陆市场原有的授权加盟模式改变为直营。同时增设中国总部，直接向美国总部汇报，要将中国市场打造成为除美国之外的最大市场。

2006年是哈根达斯进入中国十周年的庆典，哈根达斯母公司美国通用磨坊食品有限公司国际部总裁西欧·里奇先生在接受国内媒体采访时，也提出了“中国提速”计划，他们将每年在中国开店数量提高到30家。

其实与许多跨国公司的“中国之旅”相似，虽说如今的星巴克与哈根达斯面对中国市场是“豪情满怀”，但最初进入的时候，他们依然是忐忑的、谨慎的。1995年，星巴克开始向北京及周边城市的饭店、驻华使馆和跨国公司供应星巴克咖啡豆和咖啡粉，算是将产品顺利送进了中国市场。随后，星巴克在中国内地选择了三家合作伙伴：北京美大咖啡代理中国京津地区、台湾地区统一集团代理沪苏杭地区、香港地区美心餐饮有限公司则代理广州、深圳等南方地区。他们开始了较长一段时间的“三国鼎立”模式下的“各自为政”“相互竞争”，以利于“暗中观察”“可进可退”。

哈根达斯十年前决定进入中国市场时，也引得了一片“唏嘘声”。1品脱9美元的冰淇淋一个月吃两回，就抵得上当时中国人月均食品支出的数额。这在即使经济已经发展较快的沿海城市也有很多人认为是不可能办成的事情。有人甚至断言，这个“冰淇淋中的劳斯莱斯”可能更适合成为一种观赏品。

事实上，中国市场的不可捉摸性还是在这两个品牌上得到了显现。截至2006年10月1日，星巴克在中国大陆19个城市开设了190多家咖啡店。短短几年时间，中国区已经成为星巴克全球业务中的一个亮点。香港地区星巴克分店开业第一个月就创下了全球最快盈利纪录。上海统一星巴克发展也堪称“奇迹”，在两年内就获得了3 200万元的利润。

哈根达斯目前已在中国15个城市开设了51家专卖店1 000多个零售点，销售额年增长40%以上。在一个茶的国度里，咖啡连锁一路畅行；在一个平均生活水平还不高的社会里，高端冰淇淋品牌广受欢迎。这是中国人的消费习惯很容易改变，还是中国人可支配收入要超出统计数据，原本计划把中国市场作为“孵化期”对待的这些品牌，不得不重新调整自己的“对华政策”。

首先是区域扩张。星巴克和哈根达斯的“中国路线图”惊人的相似，在大范围的扩张上都是由中国政治、文化中心为“介入点”。同时，开始选择直辖市、重点的省会城市、计划单列市、重点旅游城市等为“发散点”，在小范围的选择上也都是选择城市最繁华的路段。一部分城市甚至出现星巴克与哈根达斯互为邻居的有趣场面。这说明他们在对中国市场的基本看法上趋于一致，对于扩张所选择的理由应该趋同。这种选择甚至延伸出一种“怪现象”：似乎没有星巴克、哈根达斯的城市就成了经济欠发达、奢侈品消费无土壤的“代名词”，以至于一些城市的市长利用一些机会还呼吁星巴克、哈根达斯的入驻。而一些商圈、广场更是用这两个品牌的入驻而进行大肆的宣扬。

其次是投入的力度。2003年，星巴克总部将其在上海统一星巴克的股份增持到了50%。2005年，星巴克又将在美心星巴克的股份从5%提升到了51%。2006年10月24日，星巴克对外宣布成功收购北京美大咖啡90%股权。如此迫不及待地增加持股比例，主要是因为星巴克对中国市场快速发展产生的丰厚利益使星巴克总部“十分眼红”。以上海两年3 200万元的利润为例，按原有持股比例，星巴克只能获得160万元左右的利润。

目前世界第一大冰淇淋消费国——美国，年人均消费冰淇淋是23公斤，澳大利亚为17公斤，日本为11公斤，而中国人均消费量仅为1.2公斤。中国潜力巨大的冰淇淋市场吸引了资本的追捧和关注。如今的哈根达斯在中国的战略定位已经不仅仅是卖冰淇淋了。2001年11月，哈根达斯原母公司品食乐公司正式宣布和美国通用磨坊食品有限公司合并。如今这个全球最大食品公司之一的通用磨坊食品有限公司，更加希望能够利用哈根达斯的高端品牌形象为集团下属的其他食品品牌的中国发展“推波助澜”。

最后是产品中国化。虽然因为一些限制，星巴克在中国的店铺中并没有像其他全球星巴克连锁那样销售星巴克音乐碟片。但星巴克利用自己独特的消费环境与目标人群为消费者提供精美的商品和礼品。商品种类从各种咖啡的冲泡器具到多种式样的咖啡杯。虽然这些副产品的销售在星巴克整体营业额中所占比例比较小，但是近年来一直呈上升趋势。在中秋节等具有中国特色的节庆时，还推出“星巴克月饼”等。

与此相同的是，哈根达斯也不失时机地推出自己的月饼系列。同时，还推出了中华美食冰淇淋，包括冰淇淋制作的年糕、叉烧包、小笼包和春卷等。其中，用法国原装冰淇淋制作的年糕也都分别取了别具中国特色的名称，努力将高端的产品品质与中国本土文化进行融合。

一、市场定位的概念及步骤

市场定位（Market Positioning）是指企业针对潜在消费者的心理进行营销设计，创立产品、品牌或企业在目标消费者心目中的某种形象或个性特征，保留深刻的印象和独特的位置，从而取得竞争优势。也即建立差异化的竞争优势，以吸引消费者。

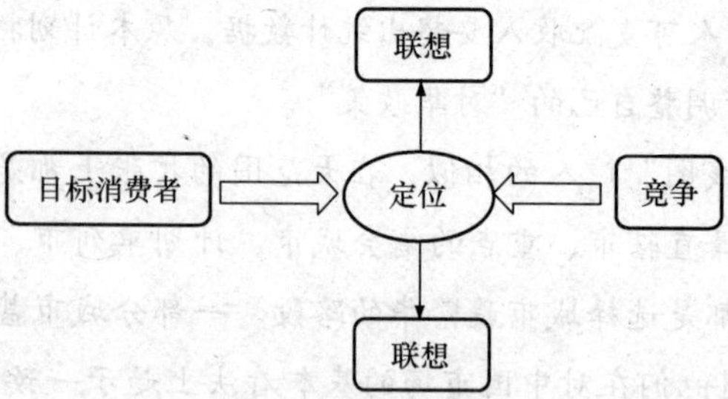

图 6.4 市场定位概念图

市场定位根据不同定位的对象不同，一般有企业（公司）定位、品牌定位、产品定位三个层面。产品定位就是将某个具体的产品定位于消费者心中，让消费者一产生类似需求就会联想起这种产品，如图 6.4 所示。产品定位是其他定位的基础，因为企业最终向消费者提供的是产品，没有产品这一载体，品牌及企业在消费者心智中的形象就难以维持。品牌原本是产品的一种特殊标识。但品牌定位不同于产品定位，当一种知名品牌代表某一特定产品时，产品定位与品牌定位无大区别。如当消费者一看到“飘柔”，就自然而然地把它与洗发水联系起来。当一种知名品牌代表多产品时，产品定位就区别于品牌定位，如当你提起“三星”时，别人很难分辨出你指的是三星电视机，还是智能手表，或是手机。尽管如此，但人们脑海中都仍会产生一种概念，即“三星=高品质”。所以，品牌定位比产品定位内涵更宽，活动空间更广，应用价值更大。企业定位是企业组织形象的整体或其代表性的局部在公众心目中的形象定位，企业定位是最高层的定位，必须先定位他们的产品和品牌，但它的内容和范围比产品定企和品牌安全要广得多。

市场定位分为以下 3 个步骤。

① 确认本企业的竞争优势。这里把指的竞争优势包括成本优势和差别化优势。前者指企业能以比竞争者低廉的价格销售具有相同使用价值产品的能力，后者指企业所提供的产品在质量、功能、品种、外观等方面更能满足消费者的需求。企业应进行 3 个方面的调查研究：目标市场消费者需求及其特点、竞争者优劣势、企业本身的竞争优势。

② 选择竞争优势。将所有识别出来的竞争优势就其重要性、所需投资、所获效益及竞争者是否也可能有该优势等问题加以对比分析，剔除开发成本太高而得不偿失的潜在优势，或与企业的宗旨、目标形象不相称的潜在优势，最后选择出最佳的竞争优势。

③ 明确显示独特的竞争优势。利用价格、包装及分销渠道等要素，以媒体广告或其他相应的行动向社会公众显示自身的竞争优势，在消费者心目中保留与企业的市场定位相一致的形象。

二、市场定位的作用

1. *定位能创造差异，有利于塑造企业特有形象*

通过定位向消费者传达定位的信息，使差异性清楚凸显于消费者面前，从而引起消费者注意，并使其产生联想。若定位与消费者的需求吻合，你的品牌就可以留驻消费者心中。例如，在品牌众多的洗发水市场上，海飞丝洗发水定位为去头屑的洗发水，这在当时是独树一帜，因而海飞丝一推出就立即引起消费者的注意，并认定它不是普通的洗发水，而是具有去头屑功能的洗发水，当消费者需要解决头屑烦恼时，便自然第一个想到它。

2. *适应细分市场消费者或消费者的特定要求，以更好地满足消费者的需求*

每一产品不可能满足所有消费者的要求，每一个企业只有以市场上的部分特定消费者为其服务对象，才能发挥其优势，提供更有效的服务。因而明智的企业会根据消费者需求的差别将市场细分化，并从中选出有一定规模和发展前景并符合企业的目标和能力的细分市场作为目标市场。但只是确定了目标消费者是远远不够的，因为这时企业还是处于“一相情愿”的阶段，令目标消费者也同样以企业的产品作为他们的购买目标才更为关键。为此企业需要将产品定位在目标市场消费者所偏爱的位置上，并通过一系列的营销活动向目标消费者传达这一定位信息，让消费者注意到这一品牌并感觉到它就是他们所需的，这才能真正占据消费者的心，使企业所选定的目标市场真正成为企业的市场。如果说市场细分和目标市场抉择是寻找“靶子”，那么市场定位就是将“箭”射向靶子。

3. *定位能形成竞争优势*

在信息爆炸的社会中，消费者大都被过量的产品或服务的信息所困惑，他们不可能在做每项购买决策都对产品做重新的评价。为了简化购买决策，消费者往往会对产品进行归类，即将某个企业和产品与竞争对手和竞争产品相比较后得出的感觉、印象和感想，并将企业和产品在他们心目中“定个位置”。定位一旦得到消费者的认可，能使企业形成巨大的竞争优势，且这一优势往往非产品质量和价格所带来的优势可比。例如，“可口可乐才是真正的可乐”，这一广告在消费者心目中确立了“可口可乐是唯一真正的可乐”这一独特的地位，于是，其他可乐在消费者心目中只是可口可乐的模仿品而已，尽管在品质或价格等方面几乎不存在差异。

三、市场定位的策略

（一）产品定位策略

市场营销中的产品是一个包含 3 个层次的整体产品，产品定位的目的，是让有形、无形的产品在消费者心目中留下深刻的印象，因此产品定位必须由产品 3 个层次的各种特征，如功能、价格、技术、质量、安装、应用、维护、包装、销售渠道、售后服务等方面入手，使这之中的一个或几个能与其他同类产品区分开来，且区别越大越好，特色越明显越好，看上去就好像是市场上“唯一”的。归纳起来，产品定位策略有以下几种。

（1）根据属性定位。产品与属性、特色或消费者利益相联系。例如，“XO”定位为男士之酒，广东的“客家娘酒”定位为女人自己的酒。又如汽车市场上，德国的大众汽车具有“货币的价值”的美誉，日本的丰田汽车侧重于经济实用，瑞典的沃尔沃汽车则具有耐用可靠。

产品的外形（形状、颜色、大小等）是产品给消费者的第一印象，独特的外形，往往能从第一眼就吸引消费者的注意。如果在消费者对某些产品的形式已习以为常的时候，在外形方面加以改造，往往有令人惊喜的效果。如果在灰黑的电器中，突然看到一台红色的电冰箱，会格外引人注目。

（2）根据价格与质量定位。价格是产品最明显、最能反映其质量、档次特征的信息。例如，一家大酒楼推出上万元一桌的“黄金宴”，通过这种看似噱头的高价，除了造成了新闻的轰动效应外，关键是还给消费者留下了深刻的印象，使消费者把这家酒楼与豪华高贵联系起来，酒楼在消费者心目中形成了独特的地位。这种定位方式一般采用以下原则。

（1）高质高价定位。高价格是一种高贵质量的象征。只要企业或产品属于“高质”的类别，且其高质量、高水平服务、高档次能使消费者实实在在地感受到，就可以用这种定位。

（2）高质低价定位。一些企业将高质低价作为一种竞争手段，目的在于渗透市场，提高市场占有率。例如，广东格兰仕集团就是采用这种定位，通过重视优于价格水平的产品质量的宣传，向消费者传递“物超所值”的信息，使格兰仕微波炉迅速占领我国微波炉市场并一直保持超过65%的极高的市场占有率。

（3）根据产品的功能和利益定位。产品主要就是因为它能帮助消费者解决问题，给消费者带来方便，使消费者获得心理上的满足，这就是产品的功能。消费者一般很注重产品的功能，企业可以通过对强调产品各种功能的突破、给消费者带来比竞争对手更多的利益和满足，来进行定位。

① 多功能定位：指提供多种功能，期望消费者买一件产品，可获得多种用途，达到多方面的满足，建立起“功能齐全”的市场形象。例如，长城电脑公司，将电视、计算机、电信结合起来，用一台计算机较好地解决消费者收看电视节目、计算机操作、通信三方面的要求。

② 重点功能定位：将产品关键的、重要的功能作为突破点，使消费者在产品主要功能方面获得最大的满足，形成产品独特的形象。

③ 单一功能定位：将产品的某一功能设计得特别突出，使一件产品能够完全满足一种功能需要从而突出产品差异。例如，柯达的傻瓜相机的操作非常的简单，比一般照相机更受欢迎。夏普公司曾经开发出一种彩电和录像机二合一产品，但无论怎样努力，就是无法取代一般彩电、录像机，原因就在于单功能产品也有无法比拟的优势。

（4）根据使用者定位。使用者就是目标消费者，所以依靠使用者的定位，实际上就是选定一个独特的目标市场，并使产品在此目标市场上获得难于取代的优势地位，如婴儿助长奶粉、老年人高钙铁质奶粉。

（二）品牌定位策略

品牌是商业化的现实生活中最常见的东西。如今要用什么东西都得买，买的时候就认牌子，因为同类的产品太多了。据说在国际上，有一半的产品是靠牌子成交的。例如，瑞士的手表，法国的化妆品，日本的电子产品和汽车，德国的照相机，美国的可口可乐及中国的丝绸等，这些产品几乎不需要任何介绍，成交率就非常高。

（1）档次定位。依据品牌在消费者心目中的价值高低区分出不同的档次。例如，酒店、宾馆按星级划分为1～5个等级，是档次定位的一个例子。广州五星级白天鹅宾馆其高档的品牌形象不仅涵盖了幽雅的环境、优质的服务、完善的设施，还包括进出其中的都是商界名流及有一定社会地位的人士。定位于中低档次的品牌，则针对其他的细分市场，如满足追求实惠和廉价的低收入者。

因为档次定位反映品牌的价值，不同品质、价位的产品不适宜使用同一品牌。如果企业要推出不同价位、品质的系列产品，应采取品牌多元化策略，以免使整体品牌形象受低质产品印象而遭到破坏。如顶新集团在中档方便面市场成功推出“康师傅”；在进攻低档方便面市场时，不是简单地沿用影响力已经很大的“康师傅”品牌，而是推出新的品牌“福满多”。

（2）类别定位。依据产品的类别建立起品牌联想。类别定位力图在消费者心目中造成该品牌等同于某类产品的印象，以成为某类产品的代名词或领导品牌，在消费者有了某类特定需求时就会联想到该品牌。在饮料市场，“可口可乐”和“百事可乐”是市场的领导品牌，市场占有率极高，在消费者心目中的地位不可动摇。“七喜”汽水“非可乐”定位就是借助类别定位的一个经典的例子。“非可乐”的定位使“七喜”处于与“可口”和“百事”对立的类别，成为可乐饮料之外的另一种选择。不仅避免了与两巨头的正面竞争，还巧妙地与两品牌挂钩，使自身处于和它们并列的地位。成功的类别定位使“七喜”在龙争虎斗的饮料市场中占据老三的位置。

（3）比附定位。比附定位就是攀附名牌，比拟名牌来给自己品牌定位。目的是借名牌之光来提升自己品牌的价值和知名度。

一是甘居“第二”。明确承认同类产品中另有最负盛名的品牌，自己只不过是第二而已。这种策略会使人产生一种谦虚诚恳的印象，相信其所说的是真实可靠的，因而记住了通常不易为人重视的品牌。

二是奉行高级俱乐部策略。强调自己是某个具有良好声誉的小团体的成员之一。例如，美国克莱斯勒公司就宣称自己是美国“三大汽车公司之一”，推出这个概念时，一下子使自己和“巨头”们坐在一起了，很容易在消费者心目中留下不灭的印象。

（4）情景定位。将品牌与一定环境、场合下产品的使用情况联系起来，以唤起消费者在特定情景下对该品牌的联想。例如，“八点以后”巧克力薄饼定位在“适合八点以后吃的甜点”，“米凯威”（Milky Way）则自称为“可在两餐之间吃的甜点”。它们在时段上建立了区分。八点钟以后，想吃甜点的消费者自然而然想到“八点以后”这个品牌，而在两餐之间，首先会想到米凯威。

（三）企业定位策略

消费者在购买一种物品的时候，常常会面临着品牌太多，而自己又对品牌弄不清楚的情形。这时消费者往往会倾向于看生产经营的企业是哪一家，再做决定。企业作为一个整体，在消费者的心目中是有一定位置的。如一提到胶卷，大多数人脑子里立刻会出现柯达、富士、乐凯等一系列的名称。所以一个企业，必须设法让自己作为一个整体，在消费者的心灵中占据一个明显而突出的位置。企业定位策略主要有以下 4 种。

（1）市场领导者的策略。在同行中，往往有一家这样的大企业，它的经济实力雄厚，产品拥有最大的市场占有率，被公认处于市场领导者的地位。这类企业为了维护其领导者的地位，通常把自己的整体形象定位在消费者偏爱范围的中心位置，这样定位最能适合广大消费者的需要，市场占有率最大。

（2）市场挑战者的策略。在同行业中，一些大企业处于第二、第三的市场地位，它们不甘心被领导，立意市场竞争，抢占市场领导者的位置，以提高市场占有率，增加盈利。这类企业的市场定位是把自己的整体形象定位在尽量靠近市场领导者的位置，缩小与领导者的差别，便于争夺市场领导者地位。

（3）市场追随者的策略。在同一行业中，一些处于市场第四位、第五位的企业，或处于第二位、第三位的企业，它们从利润出发，不愿意冒风险与市场领导者争夺市场领导地位，而宁居次要地位追随、模仿市场领导者。这类企业一般选择 3 种定位策略：一是紧随其后，二是有距离追随，三是有选择追随。

（4）市场补缺者的策略。在同一行业中，一些小型企业因为资源有限，无法与大企业相争，只能经营一些被大企业忽视的小市场。这类企业把自己的整体形象定位在远离领导者的位置上，以避免市场竞争，发展自己的事业。

四、市场定位的方式

（一）避强定位

企业力图避免与实力最强或较强的其他企业直接发生竞争，将自己的产品定位于与竞争对手不同的市场区域内，使自己的产品在某些特征或属性方面与最强或较强的对手有显著的差异。这种方式的优点是：能够迅速地在市场上站稳脚跟，并能在消费者或用户心目中迅速树立起一种形象。由于这种定位的方法市场风险较少，成功率较高，常常被多数企业所采用。

（二）对抗性定位

企业根据自身的实力，为占据较佳的市场位置，不惜与市场上占支配地位的、实力最强或较强的竞争者发生正面竞争，从而使自己的产品进入与对手相同的市场位置。这种定位的方式有时会产生激烈的市场竞争，有较大的市场风险，但不少企业认为由于竞争者强大，能够激励自己奋发上进，一旦成功就会取得取得巨大的市场优势，且在竞争过程中往往能产生轰动效应，可以让消费者很快了解企业及其产品，企业易于树立市场形象。例如，可口可乐与百事可乐之间、“肯德基”与“麦当劳”之间的竞争。实行对抗性定位，必须知己知彼，应清醒估计自己的实力，不一定要压垮对方，只要能够平分秋色就是巨大的成功。

（三）重新定位

企业实施某种定位方案一段时间以后，有可能发现原有定位效果并不理想，不能达到营销目标，或者没有足够的资源实施，或者为发展新市场的需要，或者是竞争的需要，此时应该对产品进行重新定位。重新定位有时需要承担很大的风险，企业在做出重新定位决策时，一定要慎重。必须仔细分析原有定位需要改变的原因，重新认识市场，明确企业的优势，选择最具优势的定位，并通过传播、不断强化新的定位。定位时，企业可以只推出一种差异，即单一差异定位；可以推出两种差异，称双重差异定位；还可以推出几种差异，实行多重差异定位。但值得引起重视的是：企业推出的差异不宜过多，否则会降低可信度，也影响了定位的明确性。定位时应注意避免以下问题。

① 定位混乱。企业推出的差异过多、推出的主题太多、定位变化太频繁，使消费者对其产品或品牌只有一个混乱的印象，令人难于弄清其主要的功能及优势是什么。

② 定位过度。企业过度鼓吹产品的功效或提供的利益，使消费者难于相信企业在产品特色、价格、功效和利益等方面的宣传，对定位的真实性产生怀疑。

③ 定位过宽。有些产品定位过宽，不能突出产品的差异性，使消费者难于真正了解产品，难使该产品在消费者心目中树立鲜明的、独特的市场形象。

④ 定位过窄。有些产品或品牌本来可以适应更多的消费者的需要，但由于定位过窄，使消费者对其形象的认识也过于狭窄，因而不能成为企业产品的购买者。

本章习题

一、判断题

1．对于大中型企业来说，在制定业务规划时更适合使用集中化策略。（　　）

2．当消费者针对某一商品的需要、购买行为以及对企业营销行为的反映均为一致时，企业宜采取差异性营销策略。（　　）

3．细分市场是企业根据自己商品的不同特性进行划分的。（　　）

4．早期的可口可乐在世界各地都用一种口味、一种包装、一种牌号和相同的营销策略，这就是无差异市场策略。（　　）

5．市场定位是目标市场营销的基础。（　　）

二、单选题

1．目标市场营销是（　　）观念的体现。

A．销售　　B．市场营销　　C．产品　　D．生产

2．“七喜”汽水突出宣传自己不含咖啡因的特点，成为非可乐型饮料的主导者，它采取的是（　　）定位策略。

A．避强定位策略　　B．市场渗透　　C．迎头定位策略　　D．专业化营销

3．企业只推出单一产品，运用单一的市场营销组合，力求在一定程度上适合尽可能多的消费者的需求，这种策略是（　　）。

A．无差异性市场营销　　B．密集性市场营销

C．差异性市场营销　　D．集中性市场营销

4．企业的目标市场意为（　　）。

A．企业欲给予满足的消费者需求　　B．企业有充分了解的消费者需求

C．购买能力最强的消费者需求　　D．有目标购买商品的消费者群体

5．企业进行市场细分是根据（　　）。

A．企业　　B．消费者　　C．产品　　D．中间商

三、问答题

1．简要回答市场定位的含义和方式。

2．结合熟悉的案例，谈谈市场定位的步骤。

3．企业如何根据有关影响因素为其产品选择适合的市场营销策略。

四、案例分析题

拉勾网：细分思维下的互联网招聘生意

3W咖啡的内部创业项目“拉勾网”于2013年7月20日上线，数据表现超出了创始人马德龙的预期。从智联、前程无忧到定位高端的猎聘网，基于社交的大街网，基于新浪微博的周伯通招聘，在线招聘从来不缺新玩家，而拉勾网的特别之处在于垂直细分和互联网思维。

2014年2月初，拉勾网与百度、腾讯、58同城等10家互联网公司开展了一个“24小时极速入职”活动，3天就收到500多份简历，有40多人被安排面试，马德龙介绍。活动后网站数据翻了一倍多，每天有超过500个新发职位，每周投递的简历数已经超过了3000个。

马德龙称，目前企业招聘高端人才通常通过猎头公司，而低端人才通过51job和智联招聘。一开始马德龙与朋友成立了一个猎头公司，但是很多人嫌贵，而且竞争很激烈。随后马德龙看到了美国的在线招聘网站Dice，这是一家定位科技行业的在线招聘网站，该网站已经积累了8.6万个科技类岗位，这让马德龙得到了启发，决定开始做拉勾网，同样定位于科技行业的垂直招聘。

“招聘行业已经到了必须快速细分的时期。”马德龙说，有HR向其抱怨，在传统招聘网站上收到100封简历，勉强能面试的也就只有一两个，成本高、效率低，马德龙认为这是由泛行业的传统招聘网站的两大弊病导致的，即跨行业，不精准，人才慢慢低端化，需要精英人群的互联网并不是他们的受众；他们是销售导向的公司，以企业为核心，但是互联网产品不应该是这个导向，而应是以用户为核心，企业是服务对象。

曾在腾讯担任设计和产品经理的马德龙更愿意把拉勾网描述为一个互联网产品。目前拉勾的招聘职位包括技术、运营、产品、设计、市场和职能部门，为了方便用户理解，拉勾在企业发布招聘信息时引导用户将公司名称填写为产品名称，比如很多用户听过“嘀嘀打车”，但是不知道它的开发商——北京小桔科技有限公司，可能因此错过工作机会。

拉勾网要求企业在发布职位时明确写明薪酬范围，在招聘详情页的公司标签中注明福利待遇以及公司特点，并注明公司目前的发展阶段和融资状况，以便于求职者精确投放。同时拉勾引入了推荐机制，在用户填写个人简历后，后台会根据用户填写的资料调整首页显示的内容，以确保信息的准确性。马德龙认为，这些细节的设计背后是从用户出发的互联网思维，可以提高招聘效率，同时解决信息不对称的问题。

在移动端，拉勾网目前的方式是通过微信公众账号切入，用户关注拉勾网的账号后可以获得相关职位的推荐。马德龙介绍，目前拉勾的公众账号已经发送了662个职位，回流324个，回流率48%。在商业化上，拉勾正在酝酿向企业收费，除了提供招聘服务，拉勾网还准备在招聘详情页推出企业产品的推广服务。“我们是一个互联网产品，智联、51job是销售型公司，我让用户使用，他们是对公司销售，这是本质区别。”马德龙称，“HR们被传统招聘网站教育了，在线招聘的细分化刚刚开始，未来在线招聘的垂直领域会有很大机会。”

资料来源：网易科技，2014年1月2日

【思考与讨论】

1. 结合案例谈谈市场细分的作用。

2. 对拉勾网的市场定位，你有何建议？

第七章 产品策略

【学习目标】

（1）掌握产品的整体概念，了解产品的分类。

（2）掌握产品品牌的含义及作用，熟悉产品品牌策略。

（3）熟悉产品包装的含义、作用，了解产品包装策略。

（4）了解产品组合及相关概念，掌握产品组合决策。

（5）了解产品生命周期的概念，熟练掌握产品生命周期各阶段的市场特点与营销策略。

（6）熟悉新产品的概念及种类，了解新产品开发的程序。

【导入案例】

国内某知名，啤酒集团J集团针对啤酒消费者对啤酒口味需求日益趋于柔和、淡爽的特点，积极利用公司的人才、市场、技术、品牌优势，进行小麦啤酒研究。2000年利用其专利成果开发出具有国内领先水平的J牌小麦啤酒。这种产品泡沫更加洁白细腻、口味更加淡爽柔和，更能迎合啤酒消费者的口味需求，一经上市就在低迷的啤酒市场上掀起一场规模宏大的J牌小麦啤酒消费的概念消费热潮。

J集团把小麦啤酒定位于零售价2元/瓶的中档产品，包装为销往城市市场的500ml专利异型瓶装和销往农村、乡镇市场的630ml普通瓶装两种。合理的价位、精美的包装、全新的口味、高密度的宣传使J牌小麦啤酒自2000年5月上市后，迅速风靡本省及周边市场。由于上市初期准确的市场定位使J牌小麦啤酒迅速从诞生期过渡到高速成长期。

高涨的市场需求和可观的利润回报使竞争者不顾自身的生产能力，纷纷上马生产小麦啤酒。一时间市场上出现了五六个品牌的小麦啤酒，它们模仿J牌小麦啤酒的外包装，并且以1元左右的超低价格销售，很快就造成了小麦啤酒市场竞争秩序的严重混乱，J牌小麦啤酒的形象遭到严重损害，市场份额也严重下滑，形势非常严峻。J牌小麦啤酒一部分市场迅速进入了成熟期，销量止步不前；而一部分市场由于杂牌小麦啤酒低劣的质量，使消费者对小麦啤酒不再信任，从而严重影响J牌小麦啤酒，其销量也急剧下滑，产品提前进入了衰退期。

J集团决策者经研究决定，快速有效地进行资源整合，调整营销策略，提升J牌小麦啤酒的品牌形象和活力，使其获得新生，重新退回到成长期，夺回失去的市场，有效地延长了小麦啤酒的产品生命周期。

什么是产品？产品的生命周期分为几个阶段？如何树立产品品牌形象？通过本章内容的学习，您将会找到上述问题的答案。

第一节 产品概念及其分类

本章所要论述的是 4P 营销组合（4Ps）的第一个要素——产品，这是营销组合中一个最主要的、决定性的因素，其他策略都要以产品策略为基础。

一、产品的整体概念

菲利浦·科特勒对产品的定义为:“产品是能够提供给市场以满足人们需要和欲望的任何东西。”产品在市场上包括实体产品、服务、事件、人物、地点、财产、组织、信息和创意等一切有形和无形的东西。

按照传统观念，产品是指有形的劳动生产物，如服装、家具、电视机等。但是从现代营销学的角度来看，这样的理解过于狭隘。消费者的需求是多方面的，他们不但有生理和物质方面的需要，还有心理和精神方面的需要。例如，消费者购买一件衣服，它不仅要满足保暖的需求，还要通过衣服本身的质地、款式、颜色、品牌等给消费者带来心理上的满足。因此，产品开发者和经营者应当从整体上来研究产品，而不能仅仅着眼于某种具体的、有形的东西。一般认为，整体产品包含 3 个层次，即核心产品、形式产品和附加产品（如图 7.1 所示）。

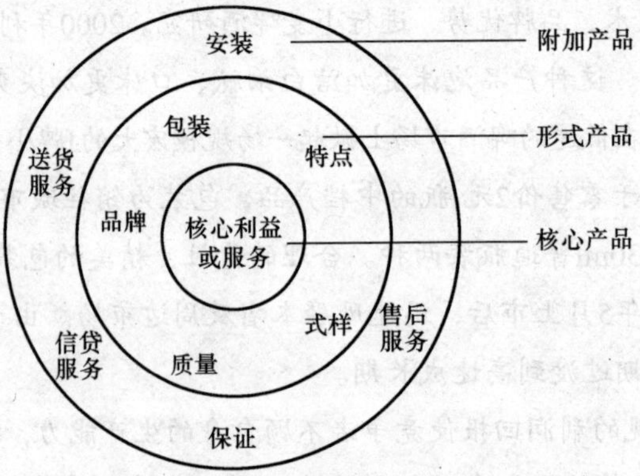

图 7.1 整体产品的 3 个层次

1. 核心产品

核心产品也叫实质产品，是指产品能给购买者带来的基本利益和效用，即产品的使用价值，是构成产品最本质的核心部分。

消费者购买某种产品，并不是为了获得产品的本身，为了占有该种产品，而是通过对产品的消费来满足某种需要。人们购买产品的目的都是为了实现自己的需求。某一种产品以自己的物质形态存在着，但在实质上是为了满足消费者欲望而提供的一种服务。营销人员的任务是从满足消费者的需求出发，揭示出消费者购买每一件产品的真正目的。

2. 形式产品

形式产品是指消费者需要的产品实体的具体外观，是核心产品的表现形式，是向市场提供的实体和服务可以为消费者识别的面貌特征。

形式产品有 5 个基本特征。

① 质量。它反映产品实体满足消费者需要的可靠程度，是可以用技术参数表现的产品内在本质水平，如水泥的标号表示它能够达到的强度。

② 特点。满足某种需求的产品应该是多种多样、各具特色的，这样才能适合不同层次、不同爱

好的消费者的需要。

③ 式样。它是指物质产品的外观形状、款式，或无形产品如服务的不同表现形式。以出租汽车服务为例，可有日夜服务、事先预约、电话随时要车等多种。

④ 品牌。它是形成产品整体概念的重要组成部分，通常由品牌名称、标记、商标等组成。

⑤ 包装。它是指物质产品的盛装容器及装饰。

以上 5 个特征，物质产品都具备，而服务也具有相类似的特征，可能具备全部特征或仅具备其中的部分特征。

形式产品可以呈现在市场上被消费者所识别，因此它是消费者选购商品的直观依据。产品的基本效用只有通过形式产品有效地实现，才能更好地满足消费者的需要。

3. 附加产品

附加产品是指消费者购买产品时所能得到的附加服务和附加利益的总和。例如，购买计算机产品，获得的不仅仅是计算机本身，即主机、终端、存储设备、打印设备等硬件，而且得到使用说明书、软件系统、送货服务、安装调试、程序设计服务、维修服务以及质保等。因为消费者实施购买的目的是为了满足某种需要，因而他们希望得到与满足这一需要有关的一切。

只有向消费者提供具有更多实际利益、能更完美地满足其需要的附加产品，企业才能在日益激烈的竞争中赢得胜利。美国市场营销专家莱维特指出："现代竞争的关键，并不在于各家公司在其工厂中生产什么，而在于它们能为其产品增加些什么内容——如包装、服务、广告、用户咨询、融资信贷、及时送货、仓储以及人们所重视的其他价值。每一公司应寻求有效的途径，为其产品提供附加价值。"

核心产品、形式产品、附加产品作为产品的 3 个层次是不可分割和紧密相连的，它们构成了产品的整体概念。其中，核心产品是基础，是本质，必须转变为形式产品才能得到实现；在提供形式产品的同时还要提供更广泛的服务和附加利益，形成附加产品。由此可见，产品的整体概念以核心产品为中心，也就是以消费者的需求为出发点。企业在充分考虑消费者需要的前提下，做出实现这一需要的产品决策，将核心产品转变为形式产品，并在此基础上附加多种利益，进一步满足消费者的需要。一个产品的价值是由消费者决定的，而不是由企业决定的。

【课间案例】

美国一家咨询公司在调查中发现，消费者从一家企业转向另一家企业，70%的原因是服务。他们认为，企业员工怠慢了一个消费者，就会影响40名潜在消费者。"在竞争焦点上，服务因素已逐步取代产品质量和价格，世界经济已进入服务经济时代。"正是基于这样的认识，美国IBM公司公开表示自己不是计算机制造商，而是服务性公司。该公司总裁说："IBM并不是卖计算机，而是卖服务。"

二、产品的分类

将产品按照各种特征进行分类，每一个产品类型都有与之相适应的市场营销组合策略。

（一）根据产品耐用性和是否有形分类

产品的实质性是指产品是否为物质实体，即有形与否。以此分类可将产品分为有实物产品和服务产品两类。产品的耐用性是指产品的耐用程度，以此分类可将产品分为耐用品和非耐用品。两者结合起来，就可将产品分为以下3大类。

（1）耐用品。耐用品是有形的实体物品，并且可以使用较长的时间，例如，空调、机床、服装等。对于耐用品来说，企业一般需要更多地采用人员推销和提供多种服务和保证，如维修、送货服务及分期付款等。同时，企业由于投资较大，也应当有较高的利润空间。

（2）非耐用品。非耐用品也是有形的实体物品，通常只能使用一次或数次，例如，肥皂、香烟、啤酒、糖果等。这类产品消费速度快，购买频率高，因而企业必须广设零售网点，使消费者能在许多地方很方便地购买到所需的非耐用品。企业还应薄利多销，并加大广告力度，以吸引消费者试用并形成偏好。

（3）服务。服务是非物质实体产品，是为出售而提供的活动、利益和满足。也就是说，一项服务是一方能够向另一方提供的任何一项活动或利益，它本质上是无形的，并且不产生对任何物品的所有权问题，它的生产可能与实际产品有关，也可能无关。

（二）消费品的分类

按照消费者购买习惯不同，可分为便利品、选购品、特殊品和非渴求品。

（1）便利品是指消费者经常购买或需要随时购买的产品，例如，香烟、牙刷、报纸、雨具等。便利品的营销，最重要的是在时间、地点和销售方式上为消费者提供最大限度的便利，一般以小型分散经营为主。

（2）选购品是指品种规格复杂、购买频率较低、挑选性强，在质量、功能、价格、款式等方面需要反复挑选和比较才能决定购买的物品。选购品分为同质品和异质品两种。同质品是指消费者认为质量类似但品牌和价格不同的物品，如电视机、电冰箱等耐用消费品，消费者购买时主要是通过比较价格、品牌信誉和售后服务来选择；异质品是指消费者对其特色比对价格和品牌更重视，如消费者在购买一套高档服装时，主要是选择自己称心的款式、面料、花色，而不是只选择品牌。在经营此类物品时，应在质量和特色方面特别注意，同时还应配备训练有素的推销人员，为消费者提供信息服务和咨询服务。

（3）特殊品是指具备独有特征或品牌标记的产品。此类产品通常是有特别需要的人才会购买。使用特殊品的人一般通常对这类产品知识相当的了解，属于习惯性购买，所以通常购买时选择的时间较短，例如，特殊品牌和特殊式样的花色商品、药品、摄影器材等。这类商品通常定价较高，销售网点不多或独家经营。

（4）非渴求品是指消费者不了解或即使了解也不想购买的产品。例如，人寿保险、百科全书、墓地等。这类产品的特点，决定了它们的营销要在广告和人员推销等方面花费很大力量。推销非渴求品所面临的挑战，造就了最复杂的人员推销技巧。

（三）根据产业用品分类

各类产业组织需要购买各种各样的产品和服务用于生产或制造另一种产品。产业用品可分成3类：原材料和零部件、固定资产、供应品和服务。

（1）原材料和零部件包括未经加工的原材料（如农产品和矿产品）以及加工制造的原材料、零部件（如水泥、钢材、各种机械零部件等），这类产业用品是完全进入生产过程的，其价值一次性计入产品成本。

（2）固定资产是指部分进入产成品中的商品，包括厂房、机器和各种生产设备等，还包括办公设备（办公桌椅、文件柜、复印机等）。

（3）供应品和服务是指不构成最终产品的那类项目，如生产供应品（煤炭、润滑油、铅笔等）、维护用品（油漆、图钉、扫帚等）。供应品是工业领域的便利产品，因为采购它们通常进行最小的努力和产品比较。服务包括维护和维修服务（清洗窗户、计算机修理）以及业务咨询服务（法律、管理咨询、广告等）。这些服务往往是以签订合同的方式提供的。

第二节 品牌与商标策略

品牌是产品整体的一个重要组成部分，领导者品牌意味着市场地位和利润。品牌是企业竞争力的核心所在。

一、品牌策略

（一）产品品牌的含义

企业竞争的最高层次表现为品牌之间的竞争。企业创建品牌的工作，是一项技术更是一项艺术。美国市场营销学会给予品牌的定义是：“品牌是一种名称、术语、标记、符号或设计，或是它们的组合运用，其目的是借以辨认某个销售者或某群销售者的产品或服务，并使之同竞争对手的产品和服务区别开来。”例如，大多数消费者认为一瓶香奈儿香水是高质量的、昂贵的商品。但是相同的香水装在一瓶未贴标签的瓶子里，很可能就被认为是低质的，即使两者散发出同样的芳香。

一个完整的品牌应该具有以下6个方面的含义。

① 属性。品牌代表特定商品的属性，这是品牌最基本的含义。例如，海尔代表优良的服务，沃尔玛代表低价格。

② 利益。品牌所代表的属性必须转化为对消费者有意义的利益。例如，宝马汽车“工艺精湛、制造优良”的属性可转化为“安全”“舒适”等功能性利益。

③ 价值。品牌还体现了生产者的某些价值感。例如，梅赛德斯—奔驰代表了高性能、安全和威信。

④ 文化。品牌还附着特定的文化。就目前的市场营销发展趋势来看，品牌的文化内涵已经越来越受到人们的重视。例如，可口可乐就代表了美国文化，而全聚德给人们带来的则是“传统特色、原汁原味”的中国文化。

⑤ 个性。品牌个性是品牌形象的一部分，是指产品或品牌特性的传播以及在此基础上消费者对这些特性的感知。例如，娃哈哈象征着一种健康、幸福和希望。消费者需要借助于品牌个性来延伸自我。

⑥ 使用者。品牌还暗示了产品使用者的特征。例如，耐克鞋的消费者大多是15～30岁的男性消费者群体。

（二）品牌的作用

（1）将企业的产品与竞争者产品区别开来。品牌是企业产品的象征和标志，消费者通过品牌将企业的产品与竞争者的产品区别开来。对于企业来说，这形成了企业产品与竞争者产品的相对差异性，从而使得企业可以制定具有相对差异的价格；对于消费者来说，通过选择某个品牌的产品并进而形成品牌忠诚度，可以在一定程度上降低购买的认知风险和减少时间和精力的耗费。

（2）保护企业的无形资产。品牌特别是知名品牌是企业的一项极其重要的无形资产。品牌中的商标通过法律注册后，就会受到法律的保护。这样一方面可以避免其他企业对企业品牌的模仿和假冒，另一方面也提高了消费者购买的信心。例如，可口可乐公司的总经理伍德拉夫曾扬言："即使我们的工厂在一夜之间全部被烧光，只要我的品牌还在，我们就能迅速地恢复生产。"可见品牌价值的力量之大。

（3）降低企业营销的难度，保持竞争优势。企业可以通过创建知名品牌，赢得市场竞争优势。这是因为，一方面消费者很大程度上会选择熟悉的知名品牌来购买产品，这增加了企业推广其品牌的迫切性；另一方面，产品自身的特征会影响品牌的美誉度，这就促使企业努力提高其产品的性能，以满足消费者的需要。在市场走向成熟期之时，品牌忠诚度是抵御竞争者进攻的最有力的武器，同时，品牌忠诚度也构成了其他企业进入该行业的壁垒。

（4）增值功能。知名品牌能够给企业带来差别于竞争者的独特优势，从而使得企业在市场上赢得溢价。企业的超额利润就是品牌的增值功能。当然，品牌本身作为企业的一项无形资产，也会随着品牌知名度和美誉度的不断提升，得到很大的提高。

（5）有助于新产品开发，节约促销费用。一个新产品进入市场，不仅存在市场风险，而且会有较高的促销费用投入，若企业能借助已有影响力的品牌，推出新产品，扩大企业产品组合和产品线，则可以节约促销费用。

（三）品牌决策

可供企业选择的产品品牌策略主要包括以下6种。

（1）品牌有无策略。企业首先要对是否创建品牌做出抉择。产品是否使用品牌要视企业产品的特征和战略意图来定，大多数产品需要通过品牌塑造来提升其形象。但有些产品则没有必要塑造品牌，这包括：①大多数未经加工的原料产品，如棉花、矿砂等；②同质化程度很高的产品，如电力、煤炭、木材等；③某些生产比较简单，选择性不大的小商品，如小农具；④临时性或一次性生产的产品。这类产品的品牌通常效果不大，因此企业不塑造品牌反而可以为企业降低成本、增加利润。

（2）品牌使用策略。企业在决定了使用品牌之后，还要决定如何使用品牌。企业通常可以在3种品牌使用策略之间进行选择。

① 制造商品牌策略。企业创立品牌，从而赋予产品更大的价值，并从中获得品牌权益。

② 经销商品牌策略。实力强大的经销商会倾向于树立自己的品牌，而实力弱小无力塑造品牌的小企业则通过OEM来盈利。有一部分大企业也会把这种业务当作自己重要的利润来源，这是由于

渠道实力的逐渐增强所导致的。

③ 混合策略。企业对自己生产的一部分产品使用制造商品牌，而对另外一部分产品则使用中间商品牌，这种策略可以使企业获得上述两种策略的优点。

（3）家族品牌策略。如果企业决定使用自己的品牌，那么还要进一步在使用单一品牌和使用多品牌之间做出抉择。

① 单一的家族品牌策略。企业对所有产品均使用单一的品牌。例如，海尔集团的所有家电均使用海尔品牌。单一品牌策略可以使企业的品牌效益最大化，使不同的产品都享受到品牌所带来的声誉，并建立企业对外统一的形象。但单一品牌也可能由于某些产品的失败而受损。

② 个别品牌策略。企业对不同的产品使用不同的品牌。这种策略避免了品牌由于个别产品失败而丧失声誉的危险，同时有助于企业发展多种产品线和产品项目，开拓更广泛的市场。这种策略的主要缺点是品牌过多，不利于发挥营销上的规模性。这种策略适用于那些产品线很多，产品之间关联性小的企业。

（4）品牌延伸策略是指企业利用已有的成功品牌来推出新产品的策略。例如，百事可乐在碳酸饮料取得成功之后，又推出了服装、运动包等产品。这种策略可以借助成功品牌的声誉将新产品成功地推向市场，节约了企业市场推广的费用，但新产品的失败可能给原有品牌的声誉带来影响。例如，皮尔·卡丹作为一种酒的商标就失败了。品牌延伸一定要符合它在公众心目中已建立起的品牌形象，不可跨行业无限延伸。

（5）多品牌策略是指企业为一种产品设计两个或两个以上的品牌。这种策略的主要优势在于：①可以占据更多的货架空间，从而减少竞争者产品被选购的机会；②可以吸引那些喜欢求新求异而需要不断进行品牌转换的消费者；③多品牌策略可以使企业发展产品的不同特性，从而占领不同的细分市场；④发展多种品牌，可以促进企业内部各个产品部门和产品经理之间的竞争，提高企业的整体效益。例如，宝洁公司的洗发水就拥有潘婷、海飞丝、飘柔等不同的品牌。

（6）品牌重新定位策略。由于消费者需求和市场结构的变化，企业的品牌可能丧失原有的吸引力。因此，企业有必要在一定的时期对品牌进行重新定位。例如，美国万宝路香烟原本是女用品牌，因销路不畅于1954年重新定位为男士香烟，并用具有男子汉气概的西部牛仔形象作为品牌形象，获得巨大成功，现已成为世界最销的香烟品牌之一。在对品牌进行重新定位的时候，企业需要考虑以下两个问题：①将品牌从一个细分市场转移到另外一个细分市场所需要的费用，包括产品质量改变费、包装费及广告费等；②重新定位的品牌的盈利能力，盈利能力取决于细分市场上消费者人数、平均购买力、竞争者的数量和实力等。企业需要对各种对品牌进行重新定位的方案给予认真的考察，以选择盈利能力最强的产品来实施。

二、商标策略

（一）商标的含义

商标是一个法律术语，品牌或品牌的一部分在国家工商行政管理局商标局核准注册后，称为商标。商标受到法律的保护，享有长期专用权，是一项重要的工业产权和知识产权。国际上的驰名商标，往往在许多国家注册。

所谓“驰名商标”，是国际社会通用的法律术语，始见于 1883 年签订的《保护工业产权巴黎公约》，可受到特殊保护。一个国家或地区驰名商标的多少，是其经济实力的反映。我国于 1985 年 3 月 19 日正式成为该公约成员国。

（二）商标的特征

商标具有以下特征。

① 商标是具有显著性的标志。它既区别于具有叙述性、公知公用性质的标志，又区别于他人商品或服务的标志，从而便于消费者识别。

② 商标具有独占性。使用商标的目的是区别于他人的商品来源或服务项目，便于消费者识别。所以，注册商标所有人对其商标具有专用权、独占权，未经注册商标所有人许可，他人不得擅自使用，否则，即构成侵犯注册商标所有人的商标权，违反商标法律规定。

③ 商标具有价值。商标代表着商标所有人生产或经营的质量信誉和企业信誉、形象，商标所有人通过商标的创意、设计、申请注册、广告宣传及使用，使商标具有了价值，也增加了商品的附加值。商标的价值可以通过评估确定。商标可以有偿转让，经商标所有权人同意，许可他人使用。

④ 商标具有竞争性。商标是参与市场竞争的工具。生产经营者的竞争就是商品或服务质量与信誉的竞争，其表现形式就是商标知名度的竞争，商标知名度越高，其商品或服务的竞争力就越强。

（三）商标专用权及其确认

国际上对商标权的认定有两个并行的原则，即“注册在先”和“使用在先”。

① 注册在先。这是指商标的专用权归属于依法首先申请注册并获准的企业。在这种商标权认定原则下，某一品牌不管谁先使用，法律只保护依法首先申请注册该品牌的企业。中国、日本、法国、德国等商标权的认定即是坚持这种注册在先的原则。

② 使用在先。这是指商标的专用权归属于该品牌的首先使用者。在品牌使用（必须是实际使用）所达到的地区，法律对其商标予以保护。美国、加拿大、英国和澳大利亚等采用这种原则对商标专用权进行认定。

在具体的商标权认定实践中，还有对以上两种原则主次搭配、混合使用的“使用在先辅以注册在先”和“注册在先辅以使用在先”两种原则。在品牌实际运营中，还应注意商标到期后的续展和品牌的自我保护。

第三节 包装策略

商品只有经过包装才能进入流通领域，实现其价值和使用价值。美国杜邦公司的一项调查表明：63%的消费者是根据商品的包装来选购商品的，这一发现就是著名的“杜邦定律”。一个设计良好的包装，以一种物化的形式体现着一个企业的营销策略。

一、产品包装的含义

产品包装通常是指产品的容器、包装物和装潢的设计。产品包装一般包括以下 3 个层次：①基本包装，即商品的直接容器和包装物，如盛装啤酒的瓶子、装香烟的纸盒；②次级包装，即基本包装外层的包装；③运输包装，为了运输的安全和方便而加于产品之上的包装。

产品包装的构成要素主要包括以下几点。

① 商标。企业一般要在包装的显著位置表明代表企业产品的商标。

② 形状。包装的形状要便于搬运、储存与陈列，而且还要符合消费者的审美观念。

③ 颜色。颜色也是包装的一个组成部分，颜色的选用要能够突出产品，并符合目标市场的文化要求。例如，中国联通将标志由蓝色改为红色就是为了塑造一种亲近消费者的形象。

④ 图案。包装上的图案要能够突出产品特色，并且清晰、易懂。

⑤ 材料。恰当的包装材料能够促进企业产品的销售，因此企业也要注意对包装材料的选择。

二、产品包装的作用

产品包装最初的作用是保护产品、方便运输。随着市场竞争的发展，包装也已成为企业非价格竞争的一个重要手段。良好的包装能够为企业带来营销价值。产品包装的具体作用包括以下 4 个方面。

（1）保护产品。这是包装的基本功能。产品在运输过程中会受到各种外力的作用以及风吹、日晒、雨淋等损害；在储存的过程中，也会受到湿度、湿度影响以及虫蛀、污染等。合理的包装能保护产品的使用价值，使产品实体不致损坏、散失和变质、变形等。

（2）促进销售。设计精美、富有新意的包装能够起到吸引消费者注意力、促销产品的功能。与此同时，包装也能体现产品的市场定位。例如，定位于高端市场的产品通常拥有精美、豪华的包装。

（3）创造价值。包装创造价值的作用主要体现在以下两个方面：①包装提高了产品的附加价值，使消费者愿意购买包装精美、富有创意的产品；②包装能够体现品牌形象，精美的包装是产品无声的广告。

（4）提供便利。中国的包装行业社会需求量大，科技含量日益提高，已成为我国国民经济中的重要产业之一。前瞻产业研究院发布的《2014—2018 年中国包装机械制造行业市场调研与投资预测分析报告》显示，中国已经成为世界最大的商品生产和出口大国，与此同时，全球的目光也聚焦在发展最快、规模最大、最具潜力的中国包装市场。2010 年，包装机械制造行业拥有规模以上企业（全年销售收入在 500 万元以上）343 家，从业人员 3.94 万人，资产总计 189.74 亿元，实现销售收入 177.05 亿元，实现利润总额 11.85 亿元。包装工业已成为“朝阳”产业，发展潜力巨大。

三、产品包装策略

鉴于产品包装在产品营销上的巨大作用，企业对产品的包装工作必须给予足够的重视。对于企业来说，可供其选择的包装策略包括以下 7 种。

（1）类似包装策略是指企业在各种类型不同的产品上使用外形类似、图案类似、具有共同特征的包装，使企业各种产品具有统一类似的包装，从而使消费者从外观上就可以直接判断出企业的系列产品。类似包装策略的优点在于：壮大企业声势，扩大企业影响，特别是在新产品初次上市之时，可以借助于企业原有的声誉迅速让消费者接受新产品；类似的包装反复出现，无疑增加了企业形象在消费者面前的曝光率，客观上起到了宣传企业产品的效果；采用类似的包装可以节省包装设计和印刷成本。

（2）差异包装策略是指企业对不同的产品采用风格各异的包装，从而将定位于不同市场、满足不同目标市场需求的产品区别开来。这种策略的优点是一个产品的失败不会波及企业的整体形象，其缺点是却增加了企业的成本。

（3）配套包装策略是指企业把两种或两种以上在消费上具有关联性的产品放在一个包装内出售。这种关联性可表现在使用、观赏或自身系列配套等方面。配套包装策略可以方便消费者的购买和使用，并且还可以帮助企业促销滞销的产品。但是，企业需要注意的是产品的搭售不要引起消费者的反感，或者损害消费者的利益。

（4）重复使用包装策略是指产品的包装在产品被使用之后，可以移作他用。这种包装策略可以引起消费者的购买兴趣，移作他用的产品包装也可以起到宣传企业产品的效果。例如，盛装饮料的瓶子常被用来插花或具有其他用途。

（5）等级包装策略是指企业根据产品的档次和价格给予其不同的包装。这些不同的包装在成本上具有很大的差别，可以丰富消费者的选择。例如，把产品用来送礼的消费者可能更倾向于购买具有豪华包装的产品，而仅为自己使用的消费者则会购买简易包装的产品。

（6）更新包装策略是指用新的包装来代替老的包装。这种策略常常在企业的销售陷入困境的时候使用，包装的更新就像产品的更新一样，能够给消费者以耳目一新的感觉。在一般情况下，一个企业的品牌和包装要保持稳定性。但是，当出现以下3种情况的时候，企业需要更新包装。

① 产品的质量出现了问题，给消费者留下的恶劣的影响。②竞争者太多，原有包装不利于打开销售局面。③原包装使用时间过长，使消费者产生了陈旧感。例如，河南省卫辉市食品挂面厂就通过将纸包装改为塑料包装，由一般纸箱式包装改为手提礼品式彩色箱，从而一举打开销售局面，产品销至中国香港地区及日本。

（7）附赠品包装策略是指企业在包装中附赠小礼品，来吸引消费者购买和重复购买以扩大产品销量的包装策略。附赠品包括玩具、图片、奖券等，这种策略常被用来开发儿童、青少年或低收入者市场。

四、包装的设计原则

产品的包装设计应以包装的基本功能和作用为主。不同产品包装的功能重点不同，对包装设计有不同的要求。有些包装以促销功能为主，有些以保护功能为主，各有不同的要求。包装的设计原则，主要有以下几点。

① 安全卫生。安全是产品包装（包括运输包装和销售包装）最核心的作用之一，也是最基本的设计原则之一。包装材料的选择必须考虑到产品的物理、化学、生物性能，以保证产品不损坏、不

变质、不渗漏等；包装还要注意保护消费者安全和卫生，如食品包装要特别注意卫生，防止污染。

② 便于陈列。对于挑选性强的产品，如衬衣、丝袜等，应使用便于陈列的透明包装，使消费者通过包装的透明部分看到产品花色、款式、质地等属性。

③ 体现价值。包装应与产品的档次和价值相一致，贵重的高档产品或礼品包装应华丽高雅，增加产品价值感。同时商品包装的外形、规格、分量等必须与产品实际相一致。欺骗性的包装只会对企业促销起反作用。

④ 美观艺术。包装设计应力求赏心悦目，增加产品美感。包装的造型、色彩、图案和文字等要符合当地的风俗习惯和宗教信仰，切勿触犯禁忌。

⑤ 绿色环保。应尽量减少包装材料的浪费，节约社会资源，能够回收利用的包装物（如易拉罐、纸盒、纸箱等）尽量回收利用，严格控制废弃物对环境的污染。

第四节 产品组合和产品线策略

现代企业为了满足目标市场的需要、扩大销售、分散风险、增加利润，往往生产经营多种产品。因此，每个企业不但要在品牌、包装和服务等方面做出决策，而且要在产品组合、产品线和产品项目上做出决策。

一、产品组合及其相关概念

（一）产品组合、产品线和产品项目

产品组合，也称为产品花色与品种配合，是指一个企业生产经营的所有产品线和产品品种的组合方式，也即经营范围和全部产品的结构。

产品线是指密切相关的一组产品，这些产品能满足类似的需要或必须在一起使用，销售给同类消费者群，而且经由同样的渠道销售出去，销售价格在一定幅度内变动，在产品目录上所列出的每一个产品都是一个产品品种，具有上述密切相关性的产品品种就组成了产品线。例如，化妆品、家用电器、文教用品等都可以形成一条条产品线。通常每条产品线都设专人管理，称为产品线经理。

产品项目是指产品大类中各种不同品种、档次、质量和价格的特定产品。例如，某商店经营鞋、帽、服装和针织品四大类产品（4 条产品线），每大类中又含若干具体品种（产品项目），如服装类可包含男装、女装、儿童装等。所有这些产品线和产品项目按一定比例搭配，就形成企业的产品组合。

（二）产品组合的宽度、长度、深度和相关性

要研究产品组合，可从产品组合的 4 个要素入手。产品组合主要有 4 个变化因素：宽度、长度、深度和关联性。

（1）产品组合的宽度。这是指一个企业生产经营的产品大类的数量，即拥有产品线的数量，多则宽，少则窄。如表 7.1 中产品组合宽度为 5。

（2）产品组合的长度。这是指企业所有产品线中的产品项目的总和。如表 7.1 中显示的产品组

合的总长度为 27。产品线的平均长度是总长度除以产品线数：27/5=5.4，这就是说，该企业每一产品线上平均拥有 5.4 个品种。

【课间案例】

鄂尔多斯羊绒集团的产品系列

鄂尔多斯羊绒集团为增强产品竞争力，提高经济效益，引进日本、意大利等国先进设备，增加了羊绒大衣、围巾、衬衫、披巾等产品线（宽度）；在增加了产品宽度的同时，也增加了产品项目总数（长度），有不同规格、色泽、款式等；又开发出绒+棉、绒+麻、绒+丝、绒+纤等系列。

（3）产品组合的深度。这是指一条产品线中每种产品所能提供的规格、花色的数量。例如，高露洁牙膏有 3 种规格、2 种口味，那么这种产品的深度就是 2×3=6。通过计算每种产品所提供的差异性，就可算出企业产品组合的平均深度。

（4）产品组合的关联性。这是指各条产品线在最终用途、生产条件、分销渠道等方面相互关联的程度。如表 7.1 中的 5 条产品线都是通过类似分销渠道销售的非耐用消费品，因而产品组合的关联性较大；如果某公司同时生产精密机床和化妆品，则这两条产品线的关联性就很小。

表 7.1　P&G 公司的产品组合（部分）

洗涤剂	牙膏	肥皂	尿布	咖啡
象牙、雪欢乐	高露洁	象牙	帮宝适	速溶伏尔高
汰渍、奥克多	登奎尔	佳美	鲁维斯	高速速溶伏尔高
洁拂、德希	克雷丝	拉瓦		无咖啡因伏尔高
小瀑布、杜斯	佳洁士	柯克斯		
象牙水、获利		风趣		
黎明、时代		维护		

企业产品组合选择和评价的依据是有利于促进销售和增加企业的总利润。上述产品组合的 4 个要素对促进销售、增加盈利有直接效果。一般来说，拓展产品组合的广度，即增加产品线、扩大业务范围、实行一体化或多角化经营，可以充分利用企业的各项资源，发挥企业优势，开拓新的市场，提高经济效益；延长产品线，即增加产品品种，使各产品线具有更多规格、样式产品，可以适应更加广泛的消费者需要，吸引消费者，扩大总的销售量；提高产品组合的关联性，可以增强企业的市场地位，充分发挥企业的技术、生产和销售能力。

二、产品组合决策

1. 扩大产品组合策略

扩大产品组合包括开拓产品组合的宽度和加强产品组合的深度，前者指在原产品组合中增加产品线，扩大经营范围；后者指在原有产品线内增加新的产品项目。当企业预测现有产品线的销售额和盈利率在未来可能下降时，就须考虑在现有产品组合中增加新的产品线，或加强其中有发展潜力的产品线。

2. 缩减产品组合策略

市场繁荣时期，较长较宽的产品组合会为企业带来更多的盈利机会。但是在市场不景气或原料、能源供应紧张时期，缩减产品线反而能使企业效益增加，因为剔除那些获利小甚至亏损的产品线或产品项目，企业可集中力量发展盈利能力强的产品线和产品项目。

3. 产品线延伸策略

产品线延伸是指企业把产品线延长从而超出原有范围。促使产品线延长的因素有很多，包括企业生产能力过剩，推销人员和分销商希望以更为全面的产品线去满足消费者的需求，企业希望开拓新市场从而谋求更高的销售量和利润等。产品线延伸策略有 3 种形式。

（1）向上延伸。

有些企业的产品线原来只定位于低档产品，由于希望发展各档产品齐全的完全产品线，或者是受到高档产品较高的利润率和销售增长的吸引，企业会采取产品线向上延伸的决策，准备进入高档产品市场。

向上延伸可能存在一些风险：①那些生产高档产品的竞争者会不惜一切坚守阵地，并可能会反击，向下扩展进攻低档产品市场；②对于一直生产低档产品的企业，消费者往往会怀疑其高档产品的质量水平；③企业的营销人员和分销商若缺乏培训和才干的话，可能不能胜任为高档产品市场服务。

（2）向下延伸。

那些生产高档产品的企业，决定生产低档产品，也即将产品线向下延伸。企业向下延伸的理由可能有 4 种：①企业在高档产品市场上受到强大攻击，因而以拓展低档产品市场来反击；②企业发现高档产品市场增长缓慢而不得不去开拓低档产品市场；③企业最初进入高档产品市场是为了树立优质形象，目标达成后，向下扩展可以扩大产品市场范围；④企业为填补市场空缺而增加低档产品品种，以防竞争者乘虚而入。

企业采取向下延伸的策略，也会有一些风险：①企业新增的低档产品品种可能会损害到高档产品品种的销售，危及企业的质量形象，所以企业最好对新增低档产品用新的品牌以保护原有的高档产品；②可能会刺激原来生产低档产品的企业转入高档产品市场而加剧竞争；③经销商可能因低档产品获利微薄及有损原有形象而不愿意或没有能力经营低档产品，从而企业不得不另建分销网，增加许多销售费用。

（3）双向延伸。

生产中档产品的企业在市场上可能会同时向产品线的上下两个方向扩展。成功的品牌延伸可以使企业成为某类产品的市场领导者。

【课间案例】

抓住时机进行产品线延伸

通用电气公司医疗系统部是医用电子计算机X射线断层扫描技术（CT computed tomography）仪的市场领导者。通用电气公司了解到，一家日本公司正打算进攻其市场。通用电气公司推测日本公司生产的CT仪产品会体积更小、电子化程度更高，而且更便宜。因此该公司最好的防御战略是在日本的产品进入市场前就推出一种相似的产品。公司有些经理认为低价的产品会损害公司大型CT仪的销售量和利润。但公司的一个经理通过一个问题就打消了大家的顾虑："究竟是让我们自己去损害好呢，还是让日本公司来做？"

4. 产品线填充策略

产品线填充策略是在现有产品线的经营范围内增加新的产品品种，从而延长产品线，所以与产品线扩展是有区别的。

采取这一策略的动机主要有：增加盈利；充分利用过剩的生产能力；满足经销商增加产品品种以增加销售额的要求；阻止竞争者利用市场空隙而进入；企图成为领先的完全产品线的企业。

产品线的填充要避免导致新旧产品的自相残杀和在消费者中造成混乱，为此，企业要使新增品种具有显著的差异，使消费者能够区分清楚。企业还应该考察新增品种是否适合市场需要，而不可仅仅为了满足企业自身填补空隙或形成完全产品线的需要。

5. 产品线现代化策略

有的企业，其产品线长度是适当的，但其产品多年以来一直是老面孔，所以必须使产品线现代化，以防被产品线较为新式的竞争对手所击败。

产品线现代化，要考虑是采取渐进式，还是一步到位。渐进式，即逐步实现现代化，它的优点在于：①可以使企业在全面改进产品线之前，观察和了解消费者和经销商对新式产品的喜爱情况；②可以使企业耗费较少的资金。它的主要缺点在于易被竞争对手察觉到企业的行动，而采取类似的行动，也推出新式产品。

6. 产品线特色策略

产品线特色就是在每条产品线中推出一个或几个有特色的产品项目，以吸引消费者，适应不同细分市场的需要，如冰箱有保鲜型、抽油烟机有强吸力型等。一般来说，产品线特色的策略是：以低档廉价货吸引消费者，以高档名牌货树立形象。

第五节 产品的生命周期策略

一、产品生命周期概述

（一）产品生命周期理论

菲利浦·科特勒认为，企业的产品市场生命周期对企业来说意味着 4 件事情：①产品有一个有限的生命，由于市场和技术条件的变化，一个产品不可能永远在市场上存在，而这个由诞生到消亡的过程则有长有短、有急有缓；②产品销售经过不同的阶段，每一阶段都对销售者提出了不同的挑战；③在产品生命周期不同的阶段，产品利润有高有低；④在产品生命周期不同的阶段，产品需要不同的营销、财务、制造、购买和人力资源战略。

营销学者通常认为，产品的市场生命周期主要经历 4 个阶段：市场导入期、市场成长期、市场成熟期和市场衰退期，如图 7.2 所示。

（二）产品市场生命周期划分标准

企业需要了解产品处于哪个市场生命周期阶段，以便采取具有针对性的营销策略。划分标准包括以下几种。

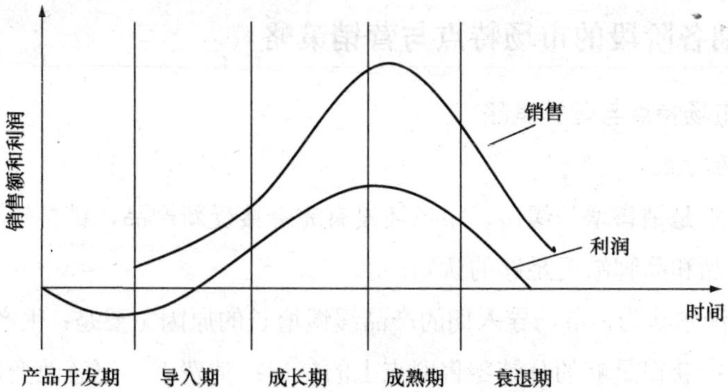

图 7.2 产品生命周期各阶段的销售和利润

1. 类比法

类比法是一种参照类似产品的发展情况来划分产品市场生命周期阶段的方法。例如，可以参照黑白电视机的销售资料来判断彩色电视机的发展趋势，或者参照国外的一些资料来判断国内家用电器市场的发展变化阶段。

2. 销售成长率划分法

销售成长率划分法是用后期与前期的销售情况的之比作为划分标准来划分产品市场生命周期的方法。

3. 社会普及率法

许多耐用消费品使用期在 5～10 年以上，如电视机、电冰箱、计算机等这些产品的社会需求量与社会普及率有很大的关系，当然，这里还要考虑到货币支付能力等问题。根据这一经验数据判断，大致呈现以下规律：

（1）社会普及率在 10%以下的，属于市场导入期；

（2）社会普及率在 10%～30%的，大致处于市场成长期；

（3）社会普及率在 50%～70%的，大致处于市场成熟期；

（4）社会普及率在 70%以上的，已处于市场衰退期。

（三）产品市场生命周期的其他形式

1. 成长—衰退—成熟

这种产品的生命周期从成长期直接过渡到衰退期，进而又出现了成熟期，并僵持在这一阶段。

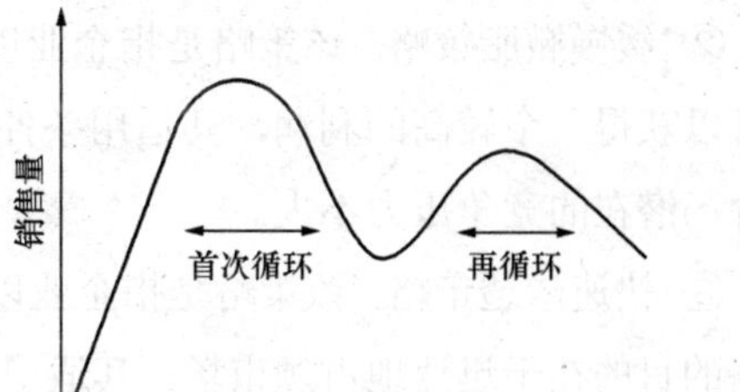

图 7.3 循环—再循环产品生命周期

2. 循环—再循环

这种产品市场生命周期形式常用来描述药品的销售，制药企业积极推销新药，于是出现了第一个周期。随后，销量下降，公司对新药发动第二次促销，这就产生了第二个周期，如图 7.3 所示。

3. 扇形

有些产品，由于发现了新的产品特征、用途或用户，从而使产品的生命周期持续向前推进，如图 7.4 所示。

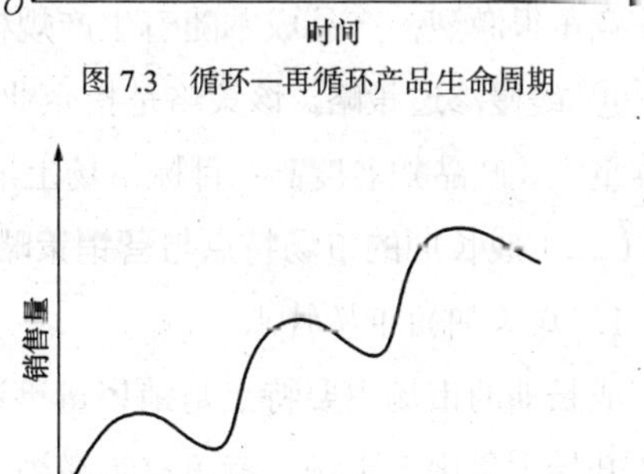

图 7.4 扇形产品生命周期

二、产品生命周期各阶段的市场特点与营销策略

（一）导入期的市场特点与营销策略

1. 导入期的市场特点

市场导入期的特点是销售增长缓慢，市场还没有完全接受新产品，销量较小，利润很低或根本不存在，消费者对产品和品牌缺乏足够的认知。

学者罗伯特·巴泽尔认为，市场导入期的产品缓慢增长的原因主要是：生产能力扩展上的延误；有待解决的技术问题；获得足够的分销零售网点上的延误；消费者不愿意改变以前的行为模式。对于昂贵的新产品，如高清晰度彩电，妨碍销售增长的原因还有其他因素，如产品的复杂性和只有少数购买者。

2. 导入期的市场营销策略

如果把价格与促销两个营销因素结合起来考虑，各设高低两档，则可有4种营销策略，如图7.5所示。

快速撇脂	快速渗透	高促销
缓慢撇脂	缓慢渗透	低促销
高定价	低定价	

图7.5 4种营销策略

① 快速撇脂策略。该策略是指企业以高价格和高促销水平的方式推出新产品。在这种策略下，企业给产品制定一个高价格，获取高额利润，同时通过大量促销来吸引消费者，加快市场渗透。该策略适用于以下情况：目标市场消费者缺乏产品知识和价格知识；了解产品的消费者愿意为产品支付高价从而成为创新产品使用者；企业面临潜在竞争压力，能够迅速建立品牌忠诚度。

② 缓慢撇脂策略。该策略是指企业以高价格和低促销水平推出新产品。在这种定价策略下，企业可以获得一个较高的利润，其适用条件为：市场规模有限；消费者了解产品并且愿意为产品支付高价；潜在的竞争压力不大。

③ 快速渗透策略。该策略是指企业以低价格和高促销水平迅速地开拓市场，企业采取这种营销策略的目的在于迅速地占领市场。其适用条件为：市场规模大；消费者缺乏产品知识，对价格敏感；潜在竞争很激烈；产品成本随着生产规模的扩大和学习经验的增加而下降。

④ 缓慢渗透策略。该策略是指企业以低价格和低促销水平的方式推出产品。其适用条件为：市场容量大，产品知名度高；目标市场上消费者的价格弹性大、促销弹性小，并且潜在竞争压力较大。

（二）成长期的市场特点与营销策略

1. 成长期的市场特点

成长期的市场主要特点是销售量迅速增长，利润大量增加，消费者对产品的认知增加，潜在进入者开始大量进入市场，竞争日趋激烈。

菲利普·科特勒认为，在市场成长期企业利润大量增加的原因主要是：促销成本被大量的销售量所分担；随着生产经验的增加，单位产品制造成本比价格下降得更快。

2. 成长期的市场营销策略

① 企业应该改进产品质量，并且增加新产品的特点和式样。通过一段时间的市场投放之后，企业得到消费者的反馈，可以基于此对产品质量进行改进，完善产品。在企业赢得了一定利润之后，就可以增加产品的特色和式样，最大化市场规模，并且构筑市场壁垒。

② 增加新式样和侧翼产品。市场成长期一个很大的特色就是潜在竞争压力迅速增加，新进入者和潜在进入者对市场开拓者造成很大的威胁，企业必须通过增加产品新式样和侧翼产品来抵御竞争者的进攻。

③ 进入新的细分市场。原有的细分市场由于竞争加剧而利润摊薄，企业必须通过进入新的细分市场来谋求新的利润增长点。

④ 进入新的分销渠道。在市场成长期，成长的动力来自于消费人群在数量上的增加。因此，企业必须增加新的分销渠道，以满足潜在消费者的需要。

⑤ 广告从产品知名度转到产品偏好上。在市场成长期，消费者对产品具有了一定了解，与此同时，竞争品牌增加。因此，在这一阶段，企业的广告目标应从提高产品知名度转变为培养消费者的品牌偏好。

⑥ 调整价格策略。居高不下的价格对潜在进入者造成了很大的诱惑，并且阻挡了很大一部分消费者需求的实现。因此，企业在市场成长期应该选择适当的时期降低产品价格，吸引对价格敏感的消费者进入市场。

【课间案例】

润妍洗发水成长期营销策略失误分析

宝洁公司开发的润妍洗发产品，其主要功能是植物黑发。就现有成功运作的品牌而言，消费者真正的购买诱因更多地集中在植物、天然或品牌形象上，而黑头发的作用并不明显。事实上，黑头发我们都喜欢，也都认同，就像东方美一样，但是黑发已经是我们所具有的物质且不易感受到变化，因此不会因为这个原因去尝试购买，即使买了，也会因为效果不明显而放弃。由此我们不难发现，黑头发仅仅是符合现有消费者的认同和情感联想，而其他的支撑或利益才是购买诱因。这也就是为什么看夏士莲黑亮去屑洗发水广告的消费者有24%左右愿意去尝试或购买，而看过润妍广告的不过2%消费者中愿意尝试或购买。

其实，润妍刚刚上市之初的策略还是较为有效的，突出中草药的概念而不是简单的黑头发，其促销及赠品也都是在这一点上突破的。但是，遗憾的是，也许宝洁以为形象的作用更为明显，于是在中草药的概念尚未深入人心之际就开始转变策略，将润妍的品牌完全形象化，在推广时犯了炫耀性销售的毛病。广告和赞助活动高潮迭起，但却不能给消费者真正的接触，美是美，却似乎只是搭建了一个海市蜃楼。润妍在高调的推广中没有把消费者最重视的利益点突出来，这就使产品脱离了根基，轰轰烈烈的广告中掩盖了润妍的植物中草药配方的特性，只留给消费者一幅美丽却苍白的图画。据调查发现，大部分消费者都不知道润妍的中草药成分，更谈不上知道它的功能了，消费者印象深刻的就是黑发。也许这是润妍失败的又一根源。

(三)成熟期的市场特点与营销策略

1. 成熟期的市场特点

成熟期的市场特点是大多数的潜在消费者已接受产品，销量增长乏力，同时，日趋激烈的竞争导致利润下滑，企业促销成本上升，个别企业面临被淘汰的危险。产业结构面临着从垄断竞争向少数垄断的过渡。

成熟阶段可以进一步划分为 3 个阶段，即成长、稳定和衰退阶段。第一个阶段是成长中的成熟，此时由于分销饱和而造成销售成长率开始下降。虽然还有一些潜在购买者会进入市场，但已经没有新的分销渠道可供开辟了。第二阶段是稳定中的成熟，由于市场饱和，销售量增长与人口增长呈同一水平。几乎所有的潜在购买者都已经使用了产品，未来销量的增加必须寄希望于人口数量的增加。第三阶段是衰退中的成熟，销售的绝对数量开始下降，消费者开始寻求其他产品和替代产品。

处于产品市场成熟期的行业，行业结构呈现由几个巨型企业——也许是质量领先者、服务领先者和成本领先者所统治的趋势。其余的补缺市场则被大批的中小型企业——包括市场专家、产品专家和产品定制者所占领。

2. 成熟期的市场营销策略

为了应对市场衰退期的销售量下降和市场萎缩的趋势，企业应从市场和产品两个方面予以改进。

市场改进主要是指：

① 增加品牌消费者数量，包括吸引非消费者成为消费者；进入新的细分市场；争取竞争对手的消费者。

② 增加品牌消费者的使用数量，包括增加品牌消费者的使用频率；增加每个产品的使用量；增加产品的用途，例如小苏打就由于被消费者发现了新的用途而销售量大增。

产品改进是指企业通过对产品的改进来吸引更多消费者的购买。产品改进包括以下 3 个方面。

① 质量改进。通过增加产品的功能特性来吸引更多的消费者购买企业的产品，并且通过卓越的产品质量来塑造企业的竞争优势地位。

② 特点改进。特点改进的内容包括增加产品的新特点（如尺寸、质量、材料、添加物、附件等），从而扩大产品的多功能性、安全性和便利性。通过特点改进，企业可以进一步确立自己技术领先的形象，赢得细分市场的忠诚。特点改进还可以给企业带来免费的大众宣传。但是改进所带来的新特点又容易被竞争者所模仿，从而造成企业不断进行特点改进的压力。

③ 外观改进。外观改进主要是对企业的产品增加美学诉求。消费者不仅重视产品的实际功能，也重视产品的外观设计，这一特点在手机上得到了完美的体现。例如，韩国企业三星公司便是通过外观设计赢得市场的典型。这缘于韩国有很多专门从事设计的小企业，这些小企业被称为 Design House。所以，企业针对于产品外观的改进也能够使企业的产品脱颖而出。

此外，企业还可以进行营销组合改进，即对产品、价格、分销渠道和促销方式等进行改变。具体包括以下方面。

① 价格改进。在市场成熟期，企业需要考虑是否需要通过削价来应付日益激烈的市场竞争，或

者通过其他的手段如赠券、有奖销售等来促销。

② 分销改进。在市场成熟期，企业同样需要考虑现有的分销渠道能否满足企业扩大市场的需求，能否对企业达成自己的战略目标予以帮助；是否需要进行渠道改进以应对新的竞争形势。

③ 广告改进。日趋激烈的竞争，要求企业对广告做出改进，这包括广告内容、广告媒体、广告设计、广告播出的频率和时间等。

④ 人员推销。在某些情况下，企业可以考虑加强人员推销的力度。

⑤ 服务改进。产品的同质化，导致企业在“红海”中厮杀。为了赢得高于平均水平的利润，企业可以考虑开辟“蓝海”，这就包括对企业的服务策略给予改进。企业服务策略的改进主要包括服务业务人员素质的提升、响应性的加强、服务面的拓宽等内容。

（四）衰退期的市场特点与营销策略

1. 衰退期的市场特点

市场衰退期产品销售量下降趋势增强，消费者兴趣已完全转移，市场不断萎缩，部分企业退出市场，利润下降到最低水平。留在市场上的企业逐渐减少产品附带服务，削减促销预算等，以维持最低水平的经营。

2. 衰退期的市场营销策略

（1）选择是否继续在行业内经营。在市场衰退期，市场萎缩，销售量急剧下降，企业面临着是否退出市场的选择。除非拥有强有力的理由可以使企业在行业内继续保留下去，企业一般都应该迅速地退出市场。

（2）退出战略。凯瑟琳·哈里根总结公司的5种退出战略。

① 增加公司的投资（使自己处于支配地位或得到一个有利的竞争地位）。

② 在未解决行业的不确定因素前，公司保持原有的投资水平。

③ 公司有选择地降低投资态势，抛弃无利润的消费者群体，同时加强对有利可图的补缺领域的投资。

④ 从公司的投资中收获（或榨取）利润，以便快速回收现金。

⑤ 尽可能用有利的方式处理它的资产，迅速放弃该业务。

第六节 新产品开发策略

一、新产品的概念及种类

市场营销学中使用的新产品概念是指与现有产品相比，具有新功能、新特征、新用途，能满足消费者新的需求的产品。对企业来说，新产品是指企业向市场提供的与原有产品相比具有较大差别的产品。

首先，从产品整体的概念上来说，新产品并不一定是新发明的产品。市场上出现的前所未有的崭新的产品是较少的，有些产品在形态和功能上有所改变，人们也习惯于把它看作是新产品。其次，有些产品在某些地区首次销售，也可以认为是在这个地区销售的新产品。第三，从生产和销售的角度，凡是本企业从来没有生产和销售过的产品，由于标出本企业的品牌，也可以算是新产品。

按照产品新颖的程度划分新产品，可进行如下分类。

（1）全新型新产品。它是指应用新原理、新技术、新结构、新材料研制成功的前所未有的新产品。例如电灯、电话、汽车、飞机、电视机、计算机、抗生素、激光唱片等的研制成功并投入使用，就属全新型新产品。这类新产品往往伴随着科学技术的重大突破而诞生。

（2）换代型新产品。它是指在原有产品的基础上，部分采用新技术、新材料、新元件等，使结构性能有显著提高的产品。例如，电子计算机问世后，已经过多次换代，经电子管、晶体管、集成电路、大规模集成电路四代后，目前正进入具有人工智能的第五代新产品。随着科学技术的迅猛发展，产品更新换代的速度正在加快。

（3）改进型新产品。它是指对老产品在质量、结构、功能、材料、花色品种等方面做出改进的产品，主要谋求产品性能更加良好，结构更加合理，精度更加提高，功能更加齐全，式样更加新颖，材料更加易于获得，成本能有较大降低，耗费减少，可节约能源等。改进型新产品，可以是对原有产品进行适当的改进，也可以是原有产品派生出来的变型产品。

（4）仿制型新产品。它是指市场上已经存在，而本国、本地区或本企业初次仿制并投入市场的产品。这种产品对较大范围的市场来说已不是新产品，但对企业来说，是用新工艺、新设备生产出来的与原有产品不同的产品，仍然可作为企业的新产品。目前，我国企业中不少新产品都属于仿制型新产品。

此外，从营销角度出发，那些试制成功后只放在陈列室供参观或展览会供展览的产品，不能纳入新产品之列。新产品必须是正式生产并投入市场的产品，因为只有被消费者所选择，产品才能真正为企业、社会创造效益。

【课间案例】

雕爷牛腩——做产品需要做到极致

“雕爷牛腩”的雕爷认为，产品一般有两种，一种叫有限改进型产品，另一种叫无限改进型产品。他说，像可口可乐这种饮料，他们其实是有限改进型产品，这个产品改到一定份儿上的时候，事实上是改无可改，可口可乐改过一次，但后来也失败了。另一种，叫无限改进型产品，例如，手机行业、汽车行业就是这样。像特斯拉，如果他再这样持续改进下去的话，未来我们肯定会看到汽车行业被他所带来极大的变革。

所以，对于无限改进型产品，我们需要做到极致，需要不断和产品较劲。

雕爷牛腩的碗就是雕爷亲自设计的。他说：“设计碗的时候，我是这样想的，吃面条你放在嘴上，接触嘴上越边缘的部分，越光滑、越薄越好，你的嘴会舒服。而你的手摸到它的部分，越薄越光滑反而越不好，因为你没有安全感，所以我们那个碗在你接触嘴的部分就很薄、很光滑，但是在外围的那个部分就很厚、很粗糙。而且在8点20分的部分会开一个手槽，让你左手端起这个碗的时候，大拇指刚好卡在这个手槽，在1点20分的位置，有一个小方槽，使得你喝汤的时候，筷子或者勺不会掉在你的脸上，刚好卡住你的勺……"

资料来源：搜狐IT，2013年12月

二、新产品开发的意义

在科学技术迅猛发展、市场竞争日益激烈的今日世界，新产品开发对于社会进步、生产力发展，对于一个国家和地区经济的发展，对于企业的生存和发展，对于满足消费者需求，都有着不可估量的作用。

（1）能够推动社会进步和生产力的发展。新产品尤其是全新型新产品的出现是科学技术进步和社会生产力发展的结果，但新产品的出现又进一步促进了科学技术和社会生产力的发展，推动社会不断前进。因为有些新产品本身就是先进生产力的要素，人们利用这些要素可以取得科学技术的更大进步、生产力的更大提高。

（2）能够促进国家振兴。开发新产品，采用新技术、新材料、新设备是衡量一个国家科学技术水平和经济发展水平的重要标志。在当前形势下，我国企业要大力开发新产品，为国民经济发展提供更多更新的新材料、新设备和新品种，以加快我国经济建设的步伐。

（3）能满足不断增长的消费需求。由于社会生产力的发展和科学技术的不断进步，消费需求不断向多样化和高要求发展；而且人们生活水平的提高正是通过将不断增长的收入转化为实际的购买来实现的。这就要求消费品的品种、规格不断丰富，产品质量不断改进提高，并大力开发新产品，为消费者提供日益增多和丰富多彩的产品来满足他们不断增长的消费需求。

（4）直接关系到企业的生存与发展。随着科学技术的发展和经济全球化的浪潮，企业间的竞争将更加激烈，产品的生命周期将越来越短。西方发达国家的企业都设有强大的研究开发部门，并拥有雄厚的研究与开发经费和众多优秀的研究开发人员，就是因为它们认识到研究开发新产品是对企业生命攸关的大事。

三、新产品开发的组织

1. 新产品开发的组织形式

（1）由产品经理兼管新产品开发。有些实力雄厚、产品线丰富的大公司，将产品开发的主要职责委派给产品线经理负责。但产品线经理更多地强调对现有产品线的管理，往往缺乏开发新产品的专业知识与技能。

（2）设新产品经理专管新产品开发。新产品经理可根据市场情况随时改进现有产品和研制新产品。有些跨国公司设有隶属于产品群经理领导的新产品开发经理，如美国强生公司就是如此操作的。

（3）设新产品开发委员会。在西方国家，较大型的企业都设有新产品开发委员会，由营销、制造、财务等部门的高级管理人员组成，主要任务是审批新产品开发计划。

（4）设立新产品开发部门。一些大中型企业设立新产品开发专职部门。其主要职责是产生和筛选创意、指挥和协调研发等工作，新产品部由最高管理层领导。

2. 新产品开发的趋势

（1）多功能化。增加产品的功能，即由单功能、少功能发展为多功能。例如，过去，手机的基本功能是通信，但随着技术的发展，现在手机具有拍照、上网、听音乐等多种功能。

（2）小型化和微型化。为了便于用户携带、储运和安装，产品向小型化和微型化不断发展。

（3）多样化。企业发展多品种、多款式的产品来满足市场的多种需要。

（4）节能化。现代社会资源紧张，节能化是未来新产品设计与开发的一个重要方向。

四、新产品开发的程序

为了提高新产品开发的成功率，必须建立科学的新产品开发管理程序。不同行业的生产条件与产品项目不同，管理程序也有所差异，但一般企业研制新产品的管理程序大致如下。

（一）新产品构思

一切新产品的开发，都必须从产生构思开始。一个成功的新产品，首先来自于一个有创见性的构思。

新产品构思的来源很多，企业应该集思广益，从多方面寻找好的产品构思。新产品构思的来源有：消费者和用户、科研人员与科研机构、竞争者、经销商和代理商、企业管理人员和职工、大专院校、营销咨询公司、工业顾问、专利机构、国内外情报资料等。其中，调查和搜集消费者与用户对新产品的要求，是新产品构思的主要来源。实践证明，在此基础上发展起来的新产品，成功率最高，据有关调查数字显示，除军品以外，美国成功的技术革新和新产品有 60%～80%来自用户的建议，或用户使用中提出的改革意见。

真正好的构思来自于灵感、勤奋和技术。通常被用来帮助个人和企业产生好的构思的创造性方法主要有以下 5 种。

1. 产品属性一览表法

这种方法将某一产品的主要属性列成一览表，然后对每一属性进行分析研究，提出改进意见，从而在原有产品基础上开发新产品。

2. 关联法

这种方法将几种不同的物品排列出来，然后考虑每一物品与其他物品之间的关系，利用物品的关联性进行组合或延伸来产生一种新产品构思。

3. 结构分析法

这种方法就是将一个问题的结构进行分析，然后审查结构的各个方面之间的关系，再进行各种自由联想，找到某些新颖的组合。

4. 消费者提问分析法

这种方法要求消费者参与构思的产生过程。它要求消费者提出他们使用某一特定的产品或产品类型时所遇到的问题，每一问题都可能是一个新构思的来源。当然，并非所有的构思都值得开发；对消费者提出的问题必须就它们的重要意义、影响程度和改进成本加以评估，并据此选定值得开发的构思。

5. 头脑风暴法

这种方法一般是由 6～10 人在一起就某一问题进行讨论，运用头脑风暴法会激发与会者极大的创造性和想象力，可以帮助人们产生许多构思。这种方法的有效运用要求与会者尽可能地想象构思，越多越广越好，而且不准批评，鼓励对构思合并和改进。

（二）筛选构思

在前一阶段提出了大量构思，在今后的各个阶段里要不断优化构思，首先要做的就是筛选构思。筛选的目的是尽可能早地发现和放弃错误的构想，以尽力减少高昂的开发成本。

对产品构思的筛选，首先根据企业目标和资源条件评价市场机会的大小，从而淘汰那些市场机会小的构思，然后对剩下的构思利用加权评分来予以分等设计，筛选后得到企业所接受的产品构思。有些构思虽好，但与企业发展目标不相符，因此也要被淘汰。

（三）产品概念的形成与测试

产品构思只是企业希望提供给市场的一个可能产品的设想，在这一阶段要将产品构思发展成产品概念，即要用有意义的消费者术语将构思予以精心的阐述表达，然后通过测试来了解消费者对这些产品概念的态度。

消费者不会去购买产品构思，而要去买的是产品概念。任何一个产品构思都能转化为几种产品概念，例如，某企业欲生产销售一种洗发、护发二合一的洗发水。这就是一种新产品的构思。由此可形成多个产品概念，如：①去屑止痒洗发水，适用于白领阶层；②柔顺飘逸洗发水，适用于年轻爱美的女性；③焗油护发洗发水，适用于头发干枯受损的消费者；④清洁保养洗发水，价格低廉，适用于低收入层次的消费者。

产品概念形成以后，可拿到一组目标消费者中测试。测试宜采用问卷方式，要求消费者回答每个概念所带来的问题，包含对概念的理解、偏好性、购买意愿、改进意见、目标用户及价格认定等。通过和合适的目标消费者小组一起测试产品概念，消费者的回答将帮助企业确定吸引力最强烈的产品概念。这个将产品构思发展成若干可供选择的概念并充分测试的阶段是不可缺少的，有些企业对此问题的忽视导致了产品后来在市场上遇到各种各样的困难。

（四）制订营销计划

选定最佳的产品概念后，企业要制订一个初步的营销计划，这个营销计划将在以后阶段中被不断完善发展。

营销计划一般包括以下 3 部分内容。

① 描述目标市场的规模、结构和消费者购买行为，产品的市场定位、销售量和市场占有率，利润率预期等。

② 描述该产品的最初的价格策略、分销策略和第一年的营销预算。

③ 描述较长期（3～5 年）销售额和投资收益率，以及在不同时期的营销组合策略。

（五）商业分析

在管理层对某一产品概念制订了营销计划之后，还要详细分析这一产品开发方案在商业上的可行性，即详细审核预计销售量、成本、利润和投资收益率等是否符合企业既定目标，如果符合就进一步开发。

企业预测未来的销售量，需调查同类产品的销售历史，听取各方面有关销售情况的意见，掌握历史上最高和最低销量，以尽量减少风险。做出销售预测之后，可进一步预计新产品成本。根据预计成本及销量，可分析出新产品是否能够盈利。这种商业分析，不仅在这一阶段要进行，而且在新产品开发的整个过程中都要进行。

（六）产品开发

产品开发的任务是把通过商业分析的产品概念交由企业的研究开发部或工艺设计部等部门研制开发成实际的产品实体。这一阶段要力争把产品构思转化为在技术上和商业上可行的产品，且需要大量的投资，主要有以下步骤。

① 开发部门将开发关于该产品概念的一种或几种实体形式，而后从中选择能满足消费者要求、功能要求、预算要求的一种产品原型。

② 将对准备好的原型进行一系列严格的功能测试和消费者测试。功能测试是在实验室和现场条件下进行的，以确保产品运行、使用的安全和有效；消费者测试则可以采用多种方式，以了解消费者对产品的意见、建议和偏好等。

（七）市场试销

样品经测试如果得到满意的结果，即可投入小批量生产，上市试销。所谓试销，即把产品和营销方案在更加符合实际的条件下推出，以观察市场反应。

市场试销的数量一般受到投资成本和风险、时间、研究成本的制约。高投资（风险）产品更值得认真进行市场试销。试销成本本身也对试销的数量和方式产生影响。

消费品与工业品的市场试销方法有所不同。

1. 消费品市场试销

对于消费品市场试销，企业希望从中了解到消费者对试用、首次购买、再购买、采用和购买频率等决定销售状况的主要因素的态度、水平，并了解愿意经营该产品的经销商的数量、规模、承诺和要求。其主要的试销方法有以下 4 种。

（1）销售波试销法。企业向最初免费试用产品的消费者以优惠价重复提供该产品或竞争者产品 3～5 次（销售波），并注意有多少消费者再次选择本企业的产品及他们表露的满意程度，从而估计消费者在企业产品与竞争产品并存时自己花钱的重复购买率。企业还能用此法测定不同的广告概念对产生重复购买的影响程度。

（2）模拟商店测试法。企业邀请 30～40 名消费者观看简短的商业广告，内含该企业要推出的新产品广告，但并不加任何特殊说明；然后提供少量资金供他们到一商店中去购物，可以购买或不买任何物品，企业注意观察有多少消费者购买了新产品和竞争产品；接着把他们召集起来了解购买或不买的理由；几周后，用电话再次询问他们对产品的态度、使用情况、满意程度和重购意向。该方法能衡量产品试用率、广告效果，收效迅速，并能把握竞争状况。

（3）微型市场试销法。企业在一两家合适的商店里经销新产品，测试货架安排、橱窗陈列、购货点的促销活动和定价等因素对消费者的影响以及小型广告的效果，并通过抽样调查征求了解消费者对产品的印象。

（4）代表城市试销法。企业选定少数有代表性的测试城市，将产品在商业部门经销并努力取得良好的货架陈列机会，同时展开全面的广告和促销活动。这种方法能获得对未来销售可信赖的预测，能对不同的营销计划进行测试，发现产品的缺点，得到有价值的线索，但费用昂贵。

2. 工业品市场试销

对于工业品市场试销，企业主要希望了解新的工业品在实际运作时的性能、影响购买的关键因素、对不同价格和销售方法的购买反应、市场潜力以及最佳的细分市场等。普遍运用的工业品市场试销方法有产品使用测试法、贸易展览会测试法、中间商陈列室测试法 3 种，有些企业也运用微型市场试销法来研究市场对新品的兴趣。

（八）大批投产，正式上市

新产品试销成功后，就可以正式批量生产，全面推向市场。这时，企业要支付大量费用，如广告费、推销人员培训费等，而新产品投放市场的初期往往利润微小，甚至亏损。在美国，把新开发的食品引入市场的第一年，其营销费用通常要达到销售额的 57%。例如，麦当劳在推出一种新式快餐时，每周广告费可高达 500 多万美元。

五、消费者对新产品反应的个体差异

新产品上市后，消费者由于受个人、社会、消费心理与行为等多种因素的影响、制约，不同个体对新产品的反应具有很大的差异。按照人们对新产品反应的时间先后，罗杰斯将消费者分为 5 种类型。

① 领先使用者。这类消费者也称为“消费先驱”，他们通常对新产品非常敏感、富有个性，勇于革新冒险，性格活跃，消费行为很少听取他人意见。他们一般占消费者总人数的 2.5%左右，是企业投放新产品时的极好目标。企业的促销方式应集中于领先使用者身上。如果他们使用后效果较好，则会影响到后面的使用者。

② 早期使用者。这类消费者是较早但谨慎地接受新事物的人，他们在其所属的社团内是有影响力的人物，西方国家称为“舆论领袖”，他们生活较为富裕，以领先采用新产品为荣，这类人约占消费者总数的 13.5%。这类消费者对广告及其他渠道传播的新产品信息较有兴趣，促销媒体对他们有较大的影响力。

③ 早期多数使用者。这部分消费者受过一定的教育，经济条件一般，但由于特定的经济地位所限，对新产品态度谨慎；对早期使用者的消费行为有较强的模仿心理，他们经常是在征询了早期使用者的意见之后才采纳新产品。他们的总人数占全部潜在消费者总数的 34%。研究他们的消费心理、消费习惯，对提高产品的市场份额具有很重要的意义。

④ 晚期多数使用者。这类消费者的使用时间较平均使用时间稍晚。他们要等到大多数人经过试验并得到满意效果后，才决心使用。这类消费者占全部潜在消费者总数的 34%。

⑤ 最后使用者。这类消费者占全部消费者的 16%。他们受传统观念束缚，是使用新产品的落伍者，他们难以接受事物，只有当新的东西本身已成为传统时，他们才会接受。

本章习题

一、判断题

1. 向消费者提供基本效用和利益是产品整体概念中的形式产品。（ ）

2. 产品组合的深度是指企业产品线的数量。（ ）

3. 品牌既有利于维护消费者的利益，又有利于保护品牌所有者的合法权益。（ ）

4. 上海体育用品公司的“牡丹”牌乒乓球拍，是比“红双喜”低一个档次的商标，它们采取的是等级品牌策略。（ ）

5. 某企业经营儿童“六一”礼品袋，将不同的玩具、学习用品装在一个袋子里，它采取的是附赠品包装策略。（ ）

6. 良好的包装能提高产品的竞争能力。（ ）

7. 产品的生命周期是指某种产品从开始使用到消耗磨损废弃为止所经历的时间。（ ）

8. 某产品销售量大幅度下降，此时，可以认为该产品已进入衰退期。（ ）

9. 每一种产品都需经历导入、成长、成熟和衰退 4 个阶段。（ ）

10. 全新的产品叫作新产品。（ ）

二、单选题

1. 向消费者提供基本效用和利益是产品整体概念中的（ ）。

A. 有形产品　B. 附加产品　C. 核心产品　D. 期望产品

2. 企业对经营多少个产品项目所做出的决策，是属于产品组合的（ ）。

A. 广度决策　B. 长度决策　C. 深度决策　D. 关联性决策

3. 注册后的品牌有利于保护（ ）。

A. 商品所有者　B. 资产所有者　C. 消费者　D. 品牌所有者

4. 宝洁公司为其拥有的不同的美发护发产品分别制定了不同的品牌，在中国市场上，该公司拥有飘柔、海飞丝、潘婷、沙宣和伊卡璐这五大品牌。宝洁公司采取的商标策略是（ ）。

A. 推进商标策略　B. 家族商标策略　C. 等级商标策略　D. 类似商标策略

5. 企业在考虑营销组合策略时，首先需要确定生产经营什么产品来满足（ ）的需要。

A. 消费者　B. 消费者　C. 社会　D. 目标市场

6. 在新产品开发过程的第一个阶段，营销部门的主要责任是（ ）。

A. 进行环境分析　B. 评核与筛选　C. 搜集构想　D. 进行营业分析

7. 产品生命周期各阶段中，竞争最激烈的是（ ）。

A. 导入期　B. 成长期　C. 成熟期　D. 衰退期

8. 消费者购买商品的实质是购买某种（ ）。

A. 特征　B. 用途　C. 功能　D. 利益

9. 当某化妆品公司调研人员提出为妇女化妆品领域开发一系列新产品的想法，并经公司经理层进行分析决定采纳某一观念或想法时，他们下一步的工作应该是（　　）。

A. 营业分析　　B. 评核与筛选　　C. 试销　　D. 正式进入市场

10. 洗衣机从双缸发展为全自动的形式，这属于（　　）。

A. 全新产品　　B. 换代产品　　C. 改进产品　　D. 新牌子产品

三、简答题

1. 什么是产品？如何理解产品的整体概念？

2. 什么是产品组合？怎样进行产品组合的调整？

3. 什么是产品生命周期？其各阶段的特点是什么？

4. 如何进行产品线中各品种的分析与评价？

5. 常用的品牌策略有哪些？结合实例分析品牌策略的运用。

6. 品牌和商标有什么联系和区别？

7. 试述新产品概念及分类。

8. 品牌的作用有哪些？

9. 可供企业选择的品牌策略有哪些？

10. 包装的概念和作用各是什么？可供企业选择的包装策略有哪些？

四、案例分析题

案例一

IBM，以新产品赢得“复归”

IBM曾是世界上最大的计算机公司，也曾是世界上经济效益最好的计算机公司。1985年IBM的通用大型机毛利率高达85%、中小型机毛利率高达50%，仍能占领世界通用大中型计算机市场的70%。

然而，20世纪80年代后期开始小机器化趋势后，通用计算机失去了当年的风采。到了1993年，IBM连续亏损已高达168亿美元。IBM已不是计算机的象征，计算机业有了新的偶像——微软。

然而，别忘了，IBM号称蓝色巨人，它很快舔愈了自己，开始了“恐龙的复归”，它的“武器”就是——新产品。

首先，IBM和苹果结成了联盟，推出PowerPC芯片，目的只有一个——强占市场，撼动Intel对个人计算机行业的控制。接着IBM又兼并了莲花公司（Lotus）。

IBM开始在计算机市场全线出击，精心搭建IBM金字塔。看来，IBM是从战场的两个侧翼同时发起攻击：高端、大型的和工业计算机低端、面向最终用户的台式机、笔记本等。所谓从金字塔的顶端起头，接着从相反的方向——金字塔底部开辟了第二战场，形成了合围之势。

此外，IBM还有很重要的事情要做，就是抓住新一轮计算机浪潮。它的特征是通信将取代运算成为关键因素，而主要驱动力就是遍布四方的低成本数字网络的到来。由于Intel和微软夺走了技术上的领先优势，而康柏和其他计算机制造商又使IBM输掉了个人计算机的市场优势，IBM的董事长格斯特纳做出决定：“放眼未来，不再以OS/2与微软的Windows在台式计算机上竞争。”格斯特纳说：

"新争夺将在网络软件上层开，这就是为何他花巨额购买莲花公司及其组群软件程序Lotus Notes的原因。"

IBM别无选择，只能集中火力对准网络化未来。如果IBM的网络取代或者扩大了主机成为大公司的主要信息技术，IBM将保持"利润控制"，并通过销售从个人计算机、网络服务器到大量磁盘驱动器等其他产品和服务来获得优势。格斯特纳希望有一天，网络的运算也能像电话线那样无所不在。

【思考与讨论】

1．IBM 当年失败的原因是什么?使它重新崛起的原因又是什么?

2．你如何看待 IBM 的产品线及其进军网络的战略?

3．高科技企业应如何顺应时代潮流设计产品策略?

案例二

宝洁为何要砍掉将近 100 个品牌?

"少即是多"这条设计界的圭臬现在出自宝洁CEO雷富礼（A.G. Lafley）之口，表达了另外一层含义。2014年8月1日，雷富礼在重掌宝洁帅印14个月后投下一颗重磅：未来2年，砍掉宝洁旗下半数品牌，数量高达90～100个，最终留下为宝洁贡献了95%利润的大约80个品牌。

"市场环境已经变了，我们的消费者已经不想要那么多选择。谁不想生活简单、方便!"雷富礼在2013财年第四季度财报投资者分析电话会议中说，"宝洁将会变成一个更精简、更不复杂、更易于管理经营的公司"。

他没有公开具体哪些品牌会被砍掉，但表示管理层已经一致通过将会剥离那些在过去3年中销售额增长率低于3%的品牌。市场研究机构Sanford C. Bernstein & Company分析师Ali Dibadj预测帮宝适、吉列、汰渍这些明星品牌基本上毫无风险，而一些不知名的品牌，如美妆品牌Graham Webb等极有可能被淘汰。

"我不在乎规模大小，我关心的是它是不是消费者的选择"，雷富礼在在接受采访中说，一些大品牌如果它们在细分市场表现不佳的话也可能会被剥离，如爱慕斯宠物食品品牌，虽然其年销售额实际上也在10亿美元的量级。

受金融危机之后全球经济不景气的影响，宝洁在过去几年一直都面临着提升销售额和削减成本的压力。来自资本市场的压力也越来越大，宝洁利润增长率从2006—2012年一路下滑，过去13个季度有9个季度营业收入都不及华尔街预期。

雷富礼此次的计划绝对不是一时兴起，从2012年开始，雷富礼就以董事的身份主导宝洁前任CEO麦睿博（Robert McDonald）推出的成本削减计划。

2012年2月，麦睿博宣布将实现全球业务削减成本100亿美元，其中有60亿美元将通过产品来实现，10亿美元是通过降低营销费用及提高投资回报率来完成，剩下的30亿美元则是通过降低间接费用来完成。

2012年11月，麦睿博在集团消费者分析纽约年度会议（Consumer Analyst Group of New York）上再次强调5年内缩减10亿美元的营销预算，并宣布全球缩减5700个工作岗位，大约1000个岗位都是市场和品牌营销人员。

紧接着就是这次雷富礼大刀阔斧的精简计划。雷富礼在2000—2009年担任宝洁CEO一职，2009年辞任后“钦点”麦睿博接任，麦睿博当时被选中CEO的原因有3个：擅长品牌和广告营销；公司并购（主导过吉列品牌的收购）；对新兴市场的营销有经验。

但上任后遇到了经济衰退，可以说运气不佳。不过从内部原因来看，营销、收购和新兴市场都是短期主义的有效方法，但事实的情况是，在数字营销时代宝洁原来的营销方法失效了。每年近100亿美元的支出并没有带来更多的销售，宝洁此前也公布过要成为一个“数字公司”，但并没有太大成效；而由并购带来的品牌扩张和联保在刚好遭遇欧美经济衰退的情况下，中产阶级人口规模变小，需求也就变小；新兴市场的发展并不如预期想象的好，如从2009—2012年宝洁在中国市场的增长率约为8%，而高峰时期曾达到过20%。

这些都导致麦睿博的成本削减计划并未成效，另外一个至关重要的原因是股东不信任麦睿博，对于他启动的变革计划都不支持。宝洁主要投资者，对冲基金经理William A. Ackman去年还倡议董事会罢免麦睿博。

雷富礼在2013年重回CEO职位后，做的第一件事就是宣布重组计划，把原来的美容、男士剃须、织物等家庭护理、婴儿方面家庭护理、健康护理5大业务部门整合为4个业务部门：全球婴幼、女性和家庭护理，全球美容，全球健康清洁，全球织物和家居护理。

麻省理工斯隆管理学院的麦克尔·施拉格（Michael Schrage）将雷富礼领导宝洁的时代分为雷富礼1.0时代（2000—2009年）和雷富礼2.0时代（2013年至今）。前一个时代的战略是“专注于创新”，任期内开创了许多新的品类，比如海飞丝、玉兰油等；现在的战略则是“创新地专注”，专注于为宝洁贡献了95%利润和90%销售额的80个品牌。

雷富礼是“二八定律”的忠实拥趸，他认为20%的客户（或渠道）会为公司带来80%的利润；20%的研发会为公司带来80%的有价值的产品特性和功能；20%的员工会创造80%的技术能力；20%的供应商会提供80%的原材料和资源；20%的营销会制造80%的影响。

而在宝洁公司众多“二八定律”的实例中，最重要的应该是20%的品牌贡献80%的营收和利润。知情者透露，过去一年宝洁请了咨询公司为宝洁公司做了大量的数据分析，比较各个品牌销售、成本、利润优劣等。现在，雷富礼已经很清楚那“20%”在哪里，这有可能是他将“二八定律”运用得最绝决的一次。

资料来源：网易财经，2014年8月。

【思考与讨论】

1. 多品牌的倡导者宝洁为何要砍掉近100个品牌？

2. 新形势下的多品牌策略需要注意什么问题？

第八章 价格策略

【学习目标】

（1）掌握影响产品定价的内部和外部影响因素。

（2）掌握产品定价的3种方法。

（3）熟悉新产品定价的策略，理解产品组合定价策略，了解价格调整策略。

（4）了解企业降价与提价的原因，掌握消费者及竞争者对价格变动的反应。

【导入案例】

怎样销售这批珠宝？

位于美国加州的一家珠宝店专门经营印第安人手工首饰。几个月前，珠宝店进了一批由珍珠质宝石和白银制成的手镯、耳环和项链。该宝石同商店以往销售的绿松石宝石不同，它的颜色更鲜艳，价格也更低。很多消费者还不了解它。对他们来说，珍珠质宝石是一种新的品种。副经理希拉十分欣赏这些造型独特、款式新颖的珠宝，她认为这个新品种将会引起消费者的兴趣，形成购买热潮。她以合理的价格购进了这批首饰，为了让消费者感觉物超所值，她在考虑进货成本和平均利润的基础上，为这些商品确定了销售价格。

一个月过去了，商品的销售情况令人失望。希拉决定尝试运用她本人熟知的几种营销策略。例如，希拉把这些珠宝装入玻璃展示框，摆放在店铺入口醒目的地方。但是，陈列位置的变化并没有使销售情况好转。

在一周一次的见面会上，希拉向销售人员详细介绍了这批珠宝的特性，下发了书面材料，以便他们能更详尽、更准确地将信息传递给消费者。希拉要求销售员花更多的精力来推销这个产品系列。

不幸的是，这个方法也失败了。希拉对助手说："看来消费者不接受珍珠质宝石。"希拉准备另外选购商品了。在去外地采购前，希拉决定减少商品库存，她向下属发出把商品半价出售的指令后就匆忙启程了。然而，降价也没有奏效。

一周后，希拉从外地回来。店主贝克尔对她说："将那批珠宝的价格在原价基础上提高两倍再进行销售。"希拉很疑惑，"现价都卖不掉，提高两倍会卖得出去吗？"

在上面的案例中，希拉销售这批珠宝失败的原因是什么？贝克尔为什么提高售价？

通过本章内容的学习，你将会用影响定价的主要因素、基本的定价方法及定价策略等来分析上述问题。

第一节 影响定价的主要因素

一切营利组织和许多非营利组织都必须为它们的产品或服务制定价格。价格不仅仅包括有形产品的价格，而且还包括房租、学费、医疗费、保险费、煤气水电费，以及各种车船票价、工资、佣金等。

从狭义来看，价格是为产品或服务收取的一笔钱。从广义来看，价格是消费者为享受产品和服务的利益所交换的价值总和。在历史上，价格一向是影响购买选择的最主要的因素。定价是4P营销组合（4Ps）中的一个十分敏感的因素，它直接关系着需求量的多少和利润的高低，并影响着营销组合的其他因素。

价格是营销组合中唯一产生收入的要素，其他要素都表现为成本。价格也是营销组合中最容易调整的要素，而产品特征、渠道的调整要耗费很多时间。

价格的制定要受一系列内部和外部因素的影响和制约，企业定价时必须考虑这些因素，如图8.1所示。

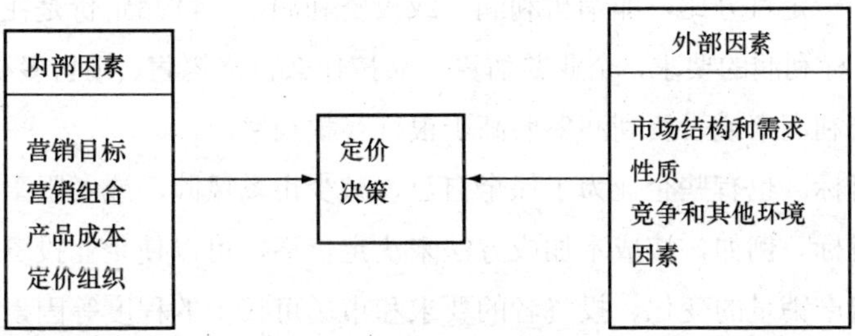

图8.1 影响定价决策的各种因素

一、定价的内部影响因素

（一）营销目标

在市场经济日益成熟的条件下，价格成为影响市场需求的主要因素。企业定价要遵循市场规律，要以企业的营销目标为参照，与定价有关的营销目标主要有利润导向定价目标、销售导向定价目标、竞争导向定价目标、产品质量导向定价目标、企业生存导向定价目标、分销渠道导向定价目标，如图8.2所示。

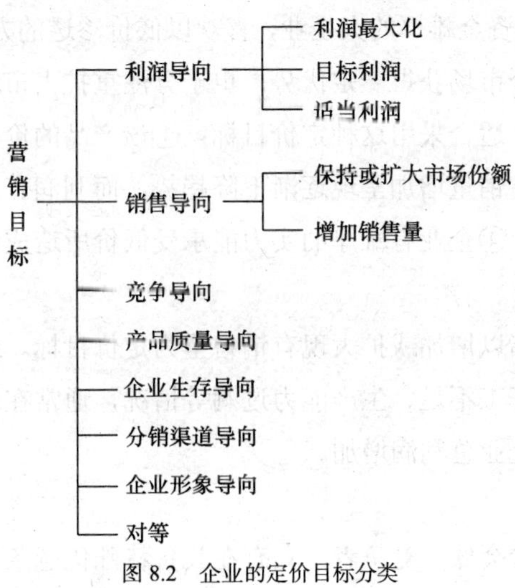

图8.2 企业的定价目标分类

1. 利润导向定价目标

许多企业都把利润作为重要的定价目标，这样的目标主要有 3 种。

（1）利润最大化目标指的是企业期望获取最大限度的销售利润。这几乎是所有企业的共同愿望。很多企业就是在面临严峻的价格竞争时，也还在力争最大利润。小企业，尤其是那些成功地打开销路的中小企业，最常用这种目标。

追求最大利润并不追求最高价格，当一个企业的产品在市场上处于某种绝对优势地位时，如有专卖权或垄断等，固然可以实行高价策略，以获得超额利润。然而，由于市场竞争的结果，使任何企业要想在长时期内维持一个过高的价格几乎是不可能的，必然会遭到来自各方面的抵制。例如，需求减少，代用品加入，竞争者增多，购买行为推迟，甚至会引起公众的不满而导致政府干预等。

（2）目标利润。以预期的利润作为定价目标，就是企业把某项产品或投资的预期利润水平规定为销售额或投资额的一定百分比，即销售利润率或投资利润率。产品定价是在成本的基础上加上目标利润，根据实现目标利润的要求，企业要估算产品按什么价格销售、销售多少才能达到利润目标。一般来说，预期销售利润率或投资利润率要高于银行存款利率。

（3）适当利润目标。也有些企业为了保全自己，减少市场风险，或者限于实力不足，以满足于适当利润作为定价目标。例如，按成本加成方法来决定价格，可以使企业投资得到适当的收益，而它的限度则可以随着产销量的变化、投资者的要求和市场可接受的程度等因素有所变化。合理的标准往往是以既能获得一定的利润，又能减少竞争者的加入为标准。在此种目标下，商品价格适中，消费者乐于接受，政府积极鼓励。这种情况多见于处于市场追随者地位的企业。

2. 销量导向定价目标

这种定价目标是指企业希望获得某种水平的销售量或市场占有率而确定的目标。

（1）保持或扩大市场占有率。市场占有率是企业经营状况和企业产品在市场上的竞争能力的直接反映，对于企业的生存和发展具有重要意义。所以，有时企业把保持或扩大市场占有率看得非常重要。因为，市场占有率一般比最大利润容易测定，也更能体现企业努力的方向。一个企业在一定时期的盈利水平高，可能是由于过去拥有较高的市场占有率的结果，如果市场占有率下降，盈利水平也会随之下降。因此，许多资金雄厚的大企业，喜欢以低价渗透的方式来建立一定的市场占有率。一些中小企业为了在某一细分市场获得一定优势，也十分注重扩大市场占有率。一般来讲，只有当企业处于以下几种情况下，才适合采用这种定价目标：①该产品的价格弹性较大，低价会促使市场份额的扩大；②产品成本随着销量增加呈现逐渐下降趋势，而利润有逐渐上升的可能；③低价能阻止现有和可能出现的竞争者；④企业有雄厚的实力能承受低价所造成的经济损失；⑤采用进攻型经营策略的企业。

（2）增加销售量，这是指以增加或扩大现有销售量为定价目标。这种方法一般适用于企业产品的价格需求弹性较大、企业开工不足、生产能力过剩等情况，通常在这时只要降低价格就能扩大销售，使单位固定成本降低，企业总利润增加。

3. 竞争导向定价目标

企业扩大市场份额，定价会低于竞争者。只有在具备特殊优越条件，如资金雄厚、拥有专有技术、产品质量优越、推销服务水平高等情况下，才有可能把价格定得高于竞争者。

企业在遇到同行业的价格竞争时，常常会被迫采取相应对策。例如，竞相削价、压倒对方；及时调价、价位对等；提高价格，树立威望等。在现代市场竞争中，许多企业经营者认识到，价格战容易使双方两败俱伤、风险较大，所以，悄然地开展非价格竞争，如在产品质量、促销等方面苦下功夫，以巩固和扩大自己的市场份额。

4. 产品质量导向定价目标

这种定价目标指企业要在市场上树立产品质量领先地位的目标，而在价格上做出的反应。优质优价是一般的市场供求准则，研究和开发优质产品必然要支付较高的成本，自然要求以高的价格得到回报。从完善的市场体系来看，高价格的商品自然代表着或反映着商品的质量及其相关的服务质量。

采取这一目标的企业必须具备以下两个条件：①高质的产品，②提供优质的服务。如果企业不具备以上条件，而采取高价位策略，只会吓跑消费者，失去市场。

5. 企业生存导向定价目标

当企业遇到生产能力过剩或激烈的市场竞争或者要改变消费者的需求时，它要把维持生存作为自己的主要目标。为了保持工厂继续开工和使存货减少，企业必然要制定一个低的价格，并希望市场是价格敏感型的。生存比利润更重要，不稳定的企业一般都求助于大规模的价格折扣，为的是能保持企业的活力。对于这类企业来讲，只要他们的价格能够弥补变动成本和一部分固定成本，即单价大于单位变动成本，他们就能够维持住企业。

6. 分销渠道导向定价目标

对于那些须经中间商推销的企业来说，保持分销渠道畅通无阻，是保证企业获得良好经营效果的重要条件之一。为了使得分销渠道畅通，企业必须研究价格对中间商的影响，充分考虑中间商的利益，保证中间商有合理的利润，促使中间商有充分的积极性去推销商品。在现代市场经济中，中间商是现代企业营销活动的延伸，对宣传产品、提高企业知名度具有十分重要的作用。

企业在激烈的市场竞争中，有时为了保住完整的销售渠道，促进销售，不得不让利于中间商。例如，1974 年的石油危机发生后，国际汽车市场受到严重冲击，因而汽车市场竞争异常激烈。为了推销产品，日本的 MAZDA 公司规定每推销一辆汽车给予中间商 500 美元的回扣奖励。这一政策的结果，使该公司保持住了完整的销售渠道，保证了在 1976 年向市场投放新型车型的销售获得了成功，使该公司受益匪浅。

7. 企业形象导向定价目标

在现代市场经济条件下，市场竞争的实质是企业形象和商品品牌的竞争，企业形象是企业的无形财富和资源，是企业实力的重要构成部分。良好的企业形象是由于企业成功地运用了市场营销组合，在消费者心目中确立了良好的信誉，取得了消费者的信赖。以维护企业形象为定价目标，是指企业在制定产品价格时要以消费者为核心、以树立良好的企业形象为目的。具体实现这一目标时，应注意以下几个要点。

① 要注重价格水平的确定是否与目标消费者的需求相一致，是否有利于企业整体策略的有效实施。例如，有的企业以产品价廉物美为特色，有的企业以产品高档、优质名牌称雄，有的企业以产

品规格齐全、品种繁多为优势。

② 企业制定价格时要考虑合作企业或中间商的利益，本着互惠互利的原则，在与它们友好的合作中求得生存和发展。

③ 企业制定价格时要依照社会规范和职业道德，不能为贪图厚利而损害消费者的利益。

④ 企业制定价格时，还要符合国家的宏观经济发展目标，符合国家的产业发展政策和法律法规。

8. 对等定价目标

对目前的市场份额和利润感到满意的企业，有时会采用对等定价目标——不扰乱对方的价格目标。管理人员可能会说这是因为他们想稳定价格或应对竞争，甚至回避竞争。当总体市场不再发展、扩大时，这种不扰乱价格的想法最为普遍。保持稳定的价格可能阻碍了价格竞争，但却避免了对困难决策的需求。

选择对等定价目标，营销集中在除价格外的一种或多种其他策略方面。例如，快餐连锁店麦当劳和汉堡王公司通过坚持多年的非价格竞争，实现了非常有利的利润增长和企业发展。

（二）营销组合

价格只是企业实现营销目标所使用的营销组合的要素之一。价格决策必须与产品设计、分销和促销等策略协调，共同形成协同高效的营销计划。例如，为了使中间商乐于经营企业的产品，应在价格中包含较大的贸易折扣，使中间商有利可图。

企业经常利用价格给产品定位，然后调整其他营销组合的决策，以此达到企业的定价目标。例如，斯沃琪（Swatch）通过对市场进行调查发现，有一个手表细分市场被忽视了，这个细分市场的消费者想要的是“一个计时精确、廉价时尚的装饰品”。于是，斯沃琪对成本实行了严格的管理。为了降低成本，公司设计了一种简单时尚的手表。这种手表的组成零件少，科技含量高，价格低廉。斯沃琪开创了时尚和实用相结合的手表的先河，消费者也很乐意为这种手表买单。结果，斯沃琪在前两年就卖出了 200 多万只这样的手表。斯沃琪的开局大功告成，消费者对该手表的价值也越来越认可，于是公司得以逐步引入高价的产品系列。

有些企业不使用价格要素定位，它们使用其他营销组合要素对产品进行非价格定位。这种策略不制定最低价格，而是促使产品和服务差异化，收取较高的价格。例如，亚洲的航空公司、新加坡航空和国泰航空，在面临其他地区性廉价航空公司的竞争时，大力宣扬它们在产品和服务上的改进。

因此，企业在定价时必须考虑整个营销组合要素。如果产品是以非价格因素定位，那么质量、分销和促销的决策将对价格决策产生重大的影响；如果价格是关键的定位因素，那么价格将对其他营销组合要素决策产生重大的影响。总之，定价策略是不能脱离其他营销组合因素而单独决定的。

（三）产品成本

价格是产品价值的货币表现。以货币来表示产品或服务的价值就称为该产品或服务的价格。产品成本是价格的最低限度。一般来说，产品价格必须能够补偿产品生产及市场营销的所有支出，并补偿产品的经营者为其所承担的风险支出，且有盈利。成本的高低是影响定价的一个重要因素。

产品成本有两类，一类是固定成本，另一类是可变成本。固定成本指折旧费、房租和地租、办公费用、管理人员报酬等相对固定的开支，一般不随产量和销量的变动而变动，这些费用通常在产品生产过程中就得支付；可变成本指原材料、动力、生产工人的工资等随产量的变动而变动的成本，这些费用常常在实际生产过程开始后才需支付。固定成本和可变成本之和为总成本。当产量为零时，总成本等于固定成本。

企业在生产活动中，随着生产经验的积累，单位成本会逐渐下降，如图 8.3 所示，该曲线称为经验曲线。从向下倾斜的曲线可以看出，随着产量增加，单位成本会下降。而且，如果在一定时期内生产和销售产品更多，单位成本还会进一步下降。因此，企业需要有稳定的市场以销售大量的产品，即需要有较大的市场占有率。为此，企业需要运用降低产品价格的策略，以增加销售量。随着销量和产量的增加，单位成本又可进一步下降，价格也有可能进一步降低。例如，博士伦公司通过计算机辅助设计和不断扩大工厂规模，巩固了在软性隐形眼镜市场的地位。结果，博士伦公司的市场份额不断上升，达到了 65%。然而，经验曲线并不总是有效的。经验曲线定价方法存在着较大的风险。攻击性的定价可能给产品树立价廉质次的不良形象。这种策略还要建立在竞争对手实力弱小，不愿与公司大打价格战的基础上。最后，当公司在相同的技术下进行增产建设时，竞争者却可能创造出比市场领导者更高效的生产技术，并且产生相应的经验曲线效应。

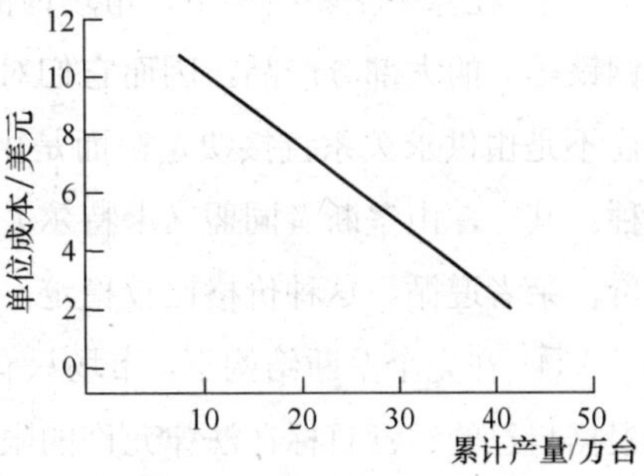

图 8.3 经验曲线

（四）定价组织

企业管理层必须决定由谁或哪个部门负责定价。小型企业通常由最高层管理者负责定价，大型企业则可由部门经理或产品线经理负责定价。在工业产品市场，销售人员可能被赋予在某一价格范围内浮动价格的权力。无论何种情况，企业的高层管理人员应负责确定定价目标，并听取基层管理人员和推销人员的意见。

在定价是重要影响因素的产业中，如航空、钢铁、铁路和石油等产业，公司通常有一个定价部门协助其他部门施行定价决策。这个部门直接向公司高层或营销部门报告。其他对定价有影响的人员还有销售经理、产品经理、财务经理和会计等。

二、定价的外部影响因素

（一）市场结构和需求性质

成本是企业制定价格的下限，而市场需求是制定价格的上限。在定价前，营销人员必须了解产品的价格和需求的关系。这包括以下几个方面。

1. 不同市场结构下的定价

不同的市场结构，定价的客观环境不同，企业定价的自由程度也不相同。

① 在完全竞争市场结构下，价格是在竞争中由整个行业的供求关系自发决定的，每个人都只是既定价格的接受者，而不是价格制定者，任何个别买者或卖者都不可能影响既定市场价格。例如，小麦、铜、金融证券市场即此种情况。在完全竞争的市场中，营销调研、产品开发、定价策略、广告和促销对产品销售的影响很小。因此，销售者在市场营销策略上不需要花费大量的时间。

② 在垄断竞争市场结构下，市场有许多消费者，销售者可以制定不同的价格，而不是制定统一的价格。因为销售者能为购买者提供不同的产品，所以他们能制定不同价格。在这种条件下，每一个生产经营者都是他的产品价格的制定者，都有一定程度的定价自由。

③ 在寡头垄断结构下，市场内的销售者很少，这为数不多的几家大企业供给该行业（如石油、钢铁等）的大部分产品，因而它们对市场价格和供给量都有决定性的作用。在这种条件下，价格往往不是由供求关系直接决定，而是由少数寡头垄断者操纵的，称为“操纵价格”，操纵价格分为 3 种：其一，由垄断者同盟（卡特尔）定价；其二，由垄断者们默契形成；其三，由最大寡头先行定价，余者遵循。这种价格比较稳定，价格竞争趋于缓和，但非价格竞争激烈。

④ 在完全垄断结构下，市场只有一个垄断厂商以某个价格销售产品。在这种条件下，垄断者可根据自己的经营目标在法律允许的限度内自由定价。因此，价格通常都会很高。

现在绝大多数市场都是不完全竞争的市场，是价格自定的市场，企业一般都是在这种条件下定价的。

2. 消费者价格和价值感知

消费者最终将决定产品定价是否合理。定价决策和其他营销组合决策一样，必须是以消费者为中心的。消费者在选购产品时，总是要将价格同产品价值相比较。价值可分为产品的实际价值和消费者个人所理解的价值。例如，消费者在饭店用餐，菜肴的成本很容易计算，但是像口味、环境、服务等因素就很难确定其价值。如果消费者认为产品价格高于其实际价值，就会购买产品；反之，如果消费者认为价格低于价值，就不会购买这种产品，这时，销售者可能会流失利润。

3. 市场上的供求关系

商品价格的形成，除了成本这个基本因素以外，还要充分考虑市场上商品供求关系对价格变化的影响。市场上的商品供求关系反映的是商品供应量与有购买力保证的社会需求之间的状况。在商品本身的价值量不变的情况下，如果供求基本平衡，价格就能够基本稳定；如果出现供不应求，价格就必然呈上涨的趋势。由于价格与市场商品供求的关系非常密切和敏感，因而供求关系是企业定价时必须加以专门研究的一个重要因素。企业应随时了解自己的商品在市场上的供求状况。当商品在市场上供过于求时，应及时地、有区别地适当采用降价决策，以刺激需求、扩大销售。同时，通过下调价格，降低利润幅度，抑制现有和潜在竞争者的生产欲望，减少市场上该种商品的供应数量。另一方面，当商品在市场上供不应求时，企业应在不打击消费者需求欲望的限度内合理提高价格，以便增加利润，迅速有效地扩张企业实力。

4. 需求的价格弹性

在价格与需求的关系方面，营销者需要了解需求的价格弹性，即产品价格变动对市场需求量的影响，不同产品的市场需求量对价格变动的反应不同，也就是弹性大小不同。一般情况下，企业每改变一种产品价格，该产品的需求量都会发生不同程度的变化。通常价格与需求量成反比，即价格越高需求量越少，需求的价格弹性用 E 表示，其计算公式为

$$\text{需求的价格弹性} = \frac{\text{需求量变化的百分率}}{\text{价格变化的百分率}}$$

即
$$E=\frac{(Q_2-Q_1)/Q_1}{(P_2-P_1)/P_1}$$

式中，P_1 为初始价格；P_2 为变动后的价格；Q_1 为初始销售量；Q_2 为价格变动后的销售量。如果 $E>1$，称为需求价格弹性大或富于弹性；如果需求量变化的幅度小于价格变化的幅度，即 $E<1$，称为需求价格弹性小或缺乏弹性。对需求价格弹性大的产品可用降价来刺激需求，扩大销售；反之，需求价格弹性小的产品降价对需求则没有多大刺激作用，但在产品供不应求时可通过较大幅度提价来控制需求。

（二）竞争者的产品与价格

价格竞争是企业经营竞争的重要手段和内容。现实的和潜在的竞争对手的数量及竞争的激烈程度对产品定价的影响很大。竞争越激烈，对价格的影响就越大，特别是那些所生产的产品对资源水平或技术、设备要求不高，且容易经营的企业，这些企业面对的潜在威胁就更大。一般情况下，如果企业不是居于竞争主导地位，就不能忽视竞争对手的价格。

在市场需求为价格规定了最高限，而成本为价格规定了最低限的时候，还应该考虑竞争对手的价格。竞争对手的价格以及这些对手对本企业价格变动所做出的反应也是企业定价时需要考虑的一个重要因素。企业必须要对每一个竞争者提供的产品价格及其产品质量情况有所了解，这可以有几种做法：①企业可以派专门人员打听行情，比较价格和竞争者所提供的产品；②企业可以通过购买竞争者的产品得到竞争者的价格表，然后拆开看，仔细研究；③企业还可以询问购买者对于企业竞争者所提供的产品价格和质量的看法。

企业只要了解到竞争者的价格和产品情况，就能把它作为自己定价的基点。如果企业的产品与主要竞争者的产品类似，那么企业制定的价格也必须与竞争者差不多，否则就失去了市场。如果企业的产品次于竞争者的产品，就不能和竞争者制定相同的价格。如果企业的产品优于竞争者的产品，价格则不妨高于竞争者。而且，企业还必须清楚竞争者对自己的价格会做出什么样的反应。企业就是这样运用价格来给自己的产品定位、同竞争者博弈的。

另外还要考虑潜在竞争对手加入市场的可能性，并推测其加入市场的时间和竞争实力，从而适当改变本企业的定价策略。应当指出的是，同类产品竞争包括产品功能、质量、规格、样式. 成本费用、促销手段、渠道选择、价格水平等方面的竞争。因此，考虑价格竞争因素时，应当看到定价与其他形式竞争的紧密联系，特别要看到价格变动所引起的消费者或用户对产品质量和整体效用做出的新评价，从而使定价对潜在买主未来的购买行为产生深刻的影响。

（三）其他环境因素

公司在定价时，还必须考虑其他环境因素。首先，经济环境可能对定价决策产生很大的影响。例如，经济繁荣或衰退、利率和通货膨胀等经济因素，都会影响定价决策。此外，政府的有关政策法令也是影响企业定价的一个重要因素。最后，公司定价时必须考虑社会利益。公司在制定定价策略的时候，可能需要调整短期销售、市场份额和利润等目标，以符合更广大的社会利益。

第二节 定价的方法

企业定价太低会损害企业的盈利能力，定价太高则无法产生有效的需求，企业在定价时必须考虑产品成本和市场需求这两方面的因素，还需考虑竞争者的价格及其他内部、外部因素。

企业通常考虑一个或几个定价影响因素，然后选择一个基本定价方法制定价格。下面将主要介绍3种定价方法：成本导向定价法、需求导向定价法和竞争导向定价法。

一、成本导向定价法

成本导向定价法是以成本为中心，是一种按卖方意图定价的方法。其主要理论依据是，在定价时，首先要考虑收回企业在生产经营中投入的全部成本，然后再考虑获得一定的利润。产品的成本包括企业在生产经营过程中所发生的一切费用。该方法是运用较普遍的定价方式，包括成本加成定价法和目标收益定价法两种具体方法。

1. 成本加成定价法

成本加成定价法即在单位产品成本的基础上，加上一定比例的预期利润作为产品的售价。这是成本导向定价法的基本形式。

例8.1 假设某微波炉生产企业的固定成本为50万元，可变成本每台为150元，预计销售量为4000台，每生产一台微波炉的成本如下。

$$单位成本=可变成本+\frac{固定成本}{销售量}=150+\frac{500000}{4000}=275（元）$$

假设该企业想获取成本的20%的加成利润，则每台微波炉的价格为

$$单价=单位成本\times（1+期望利润率）=275\times（1+20\%）=330（元）$$

假设该企业想获取销售价20%的利润，则台微波炉的价格为

$$单价=\frac{单位成本}{1-期望利润率}=\frac{275}{1-20\%}\approx 344（元）$$

成本加成定价法在西方国家广为应用，尤其在零售业中，大多采用加成定价。它们对各种商品加上预先规定的不同幅度的加成。例如，百货商店一般对商品的加成率规定是烟类为20%，照相机为28%，书籍为34%，衣物为41%，珠宝饰品为46%等。

这种方法的不足：它是从卖方的利益出发进行定价的，其基本原则是将本求利和水涨船高，没有考虑市场需求和竞争因素的影响，因而这是一种卖方市场条件的产物。另外，加成率是一个估计数，缺乏科学性，由此计算出来的价格，很难说一定能被消费者所接受，更谈不上在市场上具有竞争能力，同时此种方法过分强调了历史实际成本在定价中的作用。因此在应用这种方法时，应当根据市场需求、竞争情况等因素的变化进行必要的调整。

2. 目标收益定价法

这种方法又称目标利润定价法，在定价时主要考虑实现目标利润的一种方法。这种方法一般可运用收支平衡图，它表示在不同销售量下的总成本和总预期收入，如图 8.4 所示。

根据例 8.1 讨论微波炉生产企业的盈亏平衡图。无论销量多少，固定成本为 50 万元，可变成本加上固定成本等于总成本，总成本随着产量上升而上升。总收入曲线从零开始，每销售一单位的产品，它就上升，它的斜率由产品价格决定。

在此例中，假设单价为 330 元，则企业至少要销售 2778 台才能实现收支平衡，因为这时的总收入恰好等于总成本。收支平衡点的销售量计算公式为

$$销售量=\frac{固定成本}{单价-可变成本}=\frac{500000}{330-150}=2778\ （台）$$

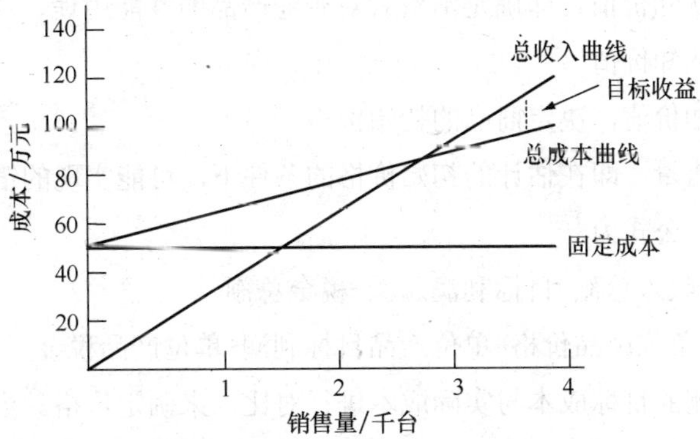

图 8.4　决定目标价格的收支平衡图

如果该企业希望获得目标利润，则必须以 330 元每台的价格销售 2778 台上才能实现。如果企业的目标利润是 10 万元，则必须以 330 元的价格销售 3333 台微波炉。

目标收益定价法的优点是，可以保证企业既定目标利润的实现；缺点是，这种方法也只是从卖方的利益出发，没有考虑竞争因素和市场需求情况。这种方法是先确定销量，再确定和计算出产品的价格，这在理论上是说不通的。因为，对于任何商品而言，一般是价格影响销售，而不是销售决定价格。因此，按此种方法计算出来的价格，不可能保证预计销售量的实现。尤其是那些价格弹性较大的商品，不同的价格，有不同的销售量，而不是先有销售量，然后再确定价格。

所以，目标收益定价法一般适用于需求的价格弹性较小，而且在市场中有一定影响力的、市场占有率较高或具有垄断性质的企业，对于大型的公用事业单位更为适用。因为这类企业的投资大，业务具有垄断性，又与公众利益息息相关，需求弹性较小。政府通常为保证其有一个稳定的收益率，常允许这类企业按照目标收益进行定价，而政府则只对其目标收益率进行限制和控制。

二、需求导向定价法

需求导向定价法是以市场需求为基础来确定产品价格的定价方法。定价时主要考虑消费者对产品价值的理解或对产品价值的需求程度。需求导向定价法是指企业依据市场对产品价值的理解和需求强度来制定价格，又称市场导向定价。需求导向定价法主要是理解价值定价。理解价值又称感知

价值或认知价值，是指消费者在观念上理解和认可的价值，不是产品的实际价值。尽管产品成本相同，但只要消费者的需求不同，就可以制定不同的价格，即需求大，定高价；需求小，定低价。

1. *认知价值定价法*

这种方法的基本指导思想是，认为决定商品价格的关键因素是消费者对商品价值的认知水平，而不是卖方的成本。因此，在定价时，先要估计和测量在营销组合中的非价格变量在消费者心目中建立起来的认知价值，然后根据消费者对商品的认知价值，制定出商品的价格。

一般来说，每一种商品的性能、用途、质量、外观及其价格等在消费者心目中都有一定的认知和评价。当卖方的价格水平与消费者对商品价值的认知水平大体一致时，消费者才能接受这种价格。

认知价值定价法与现代产品定位思想很好地结合起来，成为当代一种全新的定价思想和方法，被越来越多的企业所接受。其主要步骤如下。

（1）确定消费者的认知价值，即确定消费者对企业产品的性能用途、质量、外观及市场营销组合因素等在其心目中的认知价值。

（2）根据确定的认知价值，决定商品的初始价格。

（3）预测商品的销售量，即在估计的初始价格的条件下，可能实现的销售量。

（4）预测目标成本。公式为

目标成本总额=销售收入总额-目标利润总额-税金总额

单位产品目标成本=单位产品价格-单位产品目标利润-单位产品税金

（5）决策，即把预测的目标成本与实际成本进行对比，来确定价格。当实际成本不高于目标成本时，这说明在初始价格的条件下，目标利润可以保证，因而初始价格就可定为商品的实际价格；当实际成本高于目标成本时，这说明在初始价格的条件下，目标利润得不到保证，需要进一步做出选择，要么降低目标利润，要么设法进一步降低实际成本，使初始价格仍可付诸实施。否则，只能放弃原有方案。

（6）判定消费者的认知度。认知价值定价法的关键是准确地确定消费者对所提供产品价值的认知程度。对自己提供的产品价值产生夸张自满看法的卖主，会令他们的产品定价过高。对产品的消费者认知价值估价过低，定的价格就可能低于他们能够达到的价值。为了建立起正确的市场认知价值，进行市场调研是必不可少的。正确判断消费者对商品价值的认知程度，目前采用的办法主要有以下 3 种。

① 直接评议法：即邀请有关人员，如消费者、中间商及有关人士等，对商品的价值进行直接评议，得出商品的认知价值。

② 相对评分法：又称直接认知价值评比法，即请消费者等有关人员用某种评分方法对多种同类产品进行评分，然后再按分值的相对比例和现行平均市场价格推算评定产品的认知价值。

③ 诊断评议法：即用评分法对产品的功能、质量、外观、信誉、服务水平等多项指标进行评分，找出各因素指标的相对认知价值，再用加权平均方法计算出产品总的认知价值。

2. *反向定价法*

所谓反向定价法，是指企业依据消费者能够接受的最终销售价格，计算自己从事经营的成本和利润后，逆向推算出产品的批发价和零售价。这种定价方法不以实际成本为主要依据，而是以市场需求为定价出发点，力求使价格能被消费者所接受。分销渠道中的批发商和零售商多采取这种定价方法。

三、竞争导向定价法

竞争导向定价法是以竞争对手的价格为导向来确定产品价格的定价方法。定价时，不管产品成本或市场需求是否发生变化，只要竞争对手的价格没有变化，企业就保持原来的价格水平；而如果竞争对手的价格已变，企业就迅速做出调价反应。这类定价法主要有以下 4 种。

1. 随行就市定价法

随行就市定价法即根据同行业企业的现行价格水平定价，这是一种比较常见的定价方法。一般是基于产品的成本测算比较困难，竞争对手不确定，以及企业希望得到一种公平的报酬和不愿打乱市场现有正常秩序的情况下，采用的一种行之有效的方法。

采用这种方法既可以追随市场领导者定价，也可以采用市场的一般价格水平定价。这要根据企业产品特征，以及产品的市场差异性而定。企业一般在下列情形下采用这种定价方法。

① 很难准确估算产品成本，而流行价格水平是同行业共同采用的，大体能够反映出企业生产该商品的消耗和应得报酬。

② 要想使消费者了解商品差价的实质很困难，如果另行定价，很难了解消费者和竞争者对产品价格的反应。

③ 企业打算与同行和平相处，避免在价格竞争中两败俱伤。

2. 密封投标定价法

密封投标定价法也是一种依据竞争情况来定价的方法，是招标人通过引导卖方竞争的方法来寻找最佳合作者的一种有效途径。它主要用于建筑施工、工程设计和政府采购等方面。其基本原理是，招标者（买方）首先发出招标信息，说明招标内容和具体要求。参加投标的企业（卖方）在规定期间内密封报价和其他有关内容来参与竞争。其中，密封价格就是投标者愿意承担的价格。这个价格主要考虑竞争者的报价研究决定，而不能只看本企业的成本。在投标中，报价的目的是中标，所以报价要力求低于竞争者。

3. 倾销定价法

倾销定价法是指一国企业为了进入或占领某国市场排斥竞争对手，以低于国内市场价格，甚至低于生产成本的价格向国外市场抛售商品而制定的价格。

采用这种定价法制定的价格，一般使用的时间比较短。一旦达到预期的目的，占领了国外市场后，企业就提高价格，以收回在倾销中的损失，并获得应得的利润或垄断利润。但是，采用这种方法制定的价格，易受反倾销法的限制和制裁，因而风险比较大。

4. 拍卖定价法

拍卖定价法是指卖方委托拍卖行，以公开叫卖方式引导买方报价，利用买方竞争求购的心理，由卖方预先展示拍卖物品，买方预先看货，到规定时间公开拍卖，买方竞争出价，不再有人竞争的最后一个价格即为成交价格，卖方按此价拍板成交。

这种方法历史悠久，常见于出售古董、珍品、高级艺术品或大宗商品的交易中。现在，拍卖定价法已被应用于一些权利和配额的拍卖。例如，中国政府已经开始把一些商品的进出口配额加以拍卖，结果是最有效率的企业获得了这些配额，同时，政府也获得了一笔收入，一举两得。

竞争导向定价适用于企业在某一时期、某一市场上以击败某一或某些竞争对手为主要目标时，使价格定得低于或等于竞争价格，并随竞争产品价格的变动而调整，直到击败竞争对手；或者企业初进某一市场，对需求、渠道加成等因素知之不多，只能简单地模仿竞争产品价格定价，待到一定情况下再调整；或经营的产品属于世界市场上有流行价格的产品，只能随行就市。

第三节 产品定价策略

价格决策受到一系列复杂的环境和竞争因素的影响。企业定价并不是制定一个单一的价格，而是制定一个价格结构涵盖产品线的不同产品类别。随着产品沿着生命周期的演进，价格结构也要随着时间而进行调整，企业要调整价格以反映成本和需求的变化，并且要考虑到购买者和购买环境的差异。当竞争环境发生变化时，企业应考虑何时主动调整价格以及何时对价格变动做出反应。

一、新产品定价策略

定价策略一般会随着产品生命周期的演进而发生变化。在产品导入期的定价尤其具有挑战性因为这是引入新产品的公司面临着首次定价的任务。新产品定价一般有3种策略。

1. 撇脂定价策略

撇脂定价是一种高价格策略，是指在新产品上市初期，价格定得很高，以便在较短的时间内获得最大利润。

撇脂定价策略的优点是：①新产品初上市，竞争者还没有进入，利用消费者求新心理，以较高价格刺激消费，开拓早期市场；②由于价格较高，因而可以在短期内取得较大利润；③定价较高，在竞争者大量进入市场时，便于主动降价，增强竞争能力，同时也符合消费者对待价格由高到低的心理。

这种方法的缺点是：①在新产品尚未建立起声誉时，高价不利于打开市场，有时产品甚至会无人问津；②如果高价投放市场销路旺盛，很容易引来竞争者，加速本行业竞争的白热化，容易导致价格下跌、经营不久就会转产的局面。因此，在采用高价策略时，要注意这种方法的适应条件。

撇脂定价法一般适用于以下几种情况：①拥有专利或技术诀窍，研制这种新产品难度较大，用高价也不怕竞争者迅速进入市场；②高价仍有较大的需求，而且具有需求价格弹性不同的消费者，如初上市的电视机、录像机等，先满足部分价格弹性较小的消费者，然后再把产品推向价格弹性较大的消费者，且由于这种产品是一次购买，享用多年，因而高价市场也能接受；③生产能力有限或无意扩大产量。尽管低产量会造成高成本，高价格又会减少一些需求，但由于采用高价格，比之低价增产，仍然有较多收益；④对新产品未来的需求或成本无法估计，定价低则风险大，因此，先以高价投石问路；⑤高价可以使新产品一投入市场就树立高级、质优的形象。

【课间案例】

苹果公司撇脂定价策略的运用

苹果iPod是近几年来最成功的消费类数码产品之一。第一款iPod零售价高达399美元，即使对于美国人来说，也是属于高价位产品，但是有很多“苹果迷”既有钱又愿意花钱，所以纷纷购买；苹果认为还可以“撇到更多的脂”，于是不到半年又推出了一款容量更大的iPod，定价499美元，销路仍然很好。苹果公司的撇脂定价大获成功。

2. 渗透定价策略

渗透定价是一种低价格策略，即在新产品投入市场时，价格定得较低，以便消费者容易接受，很快打开和占领市场。

这种方法的优点是：一方面可以利用低价迅速打开产品销路，占领市场，从多销中增加利润；另一方面又可以阻止竞争者进入，有利于控制市场。因此，渗透定价策略又戏称“别进来”策略。

这种方法的缺点是：投资的回收期较长，见效慢、风险大，一旦渗透失利，企业就会一败涂地。

这种方法的适应条件是：①制造新产品的技术已经公开，或者易于仿制，竞争者容易进入该市场，企业利用低价排斥竞争者，占领市场；②企业新开发的产品，在市场上已有同类产品或替代品，但是企业拥有较大的生产能力，并且该产品的规模效益显著，大量生产定会降低成本，收益有上升趋势；③供求相对平衡，市场需求对价格比较敏感，低价可以吸引较多的消费者，可以扩大市场份额；④出于竞争或心理方面有利弊，采用哪一种策略更为合适，应根据市场需求、竞争情况、市场潜力、生产能力和成本等因素综合考虑。

【课间案例】

苹果 iPod 的“高低搭配”定价法

苹果iPod在最初采取撇脂定价法取得成功后，根据外部环境的变化，主动改变了定价方法。2004年，苹果推出了iPod shuffle，这是一款大众化产品，价格低至99美元一台。之所以在这个时候推出大众化产品，一方面是因为苹果产品的市场容量已经很大，占据低端市场也能获得大量利润；另一方面，竞争对手也推出了类似产品，苹果亟须推出低价产品来抗衡，但是原来的高价格产品并没有退出市场，而是略微降低了价格而已。苹果公司只是在产品线的结构上形成了“高低搭配”的良好结构，改变了原来只有高端产品的格局。苹果的iPod产品是撇脂定价和渗透式定价交互运用的典范。

3. 满意定价策略

满意定价是一种介于撇脂定价策略和渗透定价策略之间的价格策略。所定的价格比撇脂价格低，比渗透价格要高，是一种中间价格。这种定价策略由于能使生产者和消费者都比较满意而得名。有时又称为“君子价格”或“温和价格”。

由于这种价格介于高价和低价之间，因而比前两种策略的风险小，成功的可能性大。但有时也要根据具体情况进行具体分析。

与撇脂定价或渗透定价相比，虽然这种策略缺乏一定的进攻性，但并不是说它没有市场竞争力。

满意定价没有必要将价格制定得与竞争者的产品价格一样或接近市场上产品的平均价格水平，原则上讲，它还可以是市场上最高或最低的价格。与撇脂定价和渗透定价相类似，满意定价也需要参照产品的经济价值来做出价格决策。因此，当大多数潜在购买者认为产品的价格与价值相当时，即便价格很高也属于满意价格。

以上 3 种新产品定价策略的价格与销量的关系如图 8.5 所示。

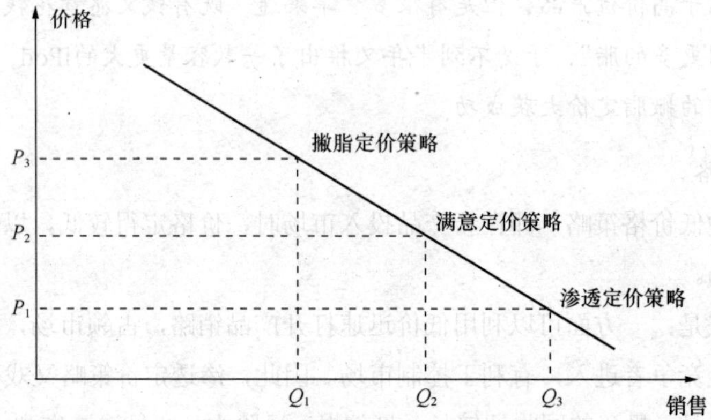

图 8.5　新产品定价策略的价格与销量的关系

二、产品组合定价策略

如果产品属于一个产品组合，那么为这个产品制定价格的策略通常也要发生变化。企业一般会寻求一个价格组合，它能使整个产品组合产生的总利润最大化。这种定价十分困难，因为组合中各种产品的市场需求不同，成本不同，竞争程度也各不相同。下面是 6 种产品组合的定价策略。

1. 产品线定价策略

产品线定价就是针对整个产品线制定价格，而不是对单个产品定价。企业通常开发出来的是产品线，而不是单一产品。企业必须决定一个产品线里不同产品之间的价格差异区间。这些价格差异区间的设定应该考虑到产品线内不同产品之间的成本差异、消费者对不同特色的评价以及竞争者的价格。在许多行业中，还可利用消费者对产品线系列产品价格的认知，来制定价格。例如，男士服装店可以将男式西装定在 3 种不同的价格水平上：1000 元、2000 元、3000 元。有了这 3 个价格点，消费者就会联想到低质量、中质量、高质量的西装。即使 3 种价格都稍微增加一点的话，人们仍会按照他们偏爱的价格点购买西装。企业的任务是建立认知质量的差异以支持价格差异。

2. 非必需附带产品定价策略

企业在销售主要产品时也经常销售附带产品。例如，汽车用户可以订购电子开窗控制器、扫雾器和减光器等。但是，对非必需附带产品的定价却是一件棘手的事。例如，汽车公司就必须考虑把哪些附带产品计入汽车的价格中，哪些另行计价。这就需要根据市场环境、购买者的偏好等因素认真分析。

例如，有的汽车制造商只对其简便型汽车做广告，以吸引人们来汽车展示厅参观，而将展示厅的大部分空间用于展示昂贵的功能齐全的汽车。有些饭店的酒价很高，但食品的价格相对较低，食品收入可弥补食品成本和其他饭店成本，而酒类则可以带来利润，这就是为什么服务人员极力要求消费者买饮料的原因；也有饭店会将酒价定得较低，而对食品制定高价，来吸引饮酒的消费者。

3. 必需附带产品定价

必需附带产品是指那些与主要产品密不可分的产品。例如，计算机软件、墨盒等。生产主要产品（计算机和打印机）的制造商经常为产品制定较低的价格，同时对附属产品制定较高的价格。例如，某品牌打印机的价格很低，但是它会从销售墨盒上盈利；而那些不生产墨盒的打印机生产商为了获取同样的总利润，而不得不对打印机制定高价。

4. 两段定价策略

服务性企业经常收取一笔固定费用，再加上可变的使用费。一般而言，固定收费部分应较低，以推动人们购买，而收益则可以从使用费中获取。例如，电话用户每月都要支付一笔最少的使用费，如果使用次数超过规定，还要再交费；游乐园一般先收门票，如果游玩的地方超过规定，就再交费。

5. 副产品定价策略

在生产加工肉类、石油产品和其他化工产品的过程中，常会产生副产品。如果副产品没有价值、处理费用昂贵，就会影响到主要产品定价，此时制造商确定的价格必须能够弥补副产品的处理费用。如果副产品能带来收入，可以使主要产品的成本和价格降低，竞争能力加强。例如，马来西亚的金望种植园原来是把失去生产能力的老橡胶树烧掉，现在是把它们砍倒，利用它们的木材供应高速发展的橡胶木材家具市场、橡胶地板市场以及低密度和中密度的光纤板市场。

6. 产品捆绑定价策略

为了促进销售，企业通常把几种产品组合在一起。通过这种定价方法，促进了那些在单独销售时的情况下消费者可能不会购买或较少购买的产品的销售，但是捆绑定价产品的价格必须足够低，才能吸引消费者购买整个组合。例如，影院和公园销售年票，其价格要低于分别购买的总价格；旅馆以特殊的价格销售包括住宿、餐饮和娱乐在内的一整套服务组合；计算机制造商在它们提供的个人计算机中嵌入具有吸引力的软件包；网络服务提供商销售包括网络接入、网络漫游、电子邮件和网络搜索程序在内的服务组合。

三、价格调整策略

为了适应消费者的差异和环境的变化，企业在定价之后还要随时对基本价格进行调整，以达到营销目标。

1. 价格折扣与折让策略

价格折扣与折让，是指企业为了更有效地吸引消费者，扩大销售，在价格方面给消费者的优惠。

（1）现金折扣策略。这种策略是指企业为了加速资金周转，减少坏账损失或收账费用，给现金付款或提前付款的消费者在价格方面的一定优惠。例如，某企业规定，提前付款 10 天的消费者，可享受 2%的价格优惠；提前 20 天付款，享受 3%的价格优惠。

（2）数量折扣策略。这种策略是指企业给大量购买的消费者在价格方面的优惠。购买量越大，折扣越大，以鼓励消费者大量购买。数量折扣又分为以下两种形式。

① 累计折扣。这是指在一定时期内，购买商品累计达到一定数量所给予的价格折扣。采取这种

策略，可以鼓励消费者经常购买本企业的商品，稳定消费者群，建立与消费者的长期关系；同时，适宜推销过时、滞销或易腐易坏的商品。这种策略在批发及零售业务中经常采用。

② 非累计折扣。这是规定每次购买达到一定数量或一定金额所给予的价格折扣。采取这种策略，可以鼓励消费者大量购买，扩大销售，同时又可以减少交易次数和时间，从而节省人力、物力等方面的费用，达到增加利润的目的。例如，一次购买 50 个单位以下，单价 20 元；购买 100 个单位以上，单价 16 元。

（3）职能折扣策略。这种策略又称同行折扣或贸易折扣。这是生产企业给予中间商或零售商的价格折扣。例如，某生产企业报价为 200 元，按价目表给中间商和零售商分别为 10%和 15%的职能折扣，以鼓励他们经销该企业的产品。

（4）季节折扣策略。这种策略是指生产季节性产品或经营季节性业务的企业为鼓励中间商、零售商或消费者早进货、早购买而给予的价格优惠。例如，冬季购买电风扇，夏季购买皮大衣，旅游淡季乘坐飞机等都可给予一定的价格折扣。采取这种策略，是为了减少企业的仓储费用，加速资金周转，实现企业均衡生产和经营。

（5）推广折扣或折让策略。这种策略是指生产企业为了报答中间商在广告宣传、展销等推广方面所做的努力，在价格方面给予一定比例的优惠。例如，一个零售商在电视上做服装广告，因而扩大了某服装厂的销售，服装厂为鼓励和报答零售商的努力而给零售商一定比例的折扣或折让，以弥补零售商支付的广告费用。

（6）以旧换新折让策略。这种策略是指给那些在购买新产品的同时交回旧产品的消费者的一种价格优惠。旧货补贴在汽车行业运用得最为普遍，在其他的耐用品行业也有所应用。

2. 心理定价策略

心理定价策略是指企业定价时利用消费者不同的心理需要和对不同价格的感受有意识地采取多种价格形式，以促进销售。心理定价实际上就是消费者能接受什么价格就定什么价格。例如，某企业开发出一款非常好的产品，按成本定价只有 80 元，但经过消费者调研后发现，消费者能接受的心理价位在 200 元以内，于是最终定价为 180 元，比成本定价高出 100 元。新产品推出市场后，价格并未成为消费者购买的障碍，反而本着好货当然价高的心理，认为这是一款品质相当好的产品。常见的心理定价策略包括以下 6 种。

（1）声望定价策略。这种策略是指在定价时，把在消费者中有声望的商店、企业的商品价格定得比一般的商品要高，是根据消费者对某些商品、某些商店或企业的信任心理而使用的价格策略。在长期的市场经营中，有些商店、生产企业的商品在消费者心目中有了威望，认为其产品质量好，服务态度好，不经营伪劣商品、不坑害消费者等。因此，这些经营企业的商品可以定价稍高一些。

（2）尾数定价策略。这种策略是指在商品定价时，取尾数而不取整数的定价方法，使消费者购买时在心理上产生非常便宜的感觉。

总体来说，使用尾数定价可以使价格在消费者心中产生以下几种特殊效果。

① 便宜。标价 99.96 元的商品和 100.06 元的商品，虽然仅差 0.1 元，但前者给消费者的感觉是“还不到 100 元”，而后者却使人产生“100 多”的想法。因此前者可以使消费者认为商品价格低、

便宜，更易于接受。

② 精确。带有尾数的价格会使消费者认为企业定价是非常认真、精确的，连零头都算得清清楚楚，进而会对商家或企业的产品产生一种信任感。

③ 中意。由于民族习惯、社会风俗、文化传统和价值观念的影响，某些特殊数字常常会被赋予一些独特的含义。企业在定价时如果能加以巧用，其产品就会因之而得到消费者的偏爱。例如，“8”作为价格尾数在我国南方和港澳地区比较流行，人们认为“8”即“发”，有吉祥如意的意味，因此企业经常采用。又如“4”及西方国家的“13”被人们视为不吉利，因此企业在定价时应有意识地避开，以免引起消费者对企业产品的反感。

（3）整数定价策略。在定价时，把商品的价格定成整数，不带尾数，使消费者产生“一分钱一分货”的感觉，以满足消费者的某种心理，提高商品的形象。这种策略主要适应于高档消费品或消费者不太了解的某些商品。例如，一台电视机的定价为2500元，而不是2499. 98元。

（4）分级定价策略。这种策略是指在定价时，把同类商品分为几个等级，不同等级的商品，其价格有所不同。这种定价策略能使消费者产生货真价实、按质论价的感觉，因而容易被消费者接受。采用这种定价策略，等级的划分要适当，级差不能太大或太小。否则，起不到应有的分级效果。

（5）促销定价策略。有些企业利用多数消费者有贪图便宜的心理，将某几种商品定低价（低于正常价格甚至低于成本），以招来消费者；或利用节庆日和换季时机举行“大甩卖”“酬宾大减价”等活动，把部分商品按原价打折出售，以吸引消费者，从而促进全部商品的销售。

（6）习惯定价策略。有些商品在消费者心目中已经形成了一个习惯价格。这些商品的价格稍有变动，就会引起消费者不满。提价时，消费者容易产生抵触心理；降价时则会被消费者认为降低了质量。因此，对于这类商品，企业宁可在商品的内容、包装、容量等方面进行调整，也不采用调价的办法。

3. 差别定价策略

差别定价策略是指对同一产品或服务定出两种或多种不同的价格。这种价格的差别不是根据产品成本的变化而制定的，而是根据不同消费者、不同时间和位置等来调整产品价格。差别定价主要有以下几种形式。

① 对不同消费者群定不同价格。同一商品，对某些消费者收全价，而对另一些消费者则给予优惠，如许多公园、剧场或展览馆等对学生或老年人给予价格优惠。

② 不同位置定不同价格。例如，同一头牛的肉，不同部位定价不同；观看比赛或演出时，不同的位置价格也不相同。

③ 不同时间定不同价格。例如，我国部分地区的电费实行峰谷分时电价。

实行差别定价的前提是：市场必须是可细分的，并且不同的细分市场呈现出不同的需求程度；商品不可能从低价市场流向高价市场，即不可能转手倒卖；高价市场上不可能有竞争者削价竞争销售；这种差别价格必须合法，并且得到社会公众的认同。最为重要的是，差别定价必须反映消费者认知价值方面真正的差异，否则，从长远来看，这种定价方法将导致消费者的反感和敌意。

4. 地理定价策略

地理定价策略是指与地理位置有关的修订价格的策略，主要是在价格上灵活反映和处理运输、装卸、仓储、保险等多种费用。这种策略，在对外贸易中更为普遍，根据商品的流通费用在买卖双方中分担的情况，表现为各种不同的价格。

（1）产地价格又称离岸价格（Free on Board，FOB），是指消费者在产地按出厂价购买产品，卖主负责将产品运至消费者指定的运输工具上，交货前的有关费用由卖方负担，交货后的有关运费、保险费等由买方负担。我国企业的商品进口中，多选择这种方式。

（2）买主所在地价格又称到岸价格（Cost Insurance and Freight，CIF），这种策略与FOB相反，企业的产品不管卖向何方，也不管买方路途的远近，一律实行统一运送价格，即把商品运到买方指定的目的地。到达目的地前的一切运费、保险等费用均由卖方负担。

（3）成本加运费价格（Cost and Freight，C&F），内容与买主所在地价格相似，只是卖方不负担保险费。

（4）分区运送价格是买方所在地价格的一种变化形式，是指把整个市场划分为几个大的价格区域，在每个区域内实行统一价格，一般是原材料和农产品实行此种价格策略。

（5）运费补贴价格是指卖方对距离远的买方给予适当的价格补贴，以补偿买方较大的运输费用。这样的做法是为了扩大销售，使平均成本降低而足以补偿这部分运费开支，从而达到市场渗透、在竞争中取胜的目的。

【课间案例】

Tesla和乐视都是以互联网思维变革了定价模式

Tesla颠覆了传统汽车行业。这家超级极客创立的公司，没有按照传统汽车品牌的思路来走自己的路，从产品到销售方式一直都在跳出故有体系。它的电动车Model S采用直销模式，起始配置在中国的售价为73.4万元。价格的背后是一个对整个进口车销售模式和生态系统的颠覆，“让用户爽，让既得利益者抓狂”。

乐视TV则颠覆了传统电视行业。排除了不必要的渠道成本、营销成本和不必要的品牌溢价，超级电视能够以更低的价格直达用户。从X60的“两倍性能、一半价格”，到Max70的“两倍性能，三分之一价格”；从S50、S40在主流产品的“爆款”，到X60调价，掀起智能大屏风暴，乐视TV超级电视多次将智能电视的价格拉低。

随着互联网时代的到来，大众的消费者观念正在改变。新消费观念下，用户关心的不仅仅是产品本身，而是产品带来的服务和内容。Tesla和乐视TV所代表的互联网模式，顺应了这一趋势。Tesla电动汽车不仅仅是高性能的汽车，还将所有操作都集中在一个类似 iPad的大屏幕完成：导航、音乐、温度调控、座椅位置调整或者上网，甚至还有自己的应用商店。所有的软件和功能，都与自己的汽车完美地结合。更重要的是，Tesla知道用户所有驾驶数据，甚至可以帮助用户驾驶的汽车。乐视TV超级电视则改变了传统电视的观看模式，让超级电视成为用户的家庭娱乐中心和信息中心。传统的电视，用户只能按照电视台的节目编排“顺着看”，而超级电视给用户提供了包括电影、电视剧、娱乐、动漫、综艺、体育、音乐等各类视频内容，其中还有1080P、3D、杜比等高质量的内容，让用户自由地“点着看”；超级电视还为用户提供超过3000多款游戏、视频、社交、亲子、教育等多类型的智能电视应用，让用户实现“看、听、玩”结合。此外，超级电视的操作系统LetvUI，让每个用户都可以提出自己的意见和要求，参与产品体验的革新升级。

按照传统企业的定价模式，进口豪华车在中国无一例外都是在关税等成本之外任由经销商大肆加价销售来赚取利润，汽车界的很多资深人士曾经认定 Tesla 的国内售价会在150万以上。但 Tesla Model S的售价仅为73.4万元且Tesla，甚至直接公布了该售价的价格构成，并指出这款车型在中国的价格与在美国一致,多的只是不可避免的关税、运输费用和其他税费。甚至没有考虑货率波动和Tesla将在全中国建设充电网络并给用户免费使用的费用。在特斯拉的中文网站上，用户也可以清楚地看到增加每一个选配件的价格，包括车漆、车顶、轮毂、内饰等许多环节。Tesla此举让其他洋品牌汽车经营数十年的暴利彻底暴露：一辆Model S在美国能挣多少钱，开到中国并不会多挣一分钱。换言之，在颠覆了汽车业在欧美的一切之后，Tesla要动汽车行业的最后一块奶酪，它要颠覆汽车业的“中国式定价”。超级电视的定价模式，同样颠覆了多年未做改变的传统电视领域。在定价上，超级电视砍掉了渠道成本、营销成本和不必要的品牌溢价，全流程直达用户，大大缩减了成本。乐视把60寸电视卖到4999元，70寸电视卖到8999元，确实是中国电视市场上前所未有的价格。

资料来源：http://blog.sina.com.cn/gooooo，2014年2月

第四节 价格变动与企业对策

产品在定价以后，由于宏观环境与市场形势的变化，经常需要对价格进行调整。调整价格的主要原因有两种：一是市场供求环境发生了变化，企业认为有必要对自己产品的价格进行调整；二是竞争者的价格发生了变动，企业不得不做出相应的反应，以适应市场竞争的需要。

一、企业降价与提价

（一）企业降价

1. 降价原因

降价通常会影响同业者之间的关系，引起价格竞争，但在某些情况下不得不降价。降价的主要原因有：

① 竞争压力。企业在竞争对手降价或者新加入者增多的强大竞争压力下，企业的市场占有率下降，迫使企业以降价方式来维持和扩大市场份额。

② 企业的生产能力过剩，需要扩大销售，而又不能通过产品改进和加强销售等措施来扩大销售，在这种情况下，企业就必须考虑降价。

③ 企业的成本比竞争者低。企业希望通过削价方式来提高市场占有率，从而扩大生产和销售，控制市场。

④ 需求曲线的弹性大。在这种情况下，降价可以扩大销量，增加收入。

⑤ 经济形势。在经济紧缩的形势下，由于币值上升，价格总水平下降，故企业的产品价格也应降低。

2. 降价的方式与技巧

降价的方式与技巧主要有：

① 增加额外费用支出。在价格不变的情况下，企业增加运费支出，实行送货上门，或免费安装、调试、维修以及为消费者保险等。这些费用本应该从价格中扣除，因而实际上降低了产品价格。

② 改进产品的性能，提高产品的质量。增加了产品功能，提高产品质量，在价格不变的情况下，实际上等于降低了产品的价格。

③ 增加或增大各种折扣比例。增加折扣，或者在原有的基础上，增大各种折扣比例，在其他条件不变的情况下，实际上降低了产品的价格。

④ 馈赠礼品。在其他条件不变的情况下，给购买商品的消费者，馈赠某种礼品，如玩具、工艺品等。赠送礼品的费用应从商品价格中补偿，这实际上也等于降低了商品的价格。

（二）企业提价

1. 提价原因

成功的提价能够大幅度增加利润，提价的主要原因有以下几点。

① 应付成本上涨。这是企业调高价格的最主要原因。如果企业的原材料、工资等费用上升，企业成本提高，产品继续维持原价，妨碍企业合理利润的获得，甚至会影响企业再生产的进行。这时企业只好通过涨价来转嫁成本上涨的压力，维持正常的盈利水平。

② 通货膨胀。由于通货膨胀、货币贬值，使得产品的市场价格低于其价值，迫使企业不得不通过涨价形式来减少因货币贬值造成的损失。

③ 产品供不应求，市场需求旺盛。企业通过调高价格，抑制部分需求。

④ 改进产品。企业通过技术革新，提高了产品质量，改进了产品性能，增加了产品功能。企业为了补偿改进产品过程中支付的费用和显示其产品的高品位，而提高产品价格。

⑤ 竞争策略的需要。有的企业涨价，并非出于前几个原因，而是由于竞争策略的需要。以产品的高价格，来显示产品的高品位，即将自己产品的价格提高到同类产品价格之上，使消费者感到其产品的品质要比同类产品高。

2. 提价的方式与技巧

提价的方式与技巧主要有：

① 公开真实成本。这种方式是指企业通过公共关系、广告宣传等方式，在消费者认知的范围内，把产品的各项成本上涨情况真实地告诉消费者，以获得消费者的理解，使涨价在没有或较少抵触的情况下进行。有的企业乘成本上涨之机，过分夸大成本上涨幅度，从而过高地提高商品价格，这种做法容易引起消费者的反感。

② 提高产品质量。为了减少消费者因涨价感受到压力，企业在产品质量上多下工夫，如改进原产品、新设计同类产品，在产品性能、规格、式样等方面给消费者更多的选择机会。使消费者认识

到，企业在提供更好的产品，索取高价是应该的。

③ 增加产品含量。即涨价同时，增加产品供应分量，使消费者感到产品分量增多了，价格自然要上涨。

④ 附送赠品或优待。涨价时，以不影响企业正常的收益为前提，随产品赠送一点小礼物，提供某些特殊优待。例如，买一赠一、有奖销售等，这种方式在零售商店最常见。

二、价格变化的反应

企业无论提价或降价，必然会影响到消费者、竞争者、分销商和供应商的利益，也会引起政府的注意。因此，企业在调整价格时必须考虑这些因素的反应，并采取相应的对策。

（一）消费者对价格调整的反应

消费者对价格调整的反应是检验调价是否成功的重要标准，因此，必须对此进行认真分析和研究。

首先，可以用弹性理论来分析需求的价格弹性，从弹性的大小，可判断价格的升降幅度是否适当。例如，某种富有弹性的产品降价 2%，销量增长却不到 2%，这就说明降价的幅度还不够大。

其次，还可以分析消费者的感知因素。这也是掌握消费者对价格反应的重要依据，是解释市场对价格变动的重要中介变量，对研究价格与需求量的关系起到很重要的作用。

消费者对提价的心理感应：①厂家想多获利；②商品质量好才提价；③商品供不应求，不早买就买不到了。

消费者对降价的心理感应：①商品质量有问题，卖不出去了；②商品式样过时了，要让新产品代替了；③还会再降价，不如再等一等；④企业经营不善，恐怕维持不下去了，以后的售后服务没有着落。

一般来说，消费者对价值高、经常购买的产品的价格变动较为敏感；对于价值低、不经常购买的小商品，即使价格变动很高，购买者也不怎么注意。而且，购买者虽然关心价格的变动，但更关心获得、使用和维修产品的总费用。

（二）竞争者对价格变动的反应

竞争者对价格变动的反应，也是企业调整价格时需要认真考虑的重要因素。分析竞争者的反应，需要建立在企业长期对竞争市场及竞争对手的了解的基础上。调价前，企业必须了解竞争者目前的财务状况，以及近年来的生产、销售、消费者的忠实程度和企业目标等情况。由于每个竞争者对企业调价的理解不同，所以问题比较复杂。例如，竞争者对企业降价行为就有可能认为：①企业想夺去它的市场；②企业想引起全行业降价，以刺激需求；③企业经营不善，想改进销售状况；④企业可能有替代产品上市。不同的认知导致竞争者不同的对应行为。

如果竞争者事先已有一组价格反应政策，企业可以通过搜集信息，如通过消费者、金融机构、中间商、供应商等或者借助于统计分析来了解他们。

如果竞争者不是一个，企业必须估计每一个竞争者的反应；如果所有竞争者的反应都比较接近，只要分析一个典型就行了。困难的是，市场的竞争者比较多而且由于规模、市场占有率和政策等问题上又有所不同，因此需要分别做出分析。为了简化分析对象，一般是采取归类分析的方法，即把相近实力的竞争者划为一类，再从每类竞争者中找出有代表性的竞争者进行分析。

（三）企业对竞争者价格变化的反应

在市场经济条件下，企业经常面临竞争者变价的挑战。如何对竞争者的变价做出及时、正确的反应，是企业定价策略的一项重要内容。

对竞争者的研究主要包括：①竞争者变动价格的目的是什么？是想扩大市场份额，还是因为成本变化，或者是充分发挥其以获得有利需求。②竞争者的价格变动是长期的，还是暂时的？③其他竞争者对此会做出什么反应？④本企业对竞争者的调价反应后，竞争者和其他企业又会采取什么措施？

对本企业情况的研究主要包括：①本企业的竞争实力，包括产品质量、售后服务、市场份额、财力状况等；②本企业产品的生命周期以及需求的价格弹性；③竞争对手调价对本企业有何影响。

经过对竞争者和企业自身的分析研究后，就可以做出正确的反应。一般情况下，提高价格的反应比较容易，方法主要有跟随提价和价格不变两种；对降低价格的反应会比较复杂，需要慎重对待。在这方面，企业做出的反应主要有以下 3 种方式。

① 置之不理。这是在竞争者降价幅度较小时采用的方法。因为企业认为，随之削价会减少利润，而保持价格不变，市场份额损失不大，必要时很容易夺回来。

② 价格不变，运用非价格手段出击。这是在竞争者降价幅度稍大时采用的方法。例如，企业改进产品、服务和信息沟通等，一般来讲价格不动而增加给消费者的利益比削价更有竞争力。

③ 跟着降价。即跟随着竞争者降价，这适用于竞争者的降价幅度较大时。这种方法一般是企业认为市场对价格非常敏感，而且竞争对手的降价幅度又很大，如果企业不跟着降价，就会丢失太多的市场份额，影响企业以后的市场竞争和生产经营活动，损害企业长远的利益。至于降低到与竞争者相同的幅度，还是较小幅度，或更大幅度，要根据具体情况进行具体分析。总的来说，企业降价的幅度或极限，要能使销量的增加足以维持企业原有的利润。

最好的价格调整策略需要根据情况的变化而变化。企业必须考虑产品所处的生命周期阶段，在企业产品业务组合中的重要地位、竞争者的意图和资源、市场对于价格和质量敏感度、数量成本的关系和企业可供选择的各种机会等。

本章习题

一、判断题

1. 当采取认知定价法时，如果企业过高地估计认知价值，便会定出偏低的价格。（　）

2. 某种洗衣粉，消费者一次购买 10 袋以下每袋价格为 4 元，若一次购买 10 袋以上，则每袋价格为 3.6 元，这就是现金折扣，目的是鼓励消费者大量购买。（　）

3. 随行就市定价法适用于同质产品。（　）

4．如果某种产品提价 2%，销售量仅降低 1%，则其需求的价格弹性系数为 2。（　　）

5．产品差异化使购买者对价格差异的存在不甚敏感。因此，在异质产品市场上企业有较大的自由度决定其价格。（　　）

6．产品的需求弹性与产品本身的独特性和知名度密切相关，越是独具特色和知名度高的产品，需求弹性越小，反之，则需求弹性越大。（　　）

7．尾数定价的目的是使人感觉质量可靠。（　　）

8．产品形式差别定价是指企业对不同型号或形式的产品制定不同的价格，但它们的价格与成本费用之比却相同。（　　）

9．在产品组合定价策略中，根据补充产品定价原理，制造商经常为主要产品制定较低的价格，而对附属产品制定较高的价格。（　　）

10．提价会引起消费者、经销商和企业推销人员的不满，因此提价不仅不会使企业的利润增加，反而导致利润的下降。（　　）

二、单选题

1．某商场规定，消费者一次性购买其产品满 200 元，给予 10%的折扣，这种折扣属于（　　）。

A．数量折扣　　B．现金折扣　　C．季节折扣　　D．以旧换新

2．某企业推出一款新手机，在该款手机上市初期价格定得高，以便在较短时间获得较大利润，这种新产品定价策略是（　　）。

A．撇脂定价策略　　B．渗透定价策略

C．满意定价策略　　D．获得定价策略

3．理解价值定价法运用的关键（　　）。

A．确定适当的目标利润　　B．准确了解竞争者的价格

C．正确计算产品的单位成本　　D、找到比较准确的理解价值

4．某企业欲运用需求价格弹性理论，通过降低产品价格提高其销售量，一般情况下，这种策略对下列（　　）类产品效果明显。

A．产品需求缺乏弹性　　B．产品需求富有弹性

C．生活必需品　　D．名牌产品

5．市场上有甲、乙两种产品，如果甲产品价格下降引起乙产品需求的增加，那么（　　）。

A．甲和乙产品是互替产品

B．甲和乙产品是互补产品

C．甲为低档产品，乙为高档产品

D．甲为高档产品，乙为低档产品

6．企业利用消费者具有仰慕名牌商品或名店声望所产生的某种心理，对质量不易鉴别的商品的定价最适宜用（　　）法。

A．尾数定价　　B．招徕定价　　C．声望定价　　D．反向定价

7．非整数定价一般适用于（　　）的产品。

A．价值较高　　B．高档　　C．价值较低　　D．奢侈

8．在折扣与折让定价策略中，（　）折扣并不是对所有商品都适宜。

A．交易　　B．季节　　C．数量　　D．现金

9．在经济比较发达、国民教育程度比较高、社会风气比较好的地区成功推行（　）策略的可能性较高。

A．撇脂定价　　B．消费者自行定价　　C．疯狂减价　　D．逆向提价

10．在（　）条件下，个别企业无力影响整个市场的产品价格，因而不存在企业制定最优价格的问题。

A．完全竞争　　B．寡头竞争　　C．垄断竞争　　D．不完全竞争

三、简答题

1．价格的构成是什么？

2．影响商品定价的主要因素有哪些？作为营销者应该如何去把握？

3．可供企业选择的定价目标有哪些？它对于正确定价有什么作用？

4．什么叫成本导向定价法？以成本为中心的定价方法主要有哪些？

5．什么叫认知价值定价法？应如何操作？

6．竞争导向定价法有哪几种做法？各有什么特点？

7．试述差别定价法的涵义及类型。

8．什么叫撇脂定价策略？应该如何操作？

9．什么叫心理定价策略？主要有哪几种？

10．企业在市场竞争中应该如何进行价格调整工作？

四、案例分析题

案例一

鲍洛奇的定价策略

吉诺·鲍洛奇是美国二十世纪六七十年代食品零售业的奇人，他的一生给我们留下了许多宝贵的商战经验，特别是在价格的制定和运用方面。他认为，制定销售价格不仅是一种商战策略，也是一种艺术。

实践经验证实：以降价促进销售，击垮竞争对手，是零售业中一种重要的销售手段，也是常用的一种手段。但是，绝不能一味地搞降价促销。如果，产品的品质的确比别人高出一头的话，按优质优价的原则，价格当然要比别人高；再者，有许多因素促使消费者购买某件商品，一件商品的定价与别人雷同，是不能吸引消费者的注意力的，哪怕定价稍高，若消费者体会出物有所值的道理，一样会趋之若鹜的。鲍洛奇深知，优质高档产品所带来的利润是低档产品所无法比拟的，高档高价便会有高回报。所以，鲍洛奇绞尽脑汁，在怎样才能使消费者对其产品形成高档产品的形象上大做文章。一方面，他在产品的品质和广告宣传上下工夫。鲍洛奇曾生产一种中国炒面，为了给人耳目一新的感觉，并在口味上大动脑筋，以浓烈的意大利调味品将炒面的味道调得非常刺激，形成了一种独特的中西结合的口味，生产出了优质的中国炒面。同时，使用第一流的包装和新颖的广告展开

大规模的宣传攻势，打出“中国炒面是三餐之后最高雅的享受”的口号，把中国炒面暗示成家庭财富和社会地位的象征。鲍洛奇这一做法相当成功。他把注意力主要集中在了大量中等收入的家庭上。他认为，中等收入的人家，一般都讲究面子，他们买东西固然希望质优价廉，但只要有特色，哪怕价钱贵一些，他们也认为物有所值，他们是中国食品生意的主要对象。所以针对他们的心理，鲍洛奇在包装和宣传上花了很多精力。果然不出所料，中等家庭的主妇们皆以选购中国炒面为荣，尽管鲍洛奇的定价很高，她们依然不以为贵。另一方面，鲍洛奇很会揣摩消费者的心理，常常利用较高的价格吸引消费者的注意力，由于新产品投放市场之初，消费者对这种相对高价格商品的品质充满了好奇，很容易就激发了他们的购买欲。并且，一种产品的定价较高，可以为其他产品的定价腾出灵活的空间，企业就总能占据主动。当然，这一切都是建立在产品的品质的确不同凡响的基础上的。有一次，鲍洛奇生产的一种蔬菜罐头上市的时候，由于别的厂商同类产品的价格几乎全在每罐5角钱以下，所以公司的营销人员建议将价格定在4角7分～4角9分之间。但鲍洛奇却将价格定在5角9分，一下提高了20%。鲍洛奇向销售人员解释说：“5角钱以下的类似商品已经非常之多，消费者们已经根本感觉不到每一种商品有什么特别，并在心理上潜意识地认为它们都是平庸的商品。如果价格定在4角9分，消费者仍然会将之划入平庸之列，而且还认为你的价格已尽可能地定高（已最接近5角），你已经占尽了便宜，甚至产生一种受欺骗的感觉；若你的产品定价5角以上，立即就会被消费者划入不同凡响的高级货一类，定价至5角9分，既给人感觉与普通货的价格有明显差别，从而品质也有明显差别，还给人感觉这是高级货中不能再低的价格了，从而使消费者觉得厂商很关照他们，消费者反而觉得自己占了便宜。”经鲍洛奇这么一解释，大家恍然大悟，但总还有些将信将疑。后来在实际的销售中，鲍洛奇掀起了一场大规模促销行动，口号就是“让一分利给消费者”，这更加强化了消费者心理中觉得占了便宜的感觉，蔬菜罐头的销售大获全胜。这5角9分的高价非但没有吓跑消费者，反倒诱惑了消费者选购的欲望，公司的营销人员不得不佩服鲍洛奇真正工于心计。

后来，随着鲍洛奇经营中国食品的成功，效仿者日益增多，这就对鲍洛奇的高价策略形成了严重威胁。即使这样，鲍洛奇也绝不轻易降低产品的价格。道理很简单，如果商品价格总是下降，谁还敢抢先购买这种产品呢？而且，高价商品降到低价商品的价格，在消费者心中还有什么信誉？消费者会有一种被欺诈的感觉。一旦面对产品积压的不利情况，许多平庸的商人都会选择降价推销的老套路，但鲍洛奇绝不轻易如此，降低价格似乎永远不属于他的思考范畴。那么，如何处理积压产品呢？他采取赠送奖券、发放纪念品等形式，将产品堂而皇之地馈赠消费者。这样，既吸引了消费者，又保护了产品的定价。鲍洛奇的这种做法维护了自己产品的声誉，并为公司以后的发展留下了后路，是似拙实巧的一步妙棋。

鲍洛奇还利用消费者们贪图便宜的心理赚钱，他经常传播“重庆公司产品即将涨价”的消息，引起市场的骚动，消费者们知道了涨价的消息，内心贪便宜的心理就占了上风，即使没有购买的需要也会盲目地掏腰包，事后，他们或许还会洋洋得意地宣称自己又捡了便宜。对于鲍洛奇这种做生意的方式，许多知道内情的人都很不满。欺骗消费者，这是传统商业道德所不能容许的。但是，鲍洛奇却不以为然，他有自己的解释。在他看来，生产者尽自己最大努力生产出高质量的产品，并以它所能达到的最高价格出售，这是天经地义的事情。为了实现尽可能高的利润，他们自然会用些手段，这也是无可厚非的。何况，消费者的需要是多层次的，他们不仅需要优质的产品，更需要心理上的满足。生产者从交易中赚了钱，消费者得到了自己所喜爱的产品，也得到了心理上的满足，双方皆大欢喜，这是最公平不过的交易了。为了支持自己的观点，鲍洛奇讲了下面这样一个故事。

有一对夫妻，花了3个月时间才找到了一只他们非常喜爱的古玩钟，他们商定只要售价不超过600美元就买下来。但是，当他们看清上面的标价时，丈夫却犹豫了。“哎哟，”丈夫低声说，“上面的标价是800美元，你还记得吗？我们说好了不超过600美元，我们还是回去吧。”“我记得，”妻子说，“不过我们可以试一试，看店主能不能卖便宜点。毕竟我们已经寻找了这么久才找到了。”夫妻俩私下商量了一下，由妻子出面，试着与店方讨价还价，尽管她认定600美元买到这只钟的希望非常小。妻子鼓起勇气，对钟表售货员说：“我看到你们有只小钟要卖。我看了上面的标价，我还看到价标上有一层尘土，这给小钟增添了几许古董的色彩。”停顿了一下，她接着说：“我告诉你我想干什么吧，我想给你的钟出个价，只出一个价。我肯定这会使你震惊的，你准备好了吗？”她停下来看了一下售货员的反应，又接着说：“哎，我只能给你300美元。”钟表售货员听了这个价后，连眼睛也没眨一下就爽快地说：“好！给你，卖啦！”你猜妻子的反应怎样？夫妻俩欣喜若狂了吗？不，事实的结果是你难以想象的。“我真是太傻了，这钟本来恐怕就值不了几个钱……或者肯定是里面缺少了零件，要不为什么那么轻呢？再要么就是质量低劣……”妻子越想越懊恼。尽管后来夫妻俩还是把钟摆到了家中的客厅里，而且看上去效果很好，美极了，似乎走得也不错，但是她和丈夫总觉得不放心，而且他们一直被这种感觉所笼罩。等他们退休后，这种不放心的感觉越发强烈了，夫妻俩每晚都要起来三四次，为什么呢？因为他们断定自己没有听到钟声。日夜不安的结果使他们的身体渐渐地垮了，还患了高血压。为什么会出现这种结果呢？个中原因就是那个钟表售货员居然以300美元把那只钟卖给他们了，售货员这种爽快的行为使这对夫妻认为那钟不值300美元。是那位售货员造成了这个悲剧。如果他是一个富有同情心的钟表售货员，他就应该绝不让步，他应该寸步不让地与那对夫妻讨价还价，最后在797元成交。那对夫妻将会因为自己省了3美元而高兴，他也能够得到更高的利润，双方都会感到非常满意。由于售货员的失误，买钟的夫妇省了300美元，但他们没有从购买行为中获得一种价值感，也就是人们常说的这个价买这东西值了；相反，而是感觉上当受骗了。

【思考与讨论】

你对以上定价策略有何评价？

案例二

“秒杀”如何给力营销

“秒杀”——这个最早出现在网络游戏中的攻击性术语，如今却成为越来越多的企业追捧的营销手段。“一元钱买最新款手机”“一折价格买苹果笔记本”“一元钱，可以买到手机、宝马、甚至几十万的房子”……这些听上去不可思议的交易在“秒杀”出现后都变成了可能。从2010年上半年开始，“秒杀”就开始在各个购物网站中兴起。价值几百上千，甚至几十万元的高档商品只要1/10甚至更低的价格就可以买到，使得大量的网络买家为之疯狂，网络商家的人气也随之高涨。随着“秒杀”营销的成功，一些网络商家“秒杀”营销的噱头越来越大。何为“秒杀”营销？网络商家应该如何用好这把营销利剑？

“秒杀”最早出现在网络游戏中，就是以压倒性优势一招致命，指玩家之间或者是与怪物打斗时，对方过于强大，在玩家还没来得及还手或逃跑的情况下就被杀死，一般指用法力攻击，俗称“秒杀”。后来延伸到网上竞拍、股票等很多领域。这个词也随之出现在教育部2007年8月公布的汉语新词中。如今，“秒杀”成为网上竞拍的一种新的营销方式，“秒杀”也逐渐成为网络企业的营销利器。网络营销的任何手段都是以品牌定位为基础来展开的，所有违背品牌定位的网络营销都将会给企业带来巨大的伤害。

所谓“秒杀”营销，就是网络卖家发布一些超低价格的商品，所有买家在同一时间在网上抢购的一种营销方式。由于商品价格低廉，往往一上架就被抢购一空，有时只用1s。目前，在淘宝等大型购物网站中，“秒杀”店的发展可谓迅猛。近来，联想，飞利浦、惠普等众多名牌产品也在淘宝网推出“秒杀”，一些价格不菲的计算机只需1元，“秒杀”更是让网购一族为之疯狂。

盖洛普咨询公司最新的研究表明：“80后”已经成为我国网络市场消费者的主力购买人群，他们的行为特点、触媒习惯和消费倾向势必影响他们的网购形式。“快消费”是“80后”消费倾向的重要特点。一方面，快节奏的生活氛围促使他们必须选择更有效率的行为方式；另一方面，成长于信息爆炸、传媒渠道不断推陈出新的时代，“80后”也更加容易接受和尝试新鲜事物，敢于突破“眼见为实”的传统购物观念。这些都是网络“秒杀”这种新兴营销方式日渐盛行的重要原因。与此同时，相对于传统终端渠道，选择新兴营销渠道也是降低企业营销成本、直接让利消费者的重要手段。可以说，“秒杀”这种营销新模式既赚人气又赚财气。

消费者在买到物美价廉商品的同时，购物稀缺性体验也非常具有吸引力。不同于线下销售，网络“秒杀”以其集娱乐、时尚、刺激性特征的模式，火速成为热闹词汇。而且，对于卖家而言，“秒杀”是一种有效的促销宣传手段，卖家通过“秒杀”聚集人气效应是经过市场检验的。淘宝举办的一次“1元秒杀”活动中参与人数超过600万，活动当天淘宝实现100万人次的会员访问。“秒杀”活动结束后，百度关键词搜索有近17000篇的相关报道，整个活动期间，该产品的传播用户数超过1亿元。

“秒杀”营销的本质绝对不是单纯追求销售量，而是通过“秒杀”活动聚集人气以达到宣传促销的作用。“秒杀”的价格低到与商品本身的价值没有什么关系，例如，“1元钱秒杀汽车”，“秒杀”的本质已经不是购买汽车，而是炒作事件，宣传本次活动，借本次活动达到商家想要达到的宣传目的，商品就是商家付出的广告费。目前这种手段不仅被淘宝等电商巨头利用，也被很多商对客（Business-to-Customer，B2C）企业、Eshop网上商城所利用，如赛V网定期举办“秒杀”羽毛球拍活动。

资料来源：苏华.“秒杀”如何给力营销改革与开放[J]，2011（4）

【思考与讨论】

“秒杀”营销是一把双刃剑，如果操作不当，效果适得其反。你认为“秒杀”营销应注意哪些事项？

第九章 分销渠道管理

【教学目标】

（1）了解市场营销中的分销渠道的基本概念。

（2）掌握分销渠道的设计及管理的相关内容。

（3）能针对企业渠道管理中遇到的问题进行分析并拿出自己的解决方案。

【导入案例】

上海鲜肉品牌之一的申兰公司，年初将肉店开进地铁站，实施其雄心勃勃的“地铁战略”。然而几个月过后，地铁沿线站内的20家门店没有一家盈利，公司负责人坦言“地铁战略”受挫。据了解，该公司将肉店开进地铁的主要依据是地铁拥有庞大的人流量，未曾想到来去匆匆的绝大部分是中青年的上班族，而需要买肉的也不会专程乘坐地铁来购买两三斤猪肉。

进入21世纪，分销渠道受到了企业界和理论界的空前重视，分销商起的作用越来越大，甚至开始控制产业链。IT技术的发展、企业环境的变化、消费者的觉醒，使分销渠道在传统营销的4P营销组合理论中的地位和作用大大提高。越来越多的企业认识到：得渠道者得天下，失渠道者失天下。根据当前的情况，你认为该公司的决策是否正确呢？通过本章内容的学习，您将会找到这一问题的答案。

第一节 营销渠道

美国营销学权威菲利普·科特勒认为，营销渠道（Marketing Channel）是指某种产品或服务从生产者向消费者移动过程中，取得这种产品或服务所有权或帮助转移其所有权的所有企业或个人。简单地说，营销渠道就是商品和服务从生产者向消费者转移过程的具体通道或路径，以及参与关系的总和。

根据营销渠道的定义，营销渠道中的成员包括处于渠道起点和终点的生产者和最终消费者，还包括中间商（取得所有权）和代理商（没有所有权的转移，他们帮助转移所有权）。这些渠道成员为了共同的目标，即销售产品并获取利润，各自扮演不同的角色，承担了不同的功能，进行通力合作，以实现整体利益最大化，及渠道成员个体利益最大化。

一、渠道管理

营销渠道是一个多成员参加、多目标决策、既有合作又有冲突的虚拟功能体，营销渠道需要协调成员行为、规划渠道行动、分配渠道利益，这就是渠道管理。

渠道管理（Channel Management）是指渠道核心成员（制造商、分销商或者中间商）为实现渠道目标而对现有渠道进行计划、控制、组织、协调，以确保实现渠道目标，使渠道成员相互协调和通力合作的一切活动。

(一)渠道管理的内容

渠道管理工作包括以下内容。

① 对经销商的供货管理，保证供货及时，在此基础上帮助经销商建立并理顺销售网络，控制库存，加快商品的流通速度。

② 加强对经销商广告、促销的支持，减少商品流通阻力；提高商品的销售力，促进销售；提高资金利用率，使之成为经销商的重要利润源。

③ 对经销商提供产品服务支持，妥善处理销售过程中出现的产品损坏变质、消费者投诉、消费者退货等问题，加强产品售后维修，切实保障经销商的利益。

④ 加强对经销商的订货处理管理，减少因订货处理环节中出现的失误而引起发货不畅。

⑤ 加强对经销商订货的结算管理，规避结算风险，保障制造商的利益。同时避免经销商利用结算之便制造市场混乱，控制资金风险。

⑥ 其他管理工作，包括对经销商进行培训，增强经销商对公司理念、价值观的认同以及产品知识。还要负责协调制造商与经销商之间、经销商与经销商之间的关系，尤其对于一些突发事件，如价格涨落、产品竞争、产品滞销以及周边市场冲击或低价倾销等扰乱市场的问题，要以协作、协商的方式为主，以理服人，及时帮助经销商消除顾虑，平衡心态，引导和支持经销商向有利于产品营销的方向转变。

(二)渠道管理的方法

按照渠道核心成员对分销渠道实行的控制力度，渠道管理的方法分为高度控制和低度控制两种。

(1) 高度控制。

渠道核心成员拥有渠道核心控制权，在渠道链中处于支配地位，能够选择产品销售的营销中介类型、数目和地理分布，并且能够支配这些营销中介的销售政策和价格政策，这样的控制称为高度控制。根据核心企业的实力和产品性质，高度控制在某些特定的情况下才是可以实现的。一些生产特种产品的大型生产企业，往往能够做到对营销网络的绝对控制，例如，日本丰田汽车公司专门把东京市场划分为若干区域，每一区域都由一名业务经理专门负责，业务经理对于本区域内的分销商非常熟悉，对每一个中间商的资料都详细掌握。高度控制对某些类型的生产企业有着很大的益处，利用绝对控制维持高价格，维护产品的优良品质形象，建立良好的声誉效应，比如英特尔公司和中石油、中石化。此外，对一些一般产品，高度控制也可以防止价格竞争，保证良好的经济效益。但是一般产品建立这种高度控制的难度较大，因为一般商品都是充分竞争的。

商务通可以说是高度控制渠道管理的一个成功案例。商务通自从1999年入市以来，采用独家代理制，终端市场精耕细作，严格控制销售区域和终端价格，对促销员进行严格的培训和管理，不断淘汰不合格的代理商，只用了较短的时间，就在全国市场建立了具有很高控制权的分销网络，实现了小企业的超常规发展。

(2) 低度控制。

如果生产企业无力或不需要对整个渠道进行高度控制，企业往往可以通过为中间商提供支持服务来影响营销中介，这种控制的程度是较低的，大多数企业的控制属于这种方式。

低度控制又可称为影响控制，包括如下内容。

① 向中间商派驻代表。大型企业一般都派驻代表到经营其产品的中间商中去亲自监督商品销售，也会给渠道成员提供一些具体帮助，如训练销售人员、组织促销活动和设计广告等，通过这些活动来影响销售动态。

② 第二，与中间商建立合作模式。如与中间商联合进行广告宣传，并由生产企业负担部分费用；支持开展营业推广、公关活动；对业绩突出的中间商给予价格、交易条件上的优惠，对中间商传授推销、存货销售管理知识，提高其经营水平。通过这些办法，调动中间商推销产品的积极性，达到控制网络的目的。

③ 制造商的品牌建设。制造商塑造产品形象，提高品牌的知名度，是对分销商最大的服务、广告支持。

二、营销渠道的特点

营销渠道是一个复杂的功能系统，有如下特点。

① 营销渠道反映某一特定商品价值实现的过程和商品实体的转移过程，即物流链和价值链。营销渠道一端连接生产，一端连接消费，是从生产领域到消费领域的完整的商品流通过程。在这个过程中，包含两种运动：商品价值的形成和商品实体的运动，其核心是产品到商品的转化。

② 营销渠道的主要参与人是中间商和代理商。中间商是指在制造商与消费者之间“专门媒介商品交换”组织或个人。按照中间商是否拥有商品所有权，可将其划分为经销商和代理商；按照销售对象不同，中间商分为批发商和零售商。

③ 商品从生产者流向消费者的过程中，商品所有权至少转移一次。所有权转移的次数越多，营销渠道就越长。

④ 在营销渠道中，与商品所有权转移直接或间接相关的还有其他一系列流通活动，如物流、资金流、信息流等，它们发挥着相当重要的协调和辅助作用。

三、营销渠道的类型

按商品在流通过程中经过的流通环节的多少来划分，营销渠道可以划分为以下4种。

（一）直接渠道

直接渠道是指没有中间商参与，产品由制造商直接销售给消费者和用户的渠道类型。如上门推销、电视直销和网上直销等。直接渠道是工业品销售的主要方式，特别是一些大型、专用、技术复杂、需要提供专门服务的产品。消费品也可以选择直销模式，如戴尔（Dell）计算机等。

直接渠道的优点是：可以有针对性地安排生产，更好地满足需要；生产者直接面向消费者，更好地把握消费者的需求，便于消费者掌握产品的性能、特点和使用方法；降低流通费用，操控价格，积极参与竞争。其缺点是面对多样化和重复性的生产需求，生产者如果凭借自己的力量去广设销售网点，很难使产品在短期内广泛分销，也很难迅速占领或巩固市场；生产企业自销产品，势必自己要去进行市场调查，这不仅包揽了中间商所承担的人、财、物等费用，加重生产者的工作负荷，还分散生产者的精力；当生产者仅以直接分销渠道销售商品，致使目标消费者的需求得不到及时满足时，同行生产者就可能趁势而进入目标市场，夺走目标消费者和商品协作伙伴。

（二）间接渠道

间接渠道是指产品经由一个或多个商业环节销售给消费者的渠道类型。它是消费品销售的主要方式，许多工业品也可以采用。

间接渠道的优点是：中间商的介入，使制造商交易次数减少，节约流通成本和时间；中间商产品销售，制造商集中精力于生产，能够良好的分工与协作，发挥各自的专业优势。其缺点是：可能导致“需求滞后差”；可能加重消费者的负担，导致抵触情绪；不便于企业获取市场信息。

间接渠道可以按照中间环节（层次）的多少分为长渠道和短渠道；按照每一渠道层次中间商的多少分为宽渠道和窄渠道；按照渠道成员合作的紧密程度分为传统渠道和渠道系统。传统渠道是指由独立的制造商、批发商、零售商和消费者组成的营销渠道，参与人各自为政，追求个体利益的最大化。现在的渠道系统都趋向于渠道集成化、一体化，由竞争转向联合，通过做大做强，来追求整体利润的最大化，再按照合作原则，合理分配利益。

广泛性营销渠道指生产者广泛利用大量的中间商来销售其产品，把产品的销售网点分布在市场的各个角落，有利于产品迅速、广泛地占领市场。日常生活用品和标准化程度较高的商品比较适用于这种渠道。但生产者难以控制这种渠道，中间商一般也不愿承担广告、促销费用，同时存在中间商不忠诚现象。

（三）宽渠道

宽渠道和窄渠道是按照渠道中每个层次的同类中间商数目多少进行的划分。营销渠道的“宽度”取决于渠道的每一个层次中使用同种类型中间商数目的多少。例如，卷烟厂通过许多批发商、零售商将其生产的香烟推销到广大地区和广大消费者手中，这种产品分销渠道就较宽。

宽渠道的特点：营销渠道范围广，消费者可以随时、随地买到企业的产品。其缺点是宽渠道能够造成中间商之间的竞争，扰乱市场价格；另外中间商产品经验丰富，但不愿为企业付出更多的费用、提供更高的努力水平。

（四）窄渠道

窄渠道是指生产者在特定市场上只选用一个中间商为自己推销产品的分销渠道，通常也被叫作独家销售。一般来说，生产资料和少部分专业性较强或较贵重的消费品适合于窄渠道销售。

窄渠道的优点是：窄渠道能促使生产者与中间商通力合作，排斥竞争产品进入同一渠道。其缺点是：如果生产者对某一中间商依赖性太强，在发生意外情况时，容易失去已经占领的市场。

【课间案例】

小米手机的分销渠道

小米手机在分销上无疑模仿了苹果在美国的渠道政策，主要采取了电子渠道加物流公司合作的分销模式。其渠道以直接渠道、短渠道以及窄渠道为主，由厂家直接供货。小米手机目前的销售，全部依靠小米科技旗下电子商务网站小米网的网络直销，规避了与实体店和分销商的利润分割，避免了网络诈骗和多余成本，杜绝了假冒商品，又很有时尚感，很能吸引年轻消费者的兴趣，同时更强化了自身的品牌影响力。在库存和物流上，小米科技充分利用其天使投资旗下的凡客等诸多互联网公司的支持，将小米机与这些公司进行服务对接，突出其低成本、高效率、快整合、双向推动的优势。小米科技与中国联通联手推出小米手机联通合约机，合约计划推出预存话费送手机和购机入网送话费两种方式，现已签订百万台订单。此举又为小米机的分销增加了新的渠道。同时，小米科技又增加代工厂，以保证货源。

四、营销渠道的职能

营销渠道的职能在于它是连接生产和消费的桥梁和纽带。企业使用营销渠道是因为在市场经济条件下，生产者和消费者或用户之间存在空间分离、时间分离、所有权分离、供需数量差异以及供需品种差异等方面的矛盾。

营销渠道的主要职能有以下几个。

① 调研：是指收集制度计划和进行交换所必需的信息。

② 促销：是指进行关于所供产品的说服性沟通。

③ 接洽：是指寻找潜在消费者并进行有效的沟通。

④ 配合：是指所供产品符合消费者需要，包括制造、分等、装配、包装等活动。

⑤ 谈判：是指为了转移所供物货的所有权，而就其价格及有关条件达成最后协议。

⑥ 物流：是指从事产品的运输、储存、配送。

⑦ 融资：是指为补偿营销成本而取得并支付相关资金。

⑧ 风险承担：是指承担于渠道工作有关的全部风险。

五、营销渠道的发展

由于市场、环境和竞争都在不断变化，故市场竞争要求企业根据环境的变化而变化。销售渠道作为对市场最敏感的竞争要素，会因应这种变化，通过调整、整合，构建新优势。

厂家—总经销商—二级批发商—三级批发商—零售店—消费者，此种渠道结构是传统销售渠道的经典模式，这种渠道模式进一步推高了产品价格、瓜分了渠道利润、产生了大量冲突、出现了大量不合作行为，而且经销商不规范的操作手段，如竞相杀价、跨区销售等，造成了严重的市场冲突；更重要的是，经销商掌握的巨大市场资源，垄断了市场需求信息，出现了严重的信息不对称问题。因此，制造商为了克服传统渠道的弊端，开始对渠道进行修正与改革，渠道网络进入了一个多元化发展的新阶段。

（一）渠道体制——由金字塔式向扁平化方向转变

传统的销售渠道呈金字塔式的体制，具有广大的辐射能力、巨大的市场覆盖面。在供过于求、竞争激烈、快速响应营销环境下，传统渠道存在着许多不可克服的缺点：制造商难以有效地控制销售渠道；多层结构有碍于效率的提高；多层次结构使得信息不能准确、及时反馈，不能快速把握和反映消费者的需求；销售政策不能得到有效的执行落实。因而，许多企业正将销售渠道改为扁平化的结构，即销售渠道越来越短、销售终端越来越多。销售渠道变短，增加了企业对渠道的控制力；

销售终端增加，增加了产品的销售量。

扁平化渠道是指通过减少渠道层次、压缩职能部门和机构、裁减人员，使中间管理层级尽可能减少，以便企业快速地将决策权延至营销网络的终端，从而为提高渠道效率，建立起富有弹性的新型渠道模式。该模式摒弃了传统金字塔式企业管理模式的诸多难以解决的问题和矛盾。

【课间案例】

西门子家电

西门子家电在中国，走的是“以点带线，以线带面”的路线，即在一个地区重点扶持一个点，时机成熟后再增加新的销售网点。

西门子重视网点建设的质量，主要表现在两个方面：对网点的细心培育和零售业态的有效组合。销售人员经常深入终端与零售商进行广泛的沟通，听取他们的意见，及时解决他们在销售中遇到的困难和问题，并在产品展示陈列、现场广告促销及补货等方面给予有力支持，从而处理好厂家与零售商的利益关系。

西门子冰箱销售采取直接对零售终端的渠道模式，不通过任何中间批发环节，由厂家开拓和培育网络。创造一个与零售商互惠合作的良好环境，即采取一切有效的措施把产品卖给消费者，而非把产品仅仅推销给零售商。

（二）渠道运作——渠道管理中心由总经销商变为销售终端

渠道工作要解决两个问题：一是把产品铺到消费者的面前，让消费者能够方便地购买；二是确立合理的价格，为消费者创造更大价值。

过去解决第一个问题的办法是建立总经销机制，但存在以下问题。

① 经销商机制往往网络不畅、市场铺货率不高、市场渗透不足，无法保证消费者在零售店能够见得到、买得到、乐得买。

② 经销商机制不能很好地解决终端管理问题，如产品摆放、展示陈列、POP（Point of Purchase Advertising）广告、及时补货等，影响终端销售力。

③ 厂家与经销商的利益矛盾，使得厂家无法确保市场的稳定，经销商无序经营、窜货、降价倾销现象屡禁不绝，扰乱统一市场。

在当前背景下，要求企业要对市场“精耕细作”，渠道管理中心由总经销商变为销售终端的建设与维护。企业开始以终端市场建设为中心来运作市场，更多地参与到终端管理中，使得自身的产品能够及时、准确而迅速地通过各渠道环节到达零售终端，提高产品市场覆盖面；另一方面，在终端市场可以进行各种各样的促销活动。

（三）渠道建设——由交易型关系向伙伴型关系转变

传统的渠道中，每一个渠道成员都是一个独立的经营实体，以追求个体利益最大化为目标，甚至不惜牺牲渠道的整体利益。

在伙伴式销售渠道中，厂家与经销商一体化经营，实现厂家对渠道的集团控制，使分散的经销商形成一个整合体系，渠道成员为实现自己或大家的目标共同努力，追求双赢。在紧密型的伙伴关系中，厂家与经销商共同致力于提高销售网络的运行效率、降低费用、管控市场，更加重视长期关系，渠道成员责任共担，积极妥善解决渠道纠纷。

伙伴型合作关系的业务形式有：①联合促销；②陪同销售；③定制化产品；④信息共享；⑤培训。

伙伴型合作关系的组织形式有：①合同式体系，即在厂家与经销商之间以一定的合约为约束，在一定的利益基础上，把渠道中各个独立的实体联合起来，例如特许经营；在渠道控制力方面，渠道领袖利用市场声誉、产品创新能力，成为整体流通渠道的主导成员，从而将销售渠道中的不同成员联合成一个体系。②所有权式体制，即厂家以入股的方式来控制销售渠道，如格力空调西南销售公司就是由格力集团与经销商共同入股组成的。

（四）市场重心——由大城市向地、县市场下沉

许多企业是以大城市为重点开发的目标市场，在省会城市设立销售机构。随着大城市市场竞争的加剧，一些企业已将市场重心转移到地区、县级市场，在二、三级城市精耕细作。例如，双汇集团的渠道变革即反映了这种模式；“非常”可乐的市场发展也采取了农村包围城市的发展模式；美的集团小家电的渠道战略就是“弱化一级（经销商）、加强二级（经销商）、决胜三级（终端商）”。

总之，营销环境的变化要求企业的经营必须做出相应调整。目前一些企业进行的销售渠道的变革正是这种调整的体现。

【课间案例】

大牌入驻天猫：妥协还是另有思量

继2014年4月英国奢侈品牌Burberry（博柏利）成为首个在天猫开旗舰店的奢侈品牌后，美国高端化妆品牌雅诗兰黛也在2014年5月21日宣布在天猫商城开设官方旗舰店。

不过，大牌入驻天猫到底是向天猫巨大的客流量妥协还是有其他考虑，却得由时间来证明。Burberry天猫旗舰店一上线，便在行业中引发地震。以往，因渠道印象太“low”以及假货泛滥，大牌对涉足电商一直十分保守，即便是自建的电商网站，也被定位于趋势需要及展示产品的平台。Burberry入驻天猫，是真正意义上的高端奢侈品牌首次进驻第三方网购平台。雅诗兰黛目前也是天猫美妆旗舰店中最顶级的品牌。

不过，严格来说，Burberry和雅诗兰黛并不能算先行者。2012年，美国中高端品牌Coach（蔻驰）曾在天猫开店，双方最初只设定了一个月的运营期。一个月后，Coach便撤出天猫，并在同年推出了自己的电商网站。更早之前，LVMH（路威酩轩）集团旗下的化妆品品牌Benefit（贝玲妃）也曾在2011年底入驻天猫，双方初定的计划就是运营半年，到期后Benefit便撤出天猫。“目前奢侈品牌涉足电商的方式主要就是自建电商网站或与第三方电商网站合作，不过，对于奢侈品牌来说，自建电商平台依然是最好的选择。因为这对线上线下渠道整合，销售过程中各个环节、成本的控制等都能严格把控。”财富品质研究院院长周婷对中国经济时报记者说，自建电商网站需要流量支撑，而天猫正是一个大流量平台。不排除品牌利用天猫将流量导入自建的网站，或是将天猫客户群体转换为自建网站客户。“不过，已经可以看出，天猫作为一个B2C平台，正向中高端转换。”

由于日前阿里巴巴刚刚与法国政府签署了“备忘录”，可以预见未来将有更多法国品牌集体进驻天猫。天猫方面也透露，雅诗兰黛的入驻是天猫“品牌时尚化”战略的延续，天猫还将持续吸引

国际大牌入驻。有市场传言，法国知名百货公司老佛爷也正在与天猫方面进行接洽。

目前来看，Burberry天猫旗舰店似乎遇到了坎坷。开业18天就被媒体曝出退货率达26.4%。尽管Burberry没有对此进行说明，并且还将天猫旗舰店的销售数据隐匿，但却有“拍个照传微博就退货”“把高仿假货退回去留下真货”的猜测。

“这也从侧面说明奢侈品牌在天猫开店面临着不小挑战。虽然目前网购奢侈品已经逐渐成为习惯，但流量提升的同时能否保证服务与体验是奢侈品牌面临的问题。”周婷表示，天猫的一部分客户对商品价格敏感，流动性强，奢侈品牌也必须做好后期客流量减少的准备。

Burberry和雅诗兰黛在天猫开设旗舰店也引起了其他第三方奢侈品电商的关注。显然，大牌如果纷纷入驻天猫，这对其他第三方奢侈品电商来说就少了与大牌们合作的机会。

“天猫获得越来越多的国际品牌入驻，对行业是一件好事，会使越来越多谨慎的国际品牌接受上线的做法，对培育奢侈品电商热土有帮助，顺应了消费升级的趋势，并且对假冒伪劣商品来说是最正面的宣战。”国内时尚和奢侈品电商网站走秀网高级副总裁年清对中国经济时报记者表示，看好奢侈品牌和国际品牌拥抱线上的做法。“当然，天猫毕竟不是以国际品牌为主的平台，并且其平台的模式入驻需要国际品牌具备本土电商运营能力，这需要很长时间来磨合。”

资料来源：中国经济时报，2014年5月29日

第二节 营销渠道选择与设计

随着各行业竞争的逐渐加剧，企业能否有效地销售产品直接关系到企业的生死存亡。而销售的效率在很大程度上取决于企业的营销渠道模式，如何选择适合企业的营销渠道模式，如何设计适合企业的营销渠道模式，如何评估现有营销渠道模式的效率，就成为营销工作的重要内容。

一、影响营销渠道选择的因素

营销渠道选择是指企业根据企业的战略目标，选择适合企业的渠道模式。影响企业营销渠道选择的因素主要有以下几个。

（1）企业战略目标。企业的整体发展战略目标一般来说是影响企业的渠道选择的首要因素，企业的渠道模式只有支持企业的整体发展战略目标的实现，才算是有效渠道模式。

（2）消费者的需求及消费过程的复杂程度。消费者的需求量、消费时间、购买渠道习惯、愿意支付的成本、主流消费者的经济状况等因素都是影响企业的渠道模式选择的因素。目标市场的状况如何，是影响企业营销渠道选择的重要因素，是企业营销渠道决策的主要依据之一。市场因素主要包括：目标市场范围的大小及潜在需求量、市场的集中与分散程度、消费者的购买特点、市场竞争状况等。

（3）企业产品的复杂程度。企业产品的技术含量、保质期、使用特殊要求甚至体积、质量等

都是影响企业渠道模式选择的因素。由于各种商品的自然属性、用途等不同，其采用的营销渠道也不相同。产品因素主要包括：产品的性质、产品的时尚性、产品的标准化程度和服务、产品价值大小、产品市场寿命周期等。

（4）行业竞争激烈程度及企业自身条件。主要竞争对手选择的渠道，及竞争对手企业与本企业的产品特点、品牌形象、经济实力、战略目标、人员素质、交通便利程度、竞争激烈程度等因素会影响到企业的渠道选择模式。企业自身条件包括企业的生产和经营规模、企业的声誉和形象、企业经营能力和管理经验、企业控制渠道的程度等。

（5）市场上现有中间商的整体情况。现有中间商的整体素质、经营的渠道、经济实力、中间商之间的竞争情况、中间商之间的冲突程度是有关中间商方面的影响企业渠道模式的因素。

（6）各种渠道模式运营成本及风险。这部分主要包括渠道冲突、推广费用等。

二、渠道设计

营销渠道设计（Marketing Channel Design）是指为实现营销目标，对各种备选渠道结构进行评估和选择，从而开发新型渠道或改进现有渠道的过程。

（一）渠道结构设计的影响变量

影响渠道设计的因素有以下几方面。

（1）产品方面，包括：①价值大小，商品价值越小，营销渠道越长；单价越高，渠道越短。②体积与质量，体积过大或过重的商品，渠道较短。③技术性和售后服务，具有高度技术性或需要经常服务与保养的商品，营销渠道要短。

（2）市场方面，包括：潜在消费者分布面广，就要选择长渠道；消费者购买习惯，如接受的价格、购买渠道的偏好；竞争性商品一般应采取同样的分销路线。

（3）生产商方面，包括：如果产品组合丰富，可以选择 “较短而宽”的渠道；如果生产商的“产品组合”的宽度和深度小，可以选择“较长而宽” 的渠道。 另外，生产商的实力也会影响渠道设计，如果生产商产品质量好、美誉度高、资金雄厚，可以建立自己的销售网络，选择“最短而窄”的分销渠道。

（二）渠道设计的步骤

渠道设计的步骤为：

① 营销环境分析，包括审视公司渠道现状、评估目前的渠道系统、收集渠道信息及渠道变革趋势、分析竞争者渠道等。

② 制定短期的渠道策略，包括评估渠道的近期事态、制订近期渠道发展计划等。

③ 渠道系统优化设计，包括用户需求定性分析和需求定量分析，给出容量预测，并设计“理想”的渠道系统。

④ 渠道战略方案决策，包括设计管理限制、制定战略性选择方案。

（三）渠道结构设计

营销渠道结构的三大要素是渠道中的层次数、各层次的密度和各层次的中间商种类。 渠道层次是指为完成企业的营销渠道目标而需要的渠道长短的数目；渠道密度是指同一渠道层次上中间商的数目；中间商种类是指有关渠道的各个层次中应分别使用哪几种中间商。

根据工业品和消费品的差异性特征，常用的渠道结构如图 9.1 所示。

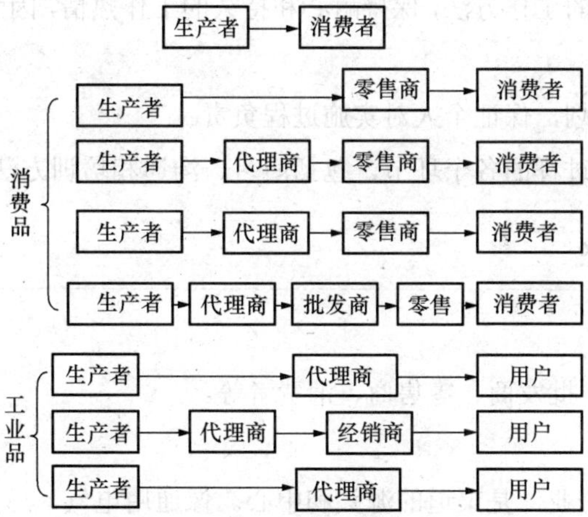

图 9.1　常用的渠道结构

图 9.1 中所示的几种模式中，生产者把商品销售给批发商，由批发商转卖给零售商，最后出售给消费者，这种渠道结构是最通用的，因为很多消费品都需要广泛的销售，这样做既能节约生产者的销售时间和费用，也可以节省零售商的进货时间和费用。尤其是对小型生产企业和零售商来说，这种形势最为经济可行。在经济发达国家，这种结构也被普遍采用。

（四）渠道设计中的几个关键点

（1）确定渠道模式。企业营销渠道设计首先是要决定采取什么类型的营销渠道，是直接渠道还是间接渠道？是长渠道还是短渠道？是宽渠道还是窄渠道？渠道模式选择的判断步骤：根据专家的意见，选出能够影响渠道选择模式的因素；专家根据各因素的影响程度，给每个因素赋予相应的权重值；专家根据企业的现状给各因素打分；根据专家给出的分数以及权重，求出所有因素的加权和；专家根据行业的现状，给出渠道模式转换的临界值；把加权和与临界值比较，对渠道模式的选择做出决策。

（2）确定中间商的数目。这主要取决于企业的营销模式，是密集性营销、独家营销、选择性营销，还是复合式营销。密集性营销就需要尽可能多的中间商，使渠道尽可能加宽。独家营销则在一定地区内只选定一家中间商经销或代理，实行独家经营，是最窄的营销渠道。选择性营销是介于密集性营销和独家营销两种形式之间的营销形式，即有条件地精选几家中间商进行经营。复合式营销是指生产者通过多条渠道将相同的产品销售给不同的市场和相同的市场。对渠道成员的规定包括：

（3）规定渠道成员彼此的权利和责任。对不同地区、不同类型的中间商和不同的购买量给予不同的价格折扣，提供质量保证和跌价保证，以促使中间商积极进货；还要规定交货和结算条件，以及规定彼此为对方提供哪些服务。

（五）渠道变革的实施

渠道变革的实施需做到以下几点。

① 让渠道成员广泛参与，将渠道变革的思想和目标传递到企业相应的职能部门和各个层级。

② 选择核心的变革执行者，以主导这个变革过程。该执行者必须有权力、可信任、政治经验丰富和坚韧不拔。

③ 始终坚持用户导向的工作方法，保持耐心和持久的工作热情，因为渠道变革是一场“不流血”的革命。

④ 制订有效的推广计划，保证个人对实施过程负责。

⑤ 明确系统变革管理过程的各个环节，包括演习、沟通和培训方法。

三、渠道成员及其选择

(一) 渠道成员的类型

渠道成员包括生产者、批发商、零售商、消费者等。

1. 生产者

生产者是创造产品的企业，是渠道的源头和中心。像通用电气、通用汽车、索尼、飞利浦这样成功的生产者在各自的分销渠道中占据着举足轻重的位置。当然，随着渠道中渠道成员力量的对比变化，一些分销商也开始控制渠道，成为渠道的领导者。

2. 批发商

批发商在分销渠道中的作用并不像生产者和零售商那样明显可见。批发商曾经是渠道的主导，它们通过设计和发展渠道将许多零售商和制造商连接起来。但最近几年，由于许多零售商和生产者之间的纵向一体化，批发商的作用在减弱，现在已经逐渐趋向于被淘汰。

与零售商相比，批发商的特点是拥有大量的进货渠道和库存、保持价格优势。

批发商的作用体现在：能够低成本、快速地实现铺货；能够高效率地采购、配置多种产品，提高消费者的采购效率；减少了生产商和零售商的仓储成本与风险；为消费者提供便利的购买条件。

3. 代理商

代理商是代企业打理生意，不是买断企业的产品，而是厂家支付代理佣金的一种经营模式。按代理权是否具有排他性进行分类，代理商分为总代理商和普通代理商。总代理商指代理权具有排他性；普通代理商指代理权不具有排他性，委托人可以再行指定其他代理商进行代理活动。按代理业务划分，代理商分为产品代理商、物流代理商、采购代理商、广告代理商等。

委托人与代理人签订代理协议，授权代理人在一定范围内代表他向第三者进行商品买卖或处理有关事务。代理人在委托人授权范围的行为、所产生的权利和义务，直接对委托人发生效力，代理双方属于一种委托和被委托的代销关系，而不是买卖关系。

4. 零售商

与生产者直接竞争的是零售商，它们是分销渠道中最靠近消费者的一环。零售商利用各种购物环境把不同生产者的产品提供给消费者。在许多渠道中，零售商是主导力量，就像沃尔玛、西尔斯等。信息技术的高速发展已经使零售商在分销渠道中的作用越来越重要，具有更大的谈判权。

零售商的基本任务是为最终消费者提供购、销、调、存、加工、拆零、分包、传递信息等服务，是联系生产企业、批发商与消费者的桥梁，在分销渠道中具有重要作用。

零售商的主要形式有百货商店、专业商店、超级市场、便利商店、仓储商店等。百货商店种类齐全、客流量大、资金雄厚、重视商誉和企业形象；专业商店品种齐全、经营富有特色、个性、专业性强；超级市场商品周转快；仓储商店是20世纪90年代后期才在我国出现的一种折扣商店，一般位于郊区低租金地区，面积大，以零售的方式运作批发。

随着消费观念和购物模式的变化，出现了一些新零售业态，如连锁商业、连锁超市、特许经营、购物中心等。连锁商业指众多的、分散的、经营同类商品或服务的零售企业，在核心企业（连锁总部）的领导下，以经济利益为连接纽带，统一领导，实行集中采购和分散销售，通过规范化经营管理，实现规模经济效益的现代流通组织形式。连锁超市是连锁商业形式和超级市场业态两者的有机结合。特许经营是一种基于授权合同进行的商业活动。

在经济全球化的背景下，我国许多企业开始实施“走出去”战略，积极参与国际市场竞争。国际化的一个重要策略是国内生产，通过国际零售渠道，进行全球分销，这就存在一个国际零售商的选择问题。国际零售商的优势体现在：

① 管理的优势。国际零售商基本上都是世界顶尖的优秀企业，其管理模式、管理经验、管理手段、管理人才都非常有优势，其对商品管理、服务管理、价格管理、现场管理、设备管理、技术管理都有独特的优势。

② 机制的优势。国际零售商都建立了现代企业制度，产权明晰，规范运作，从经营机制、用人机制、用工机制、管理机制到分配机制甚至是到破产机制都非常清晰明确。

③ 规模的优势。例如，美国连锁零售商沃尔玛是全球营业额最大的公司，是世界上雇员最多的企业，连续3年在美国《财富》杂志世界500强企业中居首位。2014年，沃尔玛公司以4 762.94亿美元的销售额力压众多石油公司，而再次荣登《财富》世界500强榜首。

④ 资金融资的优势。国际零售商大多都有资金的优势，而且因其信誉、信用和现代企业制度的优势，再加上目前国际上货币资本的十分宽裕，融资非常容易，因此发展起来资金不是问题。

⑤ 技术设备和手段的优势。目前国际零售商几乎全部采用先进的计算机管理，动态的商品销售信息为决策者们提供了可靠的信息决策支持。

⑥ 战略策划的优势。国际零售巨头非常注重战略策划，而且能适时变化。

⑦ 资源渠道的优势。国际零售商得天独厚的条件是有进出口的渠道优势，这是许多国内的传统零售商根本无法与之相比的。

⑧ 品牌的优势。国际零售商大多都是在国际上享有很高知名度的名牌企业，在生产厂商及银行等社会各界有很好的信用。

5. 消费者

消费者是整个分销渠道的终点。生产者、批发商、零售商都是为了满足消费者的需要，并通过交换最终实现各自的目标。在渠道中，消费者开始觉醒，消费者的法律意识、权益意识受到空前的保护。

（二）渠道成员选择

渠道成员的选择，就是从众多的相同类型的分销成员中选出适合公司渠道结构的能有效帮助完成公司分销目标的分销伙伴的过程。营销渠道设计的最后一步是着手选择营销渠道成员。如果渠道设计结果是采用直销的营销方式，就不存在对分销成员的需求，也就无所谓对分销成员进行选择了。

1. 选择渠道成员的条件

如果企业确定了其产品销售策略，选择间接渠道进入市场，下一步即应做出选择中间商的决策，包括批发中间商和零售中间商。中间商选择得是否得当，直接关系着生产企业的市场营销效果。选择中间商首先要广泛搜集有关中间商的业务经营、资信、市场范围、服务水平等方面的信息，确定审核和比较的标准。选定了中间商还要努力说服对方接受你的产品，因为并不是所有的中间商都会对你的商品感兴趣。投资规模大并有名牌产品的生产企业完成决策并付诸实际是不太困难的，而对那些刚刚创业的中小企业来说就不是一件容易的事情了。一般情况下要选择中间商必须考虑以下条件。

① 中间商的市场范围。市场是选择中间商最关键的因素。首先要考虑预先选定的中间商的经营范围所包括的地区与产品的预计销售地区是否一致，比如，产品在东北地区，中间商的经营范围就必须包括这个地区。其次，中间商的销售对象是否是生产商所希望的潜在消费者，这是最根本的条件。因为生产商都希望中间商能打入自己已确定的目标市场，并最终说服消费者购买自己的产品。

② 中间商的产品政策。中间商承销的产品种类及其组合情况是中间商产品政策的具体体现。选择时，一要看中间商有多少“产品线”（即供应的来源），二要看各种经销产品的组合关系，即是竞争产品还是促销产品。一般认为，应该避免选用经销竞争产品的中间商，即中间商经销的产品与本企业的产品是同类产品，比如都为 21 英寸的彩色电视机。但是若产品的竞争优势明显就可以选择出售竞争者产品的中间商。因为消费者会在对不同生产企业的产品做了客观比较后，购买有竞争力的产品。

③ 中间商的地理区位优势。区位优势即位置优势。选择零售中间商最理想的区位应该是消费者流量较大的地点。批发中间商的选择则要考虑它所处的位置是否利于产品的批量储存与运输，通常以位于交通枢纽的位置为宜。

④ 中间商的产品知识。许多规模巨大且有名牌产品的生产商往往选择对销售某种产品有专门经验的中间商，从而可以很快地为产品打开销路。因此生产企业应根据产品的特征选择有经验的中间商。

⑤ 预期合作程度。中间商与生产企业若合作得好，就会积极主动地推销企业的产品，这对双方都有益处。有些中间商希望生产企业也参与促销，扩大市场需求，并相信这样会获得更高的利润。生产企业应根据产品销售的需要确定与中间商合作的具体方式，然后再选择最理想的中间商。

⑥ 中间商的财务状况及管理水平。中间商能否按时结算包括在必要时预付货款，取决于其财力的大小。整个企业销售管理是否规范、高效，关系着中间商营销的成败，而这些都与生产企业的发展休戚相关，因此，这两方面的条件也必须考虑。

⑦ 中间商的促销政策和技术。采用何种方式推销商品及运用选定的促销手段的能力直接影响销售规模。有些产品广告促销比较合适，而有些产品则适合通过销售人员推销；有的产品需要有效的储存，有的则应快速运输。要考虑到中间商是否愿意承担一定的促销费用以及有没有必要的物质、

技术基础和相应的人才。选择中间商前必须对其所能完成某种产品销售的市场营销政策和技术的可行性做出全面评价。

⑧ 中间商的综合服务能力。现代商业经营服务项目甚多，选择中间商要看其综合服务能力如何，有些产品需要中间商向消费者提供售后服务，有些在销售中要提供技术指导或财务帮助（如赊购或分期付款），有些产品还需要专门的运输存储设备。合适的中间商所能提供的综合服务项目与服务能力应与企业产品销售所需要的服务要求相一致。

2. 确定渠道成员的数目

对于同一渠道层次的中间商数量的选择，根据企业产品的特点和企业追求的产品展露度，有如下策略可供选用。

（1）密集性分销。

密集性分销也叫多家分销，是渠道宽度的其中一个类型，是指生产商尽可能多地通过许多负责任的、适当的批发商、零售商推销其产品，是指只要符合企业最低要求的中间商均可参与分销。密集性分销的特点是尽可能多地使用商店销售产品或服务。

当消费者要求在当地能大量、方便地购买时，实行密集性分销就是至关重要的。该模式一般用于便利品项目，如香烟、肥皂、小吃和口香糖之类，以及工业品中的标准件、通用小工具。一般情况下，消费者越是要求购买的大量性、高频性和方便性，就越有必要和可能选择密集分销的方式。它通过最大限度地给消费者提供便利而推动销售提升的。产品的分销越密集，销售的潜力也就越大。它是一种最宽的分销渠道。一般来说密集分销分为零售密集分销和批发密集分销。

密集分销的缺点是容易导致市场混乱，渠道管理成本较高。在密集分销中能够提供服务的经销商数目总是有限的。生产商有时得对经销商的培训、分销支持系统、交易沟通网络等进行评价以便及时发现其中的障碍。而在某一市场区域内，经销商之间的竞争会造成销售努力的浪费。由于密集分销加剧了经销商之间的竞争，他们对生产商的忠诚度便降低了，价格竞争激烈了，而且经销商也不再愿意合理地接待消费者了。

密集分销的主要好处是市场覆盖面大，扩展市场迅速，消费者接触率高，可较快地提升销售业绩，分销的支持度强，可充分利用中间商的优点。

（2）独家分销。

独家分销又叫专营性分销，这是指在一个地区只选定一家中间商或代理商，实行独家经营。选择独家分销，要求企业在同一地区不再授权其他中间商销售本企业的产品；对所选中间商，企业要求其不再经营与之竞争的产品。独家分销是最极端的形式，是最窄的分销渠道，适用于消费品中的特殊品，尤其是一些名牌产品，以及需要提供特殊服务的产品。独家分销可以使生产企业提高对销售渠道的控制力，刺激中间商努力为本企业服务。但这种策略对企业来说风险极大，如果中间商选择不当，则有可能失去这一地区的市场份额。

这种方式可使制造商对分销渠道拥有强大的控制力，使中间商在销售上更积极用心，还可以较为有效地防止假冒伪劣产品流入市场，提升消费者对产品及其企业的信任感，提升企业的形象。

与密集性分销策略的最明显的区别是：专营性分销策略要求所有的中间商只能专门经销自己的

产品。产品经销权的排他性和产品经销区域的排他性有利于控制市场营销，提高中间商的积极性；与中间商有密切的合作关系，在推销方面得到大量的协助；提高生产企业的经营效率，节约费用，降低销售成本；提高中间商对消费者的服务质量；排斥竞争产品进入同一市场，提高企业的国际竞争力。

专营分销由于对中间商的依赖性太强，市场覆盖面窄，一旦生产企业与中间商之间发生变化，中间商不再为生产者销售产品，企业就要失去已占领的市场。此外，采用这种策略本身就意味着放弃一部分潜在消费者，极有限的渠道宽度，使企业适应性较差，销量难以扩大。

（3）选择性分销。

选择性分销渠道是指在市场上选择少数符合本企业要求的中间商经营本企业的产品。它介于密集分销和独家分销两种形式之间，即有条件地选择几家中间商进行经营。它的营销渠道比独家分销宽，比密集性分销窄，这是企业较普遍使用的一种策略。它适用于各类商品，尤其是消费品中的选购品、特殊品，以及专业性强、用户比较固定、对售后服务有一定要求的工业产品。其他企业也可选用这一策略。

选择性分销渠道的优点在于：①可以节省费用开支，提高营销的效率；②生产企业通过优选中间商，还可维护企业和产品的声誉，对市场加以控制；③当生产企业缺乏国际市场经营的经验时，在进入市场的初期选用几个中间商进行试探性的销售，待企业积累了一定的经验，或其他条件具备以后，再调整市场销售策略，以减少销售风险。

选择性分销渠道的限制条件在于：①中间商是否能提供良好的合作；②愿意参与渠道协作的中间商数目的多少；③制造商能为中间商提供多少市场畅销的产品，在供货方式、价格上给予多大幅度的优惠，在如采用广告宣传等手段所需的费用上给予多大的支持等；④制造商与中间商之间的联系以履行合同来维系，无论哪方的行为有损于合同的执行，必将使产品在该渠道上的流通受阻，从而使采用这一渠道的预定目标落空。

四、渠道绩效评估

渠道绩效评估（Performance Evaluation on Channel），是渠道控制者通过科学的手段或措施对其营销渠道系统的效率和效果进行客观的考核和评价，以优化现有渠道，进行渠道调整。

评估的基础是要界定渠道的绩效。渠道是一个多维和纵深的复杂结构，既包括宏观的方面，也包括微观的方面，故渠道绩效既包括渠道的整体绩效，也包括单个层级、单个渠道成员的绩效。

一般情况下，渠道成员是以独立的经济实体的形式集成在一起，形成一个营销渠道系统，基于个人理性，谋求个体利益的最大化。此处假定生产者处于控制定位，从生产商的角度出发来阐述如何对渠道系统进行渠道绩效的评估。

（一）渠道绩效评估的主要内容

1. 渠道系统管理组织评估

渠道系统管理组织评估主要评估渠道管理系统中的组织构架的适应性、营销组织中的人力资源管理、营销系统的稳定性和投入产出效率。组织构架的适应性就是判断目前的渠道系统能否满足企业发展的需要、能否支撑企业战略规划的实现。营销组织中的人力资源管理就是评估人力资源的数量和质量、配置人力资源、激励人力资源等。营销系统的稳定性是要考察渠道分支机构对零售终端的控制能力，包括价格政策、区域管理政策、货款回收政策等。

2. 客户管理评估

从渠道控制者的角度，客户包括3个层次：一个是最终客户，另一个是组织客户，包括代理商、分销商，还有一个就是渠道成员的业务人员。

对于最终客户的管理，要考察分销商是否建有客户关系管理数据库。通常情况下，关系数据库包括：客户姓名或名称、地址、邮编、联系电话、电子邮件、产品型号、购买价格、购买日期、记录建立时间、记录建立人、是否回访、回访频率、回访时间、回访人等。这些关系信息是分销商的私人信息。生产商要与分销商分享这些信息。

对于组织客户的管理，要考察是否建有分销商关系数据库。分销商关系数据库是生产商的可控信息，反映了营销系统的工作质量。

对于渠道成员的业务人员的管理，像上述两类客户一样，只是更加特殊的“客户”而已，因此也需要建立数据库来统一管理。一般情况下，业务人员数据库需要包括姓名、性别、年龄、住址、家庭联系电话、电子邮件、负责区域、负责客户类别（最终客户还是组织客户）、负责客户数量等。

3. 渠道成员铺货管理评估

生产者选择分销系统目的是在财务风险可控的前提下，实现快速铺货、快速销售、快速回款的目的。渠道成员铺货管理的评估分为以下两个步骤。

① 对渠道成员的信用状况进行评估，这一步直接关系到铺货风险和财务风险问题。对渠道成员要有系统化的风险评估机制。

② 进行适当铺货。要掌握“点、线、面”的推进关系，确定一个合适的铺货量，不能太低，太低了可能造成缺货或断货；但也不能太高，太高了增加库存风险、资金占用和回款风险。

4. 市场促销活动评估

促销活动可以由生产商组织、渠道成员辅助实施，或者渠道成员组织、生厂商辅助实施。两种模式下，都需注意促销目的、促销原则、促销中间环节以及促销切入点等达到一定的要求。

① 促销目的明确。促销主要有如下几种：由于新产品上市，为吸引消费者，尽快打开市场；抑制竞争对手，保护自身的市场；与竞争对手争夺消费者，拓展市场宽度或深度；回馈消费者增加市场占有率。

② 促销原则要正确。市场促销活动要遵循娱乐和让利这两个原则。娱乐原则在于争取消费者的参与；让利原则在于争取到人员购买，打压竞争对手。

③ 把握好3种力。促销活动过程中存在3种力，即终端消费者的拉力、渠道成员的推力以及厂商的引力。如何协调好这3种力，直接关系到促销的效果。

④ 找准市场炒作的切入点。促销活动要产生预期的效果，需要找好切入市场的点。通常情况下，促销活动有4大切入点，分别是借势、造势、乘势和顺势。所谓借势，就是利用社会高度关注的重

大事件，借题发挥，如联想赞助2008年北京奥运会。所谓造势，就是由生厂商自身选定议题，吸引新闻媒体的关注，如众多生厂商主动出击的各种活动或主题的新闻发布会。所谓乘势，就是利用市场旺季，实施密集的促销计划，突出自己，如每年暑期各大生厂商都大打暑期促销战。所谓顺势，就是当生厂商或生厂商产品自身可能遭遇某种不好的事件时，采用顺水推舟，实行危机公关，进而顺理成章地达到促销的效果。

（二）渠道的财务评估

渠道评估的核心内容是财务评估。渠道绩效评估的关键财务指标主要有以下几个。

（1）渠道成本。渠道成本主要有：①直接推销费，包括营销人员工资、奖金、差旅费、培训费以及招待费等；②市场促销费，包括宣传海报、产品介绍等的印刷费、赠品费、展览费、促销人员劳务费等；③渠道成员的代理费，即给予渠道成员的佣金；④生厂商自建渠道成本，包括初始投资成本以及此后的营运成本等。

（2）销售利润率。对于生厂商来说，销售利润率影响到其持续发展能力。所谓销售利润率，就是指渠道系统当期利润与当期销售收入之间的比值，用公式表示为

销售利润率=（当期利润÷当期销售收入）×100%

（3）资产收益率。资产收益率，就是指厂商所创造的总利润与厂商自身全部资产的比值，用公式表示为

资产收益率=（当期利润÷资产平均总额）×100%=（税后息前利润÷资产平均总额）×100%

（4）渠道成本与销售额比值分析。渠道成本与销售额比值，就是用当期渠道成本去除以当期销售总额的比值。该指标主要用来衡量厂商的渠道系统的运作效率，若该比值较高，表明厂商的渠道效率较低，应注意渠道成本费用的控制；若该比值较小，则说明厂商现行的渠道系统效率较高，应继续保持。渠道成本与销售额比值，用公式表示为

渠道成本与销售额比率=（当期渠道成本÷当期销售总额）×100%

第三节 营销渠道管理

渠道管理（Channel Management）是指渠道控制者为实现渠道目标而对现有渠道进行的计划、控制、组织与协调，以确保渠道成员间、公司和渠道成员间相互协调和通力合作的一切活动。

一、渠道成员管理

对渠道成员管理是渠道管理的核心内容。渠道成员管理包括以下几方面内容。

（一）选择渠道成员

总的来说，知名度高、实力雄厚的生产商很容易找到适合的中间商；而知名度低、新的中小生产者较难找到适合的中间商。生产者选择渠道成员应注意以下条件：能否接近企业的目标市场；地理位置是否有利；市场覆盖有多大；中间商对产品的销售对象和使用对象是否熟悉；中间商经营的

商品大类中，是否有相互促进的产品或竞争产品；资金大小，信誉高低，营业历史的长短及经验是否丰富；拥有的业务设施，如交通运输、仓储条件、样品陈列设备等情况如何；从业人员的数量多少和素质的高低；销售能力和售后服务能力的强弱；管理能力和信息反馈能力的强弱。

（二）激励、管理渠道成员

生产者不仅要选择中间商，而且要经常激励中间商，使中间商的行为符合生产者的需要和期待，如激励中间商付出高的努力水平、扩大订货、加大促销力度等。

对中间商的供货管理，保证及时处理订货信息和订货订单，制定补货策略和库存管理策略，加快商品的流通速度。

加强对经销商广告、促销的支持，树立品牌形象，减少商品流通阻力；提高商品的销售力，促进销售；提高资金利用率，使之成为经销商的重要利润源。

对经销商提供产品服务支持，妥善处理销售过程中出现的产品损坏变质、消费者投诉、消费者退货等问题，切实保障经销商的利益。

（三）评估渠道成员

生产者除了选择和激励渠道成员外，还必须定期地、客观地评估中间商的绩效。如果某一渠道成员的绩效低于既定标准，则要找出原因，确定整改措施，实施可能的补救方法。

（四）调整营销渠道

根据实际情况、渠道成员的实绩，对渠道结构加以调整，包括增减渠道成员、重新确定成员责权利、重构销售渠道、优化营销系统。

【课间案例】

精工爱普生公司是数码影像领域的全球领先企业，也是制造计算机的大厂家，该公司准备扩大其生产线，增加多种类型的计算机。该公司总经理杰克·惠伦对现有的经销商颇不满意，也不相信他们有向零售商店销售其新型式产品的能力，因此他决定秘密招聘新的分销商以取代现有的分销商。惠伦雇用了一家名为赫格拉特的招聘公司，并给予下述指示。

1. 寻找在褐色商品（电视机等）和白色商品（电冰箱等）方面有两步分销经验（工厂到配销商到经销商）的申请者。

2. 申请者将是首席执行官型的，他们愿意并有能力建立其自己的分销机构。

3. 他们将会得到8万美元的年薪加奖金以及37.5万美元的资金用于帮助他们建立企业。他们每个人各出资2.5万美元，每人均可持有企业的股份。

4. 他们将只经营爱普生的产品但可经营其他公司的软件。每个分销商将配备一名负责培训工作的经理和一个设备齐全的维修中心。

招聘公司在寻找合格的、目的明确的、有希望的候选人时遇到了很大的困难。它在《华尔街日报》上刊登的招聘广告（不提及爱普生公司的名字），吸引了近1700封申请信，但其中多半是不合格的求职者。于是，该公司用电话簿黄页上的商业部分电话号码得到了目前分销商的名称，并打电话与他的第二常务经理联系。公司安排了与有关人员会见，并在做了大量工作之后提出了一份最具有资格的人员名单。惠伦会见了他们，并为其12个配销区选择了12名最合格的候选者。招聘公司为其招聘工作得到了25万美元的酬金。

最后的步骤要求终止爱普生公司现有的分销商。由于招聘是在暗中进行的，因此这些分销商对事态的发展毫无所知。杰克·惠伦通知他们将在90天期限内交接工作，他们当然感到震惊，因为他们曾作为爱普生最初的分销商共事多年，但是他们并没有订立合同。惠伦知道，他们缺少经营爱普生公司扩大计算机产品线和进入必要的新分销渠道的能力。他认为除了这种方法以外不可能有其他的解决办法。

二、渠道冲突

在生产者和最终用户之间有许多执行不同功能和谋求各自利益的营销中间机构。这些中间机构便组成了营销渠道。生产者利用中间商推动商品快速地进入目标市场，营销中间机构发挥自己的专业优势，协助生产者实现快速销售的目标。然而由于各个渠道参与者的利益不可能总是一致，例如渠道利益在成员之间的分配，如生产者与中间商之间，总会存在冲突。营销渠道（Channel Conflict）冲突是指在营销渠道中，渠道成员发现其他渠道成员的行动和决策阻碍或者不利于本组织目标的实现。以下将讨论以下 3 个问题：渠道冲突的主要原因是什么？渠道冲突的影响变量是什么？渠道冲突的类型有哪些？

（一）渠道冲突的产生原因

买卖双方的渠道目标不一致是产生渠道冲突的产生原因。生产商要实行高的批发价格，并倾向于现金交易，而分销商则希望低的转移价格，并要求优惠的商业信用。生产商的批发价格在整个渠道中，起了分配渠道利润的作用；生产商希望分销商提高努力水平，以占有更大的市场，而大多数分销商都经营多种产品，其努力水平在多个委托人之间分配，且较高的努力水平需要支付高的成本，而该成本又由分销商承担；生产商希望分销商将折扣让给消费者，而中间商却宁愿将折扣留给自己；生产商希望分销商进行广告宣传，而中间商则要求生产商分担广告费用；分销商希望扩大进货，但是担心资金被占用。

信息不对称是产生渠道冲突的原因。分销商具有信息优势，掌握生产商不曾拥有的信息，且利用该私人信息以在渠道中获取更大的利益；生产商具有先动优势，率先做出决策，会利用先动优势以在渠道中获取更大的利益。分销商的信息优势包括市场需求、零售价格、促销行为、广告策略等；生产商的先动优势包括渠道选择、支撑策略、转移定价、激励策略等。

渠道契约边界不清晰、渠道成员的任务和权利不明确促使渠道冲突产生。有些公司由自己的销售队伍向大客户供货，经销商也努力向大客户推销，混合的渠道会产生冲突。地区边界、销售信贷等方面任务和权利的模糊和混乱也会导致诸多冲突。冲突还可能来自渠道成员的市场知觉差异。

（二）渠道冲突的影响变量

1. 价格原因

生产商希望高的转移价格，以调控渠道利润的分配；分销商希望低的转移价格，以谋求更大渠道利润的分配；生产商常抱怨分销商的销售价格过高或过低，从而影响其产品形象与定位；分销商则抱怨给其的折扣过低而无利可图。

2. 存货水平

生产商和分销商为了自身的经济效益，都希望把存货水平控制在最低。而存货水平过低又会导致分销商无法及时向用户提供产品而引起销售损失甚至使用户转向竞争者。同时，分销商的低存货水平往往会导致生产商的高存货水平，从而影响生产商的经济效益。因此，存货水平也是容易产生渠道冲突的问题。

3. 渠道中的信用与融资

生产商希望分销商先付款、再发货；分销商则希望能先发货、后付款。在市场需求不确定的情况下，分销商希望采用代理模式，以转移市场波动风险。而代理增加了生产商的资金占用，加大了财务费用支出。

4. 分销商经营竞争对手的产品，及多委托多代理关系的存在

生产商希望多代理存在，以扩大市场销售，但又不希望他的分销商同时经营竞争企业同样的产品线；代理商希望代理多委托人的产品，以扩大市场覆盖面，并促使委托人之间竞争，且不希望委托人选择多代理人。

（三）渠道冲突的类型

渠道冲突有 3 种类型即垂直冲突、水平冲突和多渠道冲突。

1. 水平渠道冲突（Horizontal Channel Conflict）

水平渠道冲突是指同一渠道模式中，同一层次中间商之间的冲突。在水平渠道中，各成员之间的联系是一种横向的关系，他们在权力上处于同一个水平线，但利益是独立的。

产生水平冲突的原因是生产企业没有对目标市场的中间商数量、分管区域做出合理的规划，使中间商为各自的利益互相倾轧。

多渠道冲突也属于横向冲突的一种表现形式。当制造商在同一市场或区域建立两条或两条以上的渠道时，就会产生此类冲突。其表现形式为销售网络紊乱、区域划分不清、价格体系混乱，扰乱了终端市场。

2. 垂直渠道冲突（Vertical Channel Conflict）

垂直渠道冲突是指同一渠道不同层次企业之间的冲突。这种冲突较之水平渠道冲突更为常见。垂直渠道冲突也称作渠道上下游冲突。一方面，随着 IT 技术的发展，生产商从自身利益出发，建立直接渠道，这就不可避免要同下游经销商争夺客户，大大挫伤了下游渠道的积极性；另一方面，当下游经销商的实力增强以后，甚至控制渠道后，会直接进入生产领域，如 OEM，从而与生产商产生冲突。

垂直冲突的表现主要表现为：价格冲突，如批发价格的确定、零售价格的确定、促销价格的确定等。分销商为了获取销量返利、消除库存、促销等目的，没有和生产商进行协商，进行低价销售产品，造成生产商和分销商之间的利益冲突；交易冲突，它取决于双方的市场控制力。例如，随着我国零售业的快速发展，国内出现了越来越多的大型零售终端，“渠道为王，终端制胜”是分销商的重要法宝，而生产商为了谋求和大分销商或大终端合作，需要支付巨大的交易费用，如进场费、店庆费、促销费等。

垂直渠道冲突对制造商而言，有更大的危害。控制垂直冲突，生产商可以从以下几个方面展开。

① 事前预防：加强前期调研，选择好分销商，为后期的合作打好基础。例如，生产商不能只考虑分销商的实力，还要考虑自己与对方合作的平等性。生产商选择好分销商之后，签订完善的合作协议，使协议边界尽可能地清晰。

② 事中控制：在价格方面，采取联合定价，使生产商、分销商和消费者都达到均衡状态；在促销方面，生产商和分销商联合进行促销运作，合理分担促销费用；在信誉方面，生产商建立优势品牌，和分销商联合制定关于售前、售中、售后服务的协议，对积压货物给出处理规定；对额外存货，生产商和分销商就存货的处理方案统一协商；生产商可以考虑组建战略联盟，或者互相持股，将生产商利益与分销商利益捆绑在一起，以防止分销商做出不利于生产商的策略选择；生产商建立直接渠道能够产生冲突，当然直接渠道也可以控制分销商，例如建立专卖店、网上直销等。

（四）渠道冲突的解决办法

（1）目标管理。通过契约设计，引进目标管理，消除合作中的不确定性，界定合作双方的边界，是解决确定冲突的有效途径。当企业面临对手竞争时，树立超级目标是团结渠道各成员的根本之策，当渠道一直受到威胁时，共同实现超级目标才会有助于冲突的解决，才有建立超级目标的必要。

（2）沟通。通过劝说来解决冲突其实就是在利用领导力。从本质上说，劝说是为存在冲突的渠道成员提供沟通机会，强调通过劝说来影响其行为而非信息共享，也是为了减少有关职能分工引起的冲突。

（3）协商谈判。谈判的目标在于停止成员间的冲突。妥协也许会避免冲突爆发，但不能解决导致冲突的根本原因。

（4）诉讼。诉诸法律也是借助外力来解决问题的方法。对于这种方法的采用也意味着渠道中的领导力不起作用，即通过谈判、劝说等途径已没有效果。

（5）退出。解决冲突的最后一种方法就是退出该营销渠道。事实上，退出某一营销渠道是解决冲突的普遍方法。若一个公司想继续从事原行业，必须有其他可供选择的渠道。

【课间案例】

娃哈哈集团对窜货的控制

区域窜货问题，是所有企业面临的共同问题，娃哈哈集团也不能避免。中国幅员广阔，各省区之间由于经济状况、消费能力及开发程度的不同，产品的销售量差异极大，如浙江与江西、安徽毗邻而居，经济发展却差异较大。娃哈哈集团在这三省的销量各有不同，为了运作市场，总部对各省的到岸价格、促销配套力度和给予经销商的政策也肯定有所差异，因而，各经销商根据政策的不同，偷偷地将一地的产品拿到另一地销售的情况便难免发生。这种状况频繁出现，必将造成市场之间的秩序紊乱。如堤溃蚁孔，往往在不经意间让一个有序的市场体系崩于一旦，在过去十几年中，已有无数企业因此莫名坠马，一蹶不振。

娃哈哈集团成立了一个专门的机构，巡回全国，专门查处窜货的经销商，其处罚之严为企业界少有。专门的巡察机构每到一地要看的便是商品上的编号，一旦发现编号与地区不符，便严令要彻查到底。

可是，要彻底解决窜货问题，治根之策，还是要严格分配和控制好各级经销商的势力半径。一方面充分保护其在本区域内的销售利益，另一方面则严禁其对外倾销。近年来，娃哈哈集团放弃了以往广招经销商、来者不拒的策略，开始精选合作对象，从众多的经销商中发展、扶植大客户，同时有意识地划小经销商的辐射半径，促使其精耕细作，挖掘本区域市场的潜力。

三、渠道激励与协调

（一）渠道激励

产品从生产者经过经销代理商、批发商、零售终端，最终到达消费者手里这样一条“推链”的流程中，只有参与人共同努力，产品到达消费者手中的机会才能越多。许多大公司认识到了中间商对促进销售的价值，把大量的经费投入中间商的积极性调动上，但是激励效果并不好，越来越强大的中间商依靠渠道的控制能力，要求更多的奖励和回报。

弱势品牌则更依赖渠道的中间商，由于营销力量不足，他们只能被动地将有限的资金集中到渠道上来，这又使他们难以摆脱对中间商的依赖，形成恶性循环。对中间商的激励与合作是营销成功的重要要素之一，品牌与渠道必须同时得以发展。

渠道激励的内容主要包括以下几方面。①对总代理、总经销进行激励。可以选择年销售目标激励，即生产者事先设定一个销售目标，如果客户在规定的时间内达到了这个目标，则按事先的约定给予奖励。此外，还可以选择阶段性促销奖励。②对中间商进行促销激励。为兼顾不同中间商的经销能力，可分设不同等级的销售目标，其奖励额度也逐渐递增，使中间商向更高销售目标冲刺。激励可以采取销售返款、优惠定价、金融期权等方式，对于个人可以采用旅游、出国进修、消费电子等。③对终端售点进行激励。这方面主要是调动终端销售人员的积极性，影响其工作努力水平在本企业产品上的投入和分布，可以采用提供进场费、货架费、堆箱陈列费、POP 张贴费、人员促销费、店庆赞助、年终返利、商店 DM（Direct Mail，快讯商品广告）赞助等。

设计激励机制时，需要注意的是，合理地确定激励的费用，可以参考产品利润率、行业竞争程度等确定，使激励投入与产出相匹配；在以物质激励为主的同时，实施精神激励，物质激励与精神激励相结合；调动成员的愿望，使成员愿望与渠道目标相一致。

例如，某厂政策为经销商年末累计计分达 10 分者，奖励夏利轿车一辆。其中规定回款 100 万元计 5 分，100～200 万元者计 6.5 分……500 万元计 10 分，开拓 5 家新客户计 6 分，开拓新客户 2 家以下者减 4 分……年末某经销商完成回款目标 560 万元，但开拓新客户为 1 家，则此经销商共计 6 分，不能得到夏利轿车的奖励。

（二）渠道协调

1. 渠道协调概述

渠道协调（Channel Coordination）要求渠道成员在做出行动和决策时，应该充分考虑到其行动对其他各方的影响，通盘考虑整体利益，兼顾考虑个体利益，实现渠道整体利益与个体利益的统一。只有当所有成员一致朝着有利于整条渠道的利润增加时，才会提高渠道的协调。

导致渠道缺乏协调的原因有两个，即渠道成员的目标不一致，存在着冲突，以及产品在渠道运行中，出现了信息扭曲、信息反馈偏离实际。渠道协调的缺乏会对整体渠道的绩效产生非常大的负面影响。

库存管理是渠道管理的重要内容，下面看一下库存管理如何协调。

“库存是一个必要的恶魔”，分销商为了保持连续的销售活动，就必须持有一定的安全库存。但是库存常常掩盖经营过程中不确定的需求与预测、不可靠的供应商、产品与服务的质量问题等诸多问题，因此供需双方必须要尽力减少库存来控制上述潜在问题，从而提高渠道的经营管理水平和快速应变能力。

2. 渠道协调库存管理的几种协调模式

① 传统库存管理模式。各渠道节点企业的库存管理各自为政，渠道中的每一个部门都各自管理自有库存，都有自己的库存控制策略而且相互封闭，管理的思想都是个体库存成本最小化。

② 联合管理库存（Jointly Managed Inventory，JMI）模式。JMI 模式是一种基于协调中心的库存管理模式，体现了渠道节点企业之间的协作关系，这种模式强调渠道节点企业同时参与、共同制订库存计划，从而使渠道管理过程中的每个库存管理者都能从相互的协调性来考虑问题，整体最优是追求的目标。

③ 制造商管理库存（Manufacture Managed Inventory，MMI）模式。MMI 模式是一种战略贸易伙伴之间的合作性策略，是一种库存决策代理模式。这种库存控制策略下，允许上游制造商对下游分销商的库存策略、订货策略进行计划与管理，由制造商来管理库存，向所有分销商统一供货。

④ 协同式供应链库存管理（Collaborative Planning Forecasting and Replenishment，CPFR）模式。CPFR 是一种协同式的供应链库存管理技术，建立在 JMI 和 MMI 的最佳分级实践基础上，应用一系列处理过程和技术模型，覆盖整个供应链合作过程，通过共同管理业务过程和共享信息来改善制造商和分销商的伙伴关系，提高预测的准确度，最终达到提高供应链效率、降低库存和提高客户满意度的目的。

3. 建立渠道协调库存管理机制

① 建立共同的合作目标，如用户满意度、利润的共同增长和风险的减少等；

② 建立库存优化的计划协调控制方法，包括库存如何在多个需求商之间的调节与分配，库存的最大量和最低库存水平、安全库存的确定，需求的预测等；

③ 建立一种信息沟通的渠道或系统，以保证需求信息在渠道中的畅通和准确性；

④ 建立利益的分配和激励约束机制，要有效运行基于计划协调机制的库存管理，必须建立一套公平的利益分配机制，对参与的各个企业进行有效激励与约束；

⑤ 建立风险分担机制，用以明确界定各节点企业的责任与风险。

四、渠道控制

渠道控制是核心渠道成员对另一个渠道成员的行为与决策变量施加影响并改变其行为的过程，是一种跨组织控制、相互控制和目标导向的行为过程。

渠道控制问题存在已久，但直到 20 世纪 70 年代初，当行为科学方法被引进到渠道研究领域后，对该问题的研究才纳入行为科学范式。在研究过程中，渠道控制与渠道权力曾经被认为是相同的两个概念，但还是有学者对二者进行了区分：渠道权力是一个渠道成员影响另一个渠道成员决策变量的能力；渠道控制则指一个渠道成员对另一个成员行为和决策变量的实际影响过程。

1. 渠道控制的有效性

从核心企业的角度，渠道控制的有效性表现在如下 3 个方面。

① 渠道控制力。渠道控制力是核心企业运行和管理渠道的能力，取决于企业对渠道的运行有多大的话语权和自由支配的能力。如果企业能随心所欲地影响各个环节和力量，那么它就具有很强的控制力。从另一个方面，企业对渠道的控制力表现于渠道成员对核心企业的忠诚程度。忠诚度越高，控制力也就越高。

② 渠道控制的效果。渠道控制效果是指企业通过渠道销售产品和服务的出货能力，可以从数量和质量上反映渠道的投入产出效果，并通过渠道的市场覆盖率、渠道服务能力、维护成本和影响力等指标来描绘和分析。

③ 渠道控制的效率。渠道控制效率是指渠道控制中的流程运作效率，流程包括商流、信息流、物流、资金流，运作效率包括流程的顺畅性、运营维护成本和响应速率。控制效率除取决于渠道结构、功能以及市场容量、需求、产品特性和地理等其他环境因素的影响外，还受到渠道控制模式的影响，例如渠道的扁平化。为了提升渠道控制的效率，必须实施渠道各环节的激励、协同、分工。

2. 渠道控制模式

渠道控制能力的大小及有效性的高低显然与控制模式密切相关。由于与渠道控制有效性相关的企业规模、产品类别、市场化程度、管理水平、品牌价值以及经营商素质等千差万别，因此，渠道有效控制的方式也就出现多样化。

① 利用品牌控制渠道。在产品进入同质化的时代里，区别产品的唯一特征就是品牌，品牌从很多方面来说是企业最重要的资产。产品品牌通过对消费者的影响来产生对整个渠道的影响。对渠道中间商而言，一个优秀品牌意味着利润、销量、形象，也意味着销售效率的提高。

② 利用长期战略控制渠道。每家企业都有自己的战略目标和愿景规划，在行业中确立自己的优势与地位。另一方面企业要把自己的长远规划和愿景向渠道客户阐述，也使他们对未来有一定的"憧憬"。一旦渠道客户认可了公司的理念、企业的发展战略，企业即对渠道产生了控制力。

③ 利用利益对渠道进行控制。每一位渠道客户都是追求其经济利益的，尤其是短期的利益。因此企业欲控制渠道，则必须给渠道客户一定的利益空间。作为企业要认识到，如果渠道客户不合作，损失了合作的利润，也会使他的整体利润降低。具体办法包括增加产品的品牌优势、增加自己的产品销售量、增大产品的返利和折扣、使自己渠道客户的单位利润加大等。

④ 利用激励淘汰机制控制渠道。企业可以根据不同渠道客户的态度和能力，定期进行评估，采取不同的激烈淘汰措施，将渠道客户分为优秀的、可用的和不可用的，以给渠道成员增加压力，产生激励作用。

⑤ 利用渠道一体化控制渠道。企业要达到控制渠道的目的，必须将渠道纳入企业的战略与管理体系之中，运用科学、规范、统一的管理流程使整个渠道系统运作协同一致，以获得协同效应，即实施渠道一体化战略。它是指如果从代理商、中间商、零售终端等整个链条都由核心企业自建或所有，这样能够团结、各参与成员，达到高度协调一致，避免渠道冲突。

3. 渠道一体化范式

常见的渠道一体化范式主要有以下几种。

① 统一范式。 针对经销商的薄弱环节，在管理人员、营销、财务等方面给予人力、物力优势

资源的支持，整合经销商强大的资金实力、丰富的行业经验、健全的销售网络等优势，共建全新的销售经营单位，以取代传统的经销商模式。

② 格力范式。格力通过在每个省选定几家大的经销商，共同出资、参股、组建销售公司，组成“利益共同体”，共同来操控区域市场。

③ 美的范式。美的推行单边的“大户激励机制”，在各个区域培养少数的销售大户，厂商之间加强联系，将管理、营销等动作渗透到经销商，辅之以加强合作与协调。

④ 海尔范式。海尔的垂直分销渠道模式，又称产销联合体的渠道模式，不论在省会城市、地级城市还是县级城市，海尔公司都会建设自己的分支机构建立销售网络和渠道，发展零售商，如图 9.2 所示。

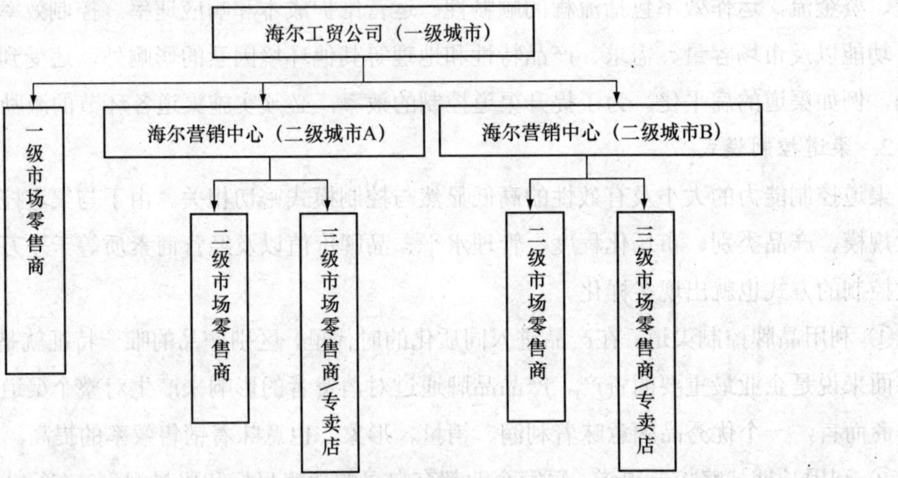

图 9.2 海尔的垂直分销渠道模式

第四节 营销渠道中的物流管理

一、企业物流

1. 物流的概念

物流的内涵经历了传统物流（Physical Distribution）向现代物流（Logistics）的发展历程。

（1）传统物流。

物流的概念是随着交易对象和环境变化而发展的。物流在英语中最初为 Physical Distribution。Distribution 一词最早出现在美国，指分布、流动的意思。1921 年，阿奇·萧在《市场流通中的若干问题》（《Some Problem in Market Distribution》）一书中提出“物流是与创造需求不同的一个问题，并提到物资经过时间和空间的流转，会产生附加价值。”这里 Market Distribution 即是指的商流；时间和空间的转移指的是销售过程的物流。

1935 年，美国销售协会最早对物流进行了定义：“物流（Physical Distribution）是包含于销售之中的物质资料和服务，从生产地到消费地点流动过程中伴随着各种活动。”

在物流这一概念的发展变化中，日本的学者做出了贡献。1981年，日本综合研究所编著的《物流手册》对物流的表述是："物质资料从供给者向需要者的物理移动，是创造时间性、场所性价值的经济活动。从物流的范畴来看，包括包装、装卸、保管、库存管理、流通加工、运输、配送等诸种活动。"

以满足消费者的要求为目的，对原材料、在制品、制成品与其关联的信息，从产生地点到消费地点之间的流通与保管，为求有且最大效率而进行计划、执行、控制。

（2）现代物流。

在第二次世界大战期间，美国对战备物资等进行的供应中，首先采取了后勤管理（Logistics Management）。从此，后勤逐渐形成了单独的学科，并发展为后勤工程（Logistics Engineering）、后勤管理（Logistics Management）和后勤分配（Logistics of Distribution）。

1986年，美国物流管理协会首次将Physical Distribution改为Logistics，其理由是Physical Distribution的领域较狭窄，Logistics的概念更加宽广、连贯、整体，并给出了Logistics的定义：我国开始使用物流一词始于1979年。1989年4月，第八届国际物流会议在北京召开，物流一词在我国的使用日益普遍。在我国国家标准《物流术语》中将物流定义为："物品从供应地向接收地的实体流动过程。根据实际需要，将运输、储存、装卸、搬运、包装、流通加工、配送、信息处理等基本功能实施有机结合。"

2. 企业物流

许多学者对物流采取了不同的划分方法。从物流的范围划分，分为宏观物流和微观物流。宏观物流是指社会再生产总体的物流活动，从社会再生产总体角度认识和研究的物流活动。

微观物流也称企业物流（Internal Logistics），是指消费者、生产企业所从事的物流活动，物流活动以企业为范围，面向企业。企业物流最早可以追溯到20世纪60年代美国管理学大师彼得·德鲁克在《财富》杂志上发表的《经济的黑色大陆》的文章，发展到20世纪90年代，正式提出了供应链管理（Supply Chain Management，SCM）理论。

企业物流的内涵也较广泛，可以用7个"适当"（7r）表达法来概述。即适当的产品（Right Product）、适当的数量（Right Quantity）、适当的条件（Right Condition）、适当的地点（Right Place）、适当的时间（Right Time）、适当的消费者（Right Customer）和适当的成本（Right Cost）。7个"适当"描述了企业物流的基本活动，强调了空间和时间的重要性，也强调了成本与服务的重要性。

企业物流的发展先后经历了产品物流、综合物流、供应链管理等发展阶段。产品物流主要功能大多围绕在对产品从企业工厂生产出来到如何到达消费者手中这一过程的运作上，强调对配送环节的管理。综合物流主要功能集中表现为原材料物流和产品物流的融合。 供应链管理阶段，企业已将单纯的个体企业之间的竞争上升到企业群、产品群或产业链条上不同企业所形成的渠道之间的竞争这个战略高度。在这个发展的过程中，逐步丰富和完善了企业物流的职能。企业物流的职能概括如下。

① 采购（Purchasing）。企业采购活动进入企业物流职能是由于企业运输成本、采购成本等都与地理位置有关，把采购归入企业物流领域，企业就可以通过协调原材料的采购地、采购数量、采购周期以及存储方式等来有效地降低运输成本、采购成本、库存成本。

② 运输（Transportation）。运输是企业物流系统中非常重要的一部分，物流中最重要职能是货物的实体移动。

③ 存储（Warehousing & Storage）。存储包括存货管理与仓储，涉及仓库数目、存货量大小、仓库选址、仓库容量决策等。

④ 物料搬运（Material Handling）。物料搬运对仓库作业效率的提高是很重要的，包括货物搬运入库、货物在仓库中的存放、货物从存放地点到订单分拣区域的移动以及最终到达出货区等环节。

⑤ 生产计划（Production Planning）。生产计划本质上不属于物流的职能，但生产计划依赖于物流的能力及效率。

⑥ 订单处理（Order Processing）。企业物流的一个重要方面是前置期（Lead Time），从前置期的角度来看，订单处理是非常重要的物流功能，订单处理的效率直接影响到备货周期，进而影响到企业的客户服务质量与承诺。

⑦ 工业包装（Packaging）。与物流紧密相关的还有工业包装，企业物流中运输方式的选择将直接影响到包装要求。

⑧ 客户服务（Customer Service）。客户服务也是一项重要的物流功能。客户服务水平与物流领域的各项活动有关，存货、运输、仓储等的决策取决于客户服务要求。

企业物流职能可以根据企业的运作职能，划分成 4 个领域，如图 9.3 所示。

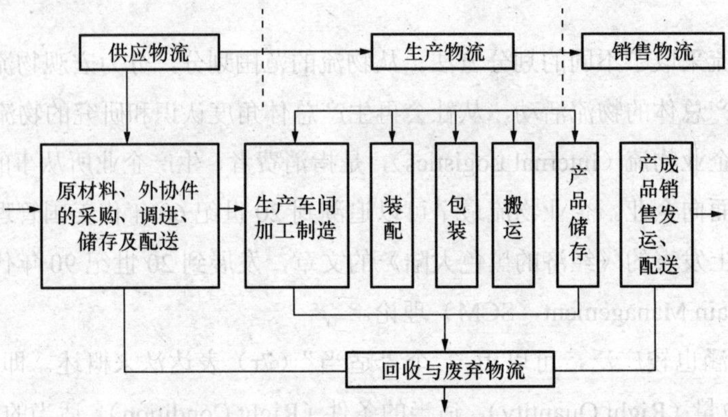

图 9.3 企业物流的构成

① 企业生产物流。它是指企业在生产工艺中的物流活动，这种物流活动是与整个生产工艺过程伴生的，实际上已构成了生产工艺过程的一部分。

② 企业供应物流。它是指企业为保证本身的生产节奏，不断组织原材料、零部件、燃料、辅助材料供应的物流活动，这种物流活动对企业正常、高效地进行生产起着重大作用。企业供应物流不仅仅是保证供应的目标，而且还是在以最低成本、以最少消耗、以最大的保证来实现生产目标。

③ 企业销售物流。它是指伴随销售活动，将产品所有权转移给用户的物流活动。目前，市场环境是一个完全的买方市场，企业销售物流通过包装、送货、配送等一系列物流实现销售。

④ 企业回收物流与废弃物物流。企业在生产、供应、销售的活动中总会产生各种边角余料和废料，这些东西回收是需要伴随物流活动的。企业废弃物物流是对企业排放的无用物进行运输、装卸、处理等的物流活动。

【课间案例】

转型中的京东面临的巨大挑战：物流

根据2014年二季度财报，京东交易总额、营收、活跃用户数、完成订单数等关键数据都呈现强劲增长，但营业亏损也扩大到5.825亿元（计算与腾讯合作产生的无形资产摊销，二季度亏损70.46亿元）。京东的强劲增长，在很大程度上源于从自营向“混营”的转型。转型已产生良好效益，但面临着巨大挑战——自建、自营物流进度的挑战。如果自建、自营的物流体系的进度跟不上总交易金额（Gross Merchandise Volume，GMV）的增长，即使克服了假货问题，也会有相当一部分被京东吊高的胃口（什么东西都希望次日送达）的用户得不到满足。

2007年至今，京东只完成了不到40亿物流建设投资。2014年二季度末，涵盖全部物流投资的“非流动资产”中，设备、软件、土地使用权、在建工程合计为39.33亿元，“百亿自建物流”只是讹传。2014年3月31日到6月30日，京东物租赁的物流仓储面积从150万平方米增至180万平方米，自营配送站从1620座增至1780座（90平方米以内，租金3000元以下，称为玲珑站），自提点从214个增至715个（面积很小），平均每天增加1.8个配送站、每月增加10万平方米仓储面积。

京东用了7年，形成处理1000亿GMV的物流体系。假如进度加快2.5倍，每年增加处理500亿GMV的物流能力，恐怕仍然跟不上京东的扩张步伐。如果不能成功应对这一挑战，多年来依靠自营、自建（物流）树立的口碑将遭到蚕食，京东将会失去自我。

资料来源：虎嗅网，2014年8月

二、营销渠道中的企业物流

营销渠道与物流之间存在密切的内在联系，具体表现在实现产品价值、满足消费者服务、实现消费者满意度、维系消费者忠诚度等方面，做好物流管理能够有效地促进营销战略地实现。

从营销渠道的角度，物流呈现的作用有如下几个方面。

（1）物流是营销渠道中，保证产品顺畅流程、实现使用价值和商品价值的运作基础。在营销渠道中，商流的目的在于实现商品的所有权（包括支配权和使用权）的转移，而物流是商品交换过程所要解决的所有权转移的具体体现。没有物流过程，也就无法完成商品的流通过程，包含在商品中的价值和使用价值就不能实现。物流的能力包括运输、包装、装卸、储存、配送等方面，这些能力的强弱直接决定着商品流通的规模和速度。

（2）物流是开拓市场、建立网络的物质基础，决定着市场的广度、规模、方向。从市场发展史来看，正是由于商品运输方式的变革为近代世界市场的开拓创造了物质前提。在当代，特别是国内企业“走出去”的过程中，任何一个跨国企业若要扩大自己的市场开拓能力，就必须重视物流的发展和改善。

（3）物流管理对营销组合（产品策略、价格策略、分销策略、促销策略）的影响。物流本身提供的主要是一种服务，而不是一种有形的产品，物流服务中向消费者提供的服务水平是影响消费者购买和连续购买的关键因素。物流对产品策略的影响主要体现在：①在扩大产品生产线时，应当考虑新增产品线的组合状况及销售规模以及物流成本的影响，因为产品线的扩大，会直接降低物流效率；②在确定产品的外观设计和包装时，必须要考虑物流的可行性与物流费用，需要市场营销部门与生产部门、物流部门互相配合协作；③在进行产品包装决策，处理与产品包装相关的问题时，需注意包装的规格、标准等既要达到保护产品质量和促销功能，又要符合降低物流成本、方便产品运输的要求。物流对价格策略的影响主要体现在：制定产品的销售价格，运输费等物流费用是需要考虑的重要因素，市场营销部门必须要估计到为消费者提供不同服务水平与物流费用之间的增减变化。物流对分销策略的影响主要体现在：物流服务的渠道选择是中间商必须考虑的，在服务质量相同的情况下，中间商一般喜好较近的物流提供商，这样可以提供极大的便利性，更能降低成本；有效的物流配送使分销渠道更有竞争力，使产品更有吸引力；库存地点的增减，一定场所出入库商品数的增减、输送、通信、订货处理或仓库装卸、在库水准的变动等，都对销售服务产生影响。

（4）物流管理是市场营销管理的重要组成部分。市场营销由“创造需求”和“需求满足”组成，以创造需求为主要对象，需求满足是其后续处理的补助性活动。物流活动可作为后续处理的补助性活动，是市场营销的重要内容之一。市场营销强调在适当的地点和适当的时间，以适当的价格将适当的商品提供给目标市场，满足消费者的需要，市场营销能否取得满意的效果，能否吸引和满足消费者，在很大程度上受卖方物流管理能力和决策的制约。物流策略组合是市场营销组合的组成部分，从市场营销活动角度看，物流主要由运输、仓储、存货控制、商品搬运和订单处理等方面的活动组成，物流策略组合实际上是这些方面决策的结合，其决策的指导思想同市场营销组合一样，是追求整体活动的协调和整体结构的优化。

（5）物流管理水平影响市场营销。物流管理的改善能增加交易中的价值，物流或库存管理的现代化，不仅使服务的可信赖性得以提高，而且也使交易能够迅速开展，有利于商品价值的及时实现，缩短厂商与消费者之间的时空距离，使生产经营行为能够真正建立在消费者实际需求之上。此外，新的物流管理策略也为市场营销组织提供了服务的基准和发展的空间，进而对广泛开展营销活动，提高经营绩效提供更多的机会。

总之，企业物流活动能够对营销活动提供支持，做好物流管理能够有力地促进营销战略的实施，高水平物流管理能够高效地实现产品价值，提供满意的消费者服务，维系消费者忠诚度。

本章习题

一、判断题

1．经销商和代理商是独立的企业，拥有所经营产品的全部所有权。（ ）

2．在确定中间商数目的 3 种可供选择的形式中，对各类产品都适用的形式是密集性分销。（ ）

3．生产者市场多采用间接渠道，消费者市场多采用直接渠道。（ ）

4．日用消费品、工业品中的标准件，一般可以采用较长的分销渠道，而高档消费品、工业品中的专用设备或成套机组则应采用较短的分销渠道。（ ）

5．便利性产品和普通原材料的生产者通常采用选择型分销。（ ）

二、单选题

1．生产牙膏产品的企业一般应选择的渠道策略为（　　）。

A．直接渠道　　B．间接渠道　　C．专营渠道　　D．都不是

2．分销渠道的宽窄取决于（　　）。

A．商品流通过程中经过的中间层次的多少

B．每个层次中使用同种类型中间商数目的多少

C．买卖环节的多少

D．市场覆盖面的大小

3．生产经营的产品具有（　　）特点的企业宜采用短渠道进行分销。

A．单价高、技术性强、市场集中　　B．技术性强、市场集中、耐久性强

C．单价高、潜在消费者多、市场集中　　D．市场集中、耐久性强、潜在消费者多

4．某全国连锁的服装公司的某些特许专卖店可能指控其他专卖店管理混乱、服务质量差，从而损害公众对该服装公司的总体印象。这种情形属于（　　）。

A．水平渠道竞争　　B．垂直渠道竞争

C．水平渠道冲突　　D．垂直渠道冲突

5．戴尔和雅芳的特点是高质量的直销。从定位角度来看，它实行的是（　　）。

A．产品差异化　　B．服务差异化

C．渠道差异化　　D．人员差异化

三、简答题

1．什么叫作营销渠道？

2．营销渠道的主要特点有哪些？

3．营销渠道有哪些职能？

4．营销渠道的发展趋势有哪些表现？

5．影响渠道设计因素有哪些？

6．直接渠道与间接渠道的主要不同点是什么？

7．渠道冲突的原因及解决方式分别是什么？

8．渠道冲突有哪些类型？

9．确定渠道成员的数目有哪些策略可供选用？

10．如何进行渠道控制？

11．企业物流的职能有哪些？

四、案例分析题

案例一

M公司是一家主要研制、开发、生产、销售系列推土机的公司。其产品主要用于大型工地、道路施工等。2003年公司开发出新一代多功能推土机，该产品具有较高的科技含量，工作效率较以前的设备大大提高，业内人士认为该产品市场潜力巨大。

刘先生半年前被任命为该公司销售部经理，主要负责该产品的市场开拓。他一上任就开展市场调研，制订营销计划，策划营销活动，积极寻找买主。2003年5月刘先生在公司所在地举行了规模较大的产品发布会，进行现场操作表演，吸引媒体和消费者的注意，电视台、当地报社等多家媒体进行了报道，达到了预期效果。刘先生正与其下属一起制定营销组合策略，力争在销售旺季前做好各项工作，实现销售突破。

【思考与讨论】

就渠道层次的数目而言，该产品应选择何种类型？为什么？

案例二

20世纪90年代初，武汉长江啤酒有限公司生产的“中德”啤酒曾在武汉电视台、湖北电视台大打广告，广告口号是“‘中德’啤酒很德国！很德国！”意思是“中德”啤酒是使用德国酿造技术，聘用德国专家，引进德国生产设备，纯正德国口味的一种中高档啤酒。这一广告至今在武汉市民中仍有较深印象，其广告投资不能说不大，广告宣传效果也不能说不好。但是，这一广告并没有推动产品的销售，不能顺利地完成厂家产品与消费者货币之间的交换。“中德”啤酒及其生产厂家最终在1995年被美国的“百威”啤酒收购，“中德”品牌从此在市场上消失。

“中德”啤酒的失败，并不是由于广告宣传做得不好，而是由于产品在其他方面存在严重的销售障碍，致使其难以完成厂家产品与消费者货币之间的交换，即难以卖出去。

在定价上，“中德”啤酒的价格是其主要竞争对手“行吟阁”啤酒的近2倍。当“行吟阁”啤酒除瓶卖8角1瓶时，“中德”啤酒则卖1元5角；当“行吟阁”啤酒除瓶卖1元时，“中德”啤酒则卖2元左右。由于啤酒的主要消费群体是中、低收入的武汉市民，市民中有的重度消费者1天要消费几瓶啤酒，他们不可能不考虑价格上的对比。

在产品口味上，由于武汉市天气较热，市民喜欢喝清淡爽口、酒精含量较低的啤酒，而“中德”啤酒口味较浓，酒精含量较高，有点辣口。

在分销网点的选择上，“中德”啤酒主要在大中型宾馆、饭店、涉外饭店铺货销售，也通过一些中档以上、门面装修较好的零售店销售，而不在居民区内的个体零售小店、夫妻店铺货，以维护其中、高档合资啤酒的产品形象。但是，购买啤酒的市民最大的一个行为规律就是就近买货，没有人会骑单车花十几分钟、半个小时去找哪儿有“中德”啤酒卖，这是分销网点分布上存在的一个重要的销售障碍。反之，“行吟阁”啤酒在市民区内到处设立批发部，就近向零售小店铺货，使消费者能方便购买，所以其销量远胜“中德”啤酒。

在产品包装上，“中德”规定只能用“中德”啤酒的空瓶换购“中德”啤酒，其他品牌的啤酒空瓶一律不能换购“中德”啤酒；而“行吟阁”啤酒则规定，可以用任何品牌的啤酒空瓶购“行吟阁”啤酒。这就是说，当消费者购买“中德”啤酒时，如果不能提交“中德”啤酒空瓶，就要多花5角钱买瓶子。

另外，“中德”啤酒在投资建厂时，向银行贷款的是德国马克，在合同规定的还款期到来时，由于这几年中马克升值，人民币贬值，无形中债务增长了很多，再加上产品又卖不出去，资金紧缺，最终只好被收购，退出市场。

【思考与讨论】

试从渠道角度，帮助“中德”啤酒走出营销失败阴影。

案例三

经销商“带货销售”怎么办？

经销商有时把手中畅销产品的价格压低来销售，甚至是平进平出、不赚钱销售。秘诀在于他们发明了“带货销售”。“好销的产品不赚钱，赚钱的产品不好销”，为了解决这个矛盾，在实践操作中，一些聪明的经销商就“以好销的产品来带动赚钱的产品的销售”，从而实现自身整体利润最大化的目的。

钱老板是一地级市的经营食品的经销商，去年好不容易做了本省一个畅销饮料的市级总经销。但这个畅销产品并没有为他带来利润，反而带来了头痛。

这个畅销饮料虽然在本省销售很红火，但只是一个区域品牌，才刚刚进入其他省份。此饮料厂家为了抢在夏季之前加快开拓外省市场的速度，对外省新开发的区域市场在价格政策上给予经销商特别优惠，以此来提高经销商开发新市场的积极性。如此就与本省市场在价格上形成很大差别，而享受这些特惠价格政策的外省市场的经销商，就利用这区域之间的价差大肆向本省低价窜货。

不仅如此，此饮料厂家在价格上还给予那些销量特别大的经销大户以特别优惠，这些经销大户以很低的价格拿到厂家的货后，并不是老老实实在自己的区域内销售，而是到处窜货，导致其他的经销商叫苦连天，钱老板更是深受其害。钱老板多次向厂家反映，厂家的态度相当暧昧，说这属于经销商的品质问题，这种问题厂家不好解决。

于是，低价窜货就愈演愈烈，不断升级，经销商出货价格越走越低，中间价差越来越小，并形成恶性循环，价格体系遭到严重破坏，导致经销商的利润越来越薄，不到半年时间，价格就接近“卖穿”，最终导致经销商没有什么钱赚。

钱老板虽有一肚子怨言，却又无可奈何，只有自己想办法。于是，他另外接了一个中小企业的饮料总经销，利润比较高，钱老板迫不得已把那个畅销饮料的价格放下来争夺下线客户，同时用那个畅销饮料来带动这个中小企业饮料的销售。如此，钱老板自己想办法解决了无钱可赚的问题。

钱老板的问题可能暂时解决了，饮料厂家的问题却依然存在：

① 虽然此饮料厂家的销量有所上升，但是利润却下降不少；

② 经销商的满意度越来越低，导致收款十分困难；

③ 部分经销商放弃了该厂的产品，铺货有所下降；

④ 外地市场并未有效启动。

【思考与讨论】

如果你是这个厂家的决策者，你如何看待现在的渠道策略？是否考虑进行调整？如何调整？

第十章 促销策略

【学习目标】

（1）了解促销的实质和作用。

（2）掌握相关促销方法，针对相关企业促销案例进行分析并找出解决方案。

（3）掌握人员推销策略的相关知识。

（4）掌握广告策略的相关知识。

（5）掌握营业推广和公共关系策略的相关知识。

【导入案例】

《十面埋伏》的整合营销传播策略

2004年，张艺谋导演的《十面埋伏》牵动了不少中国人的神经，也引起了世界的关注。美国联合通讯社评出的2004年世界十大最佳电影，《十面埋伏》列为第五位。美国影评人称誉《十面埋伏》为2004年最绚丽的电影。

尽管看过《十面埋伏》的不少中国观众觉得中了《十面埋伏》的埋伏，但《十面埋伏》的营销策略，的确给我们提供了一个整合营销传播的极佳范例。

（1）准确的市场定位。

《十面埋伏》的产品定位为武侠片是成功的开始，一来因为早有《英雄》成功在前，二来以电影市场最具消费能力的16～45岁的人群分析，武侠片较之言情、历史、文艺等类型的影片消费潜力更大。

（2）充分利用明星效应，借用大腕明星作为品牌拉力。

张艺谋导演以及选择刘德华、章子怡、金城武主演，一方面是为了剧情的考虑，最重要的是这些导演和演员个个都有自己固有的影迷，这样增加了人们对影片的期待。

（3）眼花缭乱的事件营销。

在影片拍摄过程中，接二连三的事件赚足了人们的眼球。

① 演员受伤事件。2003年11月初，《十面埋伏》在乌克兰拍摄，不想连遭意外。因为张艺谋注重追求真实感的效果，主演刘德华、章子怡及武术指导程小东都先后在乌克兰受伤。不久，另一男主角金城武也没能幸免。这一系列事件自然惹人瞩目。

② 剧照偷拍事件 。2003年11月13日，《明星BIGSTAR》周刊率先公开发表了《十面埋伏》多幅场景照和服装效果图；11月20日，《明星BIGSTAR》又在封面发表了同一记者拍摄的刘德华、章子怡练剑的大幅照片。剧照刊出后，《十面埋伏》制作方认为该周刊通过“不正当手段”获得图片，侵害了剧组商业利益。进而，表示将状告《明星BIGSTAR》，该周刊则立刻做出反应，称自己的行为没有违法。12月2日，“偷拍”事件发生戏剧性变化，双方突然握手言和。

③ 梅艳芳事件。《十面埋伏》的另一个卖点就是请梅艳芳出演角色，伴随着梅艳芳重病辞演的种种传闻，一度形成热点。因梅艳芳病故，媒体曝出所谓“宋丹丹将接替已故的梅艳芳，成为《十面埋伏》主角”的“猛料”。

④ 主题曲事件。主题曲先是传章子怡主唱，后又"辟谣"说《十面埋伏》有曲无歌。2004年3月19日，最终谜底揭开，这是张艺谋所有影片中第一次启用国际歌坛巨星凯瑟琳来演唱主题曲，具有极大的炒作价值。

⑤ 海外发行将片名改为《情人》事件。2004年4月8日《十面埋伏》海外发行片名改为《情人》，制片人不满但无奈妥协。

⑥ 戛纳参展事件。首先是炒作《十面埋伏》在戛纳电影节参展而不参赛，引起国内的一片惊异与猜疑。后在2004年5月17日，《十面埋伏》在第57届戛纳电影节上举办了首映式，1000多位媒体记者，提前观看了《十面埋伏》，放映结束后，观众起立鼓掌，掌声长达20余分钟。

⑦ 片名抢注事件。2004年6月，有消息称张艺谋遭遇"埋伏"，一个生产汽车旅游冰箱、凉垫等"冷门"产品的公司先下手为强，给以擅长商业运作的张艺谋来了个"埋伏"，抢注了"十面埋伏"商标。一波未平，又出现了www.shimianmaifu.com的域名抢注事件。

（4）活动造势，制造冲击力。

2004年7月10日，耗资2000万元的《十面埋伏》全球首映庆典在北京工人体育场举行，李宗盛、张信哲、SHE、刀郎、美国歌剧女王巴特尔等人组成了强大的明星阵容。全国有6个分会场通过卫星直播首映礼，辅以歌舞表演，200家电视台的转播使许多观众享受到了这道免费的演唱会大餐。

（5）发行方式奇招迭出。

① 招商全面出击。早在2004年4月，印刷精美的招商书就已经寄给了各大院线和国内众多著名企业公司。招商书做得十分专业，还主动曝光了许多精彩剧照，包括章子怡和金城武在乌克兰金黄花海中策马而行，章子怡长袖善舞的惊艳造型等。《十面埋伏》的招商范围涉及了各个领域，招商项目多达10余项，包括首映式冠名、贴片广告预售、央视黄金时段广告、音像制品广告、纪录片发行广告、路牌广告等。

② 采用新的合作方式。《十面埋伏》首映式打破了以往与院线合作的惯例，选择当地的广告公司联合与商家合作。

③ 海外发行先于国内发行，且收益丰厚。《十面埋伏》北美发行权卖了约1.15亿元，日本发行权卖了0.85亿元，二者相加正好2亿元，而《十面埋伏》的总投资是2.9亿元，再算上海外其他地区的发行权收入以及所有VCD版权收入，《十面埋伏》的海外收益是十分丰厚的。

④ 与企业联手。2004年6月15日，方正科技隆重召开"方正纵横四海，惊喜十面埋伏——方正科技携手《十面埋伏》创新中国影音卓越传奇"暑期启动新闻发布会。在方正科技的路牌、海报、网络、平面广告等一系列铺天盖地的广告宣传攻势中，都可以看见《十面埋伏》的精彩剧照，而到方正科技专卖店的消费者还将领取到《十面埋伏》明星照。

⑤ 为了赢得胜利，《十面埋伏》还使出了"锦衣计"。这一计的主体"情织衫"是《十面埋伏》中金城武在逃亡途中赠予的那件锦衣，"杀伤力"则是潜在的感情因素——男女之间亡命天涯时刹那间迸发出的激情。于是，不但将"锦衣"推选为影片唯一的衍生产品，还订了1000件锦衣在全球首映庆典上亮相。

正是这一系列全方位的营销策略的应用，《十面埋伏》取得了骄人的票房收入。2004年7月16日零点首映，全国票房高达170多万元，首映3天票房高达5500万元。截至2004年8月9日，《十面埋伏》总票房已达1.536亿元，创造了2004年单片票房最高纪录，比去年超级进口大片《指环王3》8326万元、《后天》8223万元和《特洛伊》6907万元的票房，增加了7000～8000万元，使《十面埋伏》在暑期档与进口大片的竞争中，捍卫了国产电影的应有地位，同时还显示出中国电影向全球电影市场迈进的信心和实力。

类似这种我们经常能接触到的例子还有很多，它们都与促销策略有关。那么你能运用营销学的知识看出《十面埋伏》的营销策略有哪些值得我们借鉴？《十面埋伏》在整合营销传播策略的应用方面还有哪些不足呢？通过本章的学习，将解决这些问题。

第一节 促销概述

促销是现代营销的关键。在现代营销环境中，企业仅有一流的产品、合理的价格、畅通的销售渠道是远远不够的，还需要有一流的促销。市场竞争是产品的竞争、价格的竞争，更是促销的竞争，企业的营销力特别体现在企业的促销能力上。

一、促销的含义

促销（Promotion），是指企业通过人员和非人员的方式把产品和服务的有关信息传递给消费者，以激起消费者的购买欲望，影响和促成消费者购买行为的全部活动的总称。

在市场经济中，社会化的商品生产和商品流通决定了生产者、经营者与消费者之间存在着信息上的分离，企业生产和经营的商品和服务信息常常不为消费者所了解和熟悉，或者尽管消费者知晓商品的有关信息，但缺少购买的激情和冲动，这就需要企业通过对商品信息的专门设计，再通过一定的媒体形式传递给消费者，以增进消费者对商品的注意和了解，并激发起购买欲望，为消费者最终购买提供决策依据。因此，促销从本质上讲是一种信息的传播和沟通活动。

二、促销的步骤

为了成功地把企业及产品的有关信息传递给目标受众，企业需要有步骤、分阶段地进行促销活动。

（一）确定目标受众

企业在促销开始时就要明确目标受众是谁，是潜在购买者还是正在使用者，是老人还是儿童，是男性还是女性，是高收入者还是低收入者。确定目标受众是促销的基础，它决定了企业传播信息应该说什么（信息内容）、怎么说（信息结构和形式）、什么时间说（信息发布时间）、通过什么说（传播媒体）和由谁说（信息来源）。

（二）确定沟通目标

确定沟通目标就是确定沟通所希望得到的反应。沟通者应明确目标受众处于购买过程的哪个阶段，并将促使消费者进入下一个阶段作为沟通的目标。

消费者的购买过程一般包括 6 个阶段。

① 知晓（Awareness）。当目标受众还不了解产品时，促销的首要任务是引起注意并使其知晓。这时沟通最简单的方法就是反复重复企业或产品的名称。

② 认识（Knowledge）。当目标受众对企业和产品已经知晓但所知不多时，企业应将建立目标受众对企业或产品的清晰认识，并以此作为沟通目标。

③ 喜欢（Liking）。当目标受众对企业或产品的感觉不深刻或印象不佳时，促销的目标是着重宣传企业或产品的特色和优势，使之产生好感。

④ 偏好（Preference）。当目标受众已喜欢企业或产品，但没有特殊的偏好时，促销的目标是建立受众对本企业或产品的偏好，这是形成消费者忠诚度的前提。这需要特别宣传企业或产品较其他同类企业或产品的优越性。

⑤ 确信（Conviction）。如果目标受众对企业或产品已经形成偏好，但还没有发展到购买它的信念，这时促销的目标就是促使他们做出或强化购买决策，并确信这种决策是最佳决策。

⑥ 购买（Purchase）。如果目标受众已决定购买但还没有立即购买时，促销的目标是促进购买行为的实现。

（三）设计促销信息

设计促销信息，需要解决 4 个问题：信息内容、信息结构、信息形式和信息来源。

（1）信息内容。信息内容是信息所要表达的主题，也被称为诉求。其目的是促使受众做出有利于企业的良好反应。一般有 3 种诉求方式。

① 理性诉求（Rational Appeals）。针对受众的兴趣指出产品能够产生的功能效用及给消费者带来的利益。如洗衣粉宣传去污力强，空调宣传制冷效果好，冰箱突出保鲜等。一般工业品消费者对理性诉求的反应最为敏感，消费者特别在购买高价物品时也容易对质量、价格、性能等诉求做出反应。

② 情感诉求（Emotional Appeals）。通过使受众产生正面或反面的情感，来激励其购买行为的一种诉求方式。例如，使用幽默、喜爱、欢乐等促进购买和消费，也可使用恐惧、羞耻等促使人们去做应该做的事（如刷牙、健康检查等）或停止做不该做的事（如吸烟、酗酒）等。

③ 道德诉求（Moral Appeal）。它是指在人们心目中的道德规范，促使人们分清是非，弃恶从善，如遵守交通规则、保护环境、尊老爱幼等。这种诉求方式特别适用于企业的形象宣传中。

（2）信息结构。信息结构也就是信息的逻辑安排，主要解决 3 个问题：①是否给出结论，即是提出明确结论还是由受众自己给出结论；②单面论证还是双面论证，即是只宣传商品的优点还是既说优点也说不足；③表达顺序，即沟通信息中把重要的论点放在开头还是结尾的问题。

（3）信息形式。信息形式的选择对信息的传播效果具有至关重要的作用。例如，在印刷广告中，传播者必须决定标题、文案、插图和色彩，以及信息的版面位置；通过广播媒体传达的信息，传播者要充分考虑音质、音色和语调；通过电视媒体传达的信息，传播者除要考虑广播媒体的因素外，还必须考虑仪表、服装、手势、发型等因素；若信息经过产品及包装传达，则特别要注意包装的质地、气味、色彩和大小等因素。

（4）信息来源。由谁来传播信息对信息的传播效果具有重要影响。如果信息传播者本身是接受者信赖甚至崇拜的对象，受众就容易对信息产生注意和信赖。比如玩具公司请儿童教育专家推荐玩具，高露洁公司请牙科医生推荐牙膏，冰箱厂请中科院院士推荐冰箱等，都是比较好的选择。

（四）选择信息沟通渠道

信息沟通渠道通常分为两类：人员沟通与非人员沟通。

（1）人员沟通渠道。

人员沟通渠道是指涉及两个或更多的人的相互间的直接沟通。人员沟通可以是当面交流，也可以通过电话、信件甚至 QQ 网络聊天等方式进行。这是一种双向沟通，能立即得到对方的反馈，并能够与沟通对象进行情感渗透，因此效率较高。在产品昂贵、风险较大或不常购买及产品具有显著的社会地位标识时，人员的影响尤为重要。

人员沟通渠道可进一步分为倡导者渠道、专家渠道和社会渠道。倡导者渠道由企业的销售人员在目标市场上寻找消费者；专家渠道通过有一定专业知识和技能的人的意见和行为影响目标消费者；社会渠道通过邻居、同事、朋友等影响目标消费者，从而形成一种口碑。在广告竞争日益激烈、广告的促销效果呈下降趋势的情况下，口碑营销成为企业越来越重视的一种促销方式。

（2）非人员沟通渠道。

非人员沟通渠道是指不经人员接触和交流而进行的一种信息沟通方式，是一种单向沟通方式。它包括大众传播媒体（Mass Media）、气氛（Atmosphere）和事件（Events）等。大众传播媒体面对广大的受众，传播范围广；气氛指设计良好的环境因素制造氛围，如商品陈列、POP 广告、营业场所的布置等，促使消费者产生购买欲望并导致购买行动；事件指为了吸引受众注意而制造或利用的具有一定新闻价值的活动，如新闻发布会、展销会等。

（五）制定促销预算

促销预算是企业面临的最难做出的营销决策之一。行业之间、企业之间的促销预算差别相当大。在化妆品行业，促销费用可能达到销售额的 20%～30%，甚至 30%～50%，而在机械制造行业中仅为 10%～20%。

企业制定促销预算的方法有许多，常用的主要有以下几种。

① 量力支出法（Affordable Method）。这是一种量力而行的预算方法，即企业以本身的支付能力为基础确定促销活动的费用。这种方法简单易行，但忽略了促销与销售量的因果关系，而且企业每年财力不一，从而促销预算也经常波动。

② 销售额百分比法（Percentage-of-Sales Method）。这种方法是依照销售额的一定百分比来制定促销预算。如企业今年实现销售额 100 万元，如果将今年销售额的 10%作为明年的促销费用，则明年的促销费用就为 10 万元。

③ 竞争对等法（Competitive-Parity Method）。这种方法主要根据竞争者的促销费用来确定企业自身的促销预算。

④ 目标任务法（Objective-Task Method）。这种方法是指企业首先确定促销目标，然后确定达到

目标所要完成的任务，最后估算完成这些任务所需的费用。

（六）确定促销组合

现代营销学认为，促销的具体方式包括人员推销、广告、公共关系和营业推广 4 种。企业把这 4 种促销形式有机结合起来，综合运用，形成一种组合策略或技巧，即促销组合。

企业在确定了促销总费用后，面临的重要问题就是如何将促销费用合理地分配于 4 种促销方式的促销活动。4 种促销方式各有优势和不足，既可以相互替代，又可以相互促进，相互补充。所以，许多企业都综合运用这 4 种方式达到既定目标，这使企业的促销活动更具有生动性和艺术性，当然也增加了企业设计营销组合的难度。不同企业在 4 种方式的选择上各有侧重。同是消费品企业，可口可乐主要依靠广告促销，而安利则主要通过人员推销。因此，设计促销组合，必须注意以下几点。

（1）了解各种促销方式的特点。各种促销方式在具体应用上都有其优势和不足，也都有其实用性。所以，了解各种促销方式的特点是选择促销方式的前提和基础。

① 广告（Advertising）。广告的传播面广，形象生动，比较节省资源，但广告只能对一般消费者进行促销，针对性不足，并且广告也难以立即促成交易。

② 人员推销（Personal Selling）。人员推销能直接和目标对象沟通信息，建立感情，及时反馈，并可当面促成交易。但占用人员多，费用大，而且接触面比较窄。

③ 公共关系（Public Relations）。公共关系的影响面广，信任度高，对提高企业的知名度和美誉度具有重要作用。但公共关系花费较大，效果难以控制。

④ 营业推广（Sales Promotion）。营业推广的吸引力大，容易激发消费者的购买欲望，并能促成立即购买。但营业推广的接触面窄，效果短暂，特别不利于树立品牌。

（2）充分考虑影响促销组合的因素。企业的促销组合受到多方面因素的影响。

① 产品的类型。一般而言，按照促销效果由高到低的顺序，消费品企业的促销方式为广告、营业推广、人员推销和公共关系；产业用品则为人员推销、营业推广、广告和公共关系。

② 促销总策略。企业的促销总策略有“推动策略（Push Strategy）”和“拉引策略（Pull Strategy）”之分。推动策略是企业把商品由生产者“推”到批发商，批发商再“推”到零售商，零售商再“推”到消费者。显然，企业采取推动策略，人员推销的作用最大。拉引策略是以最终消费者为主要促销对象。企业首先设法引起消费者对产品的需求和兴趣，消费者对中间商产生购买需求，中间商受利润驱动向厂商进货。可见，企业采用拉引策略，广告是最重要的促销手段。

③ 消费者所处的阶段。前面讲到，消费者的购买过程一般分 6 个阶段，即知晓、认识、喜欢、偏好、确信和行动。在知晓阶段，广告和公关的作用较大；在认识和喜欢阶段，广告作用较大，其次是人员推销和公共关系；在偏好和确信阶段，人员推销和公共关系的作用较大，广告次之；在购买阶段，人员推销和营业推广的作用最大，广告和公共关系的作用相对较小。

④ 产品所处的生命周期阶段。产品所处的生命周期阶段不同，促销的重点不同，所采用的促销方式也就不同。一般来说，当产品处于导入期，促销的主要目标是提高产品的知名度，因而广告和公共关系的效果最好，营业推广也可鼓励消费者试用。在成长期，促销的任务是增进受众对产品的认识和好感，广告和公共关系需加强，营业推广可相对减少；到成熟期，企业可适度削减广告，应

增加营业推广，以巩固消费者对产品的忠诚度；到衰退期，企业的促销任务是使一些老用户继续信任本企业的产品，因此，促销应以营业推广为主，辅以公共关系和人员推销。

⑤ 促销费用。4 种促销方式的费用各不相同。总的来说，广告宣传的费用较大，人员推销次之，营业推广花费较少，公共关系的费用最少。企业在选择促销方式时，要综合考虑促销目标、各种促销方式的适应性和企业的资金状况，进行合理选择，且必须符合经济效益原则。

三、整合营销传播

（一）整合营销传播的产生

20 世纪 90 年代，整合营销传播（Integrated Marketing Communication，IMC）的出现改变了营销人员的思维方式，建立了营销领域新的里程碑。

整合营销传播的出现，正如有“整合营销传播”之父之称的唐·舒尔茨在《二十一世纪营销传播的变化》中所说，“真正改变整合传播并使其应用变得日益广泛的不是传播者，相反，整合传播发展的动力有两种：一种是组织的外部因素——呈现各种形式的信息技术；另一种是组织内部因素，即高层管理者对传播从业者的计算能力和职位工作的新的要求。”

信息技术的发展和推广为整合营销传播提供了可能性。20 世纪 90 年代以来，以数字化革命（Digital Revolution）、光纤维通信革命（Optical Fiber Revolution）、计算机革命（Computer Revolution）这三大技术革命为媒介的信息高速公路（Information Highway）极大地改变了企业的经营方式。信息技术成为包括个人和组织在内用来加快和简化各种传播、讨论、交易甚至是沟通的必要工具，也为营销人员购买数据，了解消费者的媒体习惯、收入、消费状况，了解其购买决策过程和做出购买决策的信息来源提供了便利。

促使整合传播改变的另一个主要因素是“传播规划（包括内部的和外部的）管理评价”特性的改变。高层管理越来越关注对传播投资回报的衡量，即对投入传播规划的资金的产出、市场或组织结果的衡量。因此，管理者愈加希望开发一套关于传播规划的相通系统。

市场环境的变化促使企业的营销重点发生改变是整合营销传播产生的又一因素。4P 理论被 4C 理论所代替。4C 理论给人们提供了一种全新的角度，这种角度改变了营销思考的重心，用唐·舒尔兹教授的话来说就是过去营销的座右铭是“消费者请注意”，而现在则是“请注意消费者”。

同时，媒体之间竞争日益激烈，媒体越来越细分化对整合营销传播的产生起了重要的推动作用。媒体细分化使营销传播的成本上升，效果下降。这促使营销人员越来越感觉到要采用多种传播工具，并把它们有效地结合起来，运用整合的思想，传播同一主题。

（二）整合营销传播的核心思想

整合营销传播是以消费者为核心重组企业行为和市场行为，综合协调地使用各种形式的传播方式，以统一的目标和统一的传播形象，传递一致的产品信息，实现与消费者的双向沟通，迅速树立产品品牌在消费者心目中的地位，建立品牌与消费者长期密切的关系，更有效地达到广告传播和产品营销的目的。

（1）以消费者价值为导向。传统营销理论的核心是杰罗姆·麦卡锡在 20 世纪 60 年代提出的 4P

理论。进入 20 世纪 90 年代以来，罗伯特·劳特朋（Robert F. Lauterborn）的 4C 理论受到人们越来越多的关注。4C 理论研究的是消费者需要和欲求（Consumer Wants and Needs），企业要生产消费者所需要的产品而不是卖自己所能制造的产品。消费者满足欲求需付出的成本（Cost），企业定价不是根据品牌策略而要研究消费者的收入状况、消费习惯以及同类产品的市场价位。产品为消费者所能提供的方便（Convenience）销售的过程，在于如何使消费者快速便捷地买到该产品，由此产生送货上门、电话订货、电视购物等新的销售行为。产品与消费者的沟通（Communication），消费者不只是单纯的受众，本身也是新的消费者。必须实现企业与消费者的双向沟通，以谋求与消费者建立长久不散的关系。

整合营销传播理论的核心就是 4C 理论。以消费者价值为导向的整合营销传播，不仅要求把消费者作为传播活动的出发点和归宿，更要求把消费者作为整个传播过程中每一环节的焦点。

（2）实行接触式管理，实行双向沟通。传统营销理论主要通过广告等促销手段向消费者单向传递信息，把消费者视为被动的信息接受者。整合营销传播则更加注重接触管理，强调在信息传递过程中的每一环节都要与消费者进行沟通，同时准确地整合各种营销信息，一致面向消费者，从而帮助消费者建立或强化对品牌的认知、态度和行为。整合营销传播更是一种双向沟通形式。企业通过建立消费者资料库，进行全方位的信息传播活动，并对消费者的反应进行搜集和分析，再对消费者进行新的沟通并引起消费者新的反应，如此循环往复。

（3）统一信息，整合媒体。整合营销传播要求以统一的目标和统一传播形象，向消费者传播一致的营销信息。这就要求企业内的各个部门和人员在与消费者沟通时要有统一的口径、统一的品牌个性、统一的消费者利益点和统一的创意；运用多种媒体的广泛传播在消费者心目中建立统一的品牌形象；运用广告、公关、人员推销等多种传播方式形成集中的品牌冲击力。

（三）整合营销传播的内容

整合营销传播可以从横向传播和纵向传播两个方面进行。

1. 横向整合

（1）媒体信息的整合。语言、图片、声音、视频等媒体传播的形式尽管不同，但都在向消费者传达着某种信息。媒体信息的整合，主要要求各种媒体所传达的信息在内容上要高度一致，即多种媒体，一个声音。

（2）营销传播工具的整合。广告、公关、人员推销和营业推广是企业进行传播沟通的主要工具。不管企业选择哪种工具，消费者都接收的是同一个企业或品牌的信息，消费者都会以同样的方式对信息进行加工和处理。营销工具的整合，实质要求各种传播工具在运用时具有高度的协调性，传达的信息具有高度一致性。

（3）接触管理（Contact Management）。舒尔茨把“接触”界定为，凡是能够将品牌、产品类别和任何与市场相关的信息等传递给消费者的过程和经验。“接触”包含了媒体、营销传播工具与其他可能与消费者接触的形式。在城市的繁华地段，可以看到巨幅广告牌；在商场，常常能看到一些厂家制作的海报；在公共汽车的车体、在电梯间甚至公共卫生间，可以看到许多品牌或产品的传播信息。显然，消费者消费者某企业或品牌的信息次数越多，这些信息又具有高度一致性，对消费者的认知、态度或行为的影响就越大。因此。选择不同消费者的最佳接触点作为传播信息的落脚点，就成为接触管理的重点问题。

（4）对各类目标受众的信息传达整合。不同的目标受众具有不同的媒体习惯，有不同的利益追求，在商品购买中也扮演着不同的角色（发起者、影响者、决策者、购买者和使用者）。因此，企业进行营销传播要实行差异化，针对不同的受众运用不同的传播方式传达不同的信息。差异化传播是整合营销传播的基本要求。

2. 纵向整合

纵向整合就是在不同传播阶段，运用各种形式的传播手段，产生协调一致、渐近加强的信息，从而实现传播目标。

（1）营销活动各环节中的整合。

营销活动是一个包含着多个环节的过程。营销活动的每一个环节，都是向消费者展示企业文化、与消费者进行沟通的环节，因此需要通过整合来保持相同的理念、个性和风格。

从大的方面来说，营销活动主要包含着市场研究、进行市场细分、选择目标市场、进行市场定位、设计市场营销组合、进行市场营销管理等一系列活动，并且与消费者的传播和沟通贯穿于市场营销活动的始终。

① 市场调研。市场调研通过设计独特的调查问卷、选择能够展示企业文化的调研人员和工具等途径把企业的个性展示给目标对象。

② 目标市场营销策略（STP 策略）。市场细分（Segmenting）就是让特定的消费者感受到企业对他们的特别关注，选择目标市场（Targeting）就是根据自身的优势，从细分市场中选择一个或若干个市场作为自己的目标市场并开展营销活动；市场定位（Positioning）是为了让消费者把握企业经营的独特性，如雅芳——比女人更了解女人，金利来——男人的世界等。

③ 设计营销组合。4P 组合全方位地向消费者传达了企业的理念和文化。

- 产品设计。例如，西方某烟草公司把香烟设计得比一般香烟长出许多，并用“长得使你感到麻烦的长”进行宣传，取得巨大成功。
- 品牌识别设计。品牌名称、品牌标识和品牌色彩是品牌识别的三大要素。例如，“白加黑”使消费者认识了产品独特的使用方法；“他加她”使消费者认识了产品的独特定位；“M”的独特设计使儿童一见到它就想去吃麦当劳；三叉星圆环的设计则让消费者认知了奔驰公司的历史；IBM 的蓝色使它树立了“蓝色巨人”的形象；红色、黄色和绿色则分别成为中国感光器材市场上乐凯、柯达和富士三大竞争对手的代名词。
- 价格设计。价格的高低往往成为人们认知产品质量和档次的尺度。例如，“劳力士手表可能是世界上最贵的手表”的高价定位使劳力士手表成为事业成功人士的首选；美国某航空公司以其“飞机的速度，卡车的价格”取得成功。
- 分销设计。戴尔、安利等公司以其独特的直销模式在消费者心目中树立了一道道美丽的风景；Windows95 在中国台湾上市时，以 7-ELEVEN 连锁店为通路，体现其通俗、贴近大众生活的特性。

- 促销设计。促销中的广告、公关、营业推广等信息的设计必须与品牌定位、企业形象和风格高度一致。

（2）与消费者关系发展过程中的整合。

消费者与品牌的关系，就像一对陌生的男女经相识、初恋、热恋，最后走进婚姻的殿堂一样，也要经过一个逐步发展的过程，并最终形成一个品牌忠诚阶梯（Brand Loyalty Ladder）。在这个过程中，整合营销传播的主要任务就是要在品牌忠诚阶梯的不同阶段，传达与消费者所处阶段相适应的信息，并使信息前后所体现的精神和风格高度一致。消费者的品牌忠诚阶梯可大致分为知晓、兴趣、欲望、行动和重复购买等阶段。

① 知晓阶段。这阶段传播的任务主要是让消费者意识到品牌的存在，并对品牌的个性和特色有初步的认识。高品质的广告和公关活动、独具特色的营业推广活动是引起消费者关注的重要手段。

② 引起兴趣。兴趣的产生来源于对对象比较充分的了解。比较详细的广告和媒体报道、派送宣传单等都是比较适宜的传播手段。

③ 刺激欲望。较高的性价比优势、意见领袖的倡导、独具特色的营业推广活动等都能激发消费者的购买欲望。

④ 购买行动。促使消费者把欲望转化为行动的手段，可以是人员推销，更重要的是营业推广活动对消费者产生的诱惑和卖场营造的氛围所形成的刺激。

⑤ 再次购买，形成品牌忠诚。这一阶段传播的主要目标在于维持消费者与品牌的稳定关系，使消费者成为企业的忠诚消费者。协调一致、持续出现的广告和公关活动是主要的传播方式，良好的口碑、售后服务等手段也扮演着重要角色。

【课间案例】

整合营销——“超级女声”的商业价值

“超级女声”的热播，吸引了无数人的眼球，成就了不少有明星梦的年轻人，同时也让众多厂商眉开眼笑、财源广进。

蒙牛将酸酸乳的目标消费群体定位在12～24岁的女孩，并选择首届“超级女生”季军张含韵作为形象代言人，发布以“酸酸甜甜就是我”为号召的广告，充分表达了个性、前卫的广告诉求，彰显了消费者的个人魅力与自信。此广告在以中央电视台为主、各地卫星电视为辅的电视广告中迅速铺开。

活动及产品层面的传播是蒙牛此次宣传的侧重点之一。在五大主赛区——也就是蒙牛主攻的五大市场的各种媒体中，对活动的报道此起彼伏：从赛事的举办及内涵，到蒙牛酸酸乳的“酸甜”新口味、代言人张含韵及该产品定位等都有相关报道。

终端方面，蒙牛在众多的超市、卖场树立起堆头，采用买6送1的促销方式，形成拉力。借助“超级女声”之势，蒙牛还设立了“超级女声”夏令营：凡购买酸酸乳夏令营六连包即有机会参加抽奖活动，中奖者可以免费去长沙观看“超级女声”总决赛，还有机会享受长沙游。此活动进一步与终端销售进行结合，将活动影响力转化为产品销售力。

第二节 人员推销策略

一、人员推销及其特点

人员推销是一种古老的推销方式，也是一种非常有效的推销方式。

1. *人员推销及要素*

根据美国市场营销协会的定义，人员推销是指企业通过派出销售人员与一个或一个以上的潜在消费者通过交谈，做口头陈述，以推销商品，促进和扩大销售的活动。推销主体、推销客体和推销对象构成推销活动的 3 个基本要素。商品的推销过程，就是推销员运用各种推销术，说服推销对象接受推销客体的过程。

2. *人员推销的特点*

相对于其他促销形式，人员推销具有以下特点。

① 注重人际关系，与消费者进行长期的情感交流。情感的交流与培养，必然使消费者产生惠顾动机，从而与企业建立稳定的购销关系。

② 具有较强的灵活性。推销员可以根据各类消费者的特殊需求，设计有针对性的推销策略，这易于诱发消费者的购买欲望，促成购买。

③ 具有较强的选择性。推销员在对消费者调查的基础上，可以直接针对潜在消费者进行推销，从而提高推销效果。

④ 及时促成购买。人员推销在推销员推销产品和服务时，可以及时观察潜在消费者对产品和服务的态度，并及时予以反馈，从而迎合潜在消费者的需要，及时促成购买。

⑤ 营销功能的多样性。推销员在推销商品过程中，承担着寻找客户、传递信息、销售产品、提供服务、收集信息、分配货源等多重功能，这是其他促销手段所没有的。

二、企业的人员推销决策

企业进行人员推销，必须做好以下决策。

1. *确定推销目标*

人员推销的目标主要包括以下几个：①发现并培养新消费者；②将企业有关产品和服务的信息传递给消费者；③将产品推销给消费者；④为消费者提供服务；⑤进行市场调研，搜集市场情报；⑥分配货源。

人员推销的具体目标的确定，取决于企业面临的市场环境，以及产品生命周期的不同阶段。

2. *选择推销方式*

推销主要有以下方式。

① 推销员对单个消费者，即推销员当面或通过电话等形式向某个消费者推销产品。

② 推销员对采购小组，即一个推销员对一个采购小组介绍并推销产品。

③ 推销小组对采购小组，即一个推销小组向一个采购小组推销产品。

④ 会议推销，即通过洽谈会、研讨会、展销会或家庭聚会等方式推销产品。

3. 确定推销队伍的组织结构

一般来说，可供选择的推销组织形式有以下几种。

（1）区域性结构。它是指每一个（组）推销员负责一定区域的推销业务。这适用于产品和市场都比较单纯的企业。其主要优点是：①推销员责任明确，便于考核；②推销员活动地域稳定，便于与当地建立密切联系；③推销员活动范围小，节约旅差费用；④容易熟悉当地市场，便于制定有针对性的推销策略；⑤售后服务能做得比较到位。

（2）产品型结构。该结构是指每个推销员（组）负责某种或某类产品的推销业务。其最大优点是能为消费者提供相对比较专业的服务。这种结构比较适用于产品技术性比较强、工艺复杂、营销技术要求比较高的企业。

（3）消费者型结构。该结构为不同类型的消费者配备不同的推销人员，其主要优点是能更深入地了解消费者的需求，从而为消费者提供差异化的服务。

（4）复合式结构。该结构是将上述 3 种结构形式混合运用，有机结合。如按照“区域—产品”“产品—消费者”“区域—消费者”，甚至“区域—产品—消费者”的形式进行组合，配备推销员。其优点是能吸收上述 3 种形式的优点，从企业整体营销效益出发开展营销活动。这种形式比较适合那些消费者类型复杂、区域分散、产品也比较多样化的企业。

4. 建立推销队伍

（1）确定推销队伍的规模。

企业推销队伍的规模必须适当。西方企业一般采用工作负荷量法确定推销队伍的规模。设某企业有 250 位客户，若每位客户每年平均需要 20 次登门推销，则全年就需要 5000 次登门推销。若平均每个推销员每年能上门推销 500 次，则该企业就需要 10 名推销员。

（2）选拔、培训推销员。

企业的推销员主要有两个来源，即企业内部选拔和向外部招聘。不管推销员来自何方，一个合格的推销员都要具备良好的思想政治素质、文化修养和较强的实际工作能力，以及适宜的个性素质。西方营销专家麦克默里给超级推销员列出了五项特质：“精力异常充沛，充满自信，经常渴望金钱，勤奋成性，并有把各种异议、阻力和障碍看作是挑战的心理状态。”

企业必须对推销员进行专业培训。推销员培训的一般内容包括：企业历史、现状、发展目标，产品知识、市场情况、推销技巧、法律常识和有关产品的生产技术和设计知识等。

（3）推销员的评价和激励。

对推销员的合理评价决定了推销员的积极性。企业必须建立一套合理的评估指标体系，并随时注意收集有关的信息和资料。

合理的报酬制度是调动推销员积极性的关键。确定推销员的报酬应以推销绩效为主要依据，一般有以下几种形式：固定工资制、提成制、固定工资加提成制。由于推销工作的复杂性，固定工资加提成制是一种比较理想的选择。

调动推销员的积极性除了对推销员的绩效的合理评价以及合理的报酬制度外，对推销员的激励也必不可少。通常，对推销员的激励手段主要有：奖金、职位的提升、培训机会、表扬及旅游度假等。

三、人员推销的步骤及策略

人员推销一般经过以下7个步骤。

（1）寻找潜在消费者。潜在消费者是一个“MAN”，即具有购买力（Money）、购买决策权（Authority）和购买欲望（Need）的人。寻找潜在消费者线索的方法主要有：①向现有消费者打听潜在消费者的信息；②培养其他能提供潜在消费者线索的来源，如供应商、经销商等；③加入潜在消费者所在的组织；④从事能引起潜在消费者注意的演讲与写作活动；⑤查找各种资料来源（工商企业名录、电话号码黄页等）；⑥用电话或信件追踪线索等。

（2）访问准备。在拜访潜在消费者之前，推销员必须做好必要的准备。具体包括：了解消费者、了解和熟悉推销品、了解竞争者及其产品、确定推销目标、制定推销的具体方案等方面。不打无准备之仗，充分的准备是推销成功的必要前提。

（3）接近消费者是推销员征求消费者同意接见洽谈的过程。接近消费者能否成功是推销成功的先决条件。推销接近要达到以下3个目标：给潜在消费者一个良好的印象；验证在准备阶段所得到的信息；为推销洽谈打下基础。

（4）洽谈沟通是推销过程的中心。推销员向准消费者介绍商品，不能仅限于让消费者了解所销售的商品，最重要的是要激起消费者的需求，产生购买的行为。养成JEB的商品说明习惯，能使推销事半功倍。

简而言之，JEB就是首先说明商品的事实状况（Just Fact），然后将这些状况中具有的性质加以解释说明（Explanation），最后再阐述它的利益（Benefit）及带给客户的利益。熟练掌握商品推销的三段论法，能让推销变得非常有说服力。

营销人员在向潜在消费者展示介绍商品时可采用5种策略：

① 正统法。它主要强调企业的声望和经验。

② 专门知识。它主要表明对产品和对方情况有深刻了解。

③ 影响力。它可逐步扩大自己与对方共有的特性、利益和心得体会。

④ 迎合。可向对方提供个人的善意表示，以加强感情。

⑤ 树立印象。在对方心目中建立良好的形象。

（5）应付异议。推销员应随时准备应付不同意见。消费者异议表现在多方面，如价格异议、功能异议、服务异议、购买时机异议等。有效地排除消费者异议是达成交易的必要条件。一个有经验的推销员面对消费者争议，既要采取不蔑视、不回避、注意倾听的态度，又要灵活运用有利于排除消费者异议的各种技巧。

（6）达成交易是推销过程的成果和目的。在推销过程中，推销员要注意观察潜在消费者的各种变化。当发现对方有购买的意思表示时，要及时抓住时机，促成交易。为了达成交易，推销员可提供一些优惠条件。

（7）事后跟踪。现代推销认为，成交是推销过程的开始。推销员必须做好售后的跟踪工作，如安装、退换、维修、培训及消费者访问等。对于 VIP 客户，推销员特别要注意与之建立长期的合作关系，实行关系营销。

【课间案例】

汽车推销大王乔伊·吉拉德的一次失误

推销是由三个H和一个F组成的。第一个“H”是“头”（Head）。推销员需要有学者的头脑，必须深入了解消费者的生活形态、消费者的价值观，以及购买动机等，否则不能成为推销高手；第二个“H”代表“心”（Heart）。推销员要有艺术家的心，对事物具有敏锐的洞察力，能经常地对事物感到一种惊奇和感动；第三个“H”代表“手”（Hand）。推销员要有技术员的手，推销员是业务工程师，对于自己推销产品的构造、品质、性能、制造工艺等，必须具有充分的知识；“F”代表“脚”（Foot）。推销员要有劳动者的脚，不管何时何地，只要有消费者、有购买力，推销员就要不辞劳苦，无孔不入。因此，具有“学者的头脑”“艺术家的心”“技术员的手”和“劳动者的脚”是一个的推销员的基本条件。

乔伊·吉拉德是美国首屈一指的汽车推销员，他曾在一年内推销出1425辆汽车。然而这么一位出色的推销员，却有一次难忘的失败教训。

一次，一位消费者来找吉拉德商谈购车事宜。吉拉德向他推荐一种新型车，一切进展顺利，眼看就要成效，但对方突然决定不要了。

夜已深，吉拉德辗转反侧，百思不得其解，这位消费者明明很中意这款新车，为何又突然变卦了呢？他忍不住给对方拨了电话。

“您好！今天我向您推销那辆新车，眼看你就要签字了，为什么却突然走了呢？”

“喂，你知道现在几点钟了？”

“真抱歉，我知道是晚上11点钟了，但我检讨了一整天，实在想不出自己到底错在哪里，因此，冒昧地打个电话来请教您。”

“真的？”

“肺腑之言。”

“可是，今天下午你并没有用心听我说话。就在签字之前，我提到我的儿子即将进入密歇根大学就读，我还跟你说到他的运动成绩和将来的抱负，我以他为荣，可你根本没有听我说这些话！”

听得出，对方似乎余怒未消。但吉拉德对这件事却毫无印象，因为当时他确实没有注意听。话筒继续响着：“你宁愿听另一名推销员说笑话，根本不在乎我说什么，我不愿意从一个不尊重我的人手里买东西！”

第三节 广告策略

“商品如果不做广告，就好像一个少女在黑暗中向你暗送秋波。”西方流行的这句名言充分表现了广告在营销中的独特地位。

一、广告的含义和功能

1. 广告的含义

广告是广告主以付费的方式，通过一定的媒体有计划地向公众传递有关商品、服务和其他信息，借以影响受众的态度，进而诱发或说服其采取购买行动的一种大众传播活动。

从以上定义可以看出，广告主要具有以下特点：①广告是一种有计划、有目的的活动；②广告的主体是广告主，客体是消费者或用户；③广告的内容是商品或服务的有关信息；④广告的手段是借助广告媒体直接或间接传递信息；⑤广告的目的是促进产品销售或树立良好的企业形象。

2. 广告的功能

在当代社会，广告既是一种重要的促销手段，又是一种重要的文化现象。广告对企业、消费者和社会都具有重要作用。

（1）广告对企业的功能。

① 传播信息，沟通产销。广告对企业的首要功能是沟通产销关系。所以，一家企业不善于做广告，就好像在黑暗中向情人暗送秋波。

② 降低成本，促进销售。从绝对成本的角度看，在4种促销方式中广告的成本是最高的。但如果从相对成本的角度看，因为广告的大众化程度高，广告的成本又是比较低的。比如可口可乐每年的巨额广告费平均分摊到每一位消费者身上只有0.3美分，但如果用人员推销成本则需60美元。据统计，在发达国家，投入1美元广告费，可收回20～30美元的收益。

③ 塑造形象。广告是塑造企业形象的重要手段。

（2）对消费者的功能。

① 指导消费。消费者获取商品信息的来源主要有4种，即商业来源、公共来源、人际来源和个人来源。广告即是消费者最重要的商业来源。可以说，在当今社会，面对琳琅满目的商品，如果离开了广告，消费者将无所适从。

② 刺激需求。广告的一个重要功能就是刺激消费者的购买欲望，促使消费者对商品产生强烈的购买冲动。广告刺激的需求包括初级需求（Primary Demand）和选择性需求（Selective Demand）。所谓初级需求，是指通过广告宣传，促使消费者产生对某类商品的需求，如对计算机、汽车等的需求；选择性需求是指通过广告宣传，促使消费者产生对特定品牌的商品的需求，如联想计算机、红旗汽车等，引导消费者认牌购买。

③ 培养消费观念。广告引导着消费潮流，促使消费者树立科学的消费观念。

（3）对社会的功能。

① 美化环境，丰富生活。路牌广告、POP 广告、霓虹灯广告等，美化了城市形象，使都市的夜晚变得绚丽多姿。因此，广告被称为现代城市的脸。优美的广告歌曲、绚丽的广告画、精彩的广告词，也无不给人以艺术的享受。

② 影响意识形态，改变道德观念。据调查，一个美国人从出生到 18 岁在电视中看到的广告达 1800 多个小时，相当于一个短期大学所用的学时。所以，广告对社会的价值观念、文化传承都具有非常重要的影响。

二、广告促销方案的制定

对于广告在促销中的作用尽管存在争论，尽管企业家们对做不做广告表现得非常无奈。但在市场上，企业对广告却始终情有独钟。这从中央电视台每年黄金时段的广告招标金额节节攀升可见一斑。

显然，在市场早已走出了“酒香不怕巷子深”的时代，当代企业所要考虑的并不是要不要做广告的问题，而是如何做出精品广告，从而赢得消费者对广告的信任的问题，这需要企业进行科学的广告决策。

企业的广告决策，一般包括 5 个重要的步骤，简称“5M”。

1．确定广告目标（Mission）

企业广告决策的第一步是确定广告目标。广告目标是企业通过广告活动要达到的目的，其实质就是要在特定的时间对特定的目标受众完成特定内容的信息传播，并获得目标受众的预期反应。

企业的广告目标取决于企业的整个营销目标。由于企业营销任务的多样性和复杂性，企业的广告目标也是多元化的。美国市场营销专家罗希尔·科利在《确定广告目标、衡量广告效果》一书中曾列举了 52 种不同的广告目标。

根据产品生命周期不同阶段中广告的作用和目标的不同，一般可以把广告的目标大致分为告知、劝说和提示 3 大类。

① 告知性广告（Information Advertising）。告知性广告主要用于向市场推销新产品，介绍产品的新用途和新功能，宣传产品的价格变动，推广企业新增的服务，以及新企业开张等。告知性广告的主要目标是为了促使消费者产生初始需求。

② 劝说性广告（Persuasive Advertising）。在产品进入成长期、市场竞争比较激烈的时候，消费者的需求是选择性需求。此时企业广告的主要目标是促使消费者对本企业的产品产生“偏好”。具体包括：劝说消费者购买自己的产品，鼓励竞争对手的消费者转向自己，改变消费者对产品属性的认识，以及使消费者有心理准备乐于接受人员推销等。劝说性广告一般通过现身说法、权威证明、比较等手法说服消费者。

③ 提示性广告（Reminder Advertising）。在产品的成熟期和衰退期使用的主要广告形式，其目的是提示消费者购买。比如，提醒消费者购买本产品的地点，提醒人们在淡季时不要忘记该产品，

提醒人们在面对众多新产品时不要忘了继续购买本产品等。

2. 制定广告预算（Money）

广告目标确定后，企业必须确定广告预算。广告预算是否合理对企业是一个至关重要的问题。预算太少，广告目标不能实现；预算太多，又造成浪费，有时甚至决定企业的命运。

确定广告预算的方法，主要也是前文所述的 4 种方法，即量力支出法、销售额百分比法、目标任务法和竞争对等法。基本操作如前所述，但企业在确定广告预算时必须充分考虑以下因素。

① 产品生命周期。产品在投放期和成长期前期的广告预算应该一般较高，在成熟期和衰退期的广告预算一般较低。

② 市场占有率。市场占有率越高，广告预算的绝对额越高，但面向广大消费者的产品的人均广告费用却比较低；反之，市场占有率越低的产品广告预算的绝对额也较低，但人均广告费并不低。

③ 竞争的激烈程度。广告预算的多少与竞争激烈程度的强弱成正比。

④ 广告频率。广告频率的高低与广告预算的多少成正比。

⑤ 产品的差异性。高度同质性的产品，消费者不管购买哪家企业生产的产品都一样，广告的效果并不明显；高度差异性的产品，因为具有一定的垄断性，不做广告也会取得较好的销售效果。这两种情况广告预算应该较低而具有一定的差异性但这种差异又不足以达到垄断地位的产品，因为市场竞争激烈，广告预算反而应该比较多。

3. 确定广告信息（Message）

广告的效果并不主要取决于企业投入的广告经费，关键在于广告的主题和创意。广告主题决定广告表现的内容，广告创意决定广告表现的形式和风格。只有广告内容迎合目标受众的需求，广告表现具有独特型，广告才能引人注意，并给目标受众带来美好的联想，从而促进销售。

广告的信息决策一般包括 3 个步骤。

（1）确定广告的主题。

广告主题是广告所要表达的中心思想。广告主题应当显示产品的主要优点和用途以吸引消费者。对于同一类商品，可以从不同角度提炼不同的广告主题，以满足不同消费者的需要和同一消费者的不同需要。

广告信息的产生，可以通过对消费者、中间商、有关专家甚至竞争对手的调查获得创意。西方的营销专家认为消费者购买商品时期望从中获得 4 种不同的利益：理性的、感性的、社会的和自我实现的。产品使用者从用后效果的感受、使用中的感受和附加效用的感受这 3 种途径中实现这些满足。将上述 4 种利益和 3 种途径结合起来，就产生了 12 种不同的广告信息，从每一广告信息中可以获得一个广告主题。在企业广告活动中，常用的广告主题主要有：快乐、方便、传统、健康、3B（宠物、小孩和美女）等。根据国外广告专家的调查结果，广告的主题主要有食欲、健康、快乐、名望、安全、经济等 44 种。

（2）广告信息的评估与选择。

一个好的广告总是集中于一个中心的促销主题，而不必涉及太多的产品信息。“农夫山泉有点甜”，就以异常简洁的信息在受众中留下深刻的印象。如果广告信息过多过杂，消费者往往不知所云。

广告信息的载体就是广告文案。对广告文案的评价标准有许多，但一般要符合以下 3 点要求：①具有吸引力，即广告信息首先要使人感兴趣，引人入胜；②具有独特性，即广告信息要与众不同，独具特色，而不要人云亦云；③具有可靠性，广告信息必须从实际出发，实事求是，而不要以偏概全，夸大其词，甚至无中生有。只有全面客观的广告传播，才能增加广告的可信度，才能持久地建立企业和产品的信誉。

（3）信息的表达。

广告信息的效果不仅取决于“说什么”，更在于怎么说，即广告信息的表达。广告表现的手段包括语言手段和非语言手段。

语言在广告中的作用是其他任何手段所不及的，因为语言可以准确、精练、完整、扼要地传达广告信息。如铁达时手表的“不在乎天长地久，只在乎曾经拥有”、统一润滑油的“多一份润滑，少一份摩擦”、中国移动通信公司的“我的地盘听我的”等，既简明扼要，又琅琅上口，都取得了意想不到的效果。

非语言就是语言以外的、可以传递信息的一切手段，主要包括构图、色彩、音效、体语等。

广告表现要做到图文并茂，善于根据不同产品的不同广告定位，把语言手段和非语言手段有机地结合起来。

任何一个广告信息都可以用不同的表现风格加以表现。例如，生活片段，表现人们在日常生活中正在满意地使用某产品；生活方式，借助广告形象强调产品如何适应人们的某种生活方式；音乐，包括背景音乐和广告歌曲；幻想，针对本产品或其用途，设计出一种幻想意境；气氛，为产品制造可以引起某种联想的氛围，给人以暗示；人格化，创造一个人物或拟人化的形象来代表或象征某产品；专门技术，表现企业在生产某产品过程中的技术和专长；科学证据，借助于科学研究成果或调查证明，表现产品的优越之处；旁证，由值得信赖的权威人士推荐或普通用户的“现身说法”，以证明产品的功能和用途。

【课间案例】

世界经典广告语

1. 雀巢咖啡：“味道好极了”

这是人们最熟悉的一句广告语，也是人们最喜欢的广告语。简单而又意味深远，朗朗上口。

2. M&M巧克力：“只溶在口，不溶在手”

这是著名广告大师伯恩巴克的灵感之作，堪称经典，流传至今。它既反映了M&M巧克力糖衣包装的独特销售主张（Unique Selling Proposition，USP），又暗示M&M巧克力口味好，以至于我们不愿意使巧克力在手上停留片刻。

3. 百事可乐：“新一代的选择”

在与可口可乐的竞争中，百事可乐终于找到突破口，它们从年轻人身上发现市场，把自己定位为新生代的可乐，邀请新生代喜欢的超级歌星作为自己的品牌代言人，终于赢得青年人的青睐。

4. 大众甲克虫汽车："想想还是小的好"

20世纪60年代的美国汽车市场是大型车的天下。伯恩巴克提出"Think small"的主张了拯救大众的甲克虫，运用广告的力量，改变了美国人的观念，使美国人认识到小型车的优点。

5. 耐克："Just do it"

耐克通过以"Just do it"为主题的系列广告，和篮球明星乔丹的明星效应，迅速成为体育用品的第一品牌。

6. 美特斯·邦威："不走寻常路"

这个富有个性挑逗力的广告语，体现当代年轻人充满自信，追求自然，渴望个性独立的时代气息。

7. 李宁牌系列运动服："一切皆有可能"

该广告语直击现代都市人的核心欲望，激人奋进。其寓意是：有李宁，哪里都是运动场；有李宁，怎么运动都时尚；有李宁，就能满足您的任何运动的欲望。

8. 麦斯威尔咖啡："滴滴香浓，意犹未尽"

作为全球第二大咖啡品牌，麦斯威尔的广告语堪称语言的经典。与雀巢的广告语不同，麦斯威尔的广告语感觉体验更胜一筹，虽然不如雀巢的那么直白，但却符合喝咖啡时的那种意境，同时又把麦斯威尔咖啡的那种醇香与内心感受紧紧结合起来，同样经得起考验。

9. 德芙巧克力："牛奶香浓，丝般感觉"

德芙的广告语之所以够经典，在于那个"丝般感觉"的心理体验；能够把巧克力细腻滑润的感觉用丝绸来形容，意境够高远，想象够丰富。充分利用联觉感受，把语言的力量发挥到极致。

10. 金利来："男人的世界"

金利来的成功除了得益于一个好名字外还在于其成功的定位——把自己的产品定位于成功和有身份的男士。金利来经多年来坚持不懈，终于成为男士服装中的精品，而这句广告语则画龙点睛一般准确体现了金利来的定位和核心价值。

11. 沙宣洗发水："我的光彩来自你的风采"

沙宣是宝洁公司洗发水品牌中的后起之秀，宝洁公司请来国际著名美发专家维达·沙宣做自己的品牌形象大使，并用维达·沙宣本人的名字作为品牌，从而树立起专业洗发、护发的形象，而"我的光彩来自你的风采"则有画龙点睛之感。

12. 七喜饮料："非可乐"

面对可口可乐和百事在可乐市场上的"垄断"，七喜汽水面临尴尬的处境，这时七喜采用逆向思维，把自己定位为非可乐碳酸汽水，与可口可乐和百事可乐建立起区隔，却获得意外的成功，成为碳酸饮料市场上第三大品牌。创造性的定位为七喜创造了一个全新的市场。

13. 海尔："海尔，中国造"

国产家用电器一向被认为质低价廉，即使出口也很少打出中国制造的牌子。海尔作为中国家电企业的佼佼者，在中国家电工业走向成熟的时候，果断地打出"中国造"的旗号，喊得很有底气，振奋了国人的自信心，增强了民族自豪感。就广告语本身而言，妙就妙在一个"造"上，简洁有力，底气十足。

4. 选择广告媒体（Media）

广告表现的结果就是广告作品。广告作品只有通过恰当的广告媒体投放才能实现广告传播的目标。

广播、电视、报纸和杂志是传统的四大大众传播媒体，因特网被称为第五大大众媒体。除大众传播媒体以外，还有招牌、墙体等户外媒体，车身、车站等交通媒体，信函、传单等直接媒体等众多种类。

广告媒体的选择，主要依据下列因素进行：

（1）广告产品的特征。一般生产资料适合选择专业性的报纸、杂志、产品说明书；而生活资料则适合选择生动形象、感染力强的电视媒体和印刷精美的彩色杂志等媒体。

（2）目标市场的特征。

① 目标市场的范围。全国性市场适合选择全国性媒体，如中央电视台、经济日报等；区域性市场适合选择地区性媒体，如广州日报、广州电视台等。

② 目标市场的地理区域。农村市场需要选择适合农民的媒体，如《南方农村报》等；城市市场则适合选择都市类媒体，如《南方都市报》等。

③ 目标市场的媒体习惯。每种媒体都有自己独特的定位，每类消费者也都有自己的媒体习惯。所以，媒体选择要有针对性。如针对中产阶级的广告，适合选择《新快报》等时尚类媒体。

（3）广告目标。以扩大市场销售额为目的的广告应选择时效性快、表现强、针对性强的媒体；树立形象的广告则适合选择覆盖面广、有效期长的媒体。

（4）广告信息的特征。情感诉求的广告适合选择广播、电视等媒体；理性诉求的广告适合选择报纸、杂志等印刷类媒体。

（5）竞争对手的媒体使用情况。一般情况下，应尽可能避免与竞争对手选择同一种媒体，特别是同种媒体的同一时段或同一版面。如果中国移动和中国联通的广告登在同一种报纸的同一版面上，或者在电视的同一时段投放，效果就可能大打折扣。

（6）广告媒体的特征。各类广告媒体都有各自的广告适应性，如电视的优势是生动形象，时效性强，多手段传播，但不易保存，费用高；报纸价格便宜，易保存，但不生动等。选择广告媒体一定要对各类媒体的广告属性进行充分的把握。

（7）国家广告法规。广告法规关于广告媒体的规定是选择广告媒体的重要依据。

5. 评估广告效果（Measurement）

广告的效果主要体现在 3 个方面，即广告的传播效果、广告的促销效果和广告的社会效果。广告的传播效果是前提和基础，广告的促销效果是广告效果的核心和关键，企业的广告活动也不能忽视对社会风气和价值观念的影响。

（1）广告传播效果的评估主要评估广告是否将信息有效地传递给目标受众。这种评估在传播前和传播后都应进行。传播前，既可采用专家意见综合法，由专家对广告作品进行评定；也可以采用消费者评判法，聘请消费者对广告作品从吸引力、易读性、好感度、认知力、感染力和号召力等方面进行评分。传播后，可再邀请一些目标消费者，向他们了解对广告的阅读率或视听率、对广告的回忆状况等。

（2）广告促销效果的评估。广告促销效果是广告的核心效果。广告促销效果的评估主要测定广告所引起的产品销售额及利润的变化状况。测定广告的促销效果，一般可以采用比较的方法。在其他影响销售的因素一定的情况下，比较广告后和广告前销售额的变化；或者其他条件基本相同的甲和乙两个地区，在甲地做广告而在乙地不做广告，然后比较销售额的差别，以此判断广告的促销效果等。

（3）广告社会效果的评估主要评定广告的合法性以及广告对社会文化价值观念的影响。一般可以通过专家意见法和消费者评判法进行。

【课间案例】

2011年5月22日，四海一家南京店在南京国际广场购物中心开业。为吸引消费者注意，该店做了几件事：

① 在国际广场购物中心一楼制作展牌进行宣传。

② 在拉手网做团购，5元可团到50元的代金券。

③ 如果名字中含有“四海一家”中任一个字，就可以凭身份证免费领取自助餐券，在该店内免费试吃。

第四节 营业推广（SP）策略

【课间案例】

可口可乐的营业推广案例

1997年6月，可口可乐公司推出了主题为“可口可乐红色真好玩”的促销活动。在活动期间，只要购买了“可口可乐”“雪碧”“芬达”的促销包装品，就会发现在易拉罐拉环和塑料瓶标签上印有红色的可口可乐、红太阳、红玫瑰、红苹果等12种不同的图案，若能对中中奖组合的两个图案（红色可口可乐可以代替任何一种图案），就能赢取背包、手表等5款不同奖品，奖品总值超过1000万元。

整个促销活动通过报纸、电视、海报、宣传单、活动热线、促销包装等媒体传递出去。透过红得发烫的市场宣传，可以看出可口可乐公司匠心独具之处：通过让消费者反复感知红色的概念，从而让红色的可口可乐更深入人心。红太阳、红玫瑰、红苹果等12种不同的图案都是让人容易产生自然联想的红色事物，红色意味着热烈、刺激、喜悦，意味着活力、积极和气势，让你爱上红色的奖品，让你寻找红色的图案，最终是为了让你爱上红色的可口可乐。

2000年，可口可乐公司在中国内地推出了一套十二生肖的易拉罐，据说是全球首次中国主题的纪念品，销售日期只到同年2月底，惹得连中国香港地区的朋友都从北京成箱地运可乐。2001年，可口可乐公司为中国的春节市场推出了泥娃娃阿福的新形象，憨态可掬的泥阿福一夜之间登上了国内所有可口可乐的包装，醉翁之意不在酒，“中国娃娃”做形象大使不仅是为了给大伙拜个年，更为推行“本土化”的战略。

一、营业推广及其适用性

营业推广（Sales Promotion，SP）是刺激消费者迅速购买商品而采取的各种促销措施。其目的是扩大销售和吸引人气。由于市场竞争的激烈程度加剧、消费者对交易中的实惠的日益重视、广告媒体费用上升、企业经常面临短期销售压力等，使营业推广受到企业越来越多的青睐。

营业推广比较适合于对消费者和中间商开展促销工作，一般不太适用于产业用户。对于个人消费者，营业推广主要吸引3类人群：①已经使用本企业产品的消费者，促使其消费更多；②已使用其他品牌产品的消费者，吸引其转向本企业的产品；③未使用过该产品的消费者，争取其试用本企业的产品。对于中间商，营业推广主要是吸引中间商更多地进货和积极经销本企业的产品，增强中间商的品牌忠诚度，并争取新的中间商。

在产品处于生命周期的导入期和成长期是，营业推广的效果较好；在成熟期，营业推广的作用明显减弱。对于同质化程度较高的产品，营业推广可在短期内迅速提高销售额，但对于高度异质化的产品，营业推广的促销作用相对较小。

一般来说，市场占有率较低、实力较弱的中小企业，由于无力负担大笔的广告费，对所需费用不多又能迅速增加销量的营业推广往往情有独钟。

有时，企业也可以将营业推广与广告、公共关系等促销方式结合起来，以营业推广吸引竞争者的消费者，再用广告和公共关系使之产生长期偏好，从而争取竞争对手的市场份额。

二、营业推广的实施

企业进行营业推广活动，应重点做好以下工作。

1. 确定推广目标

企业在进行营业推广活动之前，必须确定明确的推广目标。推广目标因推广对象不同而不同。对于消费者，推广目标主要是促使他们更多地购买和消费产品；吸引消费者试用产品；吸引竞争品牌的消费者等。对于中间商，推广目标主要是吸引中间商经销本企业的产品；进一步调动中间商经销产品的积极性；巩固中间商对本企业的忠诚度等。对于推销员，推广目标就是激发推销员的推销热情，激励其寻找更多的潜在消费者。

2. 塑造适宜的商业氛围

商业氛围对激发消费者的购买欲望具有极其重要的作用。因此，商店布局必须精心构思，使其具有一种适合目标消费者的氛围，从而使消费者乐于购买。

（1）营业场所设计。

在当代，消费者购物的过程越来越成为一种休闲的过程。人们在忙碌之余逛逛商场，享受五光十色的商品所形成的色彩斑斓的世界，可以使疲惫的身心得到松弛和愉悦。因此，购物环境的好坏已经成为消费者是否光顾的重要条件。

优美的购物环境体现在视觉、听觉、嗅觉等多方面。当我们走进一家大型购物中心，富有特色的店堂布置，宽广宜人的购物空间，井井有条的商品陈列，轻松悦耳的音乐，都能使人们流连忘返。

一位女士这样描绘她心中的购物环境：空气像大自然一样清新，环境像五星酒店一样优雅，购物像海边散步一样轻松……

（2）商品陈列设计。

商品陈列既可以将商品的外观、性能、特征等信息迅速地传递给消费者，又能起到改善店容店貌、美化购物环境、刺激购买欲望的作用。

商品陈列设计要达到以下要求：引起消费者的注意和兴趣；具有亲和力。一般来说，所有商品应允许消费者自由接触、选择和观看，且具有美感。独特的造型和色彩搭配容易给人以赏心悦目之感，从而激发消费者的购买欲望；传达的信息简单、明确，使消费者容易理解；丰富的陈列，可以制造气势，也可以增加消费者的挑选余地。

商品陈列可以采用以下一些方法。

① 便利型的售点陈列。例如，少儿用品的陈列高度要控制在1～1.4m之内，以便于少儿发现和拿取；而老人用品则不能放得太低，因为老人下蹲比较困难。

② 集客型售点陈列。例如，百事可乐的售点展示往往以大型的产品堆头为主，设置各种各样的POP，还摆放百事流行鞋、陆地滑板、个性腕表、背包等时尚用品，整个售点显得时尚、个性，吸引少男少女们趋之若鹜地光顾其售点。

③ 档次提升型陈列。例如，服装厂商们巧妙地运用陈列背景、装修氛围、灯光的颜色与照射方向等展示手段，衬托出服装的档次来，使得消费者一见就心生喜爱。

④ 凸显卖点的陈列。这是一种为了强调产品独特卖点的售点展示方法，如宝洁公司的海飞丝洗发水在夏季促销中为了在其原有的“去屑”的卖点上加以“清凉”的概念，在终端展示的方法上采用了用冰桶盛放海飞丝的方式，非常直观地给消费者“去屑又清凉”的感觉。

⑤ 热点比附型陈列。运用这种策略可以拉近品牌与热点事件的关系。例如，非典流行时期，许多书店将与防治非典有关的书籍进行集中陈列，并放在比较显眼的位置。

3. 选择恰当的营业推广工具

企业可以根据市场类型、营业推广目标、竞争情况、国家政策以及各种推广工具的特点灵活选择推广工具。

（1）生产商对消费者的推广形式。如果企业以抵制竞争者的促销为推广目的，企业可设计一组降价的产品组合，以取得快速的防御性反应；如果企业的产品具有较强的竞争优势，企业促销的目的在于吸引消费者率先采用，则可以向消费者赠送样品或免费试用样品。

（2）零售商对消费者的推广形式。零售商促销的目的是吸引更多的消费者光临和购买。因此，促销工具的选择必须能够给消费者带来实惠，实惠就是吸引力。在推广中，零售商经常采用商品陈列和现场表演、优惠券、特价包装、交易印花、抽奖、游戏等推广形式。

【课间案例】

宝洁公司（P&G）向消费者提供少量货样或试用品

宝洁公司（P&G）推广“海飞丝”时期，采用了提供样品的办法。宝洁公司在广州首先选择了女工较多的轻工系统，赠送试用。不到一年，“海飞丝”在广州市民中的知名度即达到99%，“玉兰油”问世后，委托广州市总工会女工部发给全市企业女工13.5万份，并在部分城市采用买一送一的推广办法。“飘柔”二合一洗发水问世后，委托街道居委会向广州的81万户市民赠送试用品。仅此一项，耗资120万元。但在3个星期内，“飘柔”在广州市民中的知名度已达94%。

（3）生产商对中间商的推广形式。生产商为了得到批发商和零售商的合作与支持，主要运用购买折扣、广告折让、商品陈列折让和经销奖励等方式进行推广。

（4）生产商对推销员的推广形式。生产商为了调动推销员的积极性，经常运用销售竞赛、销售红利、奖品等工具对推销员进行直接刺激。

4. 制定合理的营业推广方案

一个完整的营业推广方案必须包括以下内容。

① 诱因的大小。它是指确定使企业成本/效益最佳的诱因规模。诱因规模太大，企业的促销成本就高；诱因规模太小，对消费者又缺少足够的吸引力。因此，营销人员必须认真考察销售和成本增加的相对比率，确定最合理的诱因规模。

② 刺激对象的范围。企业需要对促销对象的条件做出明确规定，比如赠送礼品，是赠送给每一个消费者还是只赠送给购买量达到一定要求的消费者等。

③ 促销媒体选择。它是指决定如何将促销方案告诉给促销对象。如果企业将要举行一次赠送礼品的推广活动的话，可以采用以下方式进行宣传：印制宣传单在街上派送；将宣传单放置销售终端供消费者取阅；在报纸等大众媒体上做广告；邮寄给目标消费者等。

④ 促销时机的选择。企业可以灵活地选择节假日、重大活动和事件等时机进行促销活动。

【课间案例】

怎样让销售淡季旺销

一年冬天，气候反常，不怎么寒冷。许多羊毛衣厂及绸缎布厂生产的时令货都销不出去，这时又值每年一度的交易淡季。生产厂家为了使资金周转，只得半价批售给绸缎布匹百货公司。很多百货公司感到：便宜是便宜，可卖不出去就积压了资金。可有一家百货公司的老板在想：这批货这么便宜，可以买进。如果开发出一套好的销售方法，在淡季也能激起购买热情。

一开始，这家百货公司准备采用“大牺牲、大拍卖、大削价”等主题作为宣传，但认为太传统太普通了。接着又考虑使用“打折”主题作为号召，又认为力度不够。后来采用了国艺广告公司提出的一个新构想，开设“不计成本部”柜台，专销这些布匹。同时，大张旗鼓地宣传“买100还50”的优惠，而且向消费者说明：在不计成本部买了100元的货，凭发票还可以选取50元的货物。后来又改为“买100送50”，从而正式推出这套廉价销售活动。仅仅改动了一个字，“买100还50”变为“买100送50”，其市场意义就大不一样了。

国艺公司想得很仔细：因为就字面意义来说，“还”字表示消费者收回自己的东西，“送”字表示百货公司赠送给消费者的东西，显得公司与消费者之间亲切而有感情。当天晚上的反应比较少，第二天一早，百货公司二楼的不计成本部就挤满了消费者，头两天就销出了11万米。使该百货公司在淡季激起了一阵阵每天热销的场面。

⑤ 确定推广期限。推广期限要恰当，不可太短或太长。根据西方营销专家的研究，比较理想的推广期限是 3 个星期左右。

⑥ 确定促销预算。一般有两种方式确定预算：一种是全面分析法，即营销者对各个推广方式进行选择，然后估算它们的总费用；另一种是总促销预算百分比法，这种方法中比例经常按经验确定，如奶粉的推广预算占总预算的 30%左右，咖啡的推广预算占总预算的 40%左右等。

5. 测试营业推广方案

为了保证营业推广的效果，企业在正式实施推广方案之前，必须对推广方案进行测试。测试的内容主要是推广诱因对消费者的效力、所选用的工具是否恰当、媒体选择是否恰当、消费者反应是否足够等。发现不恰当的部分，要及时进行调整。

6. 执行和控制营业推广方案

企业必须制定具体的实施方案。实施方案中应明确规定准备时间和实施时间。准备时间是指推出方案之前所需的时间，实施时间是从推广活动开始到 95%的推广商品已到达消费者手中这一段时间。

7. 评估营业推广的效果

营业推广的效果体现了营业推广的目的。企业必须高度重视对推广效果的评价。评价推广效果，一般可以采用比较法（比较推广前后销售额的变动情况）、消费者调查法和实验法等方法。

【课间案例】

“海飞丝”“飘柔”：盛典促销

宝洁公司迄今已有100多年的历史，目前是世界50个大跨国公司之一，也是世界上最大的日用消费品生产商之一，在几十个国家设有分公司。1988年，宝洁公司看好中国市场，与香港和记黄埔（中国）有限公司、广州肥皂厂及广州经济技术开发区建设进出口贸易总公司合作，共同创建了中美港合资广州宝洁有限公司。一年多后，广州宝洁成功地移植国际名牌 Head & Shoulder 洗发水和Rejoice洗发水，中文名称分别叫作“海飞丝”和“飘柔”。

海飞丝和飘柔虽然是国际市场的老名牌，在中国却都是新产品，需要宣传推广，从而让消费者尽快认识和接受。广州宝洁为此策划了几次大型营业推广，取得了不同凡响的效果。

一、海飞丝、飘柔美发亲善大行动

1990年2月，海飞丝、飘柔自投放市场以来，因迎合了中国消费者崇尚洋货的消费心理，曾一度成为抢手俏货。但随着更多的外国洗发护发用品的涌入，海飞丝、飘柔的市场份额逐步下降。广州宝洁与黑马设计事务所认真地分析了市场情况，决定选取广州为突破点，抓住春节期间人们普遍都要洗发换新装的时机，借助发廊的配合，举办美发亲善大行动，让消费者在实际使用中领略宝洁产品的种种优点，提高指名购买率。

根据调查资料，广州市内有3000多家发廊。以每家发廊每天接待20个消费者计算，1个月的洗发总人数就接近广州市区的总人数。在广州市场洗发水的销售总量中，发廊占了34%左右。因此公司选取了10家能代表广州市区最好水平的发廊，并且全都位于闹市地段，店铺分布合理。公司还招聘了十几名美丽的亲善小姐，集中起来对她们进行头发生理、洗护常识、礼仪等培训，并给她们配发很有特色的礼仪服装和化妆品，让她们去配合发廊行动。

整个活动要保证让所有的参加者都获得利益。无论是发廊亲善小姐，还是媒体部门和消费者，凡是给活动以支持的都可得到满意的利润。

给消费者的实际利益是不用买任何产品，只需剪下一张广告，就可以换取一张相当于自己一日或两日工资收入的洗发券。公司设计了6388张洗发券，即使是没有工资收入的学生或家庭主妇，也一样有机会到广州市区的高级发廊去享受服务。

公司采用了两种换券方法。第一周采用到广州体育馆换券的方式。由于整个宣传是立体式的，电视、广播、报纸、街头招贴及发廊宣传一齐上，结果前来换券的人空前踊跃，直到换完最后一张洗发券，还有3000多人在排队。第二周考虑到换券者的层面及区域，改成了寄信换券的方式，以后每周都有固定数目的洗发券发出，每周都是先到先得。工作人员每天把信件按区、街道进行统计分类，然后有规律地抽选并寄发洗发券。

大行动的宣传以每周五的《羊城晚报》1/4版广告作为高潮，连续进行4周。固定报纸篇幅、固定媒体发布时间、固定每次不同的换券游戏规则，使得在大行动期间，天河区每周五的《羊城晚报》往往下午5点钟就卖完了。这样一来，各种职业、各个区域消费者投稿换券回率就有了很大的提高。大行动的亲善形象，是一个不算特别漂亮但很面熟、亲切的本地小姐，与10位驻店小姐一起，为消费者解答各种有关头发洗护的常识。为了使大行动能产生立体辐射的影响，在区域上做了两大划分。中心区域在广州市内，主要履行免费洗发的承诺。广州市外及媒体所能影响的范围，另设一项咨询奖，目的是用有限的资金，使广告发挥最大的效力。

这次活动，广州宝洁花了相当于拍5部广告片的费用，但是使海飞丝和飘柔在广州地区的销售额比上年同期增加了3.5倍。在杭州市场也如法炮制，投入仅5万元，结果销量比前年增长了10倍。

二、海飞丝南北笑星、歌星光耀荧屏活动

1990年5月11日、12日、13日，广州宝洁再领风骚，出资赞助广州电视台《屏幕之友》周刊举办了“海飞丝南北歌星、笑星赞助光耀荧屏大型文艺晚会”。晚会上众多明登台献艺，演出获得极大成功，广州宝洁的换票行动也取得了很大的成效。

广州宝洁送出了一万张门票，每张门票价值20元，任何一位消费者，凭购买海飞丝、飘柔、玉兰油30元以上面额的发票一张，并且30元宝洁产品内一定要有白色飘柔即可换取晚会门票2张。

这次活动与不久前进行的海飞丝、飘柔亲善大行动有异曲同工之妙，它们促进了消费者对宝洁产品的认识和接受，使得1990年度海飞丝、飘柔、玉兰油在广州市场的销售量比前一年增加了4.5倍。这两项活动广州宝洁公司获得了1990年度美国宝洁公司总部的两项大奖——“最佳消费者创意奖”和“最佳客户创意奖”。

与此同时，宝洁产品也开始向全国辐射，从乌鲁木齐到西双版纳，市场上到处都可以见到宝洁公司产品的踪迹。此外，中国香港、东南亚的消费者对宝洁产品反应强烈，成交额不断上升。

三、“飘柔之星全国竞耀”活动

1994年、1995年，广州宝洁举办了两届“飘柔之星全国竞耀”活动，目标是在消费者心中形崇拜，提高品牌的忠诚度，使用飘柔产品成为时尚。

活动分为3个阶段。经过摄影、初选、面试及公众投票后，由各省市精选出一名“飘柔之星”，于指定日期到广州参加总决赛。决赛之前，广州宝洁特别为远道而来的候选人安排了为期半个月的培训，课程包括健美操、专业模特训练、化妆、头发护理及服装挑选的指导等。此外，还安排候选人参观宝洁公司，了解跨国公司的生产运作，并前往深圳旅游观光。在飘柔之星璀璨夜的颁奖典礼上，各省的“飘柔之星”参与演出了不同节目，如服装、健美操汇演、问题对答及才艺表演等，从中角逐产生“飘柔之星中星”“活力之星”“才艺之星”“友谊之星”“风采之星”五项殊荣。

“飘柔之星全国竞耀”活动对于鼓励年轻人积极进取，抓住机遇，突破自我，开拓更美好的前程，起到了广泛而有力的推动作用，并因此也培养了一大批“飘柔”的品牌忠诚者。

第五节 公共关系

一、公共关系的要素及特征

从营销的角度讲，公共关系是企业利用各种传播手段，沟通内外部关系，塑造良好形象，为企业的生存和发展创造良好环境的经营管理艺术。

1. 公共关系的要素

公共关系的构成要素分别是社会组织、传播和公众，它们分别作为公共关系的主体、中介和客体相互依存。

社会组织是公共关系的主体，它是指执行一定社会职能、实现特定的社会目标，构成一个独立单位的社会群体。在营销中，公共关系的主体就是企业。

公众是公共关系的客体。公众是面临相同问题并对组织的生存和发展有着现实或潜在利益关系和影响力的个体、群体和社会组织的总和。企业在经营和管理中必须注意处理好与员工、消费者、媒体、社区、政府、金融等各类公众的关系，为自己创造良好和谐的内外环境。

社会组织与公众之间需要传播和沟通。传播是社会组织利用各种媒体，将信息或观点有计划地与公众进行交流的沟通过程。社会组织开展公关活动的过程实际上就是传播和沟通的过程。

2. 公共关系的特征

作为一种促销手段，公共关系与前文所述的其他手段相比，具有自己的特点。

① 注重长期效应。公共关系是企业通过公关活动树立良好的社会形象，从而创造良好的社会环境。这是一个长期的过程。良好的企业形象也能为企业的经营和发展带来长期的促进效应。

② 注重双向沟通。在公关活动中，企业一方面要把本身的信息向公众进行传播和解释，同时也要把公众的信息向企业进行传播和解释，使企业和公众在双向传播中形成和谐的关系。

③ 可信度较高。相对而言，大多数人认为公关报道比较客观，比企业的广告更加可信。

④ 具有戏剧性。经过特别策划的公关事件，容易成为公众关注的焦点，可使企业和产品戏剧化，引人入胜。

【课间案例】

高露洁成功危机公关

2005年4月中旬，国内各大媒体转载英国《旗帜晚报》的一则报道：包括高露洁等品牌在内的数十种超市商品均含有三氯生。三氯生会和自来水中的氯生成三氯甲烷，而三氯甲烷被美国国家环保局列为可能致癌物质。这则报道是根据美国弗吉尼亚工学院的研究者Peter Vikesland的《太爱干净可能对你的健康和环境有害》一文写出的。

随着这则消息在中国的传播，高露洁在中国消费者中的品牌信任度急速降低，高露洁牙膏的销量比以前有大幅度下降，销售商持观望态度，随时准备撤柜。截至2005年4月20日凌晨0时15分，共有60025人参加了新浪网的网上调查，其中54118人表示将不再购买高露洁牙膏。

高露洁如何开展危机公关活动来化解这场危机的？

二、公共关系的实施

公共关系活动的实施需要经历以下步骤。

1. 明确公关目标

进行公共关系活动要有明确的目标。目标的确定是公共关系活动取得良好效果的前提条件。企业的公关目标因企业面临的环境和任务的不同而不同。一般来说，企业的公关目标主要有以下几类：新产品、新技术开发之中，要让公众有足够的了解；开辟新市场之前，要在新市场所在地的公众中宣传组织的声誉；转产其他产品时，要树立组织新形象，使之与新产品相适应；参加社会公益活动，增加公众对组织的了解和好感；开展社区公关，与组织所在地的公众沟通；本组织的产品或服务在社会上造成不良影响后，进行公共关系活动以挽回影响；创造一个良好的消费环境，在公众中普及同本组织有关的产品或服务的消费方式等。

2. 选择公关对象

公关对象的选择就是公众的选择。公关的对象取决于公关目标，不同的公关目标决定了公关传播对象的侧重点的不同。如果公关目标是提高消费者对本企业的信任度，毫无疑问，公关活动应该重点根据消费者的权利和利益要求进行。如果企业与社区关系出现摩擦，公关活动就应该主要针对社区公众进行。选择公关对象要注意两点：①侧重点是相对的，企业在针对某类对象进行公关活动时不能忽视了与其他公众沟通；②在某些时候（如企业出现重大危机等），企业必须加强与各类公关对象的沟通，以赢得各方面的理解和支持。

3. 选择公关方式

公关方式是公关工作的方法系统。在不同的公关状态和公关目标下，企业必须选择不同的公关方式，以便有效地实现公关目标。一般来说，供企业选择的公关方式主要有以下两类。

（1）战略性公关方式。

下列 5 种公关方式，主要针对企业面临的不同环境和公关的不同任务，从整体上影响企业形象，属于战略性公关。

① 建设性公关。该方式主要适用于企业初创时期或新产品、新服务首次推出之时，主要功能是扩大知名度，树立良好的第一印象。

② 维系性公关。该方式适用于企业稳定发展之际，用以巩固良好的企业形象。

③ 进攻性公关。该方式是企业与环境发生摩擦冲突时所采用的一种公关方式，主要特点是主动。

④ 防御性公关。该方式是企业为防止自身公共关系失调而采取的一种公关方式，适用于企业与外部环境出现了不协调或摩擦苗头的时候，主要特点是防御与引导相结合。

⑤ 矫正性公关。该方式是企业遇到风险时采用的一种公关方式，适用于企业公共关系严重失调，企业形象严重受损的时候，主要特点是及时。

（2）策略性公关方式。

下列5种公关方式，属于公关的业务类型，主要是公关的策略技巧，属于策略性公关。

① 宣传性公关。该方式是运用大众传播媒体和内部沟通方式开展宣传工作，从而树立良好的企业形象，分为内部宣传和外部宣传。

② 交际性公关。该方式是通过人际交往开展公关，目的是通过人与人的直接接触，进行感情上的联络，包括开展团体交际和个人交往。

③ 服务性公关。该方式是以提供优质服务为主要手段，目的是以实际行动获得社会公众的了解和好评。这种方式最显著的特征在于实际的行动。

④ 社会性公关。该方式利用举办各种社会性、公益性、赞助性活动开展公关，带有战略性特点，着眼于整体形象和长远利益。其方式有3种：一是以企业本身为中心开展的活动，如周年纪念等；二是以赞助社会福利事业为中心开展的活动；三是资助大众传播媒体举办的各种活动。

⑤ 征询性公关。该方式主要以提供信息服务为主，如市场调查、咨询业务、设立监督电话等。

4. *实施公关方案*

实施公关方案的过程，就是把公关方案确定的内容变为现实的过程，是企业利用各种方式与各类公众进行沟通的过程。实施公关方案是企业公关活动的关键环节。再好的公关方案，如果没有实施，都只能是镜花水月，没有任何价值。

实施公关方案，需要做好以下工作。

① 做好实施前的准备。任何公共关系活动实施之前，都要做好充分的准备，这是保证公共关系成功实施的关键。公关准备工作主要包括公关实施人员的培训、公关实施的资源配备等方面。

② 消除沟通障碍，提高沟通的有效性。公关传播中存在着方案本身的目标障碍，实施过程中语言、风俗习惯、观念和信仰的差异以及传播时机不当、组织机构臃肿等多方面形成的沟通障碍和突发事件的干扰等影响因素。消除不良影响因素，是提高沟通效果的重要条件。

③ 加强公关实施的控制。企业的公关实施如果没有有效的控制，就会产生偏差，从而影响到公关目标的实现。公关实施中的控制主要包括对人力、物力、财力、时机、进程、质量、阶段性目标以及突发事件等方面的控制。公关实施中的控制一般包括制定控制标准、衡量实际绩效、将实际绩效与既定标准进行比较和采取纠偏措施4个环节。

5. 评估公关效果

公关评估就是根据特定的标准，对公共关系计划、实施及效果进行衡量、检查、评价和估计，以判断其成效。需要说明的是，公关评估并不是在公关实施后才评估公关效果，而是贯穿于整个公关活动之中。

公共关系评估的内容包括：

① 公关程序的评估。它是对公关的调研过程、公关计划的制订过程和公关实施过程的合理性和效益性做出客观的评价。

② 专项公关活动的评估。它主要包括对企业日常公关活动效果的评估、企业单项公关活动（如联谊活动、庆典活动等）效果的评估、企业年度公关活动效果的评估等方面。

③ 公关状态的评估。企业的公关状态包括舆论状态和关系状态两个方面。企业需要从企业内部和企业外部两个角度对企业的舆论状态和关系状态两个方面进行评估。

【课间案例】

中国2010年度公共关系行业基本状况

总体状况：整个公共关系市场的年营业规模约为210亿元，年增长率为25%左右。调查显示，TOP公司前20强的年营业额增长30.8%，潜力公司前20强为32.7%。

调查显示，汽车、IT、快速消费、医疗保健和金融位列2010年度公共关系服务市场的前5位，市场份额分别为24.3%、16.2%、14.8%、8.3%和4.1%，其他如通信、互联网、房地产、制造业、体育、文化等共占32.3%左右，“汽车业务”重新夺回第一位置。网络公关、事件营销、危机管理、世博公关以及CSR等新服务产品继续成为2010年度公关服务的亮点，城市营销开始引起业界的普遍关注。

TOP公司年平均员工人数由2009年的247人增加到271人，增加24人，主要来自本土公司；管理团队平均人数由30人增加到38.9人，管理效率持续下降而成本增加。

女性雇员继续保持60%以上的比例（达到61.5%），职业平均年龄维持在29岁左右；平均留任时间为2.9年，人员流动率达到19%）；周平均工作时间为45.8小时，这表明该行业工作量和工作压力较大。

本章习题

一、判断题

1. 人员促销亦称直接促销，它主要适合于消费者数量多、比较分散情况下进行促销。（　　）

2. 对单位价值较低、流通环节较多、流通渠道较长、市场需求较大的产品常采用拉式策略。（　　）

3. 因为促销是有自身统一规律性的，所以不同企业的促销组合和促销策略也应该是相同的。（　　）

4. 广告的生命在于真实。（　　）

5. 通过赞助文化、教育、体育、卫生等事业，支持社区福利事业，参与国家、社区重大社会活

动等形式来塑造企业的社会形象是服务性公关。（　　）

二、单选题

1．以下关于促销与营销的关系说法正确的是（　　）。

A．促销就是营销　　B．促销是营销策略中的一个部分

C．促销是营销的发展　　D．营销的重点是促销

2．促销的主要任务是（　　）。

A．宣传与说服　　B．引起消费者的注意与兴趣

C．传递与组织有关的信息　　D．促进消费者购买

3．以下关于推式策略和拉式策略的说法正确的是（　　）。

A．拉式策略是指企业以促销组合中的人员销售的方式进行促销活动

B．推式策略是指企业以促销组合中的非人员销售的方式进行促销活动

C．二者信息流动的方向不同

D．二者信息流动的方向大致相同

4．人员推销最重要的任务是（　　）。

A．销售产品　　B．传递信息

C．提供服务　　D．寻找客户

5．广告设计的核心是（　　）。

A．广告主题的设计　　B．广告文案的设计

C．广告画面的设计　　D．广告技术的设计

三、简答题

1．怎样理解促销的实质是信息沟通？

2．影响促销组合的因素有哪些？

3．什么是促销？简述促销组合的内容。

4．什么是人员推销？它有哪些特点？

5．联系实际谈谈人员推销的步骤。

6．什么是广告促销？简述其的内容。

7．什么是广告媒体？它有哪些特点？

8．企业选择广告媒体时，应综合考虑哪些因素？

9．什么是营业推广？简述营业推广的内容。

10．什么是公共关系？它有哪些特点？

11．为迎接“十·一”黄金周的销售旺季，针对消费者策划何种形式的营业推广最有效？

四、案例分析题

用互联网思维做广告 百度搭载营销新模式

每一年的春节是检验各大厂商营销能力的时候。2013年，无论是小米、百度、腾讯还是猎豹、奇虎360都在传统媒体上进行了大量的投放。而从2014年来看，百度似乎更加敏锐地捕捉到了一些新

的东西，最近推出手机百度、百度手机卫士、百度地图等产品的一系列广告，并配以密集的"网络范儿"营销活动，让人看到在这些广告背后呈现的营销思维模式——互联网思维和传统媒体载体的结合，开启了一个精准突破、重塑整合、内容承载的互联网思维营销新模式。

随着互联网越发便捷，沟通成本极大降低，消费信息越来越平衡，权力正从零售商转移到了消费者手中。这是一个划时代的变革，消费者们共同参与、共同分享的开放架构正在信息浪潮中形成——我们迎来消费平等、消费民主和消费自由的消费者主权时代。

在这个时代中，由于权力重心倾斜，每个消费者都被赋予了改变世界的力量。一个用户在社交化媒体上吐槽品牌很有可能演变成一场品牌灾难，而一次有效的沟通则能为品牌增色不少。因此，互联网思维成为未来品牌营销中不可或缺的因子。

据资料显示，互联网思维一词最早的提及者为百度CEO李彦宏。他在2011年的演讲中，就曾提到这个概念，意思是指要基于互联网的特征来思考。与大规模生产、大规模销售和大规模传播的工业化思维相反，互联网思维更加强调用户的个性化，了解用户的特点，简而言之就是："专注产品与服务的极致"+"优秀的社会化媒体营销"。

随着移动互联网的大行其道，各大互联网巨头们更是纷纷抢占山头，"3Q""3B"大战硝烟未尽，"BAT"群雄争霸烽火又起。为了抢占市场，各家纷纷使出了看家本领，宣传自己的移动平台，而互联网思维则在营销战中发挥得淋漓尽致。这次百度重拳出击就是一次很具有参考性的演练。

在营销这个环节中，受众的接受度和认可度十分重要，用通俗的话说就是要受众个性化，实现对症下药。互联网思维营销最显著的特点是突破了物理束缚，重构人群逻辑空间，它的目标指向性十分精确，扁平化的营销方式减少了传统营销模式糅杂结构，让宣传信息直达受众，进而产生共鸣。

还是以百度近期系列推广案例为例。首先定位够准确，将目标受众锁定在特定人群，提供更加精准的宣传。移动端的主要用户群体是"80后"、"90后"的年轻人，这个年龄段的人群易于接受新鲜事物，新兴的移动互联网的发展正是依靠这个群体的壮大。无论是手机百度结合网络剧《万万没想到》发布的系列TVC，还是百度手机卫士发起的"千万悬赏终结恶意扣费"的"全民通缉令"，都实现了精准定位，进而引发共鸣，产生病毒式传播。

其次平台要选得好，缩短与用户的沟通环节。手机百度《万万没想到》TVC在湖南卫视、江苏卫视投放就是个典型。众所周知，无论是湖南卫视还是江苏卫视，都以其全方位的娱乐大餐迅速占领了年轻人的市场，湖南卫视在年轻人群中的收视率持续上扬，其独特的媒体特质和受众特征成为了广告的稀缺资源。

另外从受众迁徙来看，在春节期间，用户将从一二线城市大量涌入三四线城市，故互联网企业大量地涌入平时不太触及的地方。投放随着用户迁徙，带来了市场份额的显著波动。

在合适的平台，为合适的人宣传合适的广告主题，使得无论是手机百度TVC系列广告、百度手机卫士"千万悬赏终结恶意扣费"整合传播还是百度地图的"线上派发福袋"活动，都使人们对百度的认可度一路走高。

碎片化已经不再是新闻，碎片化很显然地重构了用户注意力。在这样的冲击波中，许多媒体成为了牺牲品，无论是海尔明令禁止投放杂志广告还是电视媒体持续走弱都说明了1.0式传播已经遇到了“瓶颈”，如何整合成为关键。

多屏终端的发展，使得营销方式更加多样化，多屏化亟须运用整合策略形成合力，将注意力重新糅合。跨屏传播帮助广告主针对特定的群体，对品牌广告进行多维定向投放，充分利用电视、计算机、手机、平板计算机等不同屏幕的特点和优势，进而占领了营销制高点。

无论是PC端、移动端，百度在电视台黄金档播放广告，正好把传统电视屏、PC屏和新兴移动屏结合了起来，把握住了多屏融合给自己带来的营销机会，既抓住了原有网络剧的忠实追随者，又拓展了传统电视屏前的观众。

另外百度手机卫士投放户外广告更是将多屏进行整合，受众群体对百度的认可度大大提升，达到了宣传效果的立体化和普遍化。

此外，消费者主权时代，媒体垄断被打破了。消费者同时成为媒体信息和内容的生产者和传播者，希望通过买通媒体单向度、广播式制造热门商品诱导消费行为的模式不成立了，内容公关藉此跻身过去2013年十大营销关键词榜单，“内容为王”在这个时代依然成立。

俗话说没有话题的营销不是好广告，百度在这点上非常有代表性，无论是手机百度的火车票，黄牛，网络热剧，恶搞……还是百度地图的“线上派发福袋”，无不与当今热门话题相关，再加上高辨识度和融合度的内容，传播效果显而易见。

另外，在新媒体形态中，有价值的内容（讲故事）成为营销的核心，在公关中添加内容营销策略和社交媒体计划时，故事是这一切的基石，创造出的故事将使更多人参与话题。前面提到的百度手机卫士在黄金商圈大屏幕投放广告后，还在社交媒体上发起“千万悬赏”活动，让网民参与到故事中来。

把广告做成内容，让内容反映焦点，用焦点传播主体，新式营销策略开创了广告的新形势，像“脑白金”那种单纯靠重复催眠的营销模式已经不受大众认可，手机百度正是抓住了这个机会，既提高了品牌关注度，又达到了传播效果，可谓双赢。

在媒体融合的环境中，“新旧”媒体不再是一个对立的概念，只是承载内容的形式——传播媒体在不断发生变化，每一次新的传播平台、新的技术手段更迭，都对企业传播带来深远影响。可以说，互联网企业用自己的思维模式重新定义了传播理念，对于它们来说，平台的新旧不是关键。但是有一些是不会变的：有价值的内容永远不会消亡，与传统思维所不同的互联网思维也将有更广阔的发展空间。

资料来源：http://www.madisonboom.com/2014/01/27/baidu-series-products-cny-promot，2014年1月27日

【思考与讨论】

新形势下的营销传播模式应当如何创新？

第十一章 营销计划、实施、组织与控制

【学习目标】

（1）了解市场营销计划的主要内容。

（2）掌握市场营销部门的几种组织形式的特点。

（3）正确认识市场营销部门与其他部门的关系。

（4）理解市场营销实施过程。

（5）了解营销控制及类型。

【导入案例】

宝洁公司市场部职能：市场部是龙头、涉及产品策划、市场研究等，它最大特点就是实施品牌管理。公司分护发、洗发，护肤、个人清洁（护肤品、化妆品、香皂），妇女卫生用品，口腔保健（牙膏、牙刷）等品类。市场部需要协调下属7个系统的总经理。例如，护发、洗发类用品一年的销售收入达30亿元，提多大比例支持市场，由系统总经理决定（一般达到销售额的8%），分到每个品牌占多少，再具体策划。广告计划由销售部、促销部制订并具体执行。市场部就某个品牌扶植可对生产、营销、财务整个过程进行管理，但变更计划要经该品牌总经理同意。通常市场部一个星期由中心计划人员安排开一次调度会，宝洁公司有一个由十几个人组成的中国工作委员会，包括销售总监、品牌总经理等，按照董事会决议每月开一次会。品牌总经理会随时就品牌市场情况进行评价。市场研究部有十几个经理不断提供市场信息，调查社会和消费者需求变化，通过与国内外市场调查公司合作的形式，定期开展市场分析，如选多少消费者，调查几家商店，电视广告的收视率高低等。

为了掌握宝洁产品商业动态，公司花350万美元投入软件系统，在广州黄埔建有一个控制中心，由2000个计算机点的网络来支撑，主要选用了德国软件进行生产、销售、供应、财务管理，还提供与其他软件接口。网络有公司内部网，可查各种档案，如公司电子邮件，互联网上的交换数据等。还有分销商一体化系统，是根据公司经营理念特别设计的，可调打印提货单，反应极快。大连锁店系统软件，直接可以反映像麦德龙这样超市的供需情况。还有计算机预测系统，一个星期进行一次滚动性预测。公司总部对市场的投入十分重视，1998年广告投入10亿元，占销售额的12%，以电视广告为主，基本不做户外广告。作为广告宣传特定形式的产品派送，费用占销售费用的1%～2%，主要用于培育市场。例如，牙膏派送，从学校小学生口腔卫生教育抓起。学校用某一种牙膏品种，应立即派送，形成学生心目中的品牌，并且当地商店供货应及时跟上，保证供应。

公司非常注重自身形象塑造，在品牌管理中定位在统一价销售。因此在农村采用软包装或小包装，大篷车下乡，价格便宜。例如，在湖南农村，做到了5个人买一块香皂。怎样抓农村分销，已摆到议事日程，宣传后产品怎样覆盖市场，销售手段如何创新来满足农民需求方面仍存在不少问题。

目前宝洁公司85亿销售额只有8亿来自农村，因此，农村市场潜力巨大。

有效的营销计划的制订、执行和控制是十分重要的，对公司的成功起着决定性的作用。如何学习宝洁公司的成功经验呢？宝洁公司在这方面还有哪些值得改进的地方呢？学习完本章的内容，我们将对营销的计划、实施、组织与控制都有所认识。

第一节 营销计划

企业的整体战略规划了企业的发展任务，其市场营销职能战略指明了企业营销发展的目标，并给出营销总体上的长远的谋划。为了实现企业的营销战略，必须制定更为具体的细致的营销计划分解和细分企业营销战略内容，才能使其成为可操作的具体措施并指导执行，从而使企业目标的实现成为可能。

一、营销计划的概念和分类

1. 营销计划概念

企业营销计划是指在对企业市场营销环境进行调研分析的基础上，制定企业及各业务单位的对营销目标以及实现这一目标所应采取的策略、措施和步骤的明确规定和详细说明。营销计划涉及两个最基本的问题，一是企业的营销目的是什么？二是怎样才能实现这一营销目标？企业在进行营销活动之前，必须计划营销活动的目的及其实施手段。离开营销计划的活动是盲目、脱离实际的，即便完成了也将是混乱和低效率的。

营销计划是企业的战术计划，营销战略对企业而言是“做正确的事”，而营销计划则是“正确地做事”。在企业的实际经营过程中，营销计划往往会碰到无法有效执行的情况：一种情况是营销战略不正确，营销计划只能是“雪上加霜”，加速企业的衰败；另一种情况则是营销计划无法贯彻落实，不能将营销战略转化为有效的战术。营销计划充分发挥作用的基础是正确的战略，一个完美的战略可以不必依靠完美的战术，而从另一个角度看，营销计划的正确执行可以创造完美的战术，而完美的战术则可以弥补战略的欠缺，还能在一定程度上转化为战略。

2. 营销计划的分类

（1）按计划时期的长短划分。营销计划可分为长期计划、中期计划和短期计划。

① 长期计划的期限一般5年以上，主要是确定未来发展方向和奋斗目标的纲领性计划。

② 中期计划的期限1～5年。

③ 短期计划的期限通常为1年，如年度计划。

（2）按计划涉及的范围划分。营销计划可分为总体营销计划和专项营销计划。

① 总体营销计划是企业营销活动的全面、综合性计划。

② 专项营销计划是针对某一产品或特殊问题而制订的计划，如品牌计划、渠道计划、促销计划、定价计划等。

（3）按计划的程度划分。营销计划可分为战略计划、策略计划和作业计划。

① 战略性计划对企业将在未来市场占有的地位及采取的措施所做的策划。

② 策略计划是对营销活动某一方面所做的策划。

③ 作业计划是各项营销活动的具体执行性计划，如一项促销活动，需要对活动的目的、时间、地点、活动方式、费用预算等进行策划。

（4）根据对象划分。

① 综合营销计划。它通常是指具有多个目标和多方面内容的营销计划。从综合营销计划涉及的对象来看，它关系到企业整个营销体系或营销体系中的多个方面。

② 职能营销计划。它是基于综合营销计划，针对某特定职能或部门的具备一定专业性的营销计划。它是为了达成企业营销的分目标而设定的计划，是综合营销计划的子计划。

③ 专项营销计划。它是指为专门解决某特定问题或完成某特定任务而制订的单项的营销计划，具有独立性、限时性、针对性、灵活性等特征。专项营销计划的时间跨度可长可短，这要视问题的棘手程度或任务的困难程度而定。

二、营销计划的作用

营销计划是营销活动方案的具体描述，它规定了企业各种营销活动的任务、目标、具体指标、策略和措施，这样就可使企业的营销工作按既定计划有条不紊地循序渐进，从而避免营销活动的混乱或盲目性。归纳起来，营销计划的作用主要表现在以下几个方面。

① 营销计划促使企业内部各部门和全体员工明晰工作方向，并保持相互协调一致。营销计划详细说明了预期的经济效益，这样有关部门和企业最高管理层就可预计到现在规定的计划期末本企业的发展状况，既可减少经营的盲目性，又可使企业有明确的发展目标，以便在整个计划执行期中根据预期的目标，不断调整行动方案，采取相应措施，力争达到预期目标。

② 营销计划使营销活动按照指定内容实施，避免不必要的浪费，节约营销成本。营销计划确定了实现计划活动所需的资源，从而企业可事先测知这些资源的需要量，并据此判断企业所要承担的成本，从而有利于进一步精打细算，节约开支。

③ 营销计划描述了将要执行和采取的任务和行动。这样，企业便可明确规定各有关人员的职责，使他们有目标、有步骤地去争取完成或超额完成自己被委派的任务。

④ 由于营销计划有助于监测各种营销活动的行动和效果，这样就使企业能有效控制本身的各种营销活动，协调各部门各环节的关系，更顺利而卓有成效地完成企业的各项任务和目标，使企业进一步获得巩固和发展。

三、营销计划的内容

一般而言，营销计划的内容包含以下 8 个方面。

1. 计划概要与目录

计划概要是营销计划的开头，是关于本计划的主要目标和建议事项的简短摘要。它的主要作用在于对计划的内容进行浓缩，提炼出关键的要点。

2. 营销现状分析

营销现状分析的内容分为两个部分。

（1）提供关于市场、产品、竞争、分销和宏观环境等的背景资料。这些背景资料应涉及以下情况。

① 市场情况：描述市场基本形势，包括市场规模、市场占有率、各细分市场销售、消费者需求和购买行为特征与趋势等。

② 产品情况：描述近年来有关各类产品的销售、利润、价格等情况。

③ 竞争情况：指出主要竞争者，提供有关其规模、市场占有率、技术实力、资金、产品、战略目标，以及任何有助于了解其意图、行为的资料。

④ 分销情况：描述各个分销渠道的销售情况，指出各渠道的重要性及变化，如各经销商的实力变化、销售额变化等。

⑤ 宏观环境：描述影响企业营销活动的宏观环境因素情况，包括如人口、经济、社会文化、政治、科技等多个方面。

（2）根据资料信息，进行机会与威胁分析。这里经常运用的是（Strengths Weakness Opportnnity Threats，SWOT 分析法）。首先是对资料信息的整理分类，理顺各方面信息的关系；继而对所有的信息运用 SWOT 分析法，找出企业自身的优势和劣势，发现外部机会和威胁。

3. 营销目标确定

在经过营销现状分析，获知市场机会后，接下来企业应结合自身情况，以营销战略为导向，制订营销计划的第二部分——营销目标。建立目标是销售管理的核心，因为这一任务规定了要实现什么。

营销目标通常包括营销财务目标和市场营销目标两方面：营销财务目标是企业营销活动在财务层面预期想要达到的结果；市场营销目标由营销财务目标转化而来，是后者在市场营销具体工作中的延续。

营销目标是企业营销计划的核心内容，在制定营销目标时，应遵循以下原则。

① 系统性原则：即把营销目标视作有机的系统，在制定时不可分割开来，做到各分目标之间紧密衔接，协调一致。

② 合理性原则：营销目标的制定要以企业外部状况和自身实际情况为依据，不能盲目，既不要妄自菲薄，也不可妄自尊大，要做到实事求是、合情合理。

③ 弹性原则：由于营销活动面对的环境充满变数，有相当大的不确定性存在，因此企业制定的营销目标应该保持一定的弹性，以保持较高的适应性，做到随势而动。

④ 重点突出原则：营销目标所涉及的应该是企业营销工作亟待解决的内容，以求在有限的时间里处理关键要事。

4. 营销战略与策略

营销战略与策略部分描述营销计划中关于实现营销目标应采用的战略与策略，它主要由针对目标市场的各种决策、市场营销定位以及营销组合等内容构成。这里要指出的是，由于达成预期营销目标可以通过多种路径，故企业管理者在制定营销策略的时候往往会面临多项选择。

5. 行动方案

行动方案也叫作执行计划，重点阐述决定计划成败的营销战略或策略需要通过哪些具体的营销行动落实。

6. 营销预算

营销预算主要包括两个方面，即预期收益和预期成本。预期收益罗列了预期销量、平均收益等项目；预期成本阐述了促销成本、宣传成本、运输成本等项目。

7. 营销计划控制

营销计划控制部分详细描述了如何监督和控制营销计划执行，以及如何将执行活动导向预期营销目标。

8. 应急预案

营销计划还包括营销工作应急预案，这是为了在发生变故或产生不利情况时，能够为企业管理者提供应急参考。同时也能引起管理人员的危机意识，激发其对企业营销工作未来困难和变数的思考。

四、营销计划书的拟定

市场营销计划是营销战略分解的具体的执行方案，需要注意其可行性和可操作性。因此一份完备的市场营销计划书中应包括以下内容：计划概要、营销现状分析、机会和问题分析、营销目标、营销战略、行动方案、预期损益、营销控制。企业根据上述内容拟定营销计划书。

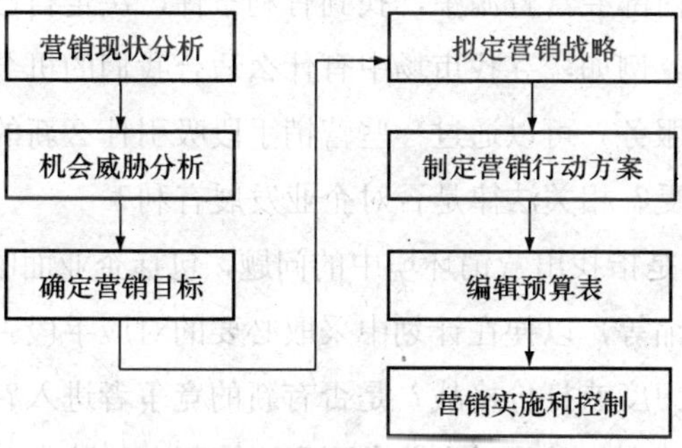

图 11.1 营销计划流程

规范完整的市场营销策划书，形式上由封面、目录、计划内容、封底组成。计划内容包括以下方面。

1. 营销计划书概要

市场营销计划书的开头，需要概括说明本计划主要的策划背景、总体目标、任务对象和建议事项。概要对整份计划书起统领和介绍作用，目的是让计划审议者能够迅速把握本计划的要点。

2. 营销现状分析

营销现状分析是对企业所处的社会客观环境、市场环境以及产品状况、竞争状况、分销状况等方面的调查研究。

（1）宏观环境。这部分描述社会宏观环境现状和发展趋势，涉及人口、经济、技术、政治法律、社会文化、自然、技术等方面对企业营销活动的影响。

（2）市场状况。这部分提供的是有关目标市场的主要数据，包括市场规模、市场容量、市场增长状况、过去几年市场总销量、细分市场特点、消费者需求、品牌认知、消费者心理、购买行为等内容。

（3）产品状况。这部分反映近几年有关产品的价格、竞争者价格情况、销售情况、边际收益和净利润，以及介绍产品功能、产品差异、产品核心优势等方面。

（4）竞争状况。这部分分析本企业的竞争对手及产品的主要竞争对手，从而了解对手的产品特征、销售价格、生产规模、发展目标、市场占有率、营销战略和策略，了解其发展意图、方向和行为，了解替代品状况，为本企业制定对应策略打好基础。

（5）分销状况。这部分对企业的销售渠道规模和现状进行描述，包括企业分销渠道的销售规模、销售策略、管理能力等内容。对所有分销渠道进行对比研究，要对每个分销实体实施有效的激励，以便更好地为企业服务。

3. 机会和问题分析

在进行上述现状的分析后，找出关于企业营销或者生产、产品、品牌、分销等方面的形式，然后进行 SWOT 分析，从而确定下一步的目标和策略。

SWOT 分析大概步骤是：了解与企业有关的外部环境的机会与威胁，了解企业自身的优势和劣势，指出企业应该走向何处，指出企业能向何处发展。

（1）机会（Opportunities）。企业营销机会是营销管理的重要任务之一，要求从外部环境分析中寻找新的市场机会；从企业内部经营资源中，找到有利条件，决定自己的发展方向和努力目标，使之成为营销计划中的突破点。例如，寻找市场中有什么适合我们的机会？我们可以学什么技术？我们可以提供什么新的技术或服务？可以通过一些营销手段吸引什么新的消费者？企业的资源能力怎样做到差异化且被消费者接受？相关法律是否对企业发展有利？

（2）威胁（Threats）。它是指找出营销环境中的问题，包括企业面临的严重的竞争局面、原有良好的市场不可控制地逐渐萎缩等，以便在计划中采取必要的对应手段。例如，整个行业是否进入衰退期？竞争者是否加大促销力度或打价格战？是否有新的竞争者进入？产品是否能满足消费者日益变化的需求改变？外部环境的变化是否对企业有不利影响甚至威胁企业生存？

（3）优势（Strengths）。它是指企业的内部因素，具体包括有利的竞争态势、充足的财政来源、良好的企业形象、强大的技术力量、规模经济、良好的产品质量、大的市场份额、成本优势、强劲的广告攻势等。

（4）劣势（Weaknesses）。它也是企业机构的内部因素，具体包括设备老化、管理混乱、缺少关键技术、研究开发落后、资金短缺、经营不善、产品积压、竞争力差等。

4. 营销目标设定

目标是计划中最基本的要素，是企业营销活动所要达到的最终结果。营销目标一般包括以下内容：销售量、销售利润率、市场占有率、市场增长率、品牌知名度和美誉度等。制定营销目标时可以遵循 SMART（目标管理）原则。

（1）“S”代表具体（Specific）。所谓明确是指目标要切中特定的工作指标，不能笼统。例如，“增强客户意识”，这种对目标的描述就很不明确，因为增强客户意识有许多具体做法，如减少客户投诉，过去客户投诉率是 3%，现在把它减低到 1.5%或者 1%。此外，提升服务的速度、使用规范礼貌的用语、采用规范的服务流程，也是客户意识的一个方面。

（2）“M”代表可度量（Measurable）。衡量性就是指目标应该是明确的，而不是模糊的。应该有一组明确的数据，作为衡量是否达成目标的依据。例如，“在 2014 年获得总销售收入 2000 万元，比 2013 年提高 10%”“经过该计划的实施，品牌知名度从 15%上升到 30%”“扩大分销网点 10%”“实现 390 元的平均价格”等。目标的衡量标准遵循“能量化的尽量量化，不能量化的质化”，以便于考核。

（3）“A”代表可实现（Attainable）。可实现性指目标要有一定的挑战性，但是在付出努力的情况下可以实现，避免设立过高或过低的目标。

（4）“R”代表相关性（Relevant）。目标的相关性是指实现此目标与其他目标的关联情况。如果实现了这个目标，但对其他的目标完全不相关，或者相关度很低，那这个目标即使被达到了，意义也不是很大。

（5）“T”代表时限时（Time-based）。目标特性的时限性就是指目标是有时间限制的。例如，“在 2014 年底，企业净利润达到 200 万元”“2014 年下半年现金流量达到 180 万元”“在第 3 个五年获得 16%的税后投资报酬率”等。

5. 营销战略

营销战略是企业实现营销策划目标的途径和方法，主要包括目标市场的选择、产品市场定位、市场营销组合等主要决策。

（1）目标市场战略。企业必须善于选择适合自己并能充分发挥自身资源优势的目标消费者群进行营销，确立企业在大市场中的位置，这是企业营销管理中的战略决策问题。这个决策过程是由市场细分、目标市场选择和市场定位 3 个环节组成的。这 3 个环境是相互联系，缺一不可的。其中，市场细分是企业目标市场选择和市场定位的基础和前提。

（2）营销组合战略。确定了目标市场，企业将综合考虑环境、能力、竞争状况对企业自身可以控制的产品、价格、分销和促销 4 个因素，并对它们进行最佳组合和运用，以完成企业的目的与任务。市场营销组合是制定企业营销战略的基础，做好市场营销组合工作可以保证企业从整体上满足消费者的需求。市场营销组合是企业对付竞争者强有力的手段，是合理分配企业营销预算费用的依据。

6. 行动方案

行动方案是具体的战术层面，是细化的东西，主要指营销活动“要做什么？”“什么时候做？”“怎样做？”“由谁来做？”。行动方案必须是具体的、细节化的，全面考虑时间、空间、成本、项目费用等要素。一般需要使用表格或者图形，把各个要素的实际表现描述和陈列出来，使整个方案条理清晰，一目了然。

7. 预期损益

损益报告根据目标、战略和行动方案来编写，包括收入和支出两个模块。收入栏涉及预估的销售数量和平均可实现价格；支出栏反映研发成本、生产成本、实体分销、物流成本和各项营销活动的费用。收入与支出之差额就是预估利润。预期损益是企业营销部门进行采购、生产、人力资源分配以及营销管理的依据。

8. 组织实施和控制

组织实施和控制是营销策划的最后一个环节，是对执行整个营销计划过程的管理。组织实施的内容有：①建立灵活而有适应性的组织架构；②制定相应的激励制度，调动内部员工积极性；③强化企业营销文化，并协调企业各部分和营销计划执行部门的关系；④设定实施提示和监督的表格，确保计划的实施有条不紊地进行。企业往往给计划执行设定阶段性和长期考核指标，并给方案设立应急和备选方案，以确保预期目标能够顺利实现。市场营销计划控制包括年度控制、盈利控制和效率控制等。

第二节 营销实施

市场营销实施是指将市场营销计划转化为行动方案的过程，并保证这种任务的完成，以实现计划的既定目标。实施过程中要注意各个环节和部门的配合，还要注意激励员工。

一、营销实施步骤

市场营销实施可以包括如下几个步骤。

1. 制定行动方案

制定详细的行动方案是有效实现营销战略的关键。行动方案应明确市场营销战略实施的关键性决策和任务并且将任务落实到每个部门每个人。还应包含具体的时间表，定出行动的确切时间。

2. 建立组织结构

企业的正式组织在市场营销实施过程中起到决定性的作用。组织将战略实施的任务分配给具体的部门和人员，规定明确的职权界限和信息沟通渠道，协调企业内部的各项决策和行动。具有不同战略的企业，需要建立不同的组织结构。也就是说，结构必须同企业战略相一致，必须同企业本身的特点和环境相适应。组织结构具有两大职能。首先是提供明确的分工，将全部工作分解成管理的几个部分，再将它们分配给各有关部门和人员；其次是发挥协调作用，通过正式的组织联系沟通网络，协调各部门和人员的行动。

3. 设计决策和薪酬制度

为实施市场营销战略，还必须设计相应的决策和薪酬制度。这些制度直接关系到战略实施的成败。就企业对管理人员工作的评估和薪酬制度而言，如果以短期的经营利润为标准，则管理人员的行为必定趋于短期化，他们就不会有为实现长期战备目标而努力的积极性。所以要兼顾短期和长期利益，制定能有效激励员工又能达到企业各阶段目标的薪酬制度。

4. 开发人力资源

开发人力资源，一是通过开发活动提高人的才能；二是通过开发活动增强人的活力或积极性。最终的目的都是为企业服务，优秀的人才能够为企业更好地服务。一个企业或组织团体在组织团体现有的人力资源基础上，依据企业战略目标、组织结构变化，对人力资源进行调查、分析、规划、调整，提高组织或团体现有的人力资源管理水平，使人力资源管理效率更高，从而为团体（组织）创造更大的价值。

市场营销战略最终是由企业内部的人员来执行的，所以人力资源的开发至关重要。这涉及人员的考核、选拔、安置、培训和激励等问题。在考核选拔管理人员时，要注意将适当的工作分配给适当的人，做到人尽其才；为了激励员工的积极性，必须建立完善的工资、培训、福利和奖惩制度。此外，企业还必须决定管理层的层级及每层的人数和各个部门之间的比例。不同的战略需要具有不同性格和能力的管理者。“增长型”战略要求具有创业和冒险精神的、有魄力的管理人员去完成；“稳定型”战略要求管理人员具备组织和管理方面的才能；而“紧缩型”战略则需要寻找精打细算的管理人员来执行。

5. 建设企业文化

企业文化，也称公司文化，是指企业中长期形成的共同理想、基本价值观、作风、生活习惯和行为规范的总称，是企业在经营管理过程中创造的具有本企业特色的精神财富的总和。它对企业成员有感召力和凝聚力，能把众多人的兴趣、目的、需要以及由此产生的行为统一起来，是企业长期文化建设的反映，包含价值观、最高目标、行为准则、管理制度、道德风尚等内容。它以全体员工为工作对象，通过宣传、教育、培训和文化娱乐、交心联谊等方式，以最大限度地统一员工意志，规范员工行为，凝聚员工力量，为企业总目标服务。

企业文化分为 3 个层面。

① 表面层的物质文化，称为企业的“硬文化”，包括厂容、厂貌、机械设备，以及产品造型、外观、质量等。

② 中间层次的制度文化，包括领导体制、人际关系以及各项规章制度和纪律等。

③ 核心层的精神文化，称为“企业软文化”，包括各种行为规范、价值观念、企业的群体意识、职工素质和优良传统等，是企业文化的核心，被称为企业精神。企业战略通常是适应企业文化和管理风格的要求来制定的，而不宜轻易改变企业原有的文化和风格。

6. 协调市场营销战略实施系统各要素间的关系

为了有效地实施市场营销战略，企业的行动方案、组织结构、决策和薪酬制度、人力资源、企业文化和管理风格这五大要素必须协调一致，相互配合。

二、营销实施过程中存在的问题

（1）计划脱离实际。企业的市场营销战略和市场营销计划通常是由上层的专业计划人员制订的，而执行则要依靠市场营销管理人员，由于这两类人员之间往往由于层级过多缺少必要的沟通和协调，可能导致下列问题的出现。

① 企业的专业计划人员站在较高的角度，只考虑总体战略而忽视执行中的细节，结果使计划过于笼统和流于形式。

② 专业计划人员由于缺乏基层经验，往往不了解计划执行过程中的具体问题，所制订的计划脱离实际。

③ 专业计划人员和市场营销管理人员之间没有充分的交流与沟通，致使市场营销管理人员在执行过程中经常遇到困难，因为他们并不完全理解需要他们去执行的战略。

④ 脱离实际的战略导致计划人员和市场营销管理人员相互对立和不信任。现在，许多西方企业已经认识到，不能光靠专业计划人员为市场营销人员制订计划。因为市场营销人员比计划人员更了解实际，让他们参与企业的计划管理过程，这样一方面能够使得计划制订得更为实际；另一方面，由于全员的参与，使员工更加了解计划的内容，沟通顺畅，积极性提高，能够很好地完成任务。

（2）长期目标和短期目标相矛盾。这种情况是一种较为普遍的现象。市场营销战略通常着眼于企业的长期目标，涉及今后3～5年的经营活动。但具体执行这些战略的市场营销人员通常是根据他们的短期工作绩效（如销售量、市场占有率或利润率等指标）评估和奖励的。因此，市场营销人员常选择短期行为，企业必须想办法让两者结合起来，短期目标和长期目标并不矛盾，但是任重道远。

（3）创新与传统的较量。企业当前的经营活动往往是为了实现既定的战略目标，相关人员熟悉相关技术和流程，新的战略如果不符合企业的传统和习惯就会遭到抵制。新旧战略的差异越大，执行新战略可能遇到的阻力也就越大。要想执行与旧战略截然不同的新战略，常常需要打碎企业传统的组织机构和相关关系。

（4）执行方案模糊不清。计划应该是很细的东西，但是有些部门在制订计划的过程中还是会有很多模糊界定的情况，如各部门或者每个人责任或权利界定不清，计划过于笼统缺乏明确的指标等，都会导致战略计划失败。

三、影响营销实施因素

在营销行业中，执行力的偏差也是一个非常普遍的问题，它存在于各个公司当中，究其原因，主要有以下几方面。

1. 政策问题

政策的制定其主要目的就是要适应市场、指导销售、促进销售，它是全面性、权威性、指导性、前瞻性、效益性的集合体，就这个意义上来说政策的合理、清楚、易行就显得比较关键了。但是由于某些原因，政策往往存在很多问题，主要有如下几个问题。

（1）政策不合理。政策的不合理主要指政策本身是错误的，或者存在很大的漏洞，执行难度过大。这是源于政策的制定者们对市场不了解，或了解不透，不是在充分调研市场的基础上根据市场的实际发展状况来制定的政策。

（2）欠缺整体的规划和前瞻性。政策由于它具有特殊的权威性、全面性和指导性的特点，实施以后对市场的发展、产品的销售会产生很大的影响，甚至关系到这个产品在某个区域市场甚至全国市场的前途命运。但是由于一些决策者出于各种原因，如片面追求短期的个人业绩、冒险主义者或者保守主义者、自身能力欠缺、缺乏对公司整体了解、对公司的忠诚度不高、个人工作积极性影响等，制定出的政策更多体现的是典型的片面行为、短期行为和暂时行为，并没有考虑到一个品牌的长期良性发展。

2. 制度问题

制度主要是指一个公司运作必需的、成文的、“法律”作用的用以约束公司行为、公司成员行为的各种章程、规章管理制度。在营销执行中制度的制定和执行也应该遵循“火炉原则”。

所谓“火炉原则”，就是把“火炉”烧得红红的，放在那里，本身并不会主动烫人，但只要有人敢于触摸，它就必烫无疑，不会顾及触摸者的身份，人人平等，谁摸烫谁，而且立即处罚，没有下不为例。火炉法则有如下4个特性。

（1）警示性。一个火炉放在那里，熊熊火苗，告诫旁人不能轻易触碰和跨越，自然具有威慑力。制度就是规范，也应具有警示作用，起到事前的一个约束与预防作用。

（2）及时性。一个红通通的火炉，如果去触碰它，会马上会被灼伤，而不是摸上去，等一会儿再感觉到热。违背制度就会马上得到相应的惩处，承担相应的责任，及时性是奖惩的一个重要原则。

（3）必然性。如果去触碰火炉，必然会被灼伤，而不会这次碰了会灼伤，下次就不会灼伤。违背制度必然会承担相应的后果，而不会因为时间、地点的改变而改变。

（4）平等性。不管是什么人，一般工人也好，政府官员也好，企业老板也好，去触碰了火炉，都会被灼伤，火炉不会因为你是什么人而选择是否灼伤。在制度面前，人人平等，谁违反了制度，都会受到相应的惩戒。

从这4个方面来看，用火炉来比喻制度和制度的执行是十分贴切的。换而言之，对于制度建设，教育和规劝违法乱纪的社会行为确有必要，但还应与“严厉的惩罚”相结合，方能产生“治标”的同时、更能“治本”的效果。而有些企业制度的制度往往没有遵循上述原则，造成在实际实施过程中的困难。

3. 监督、管理问题

管理是一门科学也是一门艺术，就管理对营销执行力的影响是贯穿在执行的整个过程中的，每个细节方面都涉及管理问题。监督有时候也是必要的，它可以纠正偏差使之朝向既定方向前行，或者是在执行过程中发现一些问题，可以及时纠正。有些企业制订的计划是很好的，但是缺乏必要的监督管理，导致计划很难实现。

4. 实施流程问题

任何政策的制定都是需要执行的，而执行实际就是一个过程，如果流程不合理，或不畅通，就会直接影响实际的执行。营销流程主要存在的问题有：

① 职责分配不合理，导致有些人工作繁重，而有些人又十分轻松。出现问题时相互推卸责任的情况，导致效率低下。

② 缺乏合理、高效的反馈机制。在流程运作中，反馈是相当重要的，及时、迅速、准确地反馈既反映了流程的顺畅，也有力地保证了执行的效果。但在实际运作过程中有些企业没有反馈或反馈较少，这对营销执行的伤害是非常大的。营销体系中的工作流程是非常重要的，一个合理、高效、低成本的工作流程将会有力地保证政策执行的有效性和效益性。

四、营销实施技能

市场营销实施问题常常出现于企业的 3 个层次。

① 市场营销职能。它是指基本的市场营销职能能否顺利实施，如企业怎样才能从某广告公司处获得更有创意的广告。

② 市场营销方案。它是指把所有的市场营销职能协调地组合在一起，构成整体行动，这一层次出现的问题常常发生在一项新产品引入另一个新市场时。

③ 市场营销政策。它是指企业需要所有雇员对待所有的消费者都用最好的态度和最好的服务。

为了有效地执行市场营销方案，上述的每个层次都应当善于运用 4 种技能。

① 配置技能。它是指市场营销经理在职能、政策和方案 3 个层次上配置时间、资金和人员的能力。

② 调控技能。它包括建立和管理一个对市场营销活动效果进行追踪的控制系统，控制有 4 种类型：年度计划控制、利润控制、效率控制和战略控制。

③ 组织技能。它常用于发展有效工作的组织中，理解正式和非正式的市场营销组织对于开展有效的市场营销执行活动是非常重要的。

④ 互动技能。它是指经理影响他人把事情办好的能力。市场营销人员不仅必须有能力推动本企业的人员有效地执行理想的战略，还必须推动企业外的人或企业（如市场调查公司、广告公司、经销商、批发商、代理商等）来实施理想的战略，即使他们的目标与本企业的目标有所不同。

第三节 营销部门组织

市场营销计划必须依托其职能组织才能实施和完成。“组织”是指在按一定的宗旨、规范和人员体系组成的集体。市场营销组织是企业为了实现营销目标，制订和实施市场营销计划的职能部门。但在某些地区某些企业，市场营销组织常常没有成为一个科室或者机构。由于企业对市场营销活动的重视程度或实际情况有不同，市场营销组织的形式和名称也有差别。

一、营销部门组织内涵及特点

1. 营销组织内涵

营销组织有两层内涵。

① 名词层面，即营销组织结构，是指企业为实现营销目标、发挥市场营销职能而建立的有机结构体系。

② 动词层面，即营销组织工作，是指以企业营销目标为依据，对实现目标所必须实施的各项活动和工作进行分类汇总，并设计组织结构、配备相应人员、协调权力关系的过程。理解这一概念必须注意两个问题：并非所有的市场营销活动都发生在同一组织岗位；不同企业对经营管理活动的划分也是不同的。

2. 营销组织的特点

营销组织具有如下特点。

① 灵活性。这是由企业所处多变的外部环境决定的。企业必须保证营销组织具有一定的灵活性，以快速、准确地应对外部环境的变化，从而把握市场机会、规避外部风险。

② 系统性。它包括两个维度：第一个维度是指企业营销部门与其他各部门（财务、人事、生产等）之间、营销部门内部各单位（市场调研、销售、宣传等）之间要进行资源重组、优化配置形成一个整体的系统；第二个维度是要求系统内部各部门、各单位之间通过相互沟通，协调合作，产生巨大合力。

③ 可控性。它是指企业营销组织结构设置的目的是为了有效把控各项营销活动的方向，使之朝着预设的目标努力；同时也为了控制组织内部之间以及组织与外部的关系，使之能够协调有序。

二、营销部门组织的演进

现代市场营销组织是经过长期演化而来的产物。销售部门从 20 世纪 30 年代前在西方企业中处于无足轻重的地位发展到今天这样具有复杂的功能，并成为企业组织中的核心部门，其发展过程可划分为 5 个阶段。

（1）简单的销售部门阶段。这是企业营销部门的初始阶段。在此阶段，企业的经营目标、计划及产品价格主要由生产和财务部门制定，而销售部门只是简单地负责将生产出的产品按照设定的价格出售。简单销售部门的组织结构如图 11.2 所示。

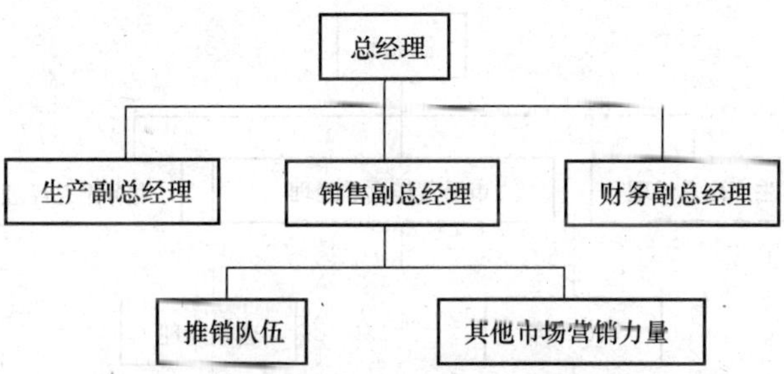

图 11.2 简单销售部门组织结构

（2）具有辅助性职能的销售部门阶段。在经历 20 世纪 30 年代经济大萧条之后，大多数企业开始以推销观念作为指导思想。企业的营销组织不再只是简单的销售产品，还要开展营销调研、广告宣传、促销等活动，这些工作也随之演变为企业营销工作的专属职能。同时，企业开始设立市场营销主管职务，全权负责此类工作。具有辅助性职能的销售部门的组织结构如图 11.3 所示。

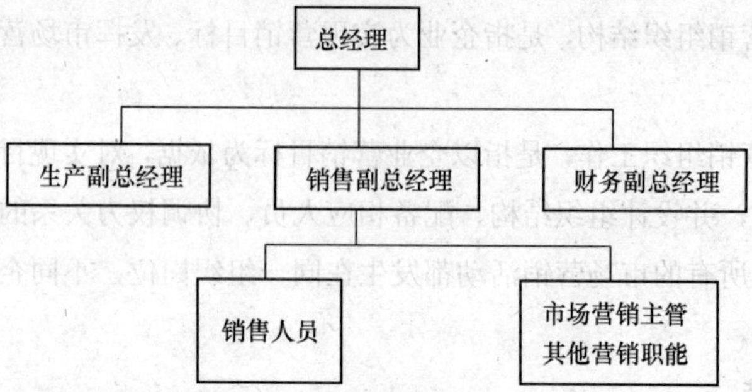

图 11.3　具有辅助性职能的销售部门组织结构

（3）独立的营销部门。随着市场状态由原来的卖方市场转化成了买方市场，生产者的工作重点是使用各种推销和促销手段去刺激消费者购买自己的产品。于是，企业经营管理观念由产品导向转变至推销导向，企业开始设立独立的营销部门，力求把产品能尽快地大量推销出去。在这个阶段，企业设立一个相对独立于销售副总的营销部门，负责营销调研、新产品开发广告等营销活动，为企业寻找新的发展机会，其组织结构如图 11.4 所示。

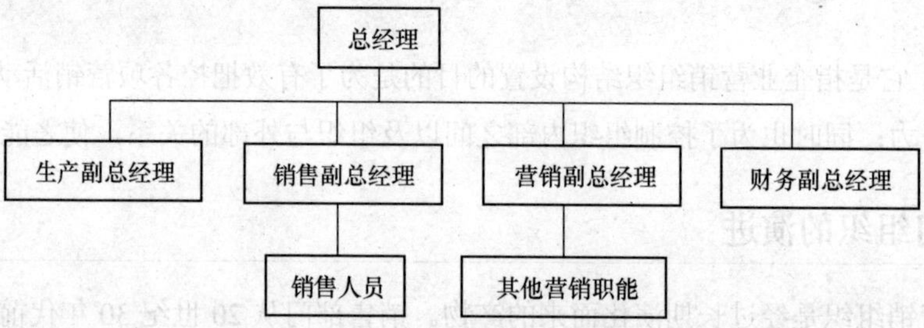

图 11.4　独立的营销部门组织结构

（4）现代市场营销部门。企业需要销售部门和营销部门能够协调合作，但两者平行和相互独立的现实却容易与这一要求背道而驰，为了解决销售部门与营销部门的矛盾冲突，企业开始尝试由市场营销副总经理全面负责营销工作，下辖所有市场营销职能机构和销售部门，其组织结构如图 11.5 所示。

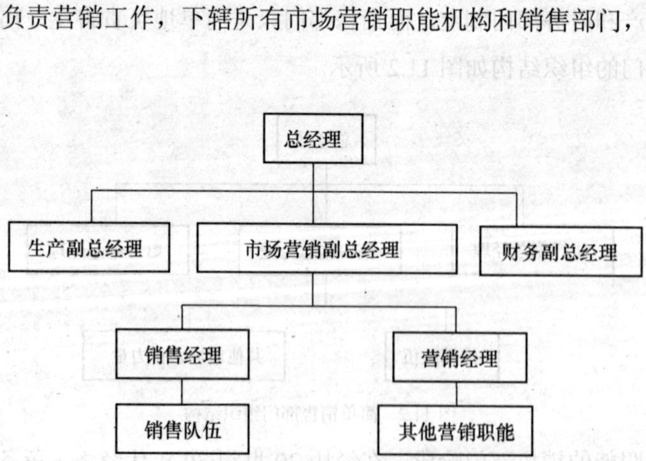

图 11.5　现代市场营销部门组织结构

（5）现代市场营销企业阶段。企业在建立现代市场营销部门之后，营销工作有了很大进步，但来自各方面的阻力仍然存在，影响企业营销目标的实现。为了消除这些阻力，企业开始尝试营销观念改革，使企业所有管理者以及员工能够统一对营销的认识和态度。从此，市场营销转为整个企业共同的工作，甚至是整个企业的经营哲学。营销部门也进入到现代市场营销企业阶段，为了获得过程和结果，公司任命过程负责人，由他管理跨职能的小组工作。营销人员和销售人员作为过程小组成员参与活动，其组织结构如图11.6所示。

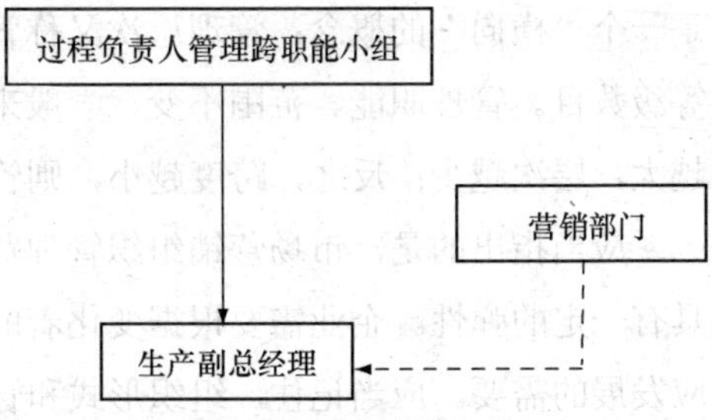

图 11.6　市场营销企业

三、营销组织结构设置

（一）营销组织结构设置的基本原则

1. *整体协调性原则*

协调是管理的主要职能之一。设置市场营销机构需要遵循的整体协调和主导性原则，可从以下方面加以认识。

① 设置的市场营销机构，能够对企业与外部环境，尤其是市场、消费者之间关系的协调，发挥积极作用。企业的目的是创造市场、创造消费者。失去了市场、消费者，企业也就失去了存在的资格和生存的条件。满足市场的需要，创造满意的消费者，是企业最基本的宗旨和责任。比竞争者更好地完成这一任务，是组建市场营销部门的基本目的。

② 设置的市场营销机构，能够与企业内部的其他机构相互协调，并能协调各个部门之间的关系。市场职能的一般任务是负责设备、原材料的采购、供应，形成和发展生产能力，管理作业流程，控制质量水准，按照企业经营的要求完成生产任务；研究与开发职能则为企业提供经营“后劲”，进行产品、工艺和技术的开发、改造、更新和设计；财务职能解决企业经营所需的资金来源，在各个职能部门、各个业务项目、各个流程环节之间进行资金分配，对资金的使用进行监督、管理，核算成本、收益；人力资源管理通过对“人”这一资源的开发、使用，帮助实现企业目标。没有了消费者，企业就会失去存在的价值。因此，无论是生产管理、研究与开发管理还是财务管理、人力资源管理，都应当服从于市场营销，成为市场营销的支持性职能；市场营销则是企业管理和经营中的主导性职能，所以不能简单地作为一般的职能部门看待。

③ 市场营销部门内部的人员机构以及层次设置，也要相互协调，以充分发挥市场营销机构自身的整体效应。只有做到从自身内部到企业内部，再到企业外部的协调一致，市场营销机构的设置才能说是成功的。

总之，市场营销部门应当做到在面对市场、面对消费者时，能够代表企业；面对企业内部各个部门、全体员工时，又能代表市场、代表消费者。同时，自身内部又具有相互适应的弹性机构，是一个有机的系统。

2. *幅度与层次适当原则*

管理跨度，又称管理宽度或管理幅度，指领导者能够有效地直接指挥的部门或员工的数量，这是一个“横向”的概念；管理层次又称管理梯度，是一个“纵向”的概念，指一个组织属下不同的等级数目。管理职能、范围不变，一般来说，管理跨度与管理层次时互为反比关系的：管理的跨度越大，层次越少；反之，跨度越小，则管理层次越多。

应当指出的是，市场营销组织管理跨度以及管理层次的设置，不是一成不变的，机构本身应当具有一定的弹性。企业需要根据变化着的内部外部情况，及时调整市场营销部门的组织结构，以适应发展的需要。应当记住，组织形式和管理机构只是手段，不是目的。

3. 有效性原则

“效率”是指一个企业在一段时间内可以完成的工作量。一个组织的效率高，说明它内部结构合理、完善，它就能够顺利地生存和发展。在企业内部，各个部门的效率表现在：能否在必要的时间里，完成规定的各项任务；能否以最少的工作量换取最大的成果；能否很好地吸取过去的经验教训，并且业务上不断有所创新；能否维持机构内部的协调，而且即使适应外部环境、条件的变化。

4. 其他原则

① 目标导向原则。目标导向原则要求企业在进行营销组织结构设置时，要以企业的营销目标为整体依据，以营销目标为前进方向，紧紧围绕营销目标展开工作。

② 分工合作原则。分工原则包含两个方面：一是分工，这就要求营销组织设置要分工合理、职责明确；二是合作，这就要求营销组织各个部门要相互协调，共同合作。

③ 消费者中心原则。要求企业在进行营销组织结构设置时，要做到以服务消费者为中心，以满足消费者需要为准则。

④ 责权对等原则。责权对等原则要求企业设置营销组织结构时，要做到责任与权力相匹配。职责大于职权，会导致工作开展受阻；职责小于职权，则会造成权力滥用和浪费。

⑤ 人岗匹配原则。这就要求企业依据岗位职责和工作需要来对营销人员进行岗位安排，做到合适、合理、合情。此外，还应注意人岗工作量的平衡。

（二）营销组织结构设置的影响因素

营销组织的影响因素包括以下几个。

① 外部环境。营销组织的外部环境是指存在于营销组织之外的、对营销组织具有或间接或直接影响的所有因素的总和，它可以分为一般环境和具体环境两类。

② 营销战略。营销战略是企业全部营销活动的工作方针和行动纲领。

③ 企业规模。企业规模是影响组织结构设计的重要因素。

④ 产品。影响企业营销组织设置的产品因素有两个方面，一是产品结构，二是产品的类型。

⑤ 企业发展阶段。企业在初始创立阶段，一般规模较小，产品的种类比较单一，营销组织结构也就相对简单。而随着企业的发展，规模越来越大，产品种类不断增加，专业化程度不断提高，决策也越来越多地由其他管理者做出，营销组织则转向职能化结构形式。同样地，在企业的不同发展阶段，营销组织也需要相应地做出一定的调整以与之配合。

四、营销组织结构的基本形式

从营销组织出现至今的相当长的时期内，营销组织的结构形式也在社会发展、生产力情况、技术能力、实际需求等客观因素的影响下，不断地演进、变更，力求保持与客观环境的同步、一致。总体来看，营销组织结构方式主要有以下几种基本形式。企业可以选择其中一种或者综合几种方法来组织自己的营销部门。

（一）职能型营销组织

职能型营销组织是最常见的一种营销组织结构形式，它按照需要完成的工作或职能来设立营销部门。这是最常见、最古老的营销组织形式。它主要适用于产品种类不多，对相关专门知识要求不高，或经营地区情况差别不大的企业。这种营销组织结构下设多个营销职能部门，如图 11.7 所示。

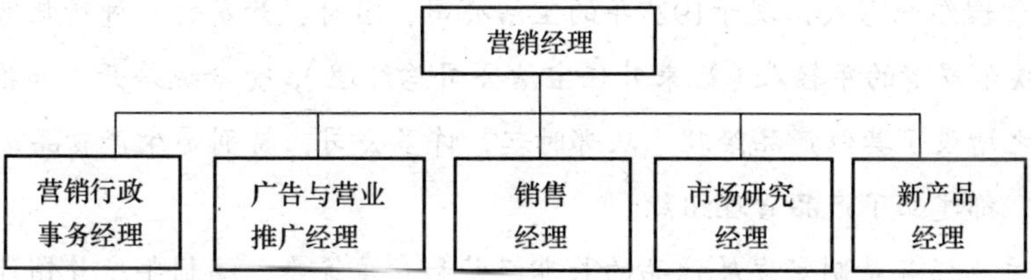

图 11.7　职能型营销组织结构

职能式组织形式的主要优点是：

① 贯彻了专业分工的要求，有利于在人员利用上提高效率。

② 职责分明，落实各类人员对各类工作成果的责任。

③ 集中管理、统一指挥，有利于维护领导对指挥和控制活动的权利和威信。当企业产品较少，或者产品的营销方式相差无几时，按照营销职能设立组织结构较有优势。

职能式组织形式的局限性主要表现在：

① 由于工作内容和业务性质不同，各职能部门间可能产生沟通协调上的困难，使得高层管理者的协调负担加重。

② 由于各职能部门管理者长期只负责某一专业领域管理，因此不利于组织培养熟悉全面情况的高级管理人才。

③ 由于产品种类的多样化，使得管理者对每个产品和市场的关注在一定程度上更分散，导致或集中精力于主要产品、搁置其他产品，或多线并进、效率低下的尴尬。

（二）产品（品牌）型营销组织

生产多种产品或品牌的企业，常常建立一个产品或品牌经理组织形式，这种形式并没有取代职能型组织形式，只不过是增加了一个管理层次而已。这种形式由一名产品主管经理负责，下设几个产品大类经理，产品大类经理又监督管理某些具体产品经理。产品型营销组织是指为适应产品（品牌）多样化的需要，按产品（品牌）的分类设立的营销组织结构形式。它的基本组织结构如图 11.8 所示。

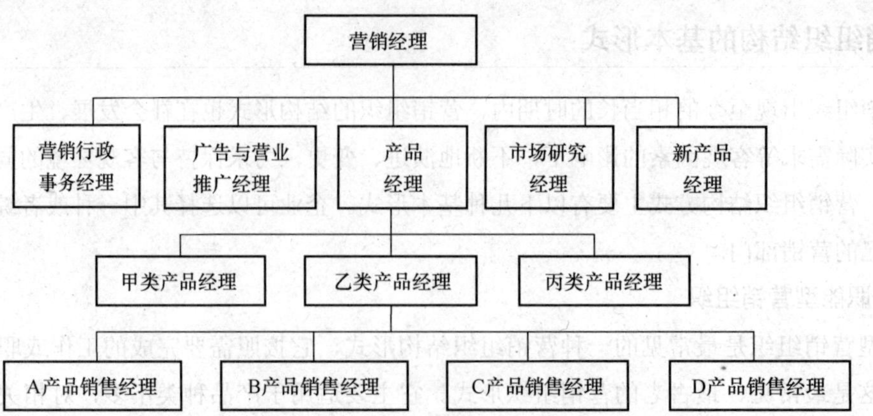

图 11.8　产品型营销组织结构

【课间案例】

最早的产品管理组织形式出现于1927年的宝洁公司，当时，开发的一种新肥皂境况欠佳。一位名叫纳尔·迈克埃尔罗伊的年轻人（后来升任宝洁公司总经理），受命统筹开发和推销，并取得了成功，于是公司随之增设了其他产品经理。从那时起，许多公司，特别是生产食品、肥皂、化妆品和化工产品的公司，都建立了产品管理组织。

产品经理的主要任务是制定发展产品的长期经营和竞争策略，编制年度营销计划，并负责全面实施计划和控制执行结果。

产品（品牌）型营销组织的优点是：

① 有利于统一协调各种市场营销职能，集中对各种产品（品牌）进行管理。

② 有利于对市场变化做出快速反应，及时处理各种产品（品牌）遇到的问题。

③ 有利于企业对各种产品（品牌）“一视同仁”，保证弱势产品（品牌）不被忽视。

产品（品牌）型营销组织的缺点是：

① 由于每种产品（品牌）都设置相应的产品（品牌）经理，导致管理费用增加。

② 产品（品牌）经理致力于其所负责的产品（品牌），而忽略整个市场的情况。

③ 各个产品（品牌）相互独立，导致同类别产品（品牌）产生利益摩擦。

【课间案例】

宝洁公司是全球日用消费品行业的佼佼者，也是成功实施品牌管理的典型代表之一。该公司经营的300多个品牌的产品畅销160个国家和地区，包括织物及美容美发、居家护理、家庭健康用品、健康护理、食品及饮料等，年销售额超过10亿美元的品牌有24个。

宝洁公司是世界上最早采用品牌经理的公司，它为每一个品牌设置一名品牌经理，负责该品牌的全部营销活动。虽然品牌经理并不被赋予指挥其他部门的权力，但通过互助、沟通、协调、合作，他们同样可以领导没有权力领导的人，完成自己的任务。宝洁公司通过这种营销组织设置方式培育了大量的营销帅才，公司的最高主管都是品牌经理出身，90%的管理层都来自品牌经理。

（三）地区型营销组织

如果企业产品涵盖区域逐步扩大，地域范围具有一定规模时，通常可以按照地理区域组织其市场营销力量。此类型营销组织形式除设置职能部门经理外，还按地区分层次地设置区域销售经理。值得注意的是，如果企业的销售任务复杂，销售人员的薪酬偏高，销售人员工作对企业利润的影响极大时，应当缩小这样的跨度。其组织结构如图 11.9 所示。

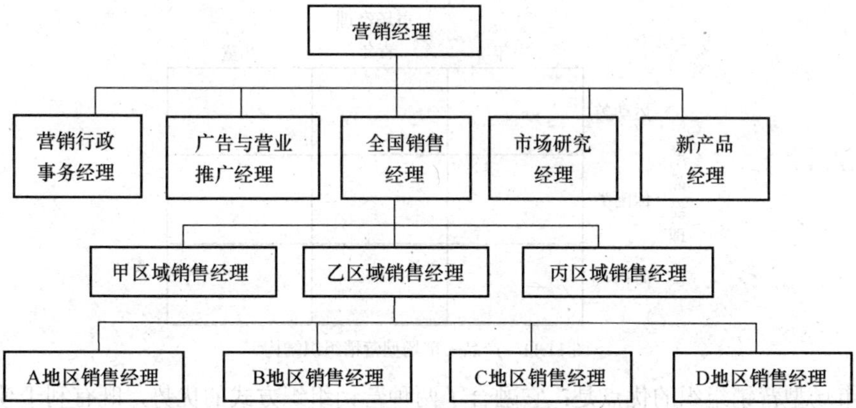

图 11.9　地区型营销组织结构

地区式组织形式的主要优点是：

① 管理幅度与管理层次相对增加，这样便于高层管理者授权，充分调动各级营销部门的积极性。

② 发挥该地区部门熟悉该地区情况的优势，发展特定市场。

地区式组织形式的主要缺点是：各地区的营销部门自成体系，容易造成人力资源的浪费，地区销售经理更多地只考虑本地区的利益。

（四）市场型营销组织

市场型营销组织是按照企业产品面对的不同消费者市场而建立一种营销组织结构形式。它适用于按照购买行为和消费心理如需求、偏好、态度等的不同，将消费者市场分为多种不同类别子群体市场的企业。此类营销组织最大的优点表现在，企业市场营销活动是按照满足各类具有明显差异的消费者需求来组织的，而不是集中在营销职能、销售区域或企业产品本身。其组织结构如图 11.10 所示。

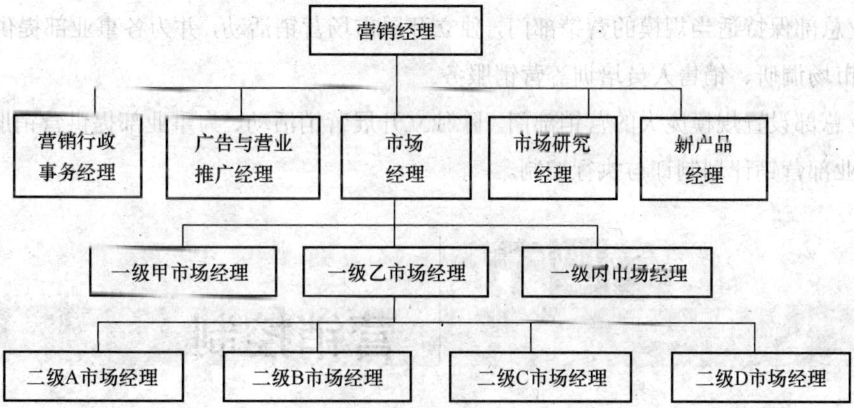

图 11.10　市场型营销组织结构

（五）产品—市场型营销组织

生产多种产品并向多个市场销售的企业，常常会遇到如何设置机构的难题，可以采取产品管理组织形式，那就需要产品经理熟悉广为分散的各种不同的市场；也可以采取市场管理组织形式，那就需要市场经理熟悉销往各市场的五花八门的产品；或者还可以同时设置产品经理和市场经理，形成一种矩阵式结构。其组织结构如图 11.11 所示。

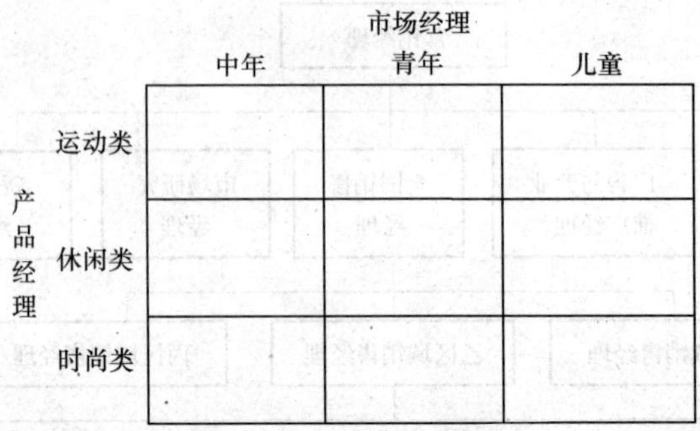

图 11.11　产品—市场型营销组织结构

产品—市场型营销组织的优点是：它融合了两种营销组织方式的优势，既有利于使企业产品与消费者需求保持一致，又克服了单纯市场型组织方式下产品管理容易被忽视的问题。

产品—市场型营销组织的缺点在于：这种臃肿庞大的组织系统使得企业管理费用大幅攀升，导致人力成本的增加；错综交杂的组织方式容易造成产品经理与市场经理之间的矛盾冲突，比如业务如何划分和权力如何分配等问题。

（六）事业部制营销组织

如果企业产品（品牌）的种类和市场很多，而经营规模也很大时，企业通常会按照产品或地区划分，设置独立的事业部。事业部下再分设专属的职能部门和服务部门，包括市场营销部门。事业部是具有独立产品或市场的利润中心，拥有充分的权力，自主经营、自负盈亏，并实行独立核算。采用事业部制组织方式，企业的市场营销活动会面临如下几个可能的选择。

① 企业总部不再设置营销部门，各事业部都有专属的营销组织，市场营销活动由各事业部独立负责。

② 企业总部设精干的营销部门，只负责少数营销职能，如帮助最高层管理者评析市场机会；为事业部提供咨询协助；增强其他部门的市场营销观念等。

③ 企业总部保持适当规模的营销部门，独立开展市场营销活动，并为各事业部提供诸如广告宣传、促销、市场调研、销售人员培训等营销服务。

④ 企业总部设置规模庞大的营销部门，除独立开展营销活动、为事业部提供营销服务外，还会直接参与事业部营销计划制订与执行控制。

第四节　营销控制

市场环境和企业内部环境都处于动态发展的过程中，任何策划完备的计划都可能因环境变化导致实施结果偏离预期甚至完全失败。同时由于执行人员对计划的理解不同或者执行力度不均也将使策划的营销目标不能很好地实现，因而营销管理者对营销活动的监督和控制十分必要。

一、营销控制的内涵及意义

营销控制是指企业营销管理部门为了营销目标的实现，保证营销计划的执行取得最佳效果而对实施过程中各营销要素进行监督、考察、评价和修正。营销计划控制的程序包括确定控制对象、设置控制目标、建立衡量尺度、确定控制标准、比较实际效果、分析偏离原因、采取改进措施。实施营销控制有如下几点重要意义。

（1）环境变化的需要。

控制总是针对动态过程而言的。从营销管理者制定目标到目标的实现通常需要一段时间，在这段时间里，企业内外部的情况可能会发生变化，尤其是面对复杂而动荡的市场环境，每个企业都面临着严峻的挑战，各种变化都可能会影响到企业已定的目标，甚至有可能需要重新修改或变动以符合新情况。高效的营销控制系统，能帮助营销管理者根据环境变化情况，及时对自己的目标和计划做出必要的修正。一般来说，目标的时间跨度越大，控制也越重要。控制系统的作用在于能够帮助管理者看到形势的变化，并在必要时对原来的计划做出相应的修正。

（2）需要及时纠正执行过程中的偏差。

在计划执行过程中，难免会出现一些小偏差，而且随着时间的推移，小错误如果没有得到及时的纠正，就可能逐渐积累成严重的问题从而偏离企业使命。

营销控制不仅是对企业营销过程的结果进行的控制，还必须对企业营销过程本身进行控制，而对过程本身的控制更是对结果控制的重要保证。因此，营销管理者必须依靠控制系统及时发现并纠正小的偏差，以免给企业造成不可挽回的损失。

控制与计划既有不同之处，又有密切的联系。一般来说，营销管理程序中的第一步是制订计划，然后是组织实施和控制。而从另一个角度看，控制与计划又是紧密联系。控制不仅要按原计划目标对执行情况进行监控，纠正偏差，在必要时还将对原计划目标进行检查，判断其是否合理，也就是说，要考虑及时修正战略计划，从而产生新的计划。

二、营销控制的类型

具体而言，营销控制方式有：年度控制、盈利能力控制、效率控制和战略控制。

（一）年度控制

年度计划控制是由企业高层管理人员负责的，是在本年度内采取调整和纠正措施，检查市场营销活动的结果是否达到了年度计划的要求。年度控制包括 4 个主要步骤。

① 制定标准。它是指分解计划目标，确定本年度各个阶段的目标、任务。

② 测量绩效。它是指将实际执行效果与计划预期目标相对比。

③ 因果分析。它是指剖析研究发生偏离的原因。

④ 修正行为。它是指及时采取补救和调整措施，缩小差距，努力使执行效果与计划目标相一致。

企业一般用 4 种方法检查计划执行绩效。

（1）销售差异分析。销售差异分析用于衡量并评估企业的实际销售额与计划销售额之间的差异情况。

【课间案例】

某公司在苏州、无锡、常州3个地区的计划销售量分别是2000件、1500件、1000件，总计4500件，而实际总销量是3800件，3个地区分别是1200件、1400件、1200件，与计划的差距分别为-40%、-6.7%、+20%。通过分析可知，苏州是造成困境的主要原因。因而应进一步查明苏州地区销量减少的原因。

（2）市场占有率分析用于衡量并评估企业的市场占有率情况。根据企业选择的比较范围不同，市场占有率一般分为以下 3 种。

① 全部市场占有率：企业的销售额（量）占行业销售额（量）的百分比。

② 目标市场占有率：企业的销售额（量）占其目标市场总销售额（量）的百分比。

③ 相对市场占有率：企业的销售额（量）和几个最大竞争者的销售额（量）的百分比。

（3）营销费用率分析用于衡量并评估企业的营销费用占销售额的百分比，还可进一步细分为人力推销费用率、广告费用率、销售促进费用率、市场营销调研费用率、销售管理费用率等。

（4）消费者态度追踪。消费者态度追踪是指企业通过设置消费者抱怨和建议系统、建立固定的消费者样本或者通过消费者调查等方式，了解消费者对本企业及其产品的态度变化情况，进行衡量并评估。

（二）盈利能力控制

盈利能力控制一般由财务部门负责，旨在测定企业不同产品、不同销售地区、不同消费者群、不同销售渠道以及不同规模订单的盈利情况的控制活动。

盈利能力指标包括销售利润率、资产收益率、净资产收益率、资产周转率、资产管理率、存货周转率等。

（1）销售利润率指利润与销售额之间的比率，表示每销售 100 元使企业获得的利润，它是评估企业获利能力的主要指标之一。其计算公式为

销售利润率=（本期利润÷销售额）×100%

（2）资产收益率是指企业所创造的总利润与企业全部资产的比率。其计算公式为

资产收益率=（本期利润÷资产平均总额）×100%

（3）净资产收益率是指税后利润与净资产所的比率。净资产是指总资产减去负债总额后的净值。其计算公式为

净资产收益率=（税后利润÷净资产平均余额）×100%

（4）资产管理效率可通过以下 2 个指标来分析。

① 资产周转率。资产周转率是指一个企业以资产平均总额去除产品销售收入净额而得出的比率，其计算公式为

资产周转率=产品销售收入净额÷资产平均占用额

② 资金周转率。它可以衡量企业全部投资的利润效率，资产周转率高说明投资的利用效率高。

（5）存货周转率是指产品销售成本与产品存货平均余额之比。其计算公式为

存货周转率=产品销售成本÷产品存货平均余额

企业要取得较高的盈利水平和较好的经济效益，一定要对直接推销费用、促销费用、仓储费用、折旧费、运输费用、其他营销费用，以及生产产品的材料费、人工费和制造费用进行有效控制，全

面降低支出水平。

【课间补充】

下面就市场营销成本以及盈利能力的考察指标等做一些介绍。

市场营销成本直接影响企业利润，它由如下项目构成。

① 直销费用。它包括直销人员的工资、奖金、差旅费、培训费、交际费等。

② 品牌宣传费用。它包括企业CIS导入费用、各类公关费用、展览会费用。

③ 促销费用。它包括广告费、产品说明书印刷费用、赠奖费用、促销人员工资等。

④ 仓储费用。它包括租金、维护费、折旧、保险、包装费、存货成本等。

⑤ 运输费用。它包括托运费用等，如果是自有运输工具，则要计算折旧、维护费、燃料费、牌照税、保险费、司机工资等。

⑥ 其他市场营销费用。它包括市场营销人员的工资、办公费用等。

营销费用和生产成本构成了企业的总成本，直接影响到企业的经济效益。其中有些与销售额直接相关，称为直接费用；有些与销售额并无直接关系，称为间接费用。有时两者也很难划分。

（三）效率控制

效率控制是分析出企业在特定产品、销售市场活力不高，就采取更有效的方法提高广告、人员推销、促销和分销等的工作的效率。

（1）销售人员效率。各销售经理可用这些指标考核和管理销售队伍，提高销售人员的工作效率。

① 销售人员日均拜访消费者的次数；

② 每次访问平均所需时间；

③ 每次访问的平均收益；

④ 每次访问的平均成本；

⑤ 每百次销售访问预订购的百分比；

⑥ 每月新增消费者数目；

⑦ 每月流失消费者数目；

⑧ 销售成本对总销售额的百分比。

（2）广告效率。为提高广告宣传的效率，经理应掌握这些统计资料：

① 每种媒体接触1000名消费者所花费的公告成本；

② 注意阅读广告的消费者在其受众中所占的比率；

③ 消费者对广告内容和效果的评价；

④ 广告前后消费者态度的变化；

⑤ 由广告激发的询问次数。

（3）促销效率。为了提高促销效率，企业应注意的统计资料有：

① 优惠销售所占的百分比；

② 每一单位销售额中所包含的陈列成本；

③ 赠券回收率；

④ 因示范引起的询问次数。

（4）分销效率。

主要是对分销渠道的业绩、企业存货控制、仓库位置和运输方式的效率进行分析和改进，提高分销的效率。

【课间案例】

面包批发商遭到了来自面包连锁店的激烈竞争，他们在面包的物流方面尤其处境不妙，面包批发商必须做多次停留，而每停留一次只送少量面包。不仅如此，卡车司机一般还要将面包送到每家商店的货架上，而连锁面包商则将面包放在连锁店的卸货平台上，然后由商店工作人员将面包陈列到货架上。这种物流方式促进美国面包商协会提出是否可以开发更有效的面包处理程序。该协会进行了一次系统工程研究，他们以分钟为单位具体计算面包装上卡车到陈列在货架上所需要的时间，通过跟随司机送货和观察送货过程，这些管理人员提出了若干变革措施，使经济效益的获得来自更科学的作业程序。不久，他们在卡车上设置特定面包陈列架，只需司机按动电钮，面包陈列架就会在车子后部自动开卸，这种改进措施受到进货商的欢迎，又提高了工作效率。

（四）战略控制

战略控制则是更高层次的市场营销控制，审计企业的战略、计划是否有效地抓住了市场机会，是否同市场营销环境相适应。营销审计是营销战略控制的主要工具。

营销审计是对一家企业或一个业务单位的营销环境、目标、战略和活动所做的全面的、系统的、独立的和定期的检查，其目的在于决定问题的范围和机会，提出行动计划，以提高企业的营销业绩。营销审计可由企业内部人员来做，也可聘请外部专家进行。

一次完整的营销审计活动的内容是十分丰富的，概括起来包括 6 个大的方面。

① 营销环境审计。它主要包括宏观环境如人口统计、经济、生态、技术、政治、文化；任务环境如市场、消费者、竞争者、经销商、公众等。

② 营销战略审计。它包括企业使命、营销目标和目的、战略等。

③ 营销组织审计。它包括组织结构、功能效率、部门间联系效率等。

④ 营销制度审计。它包括营销信息系统、营销计划系统、营销控制系统、新产品开发系统。

⑤ 营销效率审计。它包括盈利率分析、成本效率分析等。

⑥ 营销职能审计。它对营销的各个因素如产品、定价、渠道和促销策略的检查评价。

表 11.1 总结了控制 4 种类型的主要负责人、控制目的和方法。

表 11.1　　控制 4 种类型

控制类型	负责人	控制目的	方法
年度控制	高层管理者 中层管理者	检查计划目标是否实现	销售分析、市场份额分析、费用与销售分析、财务分析等
盈利能力控制	营销主管人员	检查公司盈亏情况	产品、地区、消费者群、细分市场、销售渠道、订单等方面的盈利情况
效率控制	营销主管人员	评价和提高经费开支效率及营销开支效果	销售队伍、广告、促销、分销的效率
战略控制	高层管理者 营销审计人员	检查公司是否正在市场、产品和渠道等方面寻找最佳机会	营销效率等级评价、营销审计、营销杰出表现、公司道德与社会责任评价

三、不同营销控制适用的条件

任何一种营销控制模式都不是万能的，不可能适合于所有的管理环境。选择了恰当的营销控制模式，不但可以规范销售人员的行为，而且可以保证营销计划顺利实施，从而实现企业营销目标。也就是说，环境特征决定了企业所适用的营销控制模式。一般来说，业绩目标的可量化程度和营销活动过程的透明度是评价营销环境的两个重要维度，也是选择营销控制模式的基础条件。

业绩目标的可量化程度是指用具体量化的值来测度目标的程度，例如，销售额、销售量等指标的可量化程度比较高，市场信息清晰度、消费者满意度等指标的可量化程度则比较低。营销活动过程的透明度是指销售主管对营销活动的信息所掌握的范围和程度，例如，销售主管是否掌握了所有消费者的信息等。营销控制主要有如下 4 种模式。

（1）结果控制模式。当业绩目标的可量化程度很高，而营销活动过程的透明度比较低，例如，当一线销售人员比他的销售主管掌握了更多的市场信息，但是销售主管可以较容易地测定销售额、销售量、利润水平等销售目标时，企业适合选择结果控制模式。

（2）自我控制模式。当业绩目标的可量化程度很高，同时营销活动过程的透明度也很高时，企业更适合采取自我控制的模式，使销售人员进行自我规范、自我约束，以达到控制与激励相融合的目的。

（3）过程控制模式。当业绩目标的可量化程度比较低，而营销活动过程的透明度比较高时，企业更适合采取过程控制模式，制定相应的过程规范制度来约束销售人员的行为。

（4）他人控制模式。当业绩目标的可量化程度与营销活动的透明度都很低时，企业应侧重于他人（同事）控制，使销售人员队伍这个非正式的小群体对其成员的行为进行控制是比较合适的。

不同营销控制使用条件如图 11.12 所示。

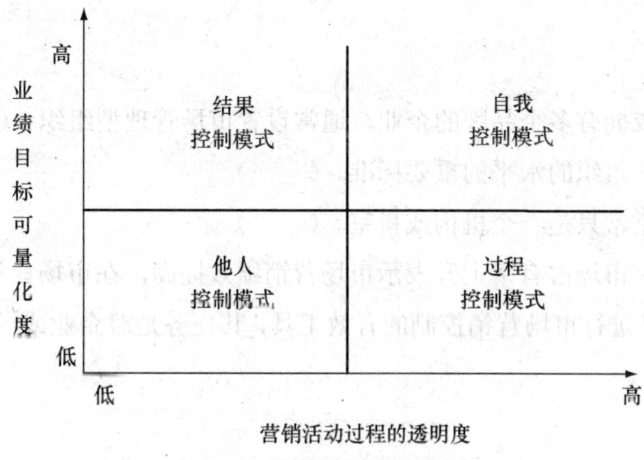

图 11.12　不同营销控制使用条件

【课间案例】

武汉科诺公司是由武汉东湖高新集团、武汉东湖高新农业生物工程有限公司和湖北省植保总站于1999年5月共同组建的一家高科技企业，注册资本8000万元，主要从事生物农药及其他高效、低毒、无公害农药的研发、生产、销售和推广。

截止到2000年5月，科诺公司共有员工1033名，其中有601名销售人员，这些销售人员直接分布在全国各市场片区。这充分体现出营销工作在科诺公司的重心地位，同时也反映出营销工作的成败直接影响了科诺公司的生存和发展。科诺公司的营销管理工作主要有以下几个特点。

① 公司正处于生命周期的导入期，开拓市场、销售额最大化是公司的首要目标；

② 公司的主要产品是生物农药，属于有形产品，销售业绩目标的可量化程度较高；

③ 销售区域分布广，销售过程透明度不高，公司总部对各片区销售人员行为的可控性较低，因此销售人员有可能“粉饰”销售业绩，并牺牲公司长期发展而获取个人短期利益；

④ 生物农药产品直接面对的是农村市场，销售人员主要是与农民消费者打交道，大多数销售人员是在当地市场直接招募的，因此综合素质不高。

因此，公司在市场部设置了督办部，设计了一种“双回路”的营销控制模式，并且这种营销控制模式对公司早期的快速成长以及规范销售人员的行为发挥了重要的作用。“双回路”营销控制模式主要是强调工作计划与督办落实“两条腿走路”。一方面要求销售人员做出详细的工作计划，包括具体的销售业绩目标；另一方面派出督办人员不定期地到市场一线去检查工作计划的完成情况，并及时反馈检查的结果。督办人员的工作目的不是为了“挑刺”，找出销售人员工作中的不规范行为，而是帮助销售人员解决工作中的困难，及时“纠偏”，从而顺利完成销售目标。

科诺公司的这种营销控制模式实际上是将结果控制、过程控制以及他人控制等几种类型的营销控制有机地结合起来了，而且在每种类型的营销控制中设计和运用的具体方法和流程之间也是相互联系，相互支撑的。因此该种整合的营销控制模式较好地弥补了单个控制模式的不足之处，并使其发挥了“1+1>2”的作用。

本章习题

一、判断题

1．生产多种产品或拥有多个品牌的企业，通常设置市场管理型组织。（　　）

2．效率是衡量一个组织的水平的重要标准。（　　）

3．市场营销组织常常只是一个机构或科室。（　　）

4．在正常情况下，市场占有率上升表示市场营销绩效提高，在市场竞争中处于优势。（　　）

5．市场营销审计是进行市场营销控制的有效工具，其任务是对企业或经营单位的财务状况进行审查。（　　）

二、单选题

1．下列选项中，（　　）是以市场为导向的现代组织模式的出发点。

A．产品设计　　B．产品销售　　C．消费者需要　　D．企业资源和能力

2．年度计划控制过程的第一步是（　　）。

A．确定目标　　B．评估执行情况　　C．规定企业任务　　D．选择目标市场

3．产品—市场管理型组织的主要缺点是（　　）。

A．组织管理费用太高　　B．有些产品和市场容易被忽略

C．容易造成计划与实际的脱节　　D．不能及时得到足够的市场信息

4．战略控制的目的，是确保企业的目标、政策、战略和措施与（　　）相适应。

A．市场营销环境　　B．市场营销计划

C．推销计划　　D．管理人员任期

5．（　　）是最常见的市场营销组织形式。

A．职能型组织　　B．产品型组织

C．地区型组织　　D．管理型组织

三、简答题

1．企业的市场营销组织随着经营思想的发展和企业自身的成长，大体经历了哪几种典型形式？

2．职能型组织的主要特点是什么？

3．市场营销计划通常包含哪些内容？

4．营销计划包括哪些内容？

5．何为营销控制？它的程序是怎样的？

四、案例分析题

可口可乐公司向外界展示新的营销计划

可口可乐公司在2000年12月初的一次演示会上，通过非同寻常的方式向外界展示了其最新营销计划：公司将以消费者为重，在继续重视其旗舰产品可口可乐品牌业务的同时，在零售、包装、许可、娱乐、服装和自动售货等领域进行探索。一家公司能向人们展示其经营理念也是很不同寻常的。

2000年12月初可口可乐公司举办了一次由公司以外的部分人士参加的演示会，这次持续9小时的演示会与通常的PowerPoint演示有着极大的不同。该公司通过一群演员的表演、演唱、舞蹈和交互讨论等方式向包括约50名华尔街分析师和记者展示了它们的最新营销理念：消费者和他们的生活经历决定饮料的买与卖，而非公司及其经理人员决定这一切。

该公司首席营销官Steve Jones说："要创建21世纪强大的品牌，就必须改变思考方式。经营者必须以人们为重，要理解他们的思维方式和不同的生活方式。"

可口可乐公司必须每年增加15亿标准箱饮料的销售才能达到2010年之前350亿标准箱饮料的销售目标。1999年，该公司饮料的销售量为160亿标准箱。可口可乐认为业绩增长的最佳机会在健康、健身、水和饮料以及提神饮料领域，即茶、水、咖啡、橙汁和能量补充饮料等。

可口可乐公司高层管理人士强调，公司的旗舰产品可口可乐品牌占其业务的60%，它们如同公司的生命和血液一样重要，公司对此将继续予以重视，但公司还将努力创新，因为公司认为饮料行业最大的增长领域在碳酸软饮料以外的方面。

可口可乐还将在零售、包装、许可、娱乐、服装和自动售货等领域进行探索。

【思考与讨论】

试写一份可口可乐公司的饮料销售营销计划书。

第十二章 服务营销

【学习目标】

（1）了解服务营销的特征和未来发展。

（2）熟悉服务营销竞争战略类型。

（3）掌握服务营销战略分析方法。

（4）了解服务营销的发展趋势。

【导入案例】

海底捞的秘密：超出消费者期望的“变态”服务

海底捞成长速度不算快，从1994年创办到2011年，整整17个年头才开了60家连锁店，营业额也就十几亿元。海底捞所在的产业一点都不酷，就是火锅，它既不是资源垄断行业，也不是高科技行业，只要是中国人，自己在家都会涮。海底捞的商业模式并不独特，就是一锅一锅卖、一店一店开。海底捞的创始人张勇，2001年刚好40岁，是个出身底层的“川娃子”，不擅豪言壮语，不帅、肤色黑，比实际年龄看起来老得多。既如此，海底捞为什么如此受关注？

开连锁餐厅最讲究的是标准化，如肯德基薯条要在一定温度的油锅炸多长时间，麦当劳汉堡包的肉饼有多少克等。可标准化保证质量的同时，也压抑了人性，因为它们忽视了执行者最值钱的部位——大脑。

让员工严格遵守标准化流程，其实等于雇佣一个人的双手，没雇佣大脑。这是亏本生意，双手是最劣等的机器，最值钱的是大脑，大脑能创造，能解决流程和制度不能解决的问题。

海底捞上海三店服务员姚晓曼说，一次，她服务的11号雅间坐的是回头客邬女士。邬女士女儿点菜时问撒尿牛肉丸一份有几个？姚晓曼马上意识到，对方是怕数量少不够吃，便回问一句：姐，你们一共几位？她说十位。姚晓曼马上告诉她，一份本来是8个，她去跟厨房说一下，专做份10个的。

上海三店张耀兰有这样的经历，某个星期六晚上生意特别好，7点半3号包房上来一家姓徐的客人，她发现徐妈妈把鹌鹑蛋上面的萝卜丝夹到碗里吃。张耀兰感觉徐妈妈一定很喜欢吃萝卜，于是立即打电话给上菜房，让他们准备一盘萝卜丝。她又拿萝卜丝去调料台放上几味调料。当她把拌好的萝卜丝端到桌上时，客人很惊讶。她说：“我估计阿姨爱吃萝卜丝，特意拌了一盘送给阿姨吃，不知道你们喜不喜欢？”“他们当然非常高兴，边吃边夸我，还问这萝卜丝是怎么拌的。”最后徐阿姨的儿子要来一碗米饭，把萝卜丝盘子里的汤拌到饭里吃了，说这是他吃过最香的饭。接下来一个月，他们连来了3次，还把其他朋友介绍过来吃饭。

资料来源：中国经济网，2011年2月12日

第一节 服务营销概述

一、知识经济时代下的服务营销

知识经济时代是加速经济全球化进程的时代。在知识经济条件下，服务营销的理论和实践必然突破疆域国界的限制，成为具有跨国性、普遍性、通用性的学科。服务营销既是经济全球化中的行为，又是推动经济全球化的因素。

经济全球化的表现之一是各国经济的互相渗透、互相依存。其中，国际贸易的迅猛发展是重要的表现，在国际贸易中，服务贸易的发展尤为突出。1997 年，国际贸易总额达 110 000 万亿美元，占世界国民生产总值的 35%。在国际贸易中，国际服务贸易以超常态势增长。1970 年全球服务贸易出口额仅 710 亿美元，而到 1997 年即高达 12 600 亿美元，增长 16.8 倍，平均年增长 11.7%，远远高于国际货物出口增长速度。服务贸易在整个国际贸易中的比例，从 20 世纪 70—80 年代占 1/5 到 20 世纪 90 年代已增至 1/4。近 30 年来，发达国家的 GDP 中，服务业产值所占的比例超过 50%以上，其中美国服务业的产值在 GDP 中的比例已高达 75%左右，这意味着国民财富的创造主要依赖于服务业。经济全球化也包容信息全球化的内涵。信息全球化使高新科技成为变革经济结构的动力，促使 6 万个国际企业的出现，促使只掌握关键技术、工艺设计、品牌及销售渠道，而把生产委托给关联企业去做的虚拟企业的出现。国际企业和虚拟企业的出现，使服务营销进入了一种新的境界，服务营销不仅要面对消费者，而且要提供面对内部分支机构和广大员工的服务营销管理。

经济全球化促使制造业的国际营销网络的形成，国际营销网络的完善需要服务营销。营销网络完善化的过程是聚集营销人才、进行营销信息交流、推动适销对路的商品、开发市场的过程。在这一过程的每一环节都伴随着服务需求的产生，服务营销活动将贯穿营销网络完善化的始终。经济全球化推动了服务营销在更大范围、更多领域的发展，反过来服务营销兴盛与发展也有利于促进经济全球化的实现。

二、服务营销的特点

21 世纪服务营销将成为举世瞩目的焦点。服务营销比起一般有形产品的营销具有自身的特点。

（1）供求分散性。服务营销活动中，服务产品的供求具有分散性。不仅供方覆盖了第三产业的各个部门和行业，企业提供的服务也广泛分散，而且需求者更是涉及各种各类企业、社会团体和千家万户不同类型的消费者。由于服务企业一般占地小、资金少、经营灵活，往往分散在社会的各个角落，即使是大型的机械服务公司，也只能在有机械损坏或发生故障的地方提供服务。服务供求的分散性，要求服务网点要广泛而分散，尽可能地接近消费者。

（2）营销方式单一性。有形产品的营销方式有经销、代理和直销多种营销方式。有形产品在市场可以多次转手，经批发、零售多个环节才使产品到达消费者手中。服务营销则由于生产与消费的统一性，决定其只能采取直销方式，中间商的介入是不可能的，储存待售也不可能的。服务营销方式的单一性、直接性，在一定程度上限制了服务市场规模的扩大，也限制了服务业在许多市场上出售自己的服务产品，这给服务产品的推销带来了困难。

（3）营销对象复杂多变。服务市场的消费者是多元的、广泛的、复杂的。购买服务的消费者的购买动机和目的各异，某一服务产品的购买者可能牵涉社会各界各业各种不同类型的家庭和不同身份的个人，即使购买同一服务产品，有的用于生活消费，有的却用于生产消费，如信息咨询、邮电通信等。服务产品营销对象的多变性表现为不同的购买者对服务产品需求的种类、内容、方式经常变化。影响人们对服务产品需求变化的因素很多，如产业结构的升级、消费结构的变化、科学技术水平的提高等。同时，文化艺术服务、休闲娱乐服务、旅游服务、保健服务、环保服务、科教服务等服务产品的市场吸引力将会越来越大。

（4）服务消费者需求弹性大。根据马斯洛需求层次原理，人们的基本物质需求是一种原发性需求，对这类需求人们易产生共性，而人们对精神文化消费的需求属继发性需求，需求者会因各自所处的社会环境和各自具备的条件不同而形成较大的需求弹性。同时对服务的需求与对有形产品的需求在一定组织及总金额支出中相互牵制，也是形成需求弹性大的原因之一。同时，服务需求受外界条件影响大，如季节的变化、气候的变化、科技发展的日新月异等对信息服务、环保服务、旅游服务、航运服务的需求造成重大影响。需求的弹性是服务业经营者最棘手的问题。

（5）服务人员的技术、技能、技艺要求高。服务者的技术、技能、技艺直接关系着服务质量。消费者对各种服务产品的质量要求也就是对服务人员的技术、技能、技艺的要求。例如，文艺家的精湛技艺才能满足文艺欣赏者对艺术质量的要求，教师广博的知识才能满足学生对教学质量的要求，医生高超的技术和医德才能适应患者的质量需求等。服务者的服务质量不可能有唯一的、统一的衡量标准，而只能有相对的标准和凭购买者自身的感觉、体会。

三、服务营销的演变

发达国家成熟的服务企业的营销活动一般依次经历了以下 7 个阶段。

① 销售阶段。其表现及后果是：竞争出现，销售能力逐步提高，重视销售计划而非利润，对员工进行销售技巧的培训，希望招徕更多的新消费者，而未考虑到让消费者满意。

② 广告与传播阶段。其表现及后果是：增加广告投入，指定多个广告代理公司，推出宣传手册和销售点的各类资料，消费者随之提高了期望值，企业经常难以满足其期望，产出不易测量，竞争性模仿盛行。

③ 产品开发阶段。其表现及结果是：意识到新的消费者需要，引进许多新产品和服务，产品和服务得以扩散，强调新产品开发过程，市场细分，强大品牌的确立。

④ 差异化阶段。其表现及结果是：通过战略分析进行企业定位，寻找差异化，制定清晰的战略，更深层的市场细分，市场研究、营销策划、营销培训，强化品牌运作。

⑤ 消费者服务阶段。其表现及后果是：消费者服务培训，微笑运动，改善服务的外部促进行为，

利润率受一定程度影响甚至无法持续，得不到过程和系统的支持。

⑥ 服务质量阶段。其表现及后果是：服务质量差距的确认，消费者来信分析、消费者行为研究，服务蓝图的设计，疏于保留原有消费者。

⑦ 整合和关系营销阶段。其表现及后果是：经常地研究消费者和竞争对手，注重所有关键市场，严格分析和整合营销计划，数据基础的营销，平衡营销活动，改善程序和系统，改善措施保留原消费者。

第二节 建立服务竞争优势

一、服务营销理念

当今世界呈现经济与文化一体化发展的趋势，企业营销的成败受经营理念的支配。经营理念是企业的经营哲学，是企业制定营销规划的基本出发点和依据。经营理念要顺应时代的发展潮流而不断创新。在21世纪，服务营销要围绕树立关系营销、消费者满意、超值服务等理念而努力。理念是企业行为的指南，是企业的灵魂。只有新的理念才能产生新的行动。服务营销的创新首先应该是服务营销理念的创新。

（一）关系营销理念

关系营销（Relationship Marketing），也称咨询推销、关系管理、人际管理市场营销，它是交易市场营销的对称，它是企业与消费者、分销商、经销商、供应商等建立、保持并加强关系，通过互利交换及共同履行诺言，使有关各方实现各自的营销目的营销行为的总称。菲利普·科特勒称之为："双方之间创造更亲密的工作关系与相互依赖关系的艺术。"关系营销理念即是企业以关系营销的理论来指导自己的行动所形成的指导思想及经营哲学。

关系营销对企业营销活动的指导作用集中体现在以下两个方面。

（1）建立并维持与消费者的良好关系，为企业营销成功提供基本保证。

消费者是企业生存和发展的基础，市场竞争实质上就是争夺消费者。要建立与维持同消费者的良好关系，首先必须真正树立以消费者为中心的观念，一切从消费者出发，将此观念贯穿到企业生产经营的全过程中。曾几何时，市场营销逐渐升级为一场企业之间的战争，消费者渐渐地被排除在这一竞争之外而受到冷落。而今实行关系营销，使以消费者为中心的观念得以回归。其次，切实关心消费者利益，提高消费者的满意程度，使消费者利益落到实处。在西方国家普遍流行的电话热线服务就很有代表性。不少企业设立了服务热线电话，任何消费者只要拨通热线电话，就可以得到与公司有关的一切服务。这种电话是免费的，即费用由企业总付。据美国电报电话公司统计，美国使用此种电话服务的消费者每年达80亿人次。为了保证电话服务的顺利进行，企业对从事电话服务的员工有着非常严格的要求。例如，美国通用电器公司的150位从事电话服务的工作人员都具有大学学历和一定的销售经验，上岗前还要接受为期 6 个星期的强化训练。他们不仅能及时妥善地处理消费者投诉、提供正确的产品使用方法及完成小修理的指导，而且能从数以万计的电话内容中分析，发现有关的市场信息，预测消费者需求变化的趋势及产品的改进与开发的线索。该公司每年耗费在电话服务上的费用高达 1 000 万美元，但是，公司从增加的销售额得到的回报是这个数字的两倍以上。消费者愿意以高出同类产品 40 美元的价格购买该公司的冰箱，因为消费者与公司之间已建立了良好的合作伙伴关系。

此外，关系营销加强了与消费者的联系，密切了双方感情。质量、功能、价格等固然是吸引消费者购买产品的重要因素，但是，情感在消费者购买决策中的影响作用也不容忽视。我国南方一家电冰箱生产企业的方法值得借鉴。该公司在产品包装内附带一份用户意见卡，要求消费者认真填写后及时寄回企业，同时换取产品保修单。然后，公司将每一位用户的情况存入计算机及时安排人员解决消费者的问题。在春节前夕，公司根据计算机储存的信息，向每一位新用户寄上一封热情洋溢的感谢信和一份精致的小礼物，用户在心理上有了新的满足，这种富有人情味的营销手段收到了很好效果，不少消费者津津乐道，在亲朋好友面前大加赞赏。

（2）有利于协调与政府的关系，创造良好的营销环境。

政府对经济生活进行干预是当今世界各国通行的做法，出于国家整体利益的考虑，政府要通过立法、行政和经济等手段对社会经济活动实行宏观调控和管理，因此，企业的营销活动必然受到政府有关规定的影响。在处理与政府的关系上，企业应持积极的态度，遵循国家的法规，协助研究国家所面临的各种问题的解决方法和途径，保证企业营销的成功。如果企业界能与政府积极地合作，树立共存共荣的思想，那么国家就可制定出明确的营销政策，这将有助于国家对营销活动调节的合理化，避免相互矛盾的现象，帮助企业营销人员创造和分配价值，而不是阻碍营销活动的进行。企业与政府的密切合作，要求所有企业的一切活动必须有助于实现政府宏观调控的目的，而政府的宏观调控又要有利于企业开拓市场，促进社会经济的发展。

协调与政府的关系，获得本国政府的支持和帮助，对企业成功地开展国际市场营销有十分重要的意义。自 20 世纪 80 年代以来，国际市场上贸易摩擦加剧，国际贸易保护主义回潮，除关税壁垒外，又筑起了诸如配额制度、进口许可证、包装条例、安全标准等非关税壁垒，服务企业开拓国际市场困难重重。在这种形势下，密切与政府的关系，通过政府的力量去敲开国际市场的大门，改善营销环境就显得更加重要。关系营销在一定程度上反映了国际经济变化的特点，它对我国服务企业进入国际市场具有指导作用。

（二）消费者满意理念

消费者满意（Customer Satisfaction，CS）理念是指企业的全部经营活动都要从消费者的需要出发，以提供满足消费者需要的产品或服务为企业的责任和义务，以满足消费者需要、使消费者满意成为企业的经营目的。

CS 理念是对 20 世纪 50 年代形成的“以消费者为中心”理念的发展。该理念中割清了“以企业自我为中心”与“以消费者为中心”的界限，扭转了传统企业以自我为中心的偏向，进而实现向以消费者为中心的转变。CS 理念则在此基础上要求企业把消费者的现实需求与潜在需求作为企业开发产品和服务项目的源头，并在市场营销全过程及其各个环节中都要尽最大可能满足消费者需求。

CS 理念也是对 20 世纪 70 年代风靡世界的 CI 理念的补充。CI（Corporate Indentity）理念，即企业形象识别理念，是指企业凭借系统地设计或改变企业形象，注入新鲜感，使企业对内形成凝聚力，对外形成吸引力，从而达到提高企业经营业绩目的的一种理念。CI 系统是由 MI（Mind Indentity，理念识别）BI（Behavior Indentity，行为识别）VI（visual Indentity，视觉识别）这 3 个子系统构成的。CI 理念的主要功能是体现其识别、促销和凝聚三大功能。

CI 的目标指向是试图将企业的经营理念及企业精神，通过系统的视觉传达设计，渗透到一切经营服务活动中去，从而对内达成意志统一与共识，对外建立企业独特的形象识别与社会认同。CI 无疑是企业美化和强化自我的理念和行为。CI 理念的侧重点在企业自我，CS 理念则强调营销对象——消费者的满意，这构成了互补性。

CS 理念与传统经营理念存在着延续性、互补性，但在文化品位和对企业发展战略的影响上则具有更高境界，主要体现在以下几个方面。

（1）CS 理念的目标指向是通过建立完善的消费者满意系统，来更好地为消费者服务，获得消费者的满意感。这体现了“以消费者为中心”在更高层次上的企业理念。

（2）CS 理念明确地把产品满意和服务满意引入自身系统，从而强化企业与消费者之间的紧密联系，充实了“以消费者为中心”的内容，弥补了 CI 理念只围绕自身的形象进行设计的片面与不足。

（3）在理论的涵盖面和价值层次上 CS 理念也超过了传统理念。CS 理念所提出的“服务”“满意”，不局限于对消费者个人，而是将“社会满意”作为最高层次目标，从而将“消费者满意”扩大到社会和全体公众的层面，这就更突出了企业的社会价值，它使企业的经营活动更有助于维护社会稳定、推动社会生态平衡和道德进步等方面的协调发展。

（4）在评价和度量标准方面，CS 理念引入消费者满意级度和消费者满意指标纵横相交的坐标系，使企业更加具体而准确地把握消费者需要与追求的脉搏。

（5）CS 理念体现的是社会营销理念体系阶段的新思维，它反映了企业从市场营销导向向社会营销导向转化的需要和水平。社会营销导向与市场营销导向在性质和水平上存在着较大的区别，具体表现在企业的市场占有率和消费者满意率并不构成正比关系、企业的知名度与美誉度也不完全一致性上。

CS 理念引入企业营销管理始于 1986 年，当时美国市场调查公司制定了消费者满意考核指标体系，为汽车行业的企业进行消费者满意度的调查。这份调查表设计了 150 个分值，包括 36 个细目供评分，大项目有以下 6 类。

① 消费者对象的特征。

② 所购汽车的一般情况。

③ 所购汽车的使用状况。

④ 对所购车辆的评价包括期望值的相对评价，经受的困扰与处理方式等。

⑤ 对经销商的评价包括营业所的气氛、服务人员的态度、购买价格、售后服务、故障处理、回应难易、维修费用等。

⑥ 下次购车意向书（是否购买同一品牌，是否介绍亲友购买等）。

美国市场调查公司的这一消费者满意度评价指标体系很快被全美汽车行业普遍参与和采用，并于1989年传播到瑞典等国。1990年日本丰田、日产两大汽车公司也引入CS理念，并将此年定为“消费者满意之年”。接着日本家电、计算机、机械制造等行业纷纷效法，随后还扩及银行、证券、交通、休闲服务等行业。索尼公司还成立了以总经理主持的“消费者满意委员会”；JR东日本旅客铁路公司还把CS系统划分为观念强化系统、员工规范系统、意见征询系统，创设“消费者意见箱”“绿色窗口”“绿色沟通系统”以全面推进CS理念的贯彻与实施。其他的国家也有类似的举措。

消费者满意服务是个系统，它包括纵向的3个递进层次和横向的5个并列层次。

（1）纵向递进层次。

① 物质满意层次。物质满意是指消费者对企业服务产品的核心，如对服务产品的功能、品质、品种和效用感到满意。

② 精神满意层次。精神满意是指消费者对服务方式、环境、服务人员的态度、提供服务的有形展示和过程感到满意。

③ 社会满意层次，社会满意是指消费者对企业产品和服务的消费过程中所体验的社会利益维护程序感到满意，消费者在消费产品和服务的过程中，充分地感受到企业在维护社会整体利益时所反映出的道德价值、政治价值和生态价值。

（2）横向并列层次。

① 企业的经营理念满意。它是指企业经营理念带给消费者的满足程度。经营理念包括经营宗旨、经营方针、经营哲学和经营价值观等方面，以及各个不同阶段的具体理念。

② 企业的营销行为满意。它是指企业的运行状态带给消费者的满足程度。企业营销行为包括企业的行为机制、行为规则、行为模式和行为实施程序等。

③ 企业的外在视觉形象满意。它是指企业具有可视性的外在形象给消费者的满足程度。其外在视觉形象标志、标准字、标准色、企业外观设计、企业环境和企业的各种应用系统等。

④ 产品满意。它是指企业的实物产品和服务产品载体带给消费者的满足状态。产品包括实物产品的质量、功能、设计、包装、品位、价格和服务产品载体相应因素。

⑤ 服务满意。它是指企业服务带给消费者的满足状态。服务业的服务是服务产品本身，实物产品的服务是产品的延伸，都必须从服务的完整性和方便性、绩效性、保证体系的完备性、时间的节约性和文化氛围的高品位等方面体现出来。

现代企业实施消费者满意的服务战略的根本目标，在于提高消费者对企业生产经营活动的满意度，而要真正做到这一点，则必须切实可行地制定和实施如下关键策略。

① 塑造“以客为尊”的经营理念。“以客为尊”的企业服务经营理念，是服务消费者最基本的动力，同时它又可引导决策，联合公司所有的部门共同为消费者满意目标奋斗。比如美国新港造船和码头公司的创办人杭汀顿之所以成为市场的大赢家，就是因为他亲身体会到一个重要的事实：“以客为尊”才是一家公司欣欣向荣的基本要素。麦当劳成功的要素就是它始终重视消费者，千方百计让消费者满意，它的整体价值观念是质量、服务、卫生和价值。

② 开发令消费者满意的产品。消费者满意战略要求企业的全部经营活动都要以满足消费者的需要为出发点，把消费者需求作为企业开发产品的源头。所以企业必须熟悉消费者，了解用户，即要调查他们现实和潜在的要求，分析他们购买的动机和行为、能力、水平，研究他们的消费传统和习惯、兴趣和爱好。只有这样，企业才能科学地顺应消费者的需求走向，确定产品的开发方向。

③ 提供令消费者满意的服务。热情、真诚、为消费者着想的服务能使消费者满意，所以企业要从不断完善服务系统，以便利消费者为原则，用产品具有的魅力和一切为消费者着想的体贴去感动消费者。售后服务是生产者接近消费者的直接途径。它比通过发布市场调查问卷来倾听消费者呼声的方法要有效得多。由此不难看出，今后企业的行为必须以“消费者满意”为焦点。

④ 科学地倾听消费者的意见。现代企业实施消费者满意战略必须建立一套消费者满意分析处理系统，用科学的方法和手段检测消费者对企业产品和服务的满意程度，及时反馈回企业管理层，使企业不断地改进工作，及时、真正地为满足消费者的需要服务。目前，很多国际著名企业都试图利用先进的传播系统来缩短与消费者之间的距离。例如，日本的花王公司可以在极短的时间内将消费者的意见或问题系统地输入计算机，以便为企业决策服务；美国的宝洁日用化工产品公司首创了“消费者免费服务电话”，消费者向公司打电话告之有关产品的问题时，一律免费。不但个个给予答复，而且进行整理与分析研究。这家公司的许多产品改进设想正是来源于“免费电话”。

21 世纪将是以服务取胜的年代，这个时代企业活动的基本准则应是使消费者感到满意。不能使消费者感到满意的企业必无立足之地。因为在信息社会，企业要保持技术上的优势已越来越不容易，企业必须把工作重心转移到消费者身上，从某种意义上说，使消费者感到满意的企业，将是成功的企业。

实施消费者满意的服务战略，要在消费者满意的服务调查和消费者消费心理分析的基础上，建立企业的服务理念满意系统、行为满意系统、视听满意系统、产品满意系统和服务满意系统五大子系统。

企业服务理念满意系统的建立，其核心在于确立以消费者为中心的企业理念，它具体反映在企业的经营宗旨、经营方针和经营哲学上，并贯穿于企业的质量观念、服务观念、社会责任观念和人才观念等诸种经营观念中。

行为满意系统的建立，要通过企业的行为机制满意、行动规程满意和行为模式满意来予以保障。

视听满意系统的建立，即指企业视听识别系统要使消费者满意，它包括对企业标识（名称和图案）、企业标准字和标准色的视觉满意、视觉整合体系满意，以及对公司歌曲和广告宣传的音响效果等的听觉满意。

产品满意系统的建立，指的是企业在产品质量、性能及价格方面，以实际行动，满足消费者的要求，使消费者对企业的产品基本认可的企业营销的手段。

服务满意系统的建立，则要通过树立消费者至上的服务观念、建立完整的服务目标、服务满意级度考查和强化服务满意的行为机制来实现。

在以上 5 个子系统中，企业服务理念满意系统居于核心和统帅地位，它指导并制约着其他子系统的运行和实施。

在消费者满意的服务理论中，为建立消费者满意系统而进行的消费者满意度调查，以及对消费者满意系统的运作及其结果的检测，需要通过消费者满意级度和消费者满意指标来进行测量和评价。消费者满意级度是消费者在消费了企业的产品或服务之后所产生的满足状态的等级。通常分为7个级度，即很不满意、不满意、不太满意、一般、较满意、满意和很满意。消费者满意指标是指用以测量消费者满意级度的项目因子或属性。如企业产品的消费者满意指标，可以概括为7项：品质、数量、设计、时间、服务、价格和品位；企业服务的消费者满意指标，可概括为5项：绩效、保证、完整性、便于使用和情绪环境。

（三）超值服务理念

现代企业以超值服务的观念经销自己的产品，使消费者对企业的服务感到意外，超越他们对企业的期望，让消费者真正地认可，从而在激烈的市场竞争中、不断发展，将是企业全新经营战略和成功的保障。超值服务就是用爱心、诚心和耐心向消费者提供超越其心理期待（期望值）的、超越常规的全方位服务。

例如，小鸭集团努力使“超值服务”成为员工的一种价值观，进而成为一种企业文化，并成为集团经营的指导思想，成为全体员工的行为准则。这种理念要求在对用户服务中，实现7个超越。

① 超越用户的心理期待。一般而言，用户对产品的选择，是建立在品牌信任和外观满意基础之上的，用户对产品无形部分的期望，仅限定在国家“三包”规定的范围内。小鸭集团不仅能够向用户提供技术先进、质量上乘、外形美观的有形产品，而且，在坚决执行国家“三包”规定的前提上，主动拓展了产品的无形部分，实施了“超值服务工程”。消费者一旦选择了小鸭产品，不但能够获得技术先进、质量上乘、外形美观的洗衣机，而且能够享受到超出自己心理期望值的超值服务。

② 超越常规。超值服务就是超越常规的服务。常规服务主要是指“三包”的服务，小鸭集团的超值服务在种类、质量和方式上都超越了“三包”的要求。

③ 超越产品的价值。小鸭集团通过人的服务，使用户能够享受长期的、多种形式的高质量服务，用户购买小鸭产品，便获得了享受小鸭集团超值服务的权力。从产品的整体概念可以看出，产品的总价值是有形产品的价值同服务价值之和。随着生产力的发展，产品成本越来越低，有形产品的价值占总价值的比例越来越小，服务价值越来越重要。

④ 超越时间界限的服务。超值服务是不受时间限制的，它无时不在，一天24小时伴随着用户，它无处不在，产品销售在哪里，服务就跟到哪里。例如，小鸭集团拥有遍布全国138个服务网点，能随时随地为用户提供安装、调试、咨询和维修服务。

⑤ 超越内外界限。例如，小鸭集团像对待内部员工一样对待小鸭的用户，为用户建立了用户档案。在小鸭集团看来，用户购买了小鸭产品，就等于在小鸭集团投了资，因此，用户是小鸭集团的“投资者”“债权人”“股东”或“老板”，是小鸭集团的主人，而不是外人。因而小鸭集团的超值服务是自觉自愿的、充满义务感的服务。

⑥ 超越部门界限。小鸭集团的超值服务要求企业上下各个部门、各个成员都被动员起来投入到超值服务链上。它超越了传统的部门界限，要求各部门都要为超值服务做出应有的贡献。

⑦ 超越经济界限。超值服务是需要付出代价、耗费成本的，但是这部分代价和成本，小鸭集团

绝不向用户收取，而是消化在向用户尽义务、献爱心的生产经营过程中。此超值服务创造的不是一般的经济价值，而是超越经济的社会价值和审美价值。它超越等价交换的经济范畴，把物质的东西融化到精神范畴中去。

在超值服务理念的指导下，新产品开发管理，从一开始就追求向多维发展，即开发性能卓越、适合不同消费层次的产品，而不是一味追求复杂的、高档次的产品。1993 年，松下电器公司通过客户调查了解到，松下电器令人眼花缭乱的性能和不断翻新的产品有 9%是客户所不需要的。丰田公司的调查也得出了同样的结论。那些用户不需要的多余功能，对用户来说，既是一种浪费，又是一种剥削。小鸭集团在产品开发过程中，新开发了功能简单、价格较低型和 XQG5-156 型洗衣机，保护了消费者。

中国地域辽阔，消费层次多，对中、高档滚筒洗衣机的需求也很大。小鸭集团在科技开发过程中，针对不同的层次，先后开发出了阳光系列、博士系列、小保姆系列等四大系列 30 多个品种。针对有些大城市居住面积小、结构不合理的状况，分别开发出了超薄型和上开门型洗衣机；针对滚筒洗衣机活动不便的状况，开发出了带活动轮的洗衣机；针对用户对不同色彩的喜爱，改变了洗衣机白色天地的状况，推出彩虹系列洗衣机，而带臭氧、磁化水功能的洗衣机，不但以提高洗净度，还具有消毒、灭菌功能，超越用户对洗衣机的“洗衣”专一功能的心理期待。此外，小鸭集团在产品开发过程中，不管是高档、中档，还是低档产品，设计时都要坚持一个原则，不设计多余的功能，不给消费者造成浪费。

首先，以超值服务的理念，将质量管理同生产过程联系起来，建立严格的质量奖惩制度和严格的质量管理体系，在经济责任制中明确质量是否决权，每个部门、每位员工都承担各自的质量指标，严格贯彻实施国家质量标准，组成了严密的质量网，也就是企业内部的消费者服务网络。

这种管理模式体现了企业内部也是一个社会，也需要不折不扣地实施超值服务工程。在这个理念指导下，小鸭集团还模拟国家质量监督部门的职能，建立了质量监督站。企业质量监督站代表消费者，对每天检查合格的产品，按一定比例抽查，出具检查合格证才准入库销售。按国际标准，如出现不合格，当天产量全部退回本车间重新检查返修，一切费用均由车间承担。

其次，充分考虑消费者的利益，加强销售过程质量管理，即超值服务管理。服务质量超值服务的重要内容，是质量管理再延伸。对咨询维修服务人员的工作质量，按照经济责任制进行严格考核，所有服务中心都严格落实了咨询记录、维修记录，建立用户档案制度；同时紧靠用户，重视对质量信息的收集，及时反馈到质管部门，质管部门每日将反馈信息进行数据汇总处理，为质量控制提供依据。

最后，把质量管理同提高员工的素质结合起来，重点抓员工质量意识的提高。根据质量管理的特点，采取集中与分散相结合，专业与岗位相结合，重点与一般相结合，理论与实践相结合的形式，对不同岗位的员工采取不同的培训方式，提高全体员工的质量意识。仅 1996 年，济南洗衣机厂就进行质量教育 144000 学时，受教育者达 1200 人次。小鸭集团超值服务是一个系统工程，要求集团全体部门、全体员工，在追求用户满意这一共同目标的基础上，全部投入到“超值服务链”上，这条服务链是小鸭集团的脊梁，是小鸭集团运营的一条主线，各个部门都必须在超值服务这一认识上统一起来，团结协作，在超值服务的旗帜下，统一理念，统一行动。

【课间案例】

问题出在哪里？

一天，一位售后服务工程师接到消费者的一个电话，他们的机器发生了故障，希望他能来为他们解决问题。那位工程师在电话上询问了情况后，发现这是一件很容易解决的问题，并在电话上告诉消费者应该怎么做。但消费者却打断他的话，坚持要求他来一趟。他觉得没有这个必要，因此想在电话上说服消费者，但他越想说服消费者，消费者越坚持。无奈，他只好去为消费者上门服务。他到消费者那里，顾不得与消费者寒暄就直奔故障所在，只花了5min就解决了问题。解决故障后，他对这位消费者说，这确实不是什么大问题，问题已经解决了，然后匆匆离去。不想第二天经理找他谈话，问他昨天到底发生了什么事？因为那位消费者打投诉电话说，公司对消费者不重视。这位工程师感到既委屈又莫名其妙。他已经按照消费者的要求排除了故障，为什么消费者还是不满意？

另一天，一家五星级酒店的销售经理接到一位消费者的电话，这位消费者在电话中语无伦次地发脾气，责问五星级酒店的服务怎么可能牛奶是凉的，重要的电话留言居然没能通知客人，丢了东西也没能帮助找到。这些严重影响了前几天来这里下榻的她公司总裁的工作。酒店的销售经理在电话里表示非常关注这件事，一边耐心地听消费者抱怨，一边关心地询问情况。但发现仍不能平息她的怒气。于是就说："您不要着急，我立刻就来看您。"尽管这位经理亲自上门去安慰了消费者，但发生的一切毕竟已经发生了，除了口头安慰以及保证下一次一定注意外，酒店并没有对这位消费者的投诉做任何经济赔偿。第二天消费者又打电话给那位销售经理表示歉意，并解释上次发这么大的火，主要是因为她是总裁的秘书，挨了总裁的批评，所以情绪非常坏。她在电话上感谢销售经理的担待和安慰。

问题：1. 为什么售后服务工程师为消费者解决了问题，却仍然不能让消费者满意？

2. 为什么那位销售经理对消费者的投诉并没有做任何物质上的赔偿，却反而得到了消费者的感谢？

二、服务营销战略分析

服务营销战略是指服务企业为了谋求长期的生存和发展，根据外部环境和内部条件的变化，对企业所做的具有长期性、全局性的计划和谋略。服务营销战略是企业在组织目标、资源和它的各种环境机会之间建立与保持一种可行的适应性的管理过程。营销战略被认为是最佳管理七要素（战略、结构、系统、作风、技能、人员和价值观）之首，是企业竞争与成长的利器，制定营销战略实质上就是根据情况选择做最恰当的事，"做恰当的事比恰当地做事更为重要"。

服务营销战略分析是制定营销战略的重要组成部分和先决条件。其分析方法可采用 SWOT（Strength，Weakness，Opportunity，Threats），此法即是对服务企业的内因分析（优势 S、劣势 W）、环境分析（机会 O、威胁 T），从而确定应选择的战略方针的方法。

优势是指能使企业获得战略领先并进行有效竞争从而实现自己的目标的某些强而有力的内部因素和特征，劣势则与其相反。服务企业的优劣势分析一般围绕下述问题展开。

① 企业在行业中的地位；

② 企业的资本状况及融资渠道；

③ 企业的目标市场消费者的信赖度、忠诚度；

④ 企业服务产品进入市场的难易度；

⑤ 企业竞争对手的状况；

⑥ 企业决策者、管理者、员工素质；

⑦ 企业服务产品开发空间的大小等。

机会是指企业营销行为富有吸引力的领域，在这一领域中，该企业将拥有更多的发展空间和优势。威胁则是指环境中对企业不利趋势所形成的挑战，面对这些挑战企业若不采取趋利避害的营销决策，则会导致企业的市场份额被侵蚀。服务企业的营销机会与威胁分析一般围绕以下问题展开。

① 是否有新的商机或新的竞争对手入侵；

② 是否创新替代服务产品或被替代服务产品所取代；

③ 国际、国内市场的变化是否有利于服务企业的环境；

④ 各类环境的变化对服务企业的发展是利还是弊；

⑤ 企业的定位是否得当等。

服务营销战略分析可用图 12.1 显示。

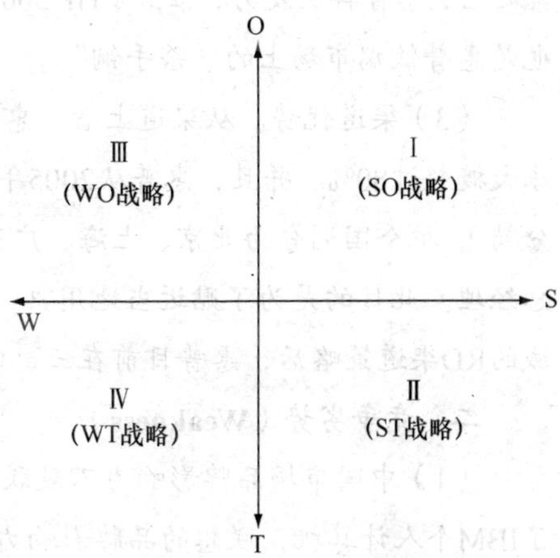

图 12.1 服务营销战略分析图

图 12.1 表示，服务企业制定营销战略时，可将企业的内因（优势、劣势）和外因（机会、威胁）进行综合分析，形成上述四象限简图，分别表示不同的战略选择。其中：

- Ⅰ（SO 战略）即扩张性战略，企业内部拥有优势，而环境又提供了机会，这是理想的最佳状态；
- Ⅱ（ST 战略）即分散化战略，企业内部拥有优势而外部则受到威胁，关键在于善于运作；
- Ⅲ（WO 战略）即防卫性战略，内部条件已处劣势，但外部环境尚有机会，企业要趋利避害；
- Ⅳ（WT 战略）即退出性战略，企业内部处于劣势，而外部又处于威胁状态，要果断撤离。

扩张性战略可以采取以下具体措施：

① 外延扩张式，即扩大目标市场范围和领域，增设服务网点，拓宽服务渠道，扩大营销队伍；

② 内涵积累式，即通过技术改进、成本降低，以追求高收益率；

③ 资本营运式，即通过资本营运，实行特许经营、兼并、联合等方式加以扩张。

分散化战略主要是采取多元化战略，多元化战略包括同心多角化、水平多角化、跨领域多角化等。分散化战略的目的在于分散营销风险。是采取关联性多角化还是非关联性多角化要依据企业的情况而定，不能不顾前提认定孰优孰劣。

防卫性战略的最主要的举措是不断利用环境提供的市场发展机会，引入创新机制，不断推出新的服务产品，淘汰陈旧过时的服务产品。

【课间案例】

惠普SWOT分析

一、市场优势（Strengths）

（1）市场销量。惠普在个人计算机市场一直保持着持续性的强劲增长态势。在2006年第三季度，其从戴尔手中夺回了全球个人计算机销量第一的宝座。随后，惠普的销量还保持着上升的态势，根据IDC最新数据，全球个人计算机销量的增长速度在2007年第三季度达到近两年新高，惠普仍然是全球第一大个人计算机厂商，而且进一步拉大了与戴尔的距离。

（2）产品优势。

① 惠普在消费类市场占据优势。早在2002年合并康柏之后，主攻个人消费计算机早已成为惠普的方向。去年，惠普打出移动娱乐的旗号，加紧了在家用笔记本计算机市场的攻势，V3000系列笔记本计算机主打家用娱乐，产品价位为5000～10000元，成为惠普最具竞争力的产品。

② 惠普注重区域市场的拓展，在“掌控个性世界”的品牌主张以及“商用个性化”的产品策略之下，惠普已经发布了一系列适合区域市场的产品，如全球首款采用64位移动技术的HP Compaq nx6325，在市场上销售火热的V3000等。继2006年底HP 500引爆国内笔记本计算机区域市场销售风暴之后，惠普再次发力，推出了HP 500的升级产品HP 520。这两款产品不仅在区域市场上大受欢迎，也是惠普低端市场上的“杀手锏”。

（3）渠道优势。从渠道上看，惠普建立了庞大的经销商体系，惠普通过渠道所做的生意在全球大概超过80%。并且，惠普从2005年11月从全国总代理制度变为RD（Regional Distribution，区域分销），把全国划分为北京、上海、广州、南京、东北、西北、西南、华中八大区域，设立八大区域总经理。此目的是为了贴近当地用户，进军中小企业和三级～六级城市。2006年在成功实施布局区域的RD渠道策略后，惠普目前在三、四级城市的覆盖已有一定的规模。

二、竞争劣势（Weakness）

（1）中国市场品牌影响力不敌联想。联想在中国个人计算机市场可谓是家喻户晓，加上收购了IBM个人计算机，联想的品牌影响力无疑得到了极大的提高。虽然惠普在中国个人计算机市场的强势增长尽人皆知，但和排名第一的联想相比，惠普的品牌影响力还是有所欠缺，尤其在三级～六级城市。

（2）中国三、四级城市的渠道建设难敌国内个人计算机厂商。在中国个人计算机市场，目前利润追求点主要在三、四级市场，联想、方正等国内厂商在这些地区基本上已经建立了比较完善的销售网点，而惠普的渠道销售网点主要集中在一、二级城市，在三、四级城市的渠道建设还是很难与国内个人计算机厂商竞争。

（3）产品布局存在缺陷。根据ZDC的关注度数据显示，惠普竞争力主要停留在14.1英寸产品上。但需要指出的是，由于目前15.4英寸是整体市场上第二大最受关注尺寸，而惠普该产品线显得较为单薄，关注度也较低。另外，惠普在13.3英寸市场上的产品出现空白。

三、市场机会（Opportunity）

（1）消费类市场的发展机会。相对于戴尔在消费类个人计算机市场的失利，惠普则早已开始重视消费类市场的发展，并且在消费类市场取得了一定的成效。据有关资料预计，伴随笔记本个人计算机市场的兴起以及个人计算机的普及，个人消费市场每年将呈几何级数增长。在未来3～5年，我国个人计算机市场预计将保持25%的年增长率。这显然给惠普带来了再次发展的机会。

（2）来自网吧市场的增量。2007年10月21日，惠普在京开出首家网吧，惠普商用台式机业务部业务拓展经理卢思羽说："惠普从2006年下半年开始关注网吧市场，2007年推出整体解决方案并成立了网吧销售渠道，2008年将贯彻网吧战略，并在全国继续招聘网吧销售精英。"据有关资料称，世界上最大的网吧市场在中国，市场上最极速更新换代的网吧市场也在中国，每年400万台×2次=800万台的采购量，没有一个行业可以比拟。中国网吧市场巨大，目前全国大约有13万家网吧。尽管网吧市场单机售价并不高，但需求却很大，对于提高市场份额能起到一定的作用。可见，来自网吧市场的增量将有效拉动惠普个人计算机的销售。

四、市场威胁（Threats）

（1）渠道。从渠道上看，惠普虽然从原来的全国总代理制度，变为八大区域分销制。但目前惠普的渠道还有难点，八大区域直接加重了惠普渠道管理的难度，势必带来营销成本上升、冲减利润，并增加了渠道管理风险，这是惠普面临的一大威胁。

（2）市场利润。从市场利润率来看，由于惠普在中低端市场的急速放量，在价格方面的妥协导致其个人计算机产品的平均价格下降，使产品利润相比以前有不同程度的降低。

（3）竞争对手。从竞争对手来看，惠普虽然超越戴尔成为全球个人计算机销量第一的厂商，但是戴尔决不会看着惠普的崛起而无动于衷，目前戴尔已经展开反攻，包括渠道模式的改革、进军13.3英寸市场、发力消费市场推出彩色笔记本计算机等，因此戴尔将成为惠普的最大威胁，惠普绝不能掉以轻心。

三、服务营销竞争战略类型的选择

服务营销战略同产品营销战略一样，共有两种战略可供选择。

1. 总成本领先战略

总成本领先战略是一种内涵积累式战略。其内容是：通过降低成本的努力，使成本低于竞争对手，以便在行业中赢得总成本领先的优势，获得高于行业平均水平的收益。

实施总成本领先战略必须具备 3 个基本前提条件：①服务产品的品质相同；②企业资金实力雄厚；③服务功能相同。

实施总成本领先战略可以采取以下途径：

① 调整企业资产结构和服务产品结构；

② 压缩费用，减少支出；

③ 改善分销渠道和促销措施；

④ 在高成本、劳动密集型的活动中实现自动化。

总成本领先战略具体表现为以下两种。

（1）特色经营战略也称为差异性战略。其内容是：通过企业形象、产品特色、客户服务、技术特点和客户网络等形式，努力形成一些在全行业范围内具有特色的东西，使用户建立起品牌偏好和忠诚度。特色经营战略的企业必须具备以下前提条件：强大的市场营销能力，创造性的眼光，服务方面享有美誉，拥有传统的优质技能，销售渠道的合作伙伴强有力的合作。

【课间案例】

化妆品领域的“戴尔”模式

DHC可以将自己的销售模式归结为化妆品里面的“戴尔”模式——在戴尔模式被人们谈论最多的是定制生产和直接销售。为了实现从公司到消费者的无中间环节的直接销售，戴尔公司为用户提供电话订购一对一咨询服务，帮助消费者了解产品性能，选择最适合自己的机型；并设立了非常详细的消费者档案；价格完全透明公开化；消费者可通过网站或免费电话下单购买；产品直接出厂，质量能够得到完全保证；戴尔的客户中心拥有精通多种语言的技术支持工程师，通过电话解决消费者技术问题的成功率非常高，为销售的快捷便利提供了有力保障。

DHC为消费者提供了便捷和快速的服务，使她们足不出户就可以享受到自己喜爱的产品。而这种通信销售模式的实施，使消费者用自己的感觉去判断，避免了在商场导购人员劝诱下购物的压迫感和非理性消费。同时，DHC的通信销售模式杜绝了假货的流通，获得了消费者的信任。

为使自己的化妆品系列产品能够迅速深入目标受众，DHC启动了立体式的传播。DHC充分利用电视广告、网络营销（社区、论坛、博客、QQ群）等宣传方式，迅速让中国市场的消费者了解这一品牌。

同时，DHC提供体验式的消费，通过免费试用等方式让消费者体验DHC产品的高品质。这一人性化的服务在使消费者更为青睐DHC的同时也为DHC自己的营销创造了机会。除了充分利用电视、报纸、车身等传统媒体宣传外之外，DHC同时运用热线电话、手机、网络等新兴媒体提供给消费者索取免费试用装的机会，迅速让消费者了解自身品牌、提高产品的知名度。例如，DHC就曾在中国启动了免费体验天然基础护肤六件装的活动，只需发短信直接在手机中抵扣3元挂号费（确保产品准确送达消费者手中），就可以获得护肤套装，市场反响非常热烈。

会员制是DHC通信销售模式的一大特色。而加入DHC会员的程序非常简单，只需通过电话或上网索取DHC免费试用装，以及订购DHC商品的同时就自动成为DHC会员，无需缴纳任何入会费与年会费。新品上市时，会员可优先获赠试用装。同时，DHC会员还可获赠《橄榄俱乐部》杂志，这一杂志由DHC主办，包含了产品目录与信息、美容体验信息、美容化妆技巧课堂等内容。该杂志成为DHC与会员之间传递信息、双向沟通的纽带。此外，DHC会员还享有积分换礼品等多项优惠。采用会员制大大提高了DHC消费者的归属感，拉近了DHC与消费者之间的距离，也让更多人对DHC给予更高的关注度。

《橄榄俱乐部》杂志作为DHC与消费者沟通的桥梁，满载美容信息、最新健康食品信息等，为会员提供便利的情报，每月免费赠送给所有会员。此外，还有新产品免费试用等丰富的会员优惠活动。

DHC拓展多种销售渠道，为消费者提供了产品获得的便利性。在这一点上，DHC和戴尔可以说是异曲同工。DHC在自己的网站为会员和非会员提供了操作非常简易的电子商务平台，消费者可以通过网站输入自己的用户名和密码，选择自己需要的产品代码和数量，就可以进行轻松购物；800

免费电话的开通，使消费者不仅可以咨询美容信息和产品信息，而且可以电话购物下订单。在北京、上海等十几个城市，DHC实行速递配送，货到付款；同时，DHC还开通了邮购服务，消费者可以在邮局通过邮购获得自己需要的产品。

（2）集中化战略也称为专业化战略。其内容是：企业将全部资源集中使用于最能代表自身优势的某一技术、某一市场或某一品牌的服务产品上并取得成本领先优势。这既是企业逐渐分离成许多独立的子企业的过程，又是同类服务由生产趋向集中的过程。集中化战略的实施必须具备以下条件：市场需求具有较大规模并具有明显的不同的消费者群，服务特点适宜于专业化经营，适合于按标准化管理的企业。

集中化经营的积极意义在于：资源相对集中，能保证成本领先优势，缩小活动范围，促使企业采取科学管理方式，企业经营方向和目标十分明确，风险较小。其局限性在于：企业竞争范围狭窄，企业的应变能力削弱。

2. 多角化战略

多角化战略也称为多元化战略。其内容是：一个企业同时经营两个以上行业的服务产品的市场经营战略。多角化经营是在企业内部各项功能高度分化和专业化，并拥有协调方式的情况下而采取的分散风险的战略。实施多角化战略的前提条件是：所有服务产品都处于市场生命周期的同一阶段，所有服务产品都是风险产品或滞销产品，所有服务产品都存在对某种资源的严重依赖。

四、服务竞争力要素

（1）服务质量。服务内容包括服务项目、服务标准、服务方式、服务承诺等诸多方面，共同构成了服务质量的评价标准。不过有一点，这些评价标准必须以消费者为中心，而不是以企业为中心。服务质量构成了服务品牌的核心，正如产品质量对于产品品牌的意义一样，因此必须通过把服务具体化、标准化、规范化，以获得稳定的服务质量。

（2）服务模式。服务模式包括经营模式（如外包、特许、自主等服务扩张模式）、管理模式等方面，服务模式与服务反应速度、服务规模共同构成服务的三大核心竞争点。通过服务模式可以稳定服务运营质量（包括服务质量、抗风险能力、持续经营能力等）方面的稳定性，使企业不会因组织机构变革、服务人员岗位调整、流失等因素而影响到服务运营，尤其是服务质量，而品牌即标志着一种优质的、稳定的服务质量，同时也有利于保证服务战略的实现。

（3）服务技术。服务的技术含量是决定服务质量的关键要素之一，同时通过不断创新服务技术可使企业获得持续竞争优势。“IBM 就是服务”，为什么 IBM 服务为全世界所称道？就是因为其拥有独特的服务技术。IBM 全球服务部不仅可为消费者提供基于软硬件维护和零配件更换的售后服务，而且还能提供诸如独立咨询顾问、业务流程与技术流程整合服务、专业系统服务、网络综合布线系统集成、人力培训、运行维护服务等信息技术和管理咨询服务，从而满足消费者日益复杂和个性化的需求，然而这是很多企业都不具备的技术能力。

（4）服务价格。服务也有成本，如果为无限制地提升服务质量而不计服务成本，这对于企业经营无益。同时，也会导致为消费者提供服务的价格攀升，也难令消费者满意，从而使结果与预期背道而驰。因此，企业必须在立足于服务定位的基础上，保证服务价格的公平、合理，为消费者所接受，才有利服务品牌营造。诸如一些企业推出的“7×24×4”服务，承诺每周 7 天，每天 24 小时，并且在 4 小时内到达，为消费者提供上门服务，完全数字化，很具体很生动，可执行起来却发现成本很高，并且难度也很大。

（5）服务文化。服务文化是服务品牌内涵的“构件”之一，服务文化立足于对企业传统文化（企业品牌文化、产品品牌文化）的继承，以及与市场消费文化的融合。服务文化必须是建立在消费者导向的品牌文化，并且这种文化必须随着企业发展、社会环境、市场环境等因素变化，不断扬弃与创新。

（6）服务信誉。诚信是品牌不容缺失的关键因素之一，然而我国很多企业服务都缺乏诚信。一些企业在服务上做了承诺，却不去落实，“说了不算，算了不说”，其实这是一个短期行为。企业应该认识到这样一点，客户的不满始于产品而可能止于服务，如果在服务上缺乏诚信，那么不仅企业将难以生存下去，更不要提打造服务品牌了。

【课间案例】

创维集团服务品牌管理

随着彩电行业市场竞争的日益白热化，众多同行企业为争夺市场、争夺利润而在价格大战中精疲力竭、元气大伤，形成了几近无序的竞争局面。创维作为国内家电巨头中唯一的民营企业，向来反对打价格。

创维集团有限公司是以香港创维数码控股有限公司为龙头，业务跨越粤港两地，生产消费类电子、网络及通信产品的大型高科技公司。经过十几年的奋斗，创维已成长为蜚声国际的中国彩电业巨子。

2000年5月，经过半年多的酝酿，创维集团品牌管理案例制定了“消费者，您是总裁”的创新服务理念，同时在服务网络、服务规范、服务形象的建设等方面，做了大量的研究和策划。在新一轮的价格大战即将爆发之际，创维集团用户服务部就创维新的服务品牌管理案例理念展开了系统化的、持续的公关运作。

一、服务品牌管理案例项目调研

在整个推广活动策划之前，创维进行了周密的市场调查，包括监测研究竞争对手的服务状况、设计并投递了10万封用户意见调查表（回收5000余份有效问卷）、召开经销商专题座谈会等，来研究行业服务状况及创维服务创新的突破点。上述调研显示，消费者最关注的是产品的质量，其次是新产品的推出，再次是服务，最后才是价格。可见价格在消费者心目中并不是关键因素。更重要的是，家电消费者、经销商对服务的要求越来越高，对时下不少厂商挂在口头的服务理念心存不满，尤其是中小城市及农村地区的广大消费者，对彩电的服务更是疑虑重重。切实优化服务品牌管理，同时展开情理交融的强势公关推广，对于设法回避彩电行业的价格战误区来说，已是当务之急。

二、服务品牌管理案例项目策划

虽然创维彩电家喻户晓，但服务品牌管理案例的建设和推广却并不是一件容易的事情。服务从概念上讲非常抽象和务虚，但从考评上讲又非常挑剔和务实。因此，服务品牌管理案例的建设和推广需要精心的策划和推广。

（1）构建创维新服务的品牌管理案例理念及规范系统。

为进一步实现创维服务的标准化、规范化，创维制定了用户服务工作“三个不漏”“两个必保”“一个避免”，及服务工作的“三个百分百”、回访工作的“五个百分百”、上门服务的“五个一”“八不准”“2+1”等制度规范。

（2）明确公关品牌管理案例目标。

① 通过服务创新，倡导家电行业走出价格战误区；

② 提升服务系统员工的业务素质和认识水平；

③ 通过服务理念的宣传推广，使目标受众对创维新的服务理念产生深刻的了解和认知，从而珍惜、捍卫自己的应有权利，进而成为促进创维服务乃至企业经营管理的新动力；

④ 从服务品牌管理案例的角度，强调创维服务的理性化、个性化定位及创维集团理念创新化、管理科学化的品牌优势，从而使创维的品牌形象更贴近广大消费者，有效促进创维产品的销售。

（3）品牌管理案例锁定目标受众。

① 新闻媒体（大众生活类、财经类、电子行业类及时政类媒体）；

② 社会大众（城乡家电消费者）；

③ 同业企业（全国大型家电生产及经销企业）。

三、中期实施：全面落实服务创新战略

这个阶段主要是在全面落实既定的改革战略的同时，加强企业内部沟通和公关传播。

（1）落实改革战略。发布会之后的半年多时间里，创维全面落实服务的“八大配套工程”，奠定了创维服务新的体系格局。实施总部职能部门的简化和交叉，从而使组织结构更为扁平化、轻便化、高效化。创维集团还耗资1000万元大举补充全国技术服务部的服务车辆——“创维真情特快”一县一点”“一镇一员”的服务网络工程成功地提前完成。而创维集团用户产品设计与管理委员会在深圳的宣告成立，为“消费者是总裁”服务理念提供了坚实的战略层面支撑。

（2）构筑沟通信息平台。通过各种内部定期例会、信箱，保证内部消费者的顺利沟通；通过一定的反馈机制、定期造访，形成与外部消费者的沟通，从而构建了一个畅通的信息支撑平台。创维集团采取系列措施来保障组织的服务导向及畅通沟通机制，其中包括业界独具特色的SQA（Sales Quality Assure）岗位设置，如由市场部和服务部派驻6名代表进驻开发中心的研发部门协同工作，另有SQA定期检查工程部的工作并直接向营销总部负责等。SQA岗位的设置，集中体现了服务、销售和制造的有机联系和相互制约，不失为以消费者为中心的企业机制改革的一个创举。

（3）强化内部公关传播，建设学习型组织。创维服务系统为了全面兑现“消费者，您是总裁”的服务理念，全力实施创维服务的文化工程即实施“4个1”企业文化工程——一份《创维报》、一份《服务之声》报、一份《技术通讯》、一份《优秀员工事迹汇编》，将它们作为集团内部服务主题的宣传和激励阵地，以及服务系统员工与用户沟通的桥梁。同时编制了《创维职业服务人手册》，就服务理念和相关规范做出权威的阐释。同时以系统、周密的培训计划来确保沟通和传播的效果，进而构建真正的学习型组织。

在此期间，媒体对创维新服务的落实情况进行了实时的跟踪报道。

四、后期实施：大型媒体记者恳谈会及相应的深度传播

2000年12月12日，在北京国际会议中心举行了“新理念、新动力——创维把消费者当总裁媒体记者恳谈会”。恳谈会邀请了北京新闻界40余家主流媒体的资深记者参加。

① 场地布置及资料准备：设计、制作了典雅庄重的会议背景板及环形坐席，精心准备了会议所需的各项资料。

② 稿件撰写：撰写了新闻稿及深度分析及评论文章若干篇，对创维服务改革实践进行了有力的总结和理论提升。

③ 重点媒体的前期沟通：为保证会议讨论的参与气氛以及深入、准确的媒体传播，创维和部分媒体（如《北京青年报》《科技日报》《中国企业报》《中外管理导报》《经济日报等》）的资深记者进行了前期的沟通，使他们对创维服务先有了比较清晰的了解并产生浓厚兴趣。这在一定程度上促进了恳谈会的发言深度及会后的传播力度。

④ 嘉宾邀请：恳谈会邀请了部分营销界的专家（如国内营销界权威学者郭国庆教授等）、中消协有关领导及创维在京经销商代表参加。

⑤ 主题演讲：创维集团执行副总裁、用户服务部总经理魏晓健以真实、生动的事例及大量数据为基础，向到会的记者、嘉宾汇报了创维服务新理念的落实情况，同时从服务品牌建设的高度，深刻阐述了以消费者为总裁的服务创新理论意义和实践价值。

⑥ 现场主持：这此极富理论研讨意味的会议，同时还追求轻松和活泼风格。因此，挑选合适的主持人以及进行必要的准备。由于筹备工作比较充分，现场记者、来宾的现场发言非常踊跃，讨论充分，使媒体记者对创维的服务改革有了深入、全面的认识，同时也极大地促进了思想的交流。

⑦ 媒体专访：会后安排了《经济日报》《中华工商时报》《中国财经报》《中国经济时报》《中国经济导报》等记者对魏晓健总经理进行了专访。有利于进一步介绍创维为贯彻实施服务新理念所付出的努力及相关进展情况。

⑧ 危机预警及处理：由于创维当时的人事风波尚未平息，故制定了非常严密的危机预警措施，以防媒体关注的其他敏感信息干扰或冲淡服务方面的主题。现场成功化解了许多记者的不利提问，场面控制恰到好处。

第三节 服务营销组合策略

一、服务营销组合的七要素

服务营销组合是服务企业依据其营销战略对营销过程中的七要素变量进行配置和系统化管理的活动。营销组合是为了便于管理者控制所有的变数条件并使之系统化，因为这些变数会影响到市场交易。服务市场营销组合的形成过程，大致与其他形态的市场相似。其过程主要是：①将产品分解成部分或细节组合；②将各细节组合调整成为营销组合。

每一家公司所采用的独特营销组合应随条件（如需求水平、服务提供的时代）的变化而变化，营销组合过程也随着变动的市场状况和需求不断修正和调整其构成要素。不可避免地营销组合各种不同成分之间，会有所重复且相互关联。因为在做决策时，考虑组合中的一项内容，不可能不考虑到它对其他组合项目的牵制和影响。

服务营销组合相对于传统的营销组合来说从传说的 4P 增加到了 7P，这也更加符合了服务营销本身的特殊性。

（1）产品（Product）。服务产品所必须考虑的是提供服务的范围、服务质量和服务水准，同时还应注意的事项有品牌、保证以及售后服务等。服务产品中，这些因素组合的差异相当大，这种变化可以从一家供应数样菜肴的小餐馆和一家供应各色大餐的五星级大饭店相比较之后看出来。

（2）定价（Price）。价格方面要考虑的因素包括：价格水平、折扣、折让和佣金、付款方式和信用。在区别一项服务和另一项服务时，价格是一种识别方式，因此消费者可从一项服务的价格感受到其价值的高低。而价格与质量间的相互关系，也是服务定价重要考虑因素。

（3）渠道（Place）。服务提供者的所在地以及其地缘的便利性都是影响服务营销效益的重要因素。地缘的便利性不仅是指实物体意义上的便利，还包括传导和接触的其他方式。所以销售渠道的类型以及其涵盖的地区范围都与服务便利性密切相关。

（4）促销（Promotion）。促销包括广告、人员推销、销售促进或其他宣传形式的各种市场沟通方式，如公关。

（5）人员（People）。在服务业公司担任生产或操作性角色的人员，在消费者眼中其实就是服务产品的一部分，其贡献也和其他销售人员相同。大多数服务公司的特色是操作人员可能担任服务表现和服务销售的双重任务。换言之，在服务业公司的服务执行者工作得如何，就如同销售活动中的销售能力如何一样重要。正如布隆戴奇（J Brundage）和马歇尔（Christy Marshall）所指出："在服务业公司，服务的销售和递送之间是不易区分的。换言之，服务本身就是一件产品，同时在服务被递送的同时，消费者所能见到的所有功能，都成为服务产品的一部分。由于消费者一直能接触到服务公司的所有部分，所以无论操作、产品、销售或营销人员都和服务的售出关系密切。"

据此，营销管理者必须和作业管理者协调合作，才能影响并控制消费者和公司工作人员之间的某些关系层面。公司工作人员的任务极为重要，尤其是戚斯（Pichard B .Chase）所说的"高接触度"服务业务的公司，即营销管理者也应注意雇用人员的筛选、训练、激励和控制。戴维森（David S .Davidson）也指出，"在服务业，成功的秘诀在于认清：与消费者接触的工作人员才是公司最关键性的角色"。

二是对某些服务业而言，消费者与消费者间的关系也应重视。因为一位消费者对一项服务产品质量的认知，很可能是受到其他消费者的影响。例如，一旅行团中的特殊成分结构，或者一家餐厅的其他食客的行为都可能影响消费者所得到的服务产品，在这种情况下，管理者应面对的问题，是在消费者与消费者间相互影响方面的质量控制。

（6）有形展示（Physical Evidence）。在市场交易上没有有形展示的“纯服务业”极少，因此有形展示的部分会影响消费者和客户对于一家服务营销公司的评价。有形展示包括的要素有：实体环境（装潢、颜色、陈设和声音）以及服务提供时所需用的装备实体（如汽车租赁公司所需要的汽车），还有其他的实体性标识，如航空公司所使用的标识或干洗店将洗好衣物加上“包装”等。

（7）过程（Process）。人的行为在服务业公司很重要，而过程也同样重要，即服务递送过程。表情愉悦、专注和关切的工作人员，可以减轻必须排队等待服务的消费者的不耐烦，或者平息技术上出问题时的怨言或不满。但工作人员的良好态度不可能补救出现的所有问题。整个体系的运作政策和程序方法的采用、服务供应中器械化程度、雇用人员裁量权用在什么情况、消费者参与服务操作过程的程度、咨询与服务的流动、订约与侍候制度等都是经营管理者要特别关注的事情。在许多服务经营上表现、人员和过程是密不可分的。营销管理者必须重视服务表现和递送的过程顺序，在营销组合中也应包括。对于从事服务业营销活动的公司机构，这方面也是相当重要的。将生产或操作角色分开的传统做法，现在可能已经不合适了。从事服务业经营的管理者们，通常都扮演综合性的经营角色，即人事、生产、营销和财务等功能可说是无所不包。

二、服务营销组合的特殊性

服务营销组合较之产品营销组合的特殊性，首先表现为服务营销组合包括七要素而不是四要素。产品、定价、渠道、促销四要素的传统式组合结构是适用于有形产品营销的营销策略，这样的组合结构已不被服务业使用了，而必须采用新的营销组合要素及结构，这是由以下原因决定的。

① 4Ps 的营销组合是根据制造业的情况确定的，由于服务业产品的非实体性特征决定了适宜于实物产品的营销组合并不能适应服务业的需要。在服务领域，有许多属政府管理的事业型服务组织，如公共事业部门、保健、教育和休闲等并不像制造业那样具有一般性的利润目标，所以服务营销组合不能像传统 4Ps 组合的出发点那样，把营销组合作为企业成本管理的重要手段。

② 服务业的营销人员认为营销组合内容不足以涵盖服务业的需要。在实践中服务业管理者发现：若与制造业公司相比，他们必须要应付一些显然不同性质的问题。例如，维持服务质量的问题，从事服务人成为“产品”的一部分，服务不能申请专利，服务产品不能库存。

③ 越来越多的证据显示，营销组合的层面和范围不适应于服务业管理，有足够的证据说明有必要重新制定营销组合以适应服务营销，例如，以现有的结构和背景，提供或从事服务的人并没有想到现有布局、气氛和陈列方式的问题，但这些问题可能对于某些服务的购买具有重要影响。事实上有一系列的要素（如人员、有形展示和过程）是传统营销组合框架所未能涵盖的。

服务营销组合的特殊性还表现为服务营销组合是一种艺术也是一种科学，建立营销组合的步骤是人的直觉和理性研究的结果，服务营销组合步骤如图 12.1 所示。

服务营销组合的特殊性也是服务业营销策略制定上的特殊性的集中反映。服务业营销策略的制定不能不考虑以下因素。

（1）业种问题。业种即行业的种类。服务业可依据其经营方式划分若干个业种。业种的区分和描述是制定营销策略的依据。例如，以“设备基础”还是“人为基础”来区分服务。依此区分“设

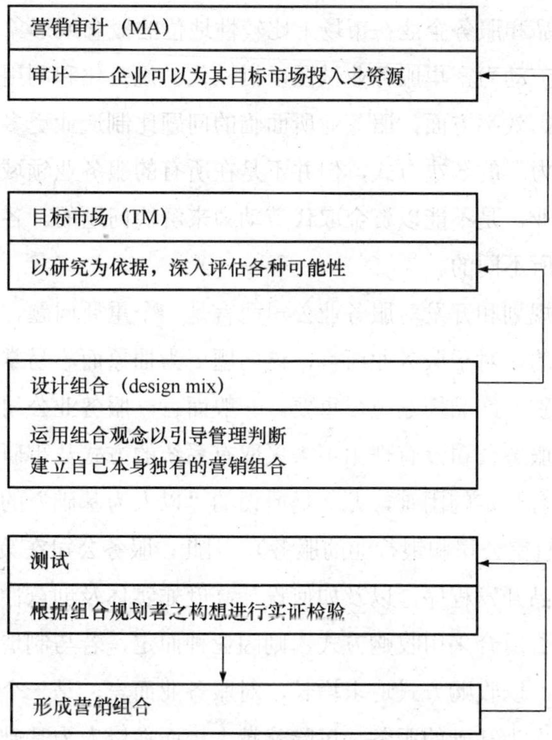

图 12.2　服务营销组合

备基础”服务行业可能是自动化的（如自动洗车）、由非专门技术人员操作的（如干洗店等）或者由专门技术人员操作的（如计算机），“人为基础”服务行业包括使用技术性劳力的（如家电修理）、非技术性劳力（清洁服务）或者专业性劳务的（会计等）服务。以此种方式区分服务业，关键是回答下列两个问题：这项服务如何实现？什么样的设备或人来进行这项服务？

从这个例子可以发现“人为基础”的行业在拟定策略时，必须注重卖主和买主间的互动关系，可能的话应通过维护与强化交易关系上的个人因素，促成两者之间关系更密切，在专业性服务业方面，这点尤为重要。

（2）购买动机。策略制定的一个重要步骤是确认目标市场、了解消费者需求以及消费者购买动机。显然像这些问题是所有营销导向的企业都会面临的，不过服务公司的问题可能稍有不同。例如，对于消费者行为，虽然做出了许多理论上的解释，可是很少人探讨消费者对服务的决策和基本选择模式。而是有人对于特定类别服务业做过专门的研究，并且发现：专业服务的买主是“购买”卖主的才能，因此当买主在做决定时，他可能会去评估服务公司的业主或代表人的行为和个性，此外他也要评估该公司本身，即所在地、声誉和外观等。其包括所需时间总量、消费者对情境的控制、消费者所需的努力程度、消费者对分阶段的依赖程度、服务的效率、与人接触参与的程度、发生意外的风险大小等。

（3）竞争反应。每个服务公司都必须先考虑如何进入市场，然后如何建立并维持其竞争地位。要发展并维持具有特色地位的方法虽然很多，但在服务业中实行起来并不容易，因为所提供的服务往往会缺乏一个强有力的实体核心。因为要建立坚强的竞争地位，一个重要的方式是利用“服务差异化”，借此在消费者的眼中创造服务公司及其服务的鲜明形象，并在市场上形成一种具有特色的定位，即消费者对服务产品和服务企业在市场上比较性地位的概念或形象。

（4）业务效率。许多劳动力密集服务业试图以机械化、规范化和利用各种科技及系统方法来提高业务效率。当然，在提高效率方面，服务业所面临的问题比制造业更多。虽然有些服务业可以用传统的“以资金取代劳动力”的解决方式，但并不是在所有的服务业领域中都行得通，尤其是“以人的要素为基础”的服务业，是不能以资金取代劳动力来解决问题的。各种策略性的挑战，在服务业市场总是与其他市场有所不同的。

（5）产品开发。产品规划和开发对服务业公司而言是一个重要问题，因为要建立一个具有防卫性的竞争地位是很不容易的，对于服务业而言，该问题更为抽象而不易掌握。另外，为了要向消费者提供搭配均衡的服务类别，产品规划也很重要。一般而言，服务业公司在研发和产品规划方面的发展都不如制造业。不过服务公司没有理由不去采取有系统的方式从事研发工作。当然，要测试、开发和规范化服务产品，有一定的困难，尤其是所谓的“以人为基础”的服务业，往往缺乏真正的创新，而以模仿居多（如航空公司和银行业的服务）。因此，服务公司在策略上受到的挑战，包括如何导入更系统的新服务产品开发程序，以及如何设计高度非实体及创意性服务。服务产品的开发可以采用收购方式，不过是否适合采用收购方式，则因业种而定，若与制造业的收购相比较，则可能必须用不同的标准来评价。以收购方式追求增长，对服务业而言，是一个风险性问题，不过风险性因情况而异。越偏重于以人为基础的服务，风险就越大。而在以人为基础的服务中，凡是由专业人才或高度技术性人员提供的服务，风险性就更大，因此任何公司要收购服务业的话，必须有办法能争取到熟练的服务导向的经理来经营才行。

（6）对其他决策的影响。服务业公司中，生产策略和人事策略是分不开的。不同部门所做的替代性决策及其产生的互动效应必须取得谅解。事实上，公司不同功能部门的相互关系，在服务业中会较为密切。例如，在服务公司为提高生产效率而用设备取代人力时，反而可能降低营销效率。因为消费者可能会视这种改革为：个人服务的量减少后，服务质量便会全面降低。这种后果可能会加剧，消费者们也会认为这种改变是服务本身性质的改变，他们会重新考虑这种服务满足其需要的程度。在服务公司功能性策略之间经常容易产生冲突，如生产决策往往造成营销上的不利后果，反之亦然。以上这些要害问题都能解决以后，营销策略规划将进入新的阶段，即开始制定“营销组合”。

第四节 服务营销发展前景

一、21世纪服务发展的两大潮流

21 世纪服务的发展由两大潮流汇集： 一是制造业的业务服务化，二是现代社会服务业呈现多业种蓬勃发展。制造业业务的服务化是制造业的一些企业通过增加服务项目或是直接经营服务业务来扩展经营领域的现象，其结果使许多企业的收入构成中服务业务所占的份额明显提高，从事服务活动的人数显著增多。有资料表明，美国制造业中有 65%～76%的人员在从事诸如研究、后勤、维修、产品设计、会计、金融、法律和私人服务等服务工作。

早在20世纪80年代，美国通用汽车承兑公司的金融业务就占据了通用公司1986年2.9亿美元盈利的41%；奥的斯电梯公司一半的收入和利润来自服务营销；美国数字设备公司（DEC）1987年的90亿美元收入的1/3来自计算机的维修合同。

著名的国际商用机器公司（IBM），是一家超级计算机制造商，在全世界计算机市场上占有很大的份额，素有“蓝色巨人”之称，硬件制造一直是其主营业务。但是，今天使IBM出类拔萃并迅速扩张的业务是服务，IBM也公开宣称：“IBM就是最佳服务的象征”“IBM就是服务”。服务已成为IBM的核心业务和迅速增长的引擎。鉴于服务业务在IBM中经营发展的市场份额日益扩大和其重要地位日益凸显的趋势，一位IBM的观察家在评论IBM时认为：IBM正在变成IBS，而S代表服务（Service），IBM的服务主要指为消费者提供软件即解决问题的方法。

制造业业务的服务化趋势是市场竞争推动的。随着科技的进步和经济的发展，市场竞争逐渐由卖方市场转向买方市场，一般的产品设计、技术含量日渐接近，产品硬件的同质性越来越明显，参与竞争的企业无法分清伯仲，而服务的加入既可以创造产品的差异化特色，又可以产生不同的附加价值，使附加价值高者获得竞争优势。

现代社会服务业的多种业种的发展是指为适应现代生产与生活的需要而形成的各种行业的服务业，如信息服务业、咨询策划业、旅游业、金融保险业和私人家政服务业等。美国自入20世纪90年代以来，服务业占GDP的比重已过半，从业人数占非农业从业人数的75%。欧盟服务业创造的产值已占其GDP的64%，从业人数占就业人数的66%，显然，欧盟的服务业已成为支配欧盟经济是主要行业。

服务业之所以蓬勃发展，其原因是多方面的。城市化率的提高、经济收入使人们消费水平的提高和消费方式的社会化、职业妇女人数的增加、人类寿命的延长等经济、政治、人口、技术和文化诸多因素促进了人们对社会服务业的需求，进而推动了服务业的迅猛发展。

二、中国服务营销现状及原因

（一）中国服务营销现状

随着我国第三产业的发展以及市场竞争中价格竞争、质量竞争的日益弱化，服务竞争已逐渐受到服务业界重视，日益成为企业在商战中制胜的法宝。目前，我国许多企业都在进行服务营销活动，不断创造着新的服务营销方式，拓展服务营销范围，并取得了可喜成果。但是，从总体情况来看存在的问题也很多，主要有以下3点。

① 相当数量的企业仍忽视服务营销在现代市场竞争中的作用，不进行或不能正确地开展服务营销活动。有些企业不懂或不想进行服务营销，根本不知道或完全忽视服务营销在市场竞争中的作用。有些企业开展营销服务，但不是以消费者为中心，而是为了尽快推销而开展服务活动。承诺服务多数有“承”无“诺”。

② 相当数量的企业所进行的营销服务活动缺乏个性和创造性，而是人云亦云，照搬照抄，从而抑制了服务营销的功能，限制了其作用的发挥。

③ 服务营销经常在实际运作中发生变形或不能到位，一些企业提供的服务不能符合企业自身所

规定和承诺的标准，或虽提供服务，但不能按照消费者的消费者、以合适的方式、在适当的时间、适当的地点完成。

（二）原因分析

我国企业服务营销出现上述问题的原因是十分复杂的，概括起来，其直接原因主要是以下 4 点。

① 服务营销观念在多数企业尚未真正确立，多数企业未真正确立服务营销观念，表现在企业营销活动带有被动性、盲目性或功利性。服务营销观念是以消费者为中心的，目标消费者的需要和期望是企业生产经营活动的出发点和归宿。实现企业目标的关键在于正确确定目标市场的需要和期望，并比竞争对手更有效、更有利地传送目标市场所期望满足的东西。企业在此基础上实现自身长期利益。从服务营销观念角度看，企业的产品实质上是为解决消费者需要和期望问题而提供的服务。而我国企业受传统计划经济文化强大惯性的影响和制约，真正接受、理解服务营销观念并以此来指导生产经营活动的企业为数不多。

② 我国多数企业对目标市场需要与期望和消费者整体消费系统研究不足，甚至没有研究，使服务营销缺乏针对性和整体性。现代企业市场营销活动的有效开展，必须建立在对目标消费者需要和期望深入研究的基础之上。在这方面，我国企业存在着重大缺陷。要么不了解消费者的需要与期望，要么了解，但无法把消费者的需要与期望提供给消费者。

③ 企业领导者不重视服务营销，仍用老式营销手段进行营销。领导者不论在对服务营销的认识上，还是对服务营销的知识掌握上，都非常欠缺。在市场竞争中，领导者经常拿出已过时的看家本领，不是竞相压价，就是赔本大甩卖，结果导致产品积压，企业亏损，不但没扩展市场，而且原有的市场也拱手相让。这种现状说明，现代企业领导者必须学习和掌握营销知识，否则失去的不单单是效益，而且将使所管理的企业无法生存。

④ 员工素质问题以及企业对员工的重视程度难以适应服务营销要求。服务营销要靠企业的员工来完成，员工素质的高低对服务营销的质量、水平、效率有重大甚至是决定性的影响。在我国各类企业中，员工素质低下是普遍存在的问题，一些企业推出的服务营销项目往往因为员工的态度不好、技术水平差、缺乏责任心等问题而无法实现或到位，有些企业仅仅因为从事服务营销工作的员工素质问题而使企业为吸引消费者所做的所有营销工作成果付之东流。企业对员工的培训、激励等不重视，致使员工素质不能有效提高，员工积极性没有充分发挥。而且我国企业一般情况下不愿下放权限，很大程度上使员工服务愿望受阻或不能按员工自己的方式提供服务。

三、中国服务营销发展的趋势

中国服务营销的发展是既定的、不争的事实，这已被自 20 世纪 80 年代以来的历史所证实。随着以知识经济为基础的新经济时代的到来，以及经济全球化趋势的显现，中国服务业及服务营销的发展追赶发达国家水平的要求将越来越迫切。在发展经济尤其是发展服务营销的问题上中国同发达国家存在着一定的差距，从另一个角度看，这些差距正是我国服务营销可能发展的空间。我们作为发展中国家同发达国家的差距一方面表现为服务业在 GDP 中所占的比重上，另一方面表现为服务贸易的比重及增长上。

中国服务贸易的发展必须以国内服务业的发展和制造业业务的服务化为前提。这两个方面都有巨大的发展空间。中国服务营销的发展自然以制造业的服务化与服务业的拓展为依托。其发展趋势一方面是纵向的深入，另一方面是横向的拓展。纵向深入是指服务营销理念及行为随着服务经济的发展而得到进一步的贯彻、充实和丰富，并在新的条件下有所创新、有所发展。横向拓展是指服务营销理念及行为跨越众多的服务行业，尤其是被许多新型的服务行业和企业所接受和推行。

本章习题

一、判断题

1. 同一种服务由数人操作，消费者感受到的服务品质是完全相同的。（ ）
2. 所有的服务产品都是纯粹无形的。（ ）
3. 服务的不可储存性意味着服务是无法被储藏起来以备将来使用的。（ ）
4. 基于服务的特点，服务广告要努力实现将无形产品有形化，消除消费者的不确定心理。（ ）
5. 那些可以标准化或实际上可以被复制的服务最适合采用特许经营的方式进行分销。（ ）

二、单选题

1. 以下（ ）是服务营销差异化阶段的表现。

A. 强调新产品开发过程　　B. 竞争性模仿盛行
C. 更深层的市场细分　　D. 改善服务的外部促进行为

2. WO 战略是指（ ）战略类型。

A. 扩张性战略　　B. 分散化战略
C. 防卫性战略　　D. 退出性战略

3. （ ）属于总成本领先战略。

A. 特色经营战略　　B. 集中化战略
C. 多角化战略　　D. 综合一体化战略

4. 与产品营销组合相比，（ ）属于服务营销组合特有要素。

A. 产品　　B. 定价　　C. 渠道　　D. 有形展示

三、简答题

1. 服务营销具有哪些特征？
2. SWOT 分析法如何展开？分别形成哪些战略？
3. 服务营销组合具有哪些特殊性？为什么？

四、案例分析题

南方航空公司面对客户投诉

为南方航空公司每日仅有的一班由香港飞昆明的航班，该航班号为 CZ342。7 月 20 日约有 180 名乘客，包括有香港中国旅行社（港中旅）38 人和康泰旅行社 24 人的昆明丽江 8 天旅行团，另有台湾雄师旅行社60多人，以及散客60多人。

这批乘客于20日中午前入关，至下午1时许，南方航空公司职员在通告板上贴出延迟1小时起飞的通知，1小时后又再延迟至晚上7点半，之后四度延迟，直至21日凌晨3点半。

乘客批评，航空公司职员一直没有交代原因，其间仅派发两张共210港元的餐券，没有安排酒店休息，令儿童及老人苦不堪言。部分乘客一度与航空公司职员发生骚乱及骂战，更有人报警求助。有乘客投诉职员不礼貌，更挑起乘客不满情绪，令候机室场面一度混乱，航空公司需派出大批职员公开道歉及维持秩序。

直至21日凌晨时分，台湾旅客及散客相继登机，香港旅客却因担心赶赴大理后会因休息不够引致高原反应，坚决拒绝上机及要求取消行程。

康泰旅行社总经理刘美诗说，该社这次体谅乘客等候十多小时，决定破例让团友退团，团友可选择转团，或安排退款。而港中旅则表示，不会向团友退回团费，但正考虑让团友转团。南方航空公司机场柜位职员解释，因机件故障引致延误。

南方航空昨日有一班对飞的航班自昆明返港，返港乘客表示，他们在昆明也延误了十几个小时，但航空公司安排乘客入住三星级酒店休息。另外，有乘搭该航班从昆明返港人投诉，延误过久之下，他需自费买机票赴深圳再返港。

在机场通宵度过最难忘一天假期的钟氏夫妇形容，这十几个小时原本应在风光明媚、四季如春的昆明度过，但却百无聊赖地在机场闲荡，白白浪费假期，钟太太说："我们对南方航空公司相当失望，也失去信心，我们以后也不会乘坐这家公司的航班。"

钟氏夫妇皆为荷兰华侨，钟先生是业余乒乓球手，这次在荷中协会安排下，到广州打球，返抵香港后，希望趁机游览内地著名的旅游城市云南，遂参加旅游团，准备度过一个愉快假期。

钟太太李翠芳离开禁区后，非常激动地向记者说，南方航空公司安排不佳，职员没有向乘客交代航机延误原因，也不知道航机何时抵港，大好的旅程被糟蹋掉，他们已托运的行李更因安排欠妥而未能取回，22日才可领回。

【思考与讨论】

1. 消费者的不满来源于哪些因素？

2. 如你是客户中心主管，你的处理办法有哪些？

第十三章 网络营销

【学习目标】

（1）明确网络营销的概念、内容、特点和基本步骤。

（2）理解网络营销的理论。

（3）掌握网络营销的工具。

【导入案例】

黄太吉：微博营销成就品牌

2013年的某个时候，一家叫作黄太吉的煎饼店迅速走红互联网。与传统的餐饮连锁企业不同，黄太吉并没有在媒体上大量投放广告，也没有凭借连锁门店的规模获得关注，而是在互联网上制造话题，并且借助微博造势，最终成为该年度的经典营销案例。

黄太吉创始人赫畅曾经在百度和谷歌任职，也开过广告公司，职业经历使得他深谙营销之道。比如，当初流传“黄太吉老板开着奔驰送外卖”的故事，在营销界人士看来，不乏炒作的痕迹。

2013年前后，“互联网思维”侵袭中国企业界。传统企业开始思考，如何用互联网改造自己，与此同时，一些基于互联网的创业公司如雨后春笋般崛起，一时间，鱼龙混杂。

对中国百姓而言，创业致富的故事向来有很大卖点，而互联网给这样的故事贴上炫目的标签。既然百姓需要故事，我就给你来一个故事。就这样，黄太吉横空出世，身披“互联网思维”的华丽外衣，又符合中国百姓心目中一夜暴富的创业梦想，成为业界焦点。

互联网思维的浪潮来得快，去得也快，打鸡血般的热潮褪去之后，企业界开始反思：究竟何为“互联网思维”，对自己的企业到底有何效用？抛开“极简主义”“颠覆传统”“体验至上”之类形而上的口号，黄太吉回归到自己本来面目：它是一家快餐连锁店，它致力于满足白领阶层一日三餐的需求，它要符合消费者的口味。中国是一个味觉国家，对一家餐饮企业而言，口味向来是头等大事。

褪去“互联网思维”的外衣，黄太吉，这家利用互联网思维改造传统餐饮的小吃店，其先天性缺陷也暴露出来，如同它的营销一样，格外瞩目。

“我最担心的事情就是消费者离我而去”。步步高集团董事长王填曾经表示。如果说，作为传统零售商，消费者的离开是渐变式的，而作为依靠互联网而迅速崛起的企业，消费者的遗弃是非常迅速的。他们可以一夜之间成为你的粉丝，同样也可以单击鼠标将你拉入黑名单。

或许，互联网营销给黄太吉带来的红利在逐步消退。以微博为例，微博是黄太吉营销的一大阵地。黄太吉的崛起与其在微博上的互动和炒作分不开，黄太吉成名之时，也正是新浪微博人气鼎盛之时。然而，一个不争的事实是，经过2012年的高峰之后，微博平台自身的人气和影响力逐步回落。

更主要的是，当很多消费者慕名而来，但是感受到的体验不足以支撑其内心期盼的时候，这种营销产生的红利便会消失，甚至起到负面作用。

一位餐饮界人士表示，“黄太吉虽然用环境、服务以及感情沟通等方式来弥补其口味上的缺陷，但时间长了，消费者就会产生审美疲劳。”

“可以看出，黄太吉试图将自己打造成中国的麦当劳或者星巴克，在消费体验、用餐环境、人性化服务等方面不遗余力，但产品自身的缺陷决定了黄太吉很难将自己做大。“麦当劳与黄太吉煎饼没有可比性。麦当劳在产品上确实下了功夫的，几款经典产品受到广大消费者欢迎，而黄太吉煎饼产品定位过于窄众，注定无法做大。”上述餐饮界人士告诉记者。

就目前开业的几家店而言，黄太吉煎饼经营状况良好。记者在黄太吉建外SOHO店看到，中午用餐的人络绎不绝。黄太吉创始人赫畅表示，单店月收入旺季时近100万元，淡季时也能达到60万元。

黄太吉投资人麦刚也表示，互联网对传统餐饮行业的改变是在体验和品牌内涵上，吃黄太吉和在大街上买煎饼果子的感觉肯定是不一样的，后者会让人觉得很屌丝，而前者对许多人来说就意味着小资。

不过，在传统的餐饮经营者来看，由于其产品乏力和定位上的窄众，其扩张上存在难题。“虽然黄太吉抓住了CBD商圈白领阶层的一些需求，但作为餐饮连锁而言，这种需求过于窄众。从选址上来讲，黄太吉注定只能在高端写字楼周边发展，其产品结构和性价比使得它很难在社区商业、购物中心找到好的位置。而餐饮进入购物中心则成了一大行业趋势。黄太吉的定位和产品限制它的扩张。”一位餐饮界店铺开发人员告诉记者。

创办一个公司，开发一款基于互联网“小而美”的产品，积累用户，当用户到达一定数量之后，引入风投，最后成功上市或者被某互联网大鳄并购，创始人获得大笔现金，功成身退。近年来，互联网浪潮下的创业故事几乎成了“样板戏”。虽然黄太吉是开设实体餐饮店，但从其操作手法来看，跟上述模式几乎如出一辙。

赫畅曾对媒体表示，希望黄太吉最终可以到美国上市，得到资本市场认可。在一次演讲中，赫畅表示计划将黄太吉做到100亿。“未来中国的餐饮市场总量会从2.7万亿膨胀到10万亿元，如果我们能在10万亿元中有千分之一的量，只做中国餐饮市场0.1%的份额，在一年中卖掉100亿元的煎饼，这就是我们想要做的一件事情。”赫畅表示。

赫畅给黄太吉的发展前景画出了一张大饼。但业界人士分析认为，从黄太吉目前的几家店到百亿规模，尚有很大的距离，甚至其中存在一些难以跨越的鸿沟。

煎饼果子是一种北方食品，并非普遍意义上中国人都喜欢的食品。如果要做到100亿元的流水，光靠卖“四大金刚”——煎饼果子，无矾手工油条，豆腐脑和豆浆，怕是不够的。这就面临着品类扩张的问题，这一步其实很危险。另外，100亿元的销售流水需要黄太吉在中国大面积地铺设门店——毕竟食品不是小米手机，很难用“无线下销售门店”这种模式来解决。一旦涉及线下门店铺设，人员管理、地段选店、质量保证等，都是绕不过去的问题。”艾瑞网专栏作家魏武挥表示。

100亿元的豪言壮语，更像是一种营销手段。“其实你卖到100亿元或者没卖到100亿元，和真正意义上的食客又有多少关系呢？100亿元的流水和满足食客需求又有多大关联？”在魏武挥看来，商业的核心是做好产品满足需求，并非做好宣传满足看客。

不过，也有餐饮界人士对黄太吉模式看好。艾大米餐饮连锁总经理崔荣喜认为，对于快餐而言，不难吃就可以了。黄太吉在未来上市或者有了更多资金支持之后可以再改善产品，而它积累的品牌价值确实是很宝贵的。

从黄太吉的案例中来看，传统行业如何借助网络营销获得成功，又应该在网络营销的大潮下注意哪些问题？通过本章内容的学习，我们将找到这些问题的答案。

资料来源：中国经营报，2014年3月1日

第一节 网络营销概述

网络营销（Online Marketing）是借助联机网络、计算机通信和数字交互式媒体的威力来实现营销目标，与市场的变革、竞争及营销观念的转变密切相关的一门新学科。20 世纪 90 年代以来，随着 Internet 的飞速发展，在全球范围内掀起了互联网应用的热潮，企业纷纷利用网络进行电子广告发布、开展产品的电子销售、提供各种信息服务。同时按照互联网的特点企业积极改组其内部结构和探索新的管理营销方法，一种建立在网络基础上的全新营销模式——网络营销便得到了广泛的应用和推广，成为网络时代企业竞争优势的新来源。

网络的出现，在信息获取的手段和方法上突破了传统时空观念的限制，改变了企业外部经营和购销的实务操作模式。网络营销是企业利用网络媒体来开展的市场营销活动，是传统市场营销在网络时代的延伸和发展。这种网络环境不仅会给企业拓展经营活动范围和市场空间带来难得的发展机遇，而且也会给传统的经营理论和实际操作带来巨大的冲击和挑战。成功的网络营销应该将互联网的功能与企业的资源、目标和能力联系起来，与消费者的需求和预期结合起来。

近年来，随着移动互联网的飞速发展和大范围普及，我国人民的行为方式也发生着翻天覆地的改变，各种移动终端层出不穷，逐渐成为人们最亲密的伙伴。智能手机大行其道，二维码应用普及，社交平台、移动购物等走入了人们视野。多种现象表明，移动互联网已经悄然来到我们的身边，成为我们生活的一部分。同时也有越来越多的传统行业紧随移动互联网的发展，打开全新的营销格局。

一、网络营销的内容

基于 Internet 上的网络营销，虽然基本的营销日的和营销工具与传统的营销是大体一致的，但在实际操作的过程中与传统方式有着较大的区别。网络营销包括以下主要内容。

（1）网上市场调查和消费者行为研究。

网上市场调查是指企业利用 Internet 的交互式信息沟通渠道实施市场调查活动。其所采取的方法包括直接在网上通过发布问卷进行调查，获取第一手资料；在网上搜集和整理市场调查所需的第二手资料。

网络消费者是互联网社会的一个特殊群体，要开展有效的网络营销活动，必须深入地进行网上消费者行为研究，了解网络消费群体的需求特征、购买动机、购买决策过程和消费行为模式。

（2）网络营销规划。网络作为有效的信息沟通渠道，可以使沟通双方突破时空限制进行直接的交流，操作简单、高效，并且费用低廉。这种有效的双向沟通方式改变了传统营销模式。这就要求企业在进行网络营销规划时，必须结合网络特点，设计有针对性的产品、价格、渠道和促销策略。

（3）网络营销管理与控制。网络营销依托互联网开展营销活动，必然面临传统营销活动无法碰到的问题，如网络产品品质的保证问题、消费者隐私的保护问题，以及信息的安全问题等。开展网络营销的企业必须进行有效管理和控制所有问题，方能实现网络营销的目标。

二、网络营销的特点

互联网将遍布全球的各种组织、企业和个人跨时空地联系在一起，使之相互间的信息交流变得唾手可得。互联网所创造的营销环境使营销活动的范围和方式变得更加宽广和灵活，网络营销是利用网络来展开企业的营销活动，可以弥补传统营销媒体的局限，实现许多传统营销无法涉及的功能。网络营销的独特性表现在以下几个方面。

（1）实时性和交互性。在网络环境中，企业通过电子布告栏、在线讨论广场和电子信函服务等方式，在营销的全过程中对消费者进行实时的信息搜集，与消费者进行实时交流，向潜在消费者提供具体的、必要的信息。这种双向互动的沟通方式，提高了消费者的参与性和积极性，也提高了企业营销的针对性，十分有助于实现企业的全程营销目标。

（2）经济性和高效性。网络营销可以降低企业的交易成本，同时可以提高企业运营的效率。首先，企业通过商业增值网络使用 EDI（Electronic Data Interchange，电子数据交换）建立一体化的电子采购系统，实现实时采购，降低了劳动力、打印和邮购等采购成本。其次，互联网不仅为市场调查提供了全球性的空间，而且还大大降低了调查的各种费用。再次，有关公司、产品、渠道等的信息均储存在网络服务器中，企业可直接在线及时更新，消费者可随时在网上查询，从而降低促销成本。最后，在提高售后服务效率的同时降低了企业的运作成本。

（3）定制化和个性化。网络营销的定制化是指企业利用网络优势，一对一向消费者提供独特化、个性化的产品或服务。网络营销可跟踪每个消费者的消费习惯和偏好，并向其推荐相关产品或服务。通过网络营销，企业与消费者建立起学习型关系。学习型关系是指企业在通过网络向消费者传递信息的同时，也在积极地对消费者进行消费教育和引导，这样，消费者在自身需求得到满足的情况下，将与企业保持长期的联系，密切了企业与消费者的关系，提高了消费者的忠诚度。

（4）方便性和娱乐性。网络营销是集购物的便利性和娱乐性为一体的新型购物模式。售前，消费者可以在网上获得充分的产品或服务的信息及相关资料，便于对同类产品或服务的性能、价格等因素进行比较，以做出购买决定。例如，对于准备购买汽车的消费者，网络可以提供目前市面上所有品牌的汽车信息，并提供任意几个品牌汽车的各种性能、价格等指标的对比，且有大量消费者的“意见”供参考。售中，在网上不但省去了购物的路途麻烦，电子结算也省去了现金交款的麻烦，送货上门服务令消费者足不出户就可以完成购物。在售后服务方面，网络也给客户提供了最好的支持和帮助。总之，网络营销能最大限度地简化购物环节，节省消费者的时间和精力，使消费者真正地“乐在其中”。

三、网络营销的基本步骤

网络营销是一种网上网下相结合的电子商务模式（又称“鼠标＋水泥”模式），即利用网络来开展各种营销活动，而具体的交易过程则依托于传统的商业环境来进行。网络营销的基本步骤如下。

（1）确定网络营销对象。以盈利为最终目标，从事网络营销活动的企业或个人，通过充分的调查分析自身优势、劣势，以及企业内部、外部环境后，确定某些具有特定需要，有意向与营销者进行交换，从而获得其所需所欲之物的个人或组织。

（2）一对一营销（1∶1 Marketing）。营销者通过网络寻找目标消费者，并向有意者提供产品或服务的信息，以及交易条件；而后，通过网络与其进行交流，根据其所提出的要求，提供更详细的资料，或设计个性化的产品或服务，令潜在消费者满意，从而最终实现交易。最后，利用网络及时快捷地为消费者提供高效的售后服务。

（3）客户关系管理。网络营销的目的并非在于实现某一次销售，而是在于通过向消费者提出定制化的产品或服务，在消费者享受网上购物的同时，与消费者建立和保持恰当的关系，以获取其重复购买，并向外传播其美好感受。

【课间案例】

向小米手机学习网络营销

编者上个月因为从众心理，加上又想换手机，所以跟风在网上抢购了一回小米手机1S版本。殊不知，10点准时开抢，仅用4分15秒的时间，30万台手机一抢而空，另外两位同事因为10点过5分才登录官网，最后竟然没抢到！可见小米手机的网络营销做得有多厉害，所以今天笔者和大家分享的主题是像小米手机学习网络营销。

一、产品分析

产品分析首先需要解决的问题是卖什么？做电子商务、在网络营销，无外乎两种：卖产品或搞服务。

① 产品定位：我们的产品、服务能够替用户解决什么问题？用户为什么选择我们的产品或服务？

② 产品卖点：我们的优势是什么？我们拥有哪些竞争对手所不具备的特质？

就小米手机来看，卖的产品是手机——世界首款双核1.5GHz高品质、高性价比、具有自主研发操作系统的高端智能手机。从这句话就看得出产品卖点非常鲜明：高配置、高性价比、低价格，验证了那句话：小米，为发烧而生。

二、用户分析

用户分析的目的很明确：就是解决卖给谁的问题？

① 谁是我们的目标消费者、潜在消费者？

② 这些目标消费者拥有什么喜好和购物习惯？

纵观小米团队，都是做系统出身，所以很清晰的是，小米早已拥有很多潜在消费者；其次，老板雷军，从凡客和小米的定价不难看出，雷总依然走的是草根路线，复制凡客模式。

三、营销策略

卖什么、卖给谁的问题都搞定了，最重要的问题就是怎么卖了。

① 如何包装产品？怎样吸引眼球？

② 哪些销售渠道和方式适用？

小米手机为发烧友而生的概念深入人心。加之背景团队的强大，小米自面世以来便受到了广泛的曝光度和关注度，从而形成了高性价比、高亲和力的草根品牌形象。加之口碑营销，用户都想一窥究竟，但雷军巧妙地采取了网络预售模式，各种限量、各种限时、各种饥饿营销发挥得淋漓尽致，吊足了大家的胃口。小米手机虽然价格低，但不是你想买就能买到的，要买还要抢才行!

一条小米手机活动微博，转发量可以达到10万，这不得不说是个经典营销案例，用户关注度、参与度都居高不下，令人赞叹。今天，简单像小米手机学习了网络营销技巧，不过他的成功不仅是网络营销做得好，更重要的是雷军团队将小米产品做到了极致。建立在优良产品基础之上的网络营销才是成功的营销，否则，小米手机也可能和其他部分国产手机一样，淹没在浩瀚大海之中。

资料来源：速途网，2012年10月

第二节 网络营销理论

网络营销区别于传统营销的根本原因是网络本身的特性和消费者需求的个性化，这使得传统营销理论已不能完全指导网络营销活动，因此需要在传统营销理论的基础上，对营销理论进行重新演绎和创新。在某些方面，网络营销理论进一步深化了传统市场营销理论；另一些方面，则改写了现代工业化大生产时代的营销理论的一些观点。

一、网络营销经营理念的变化

1. 时空观念的重组

当代管理就是对信息的管理，而网络是一个全新的信息传播媒体。由于这种新型媒体的特殊性，将会导致人们的时间和空间观念的变化。在传统工业化社会环境下，人们的时空观念主要表现为：在时间上的程序性限制；在空间上有地域和范围的概念。而在网络化社会环境中，人们获取信息的时空观念发生了巨大变化，表现为在时间上没有了程序性的限制；在空间上没有了地域的概念。

生活在现阶段的人们赖以生活和工作的基础仍然体现着工业化社会时空观念的特征，而在获取各种信息方面，又体现出信息化社会时空观的特征。两种不同时空观念同时存在，共同作用，对传统营销理论和实务操作模式都会带来巨大的影响。例如，现阶段的企业在计划拓展市场和经营活动范围时，往往可以不考虑地域和时间因素的限制。但在实际操作时又必须考虑当地物流和供应链系统等基础设施的完善程度。因为若没有了下游物流和供应链的支撑，这种跨越时空的信息资源是不可能为企业带来经济效益的。

2. 微营销策略

传统营销是以统一的市场营销策略，面向同一区域的消费者。其优势在于服务规范的统一性。

但其最大不足在于缺乏个性和针对性。随着市场的发展和企业的竞争加剧，营销更强调要围绕细分市场展开活动。而这种细分市场在传统的工业化市场中，永远无法达到极致。

在信息化社会中，企业充分利用网络、数据库和智能分类等技术，可以采用针对个体消费者的兴趣、爱好来展开营销活动的微营销（micro-marketing）策略，从而实现向市场提供多样化、个性化和时变化的产品或服务，满足每位消费者的需求。

3. 互动式营销模式

传统营销方式是单向式的，即企业制定好一套营销方案向市场推出，而市场只有被动地接受或不接受的权力。企业与消费者间的沟通和互动很难真正实现。企业无法确切了解消费者的兴趣爱好和需求，消费者也很难有机会表达自己的意见和要求。

在网络化社会里，企业利用网络的双向、互动等特点，展开推、拉互动式的网络营销。其互动营销的结果是：不但极大地调动了公众参与的兴趣和热情，同时也获得了很好的营销效果。

二、网络营销理论综述

1. 网络整合营销理论

网络互动的特性使消费者真正参与整个营销过程成为可能，不仅使消费者参与的主动性增强，而且选择的主动性也得到加强。网络上信息丰富的特征使消费者的选择余地变得很大，在满足个性化消费需求的驱动下，企业必须严格地执行以消费者需求为出发点，以满足消费者需求为归宿点的现代营销思想，否则消费者就会选择其他企业的产品。因此，网络营销首先要把消费者整合到整个营销过程之中，从他们的需求出发开始整个营销过程。不仅如此，在整个营销过程中要不断地与消费者交互，每一个营销决策都要从消费者需求出发。这样，一方面消费者的个性化需求不断得到越来越好的满足，建立起对公司的忠诚度；另一方面，由于这种满足是针对差异性很强的个性化需求，就使其他企业的进入壁垒变得很高，也就是说其他企业即使提供相似产品或服务，也不能同样程度地满足该消费者的个性需求。

2. 网络直复营销理论

网络营销是一种直复营销。所谓直复营销，是一种互动的营销系统，运用一种或多种广告媒介在任意点产生可衡量的反应或交易。直复营销的关键是为每个目标消费者提供直接向营销者反映情况的渠道。由于互联网的便利和交互性，使得消费者可以通过网络直接向企业提出需求或建议，并获取企业提供的售后服务。同时企业可以从消费者的需求、建议和所得服务中，及时发现其不足，改善经营管理，提高服务质量。

3. 网络软营销理论

相对于工业经济时代的大规模生产的“强势营销”而论，网络营销更强调软营销，即企业在进行市场营销活动时，必须尊重消费者的感受和体验，让消费者乐意主动接受企业的营销活动。软营销与强势营销的根本区别在于：软营销的主动方是消费者，而强势营销的主动方是企业。消费者在内心里总想自己成为主动方，而网络的互动性和跨越时空性使消费者变成主动方成为可能。这就要求企业必须在互联网上提供其全面实时的信息，静静等待由某种个性化需求所驱动的消费者的寻觅。

一旦有消费者与企业联系，企业就应该活跃起来，让消费者满意而归。

三、网络营销的消费者购买模式

在传统环境下，由于地域所限，消费者采购的范围很小，且采购中往往只能凭直觉办事。大范围选择和理性购买是网络环境下消费者购买行为模式的特征。

（1）大范围选择。在网络环境下，时空观念的重组导致企业经营行为发生变化，从而使消费者购买时选择产品或服务的范围没有了限制。在地域方面，网络上没有地域的概念，消费者可以跨地区、跨国界地挑选自己所需要的产品或服务。在时间方面，网络上的信息传递不受时间限制，消费者可以随时寻找到其所需产品或服务的相关信息。

（2）理性购买。在网络环境下，不但消费者购买的范围没有了限制，而且购买过程也更趋于理性化。由于各种定性定量的分析工具和方法，以及价格比较技术，在网络时代得到空前的发展，并且有了充分施展的余地；同时，消费者可以从互联网上获得其所需产品或服务的更加全面、完整的资料，从而使消费者的购买决策过程更加理性化、科学化。

第三节 网络营销组合

一、网络营销战略计划

与传统营销管理一样，网络营销需要制定其战略计划。网络营销战略计划就是在网络营销观念的指导下，对网络营销活动所做的一个全面而有序的安排，目的是使网络营销活动能在明确目标和任务的情况下，有条不紊地展开。

1. 明确网络营销的战略目标

网络营销目标就是确定开展网络营销活动要预期达到的目的。制订网络营销目标时，必须分析企业所处的环境，考察企业的实力，结合企业的总体；同时目标必须与企业的总体经营战略目标一致，与企业的经营方针吻合，与现有的营销策略无冲突。这就要求在制定目标时必须有企业战略决策层、策略管理层和业务操作层的相关人员参与讨论。网络营销有以下几种主要的战略目标。

（1）拓展型网络营销目标　指企业为了拓宽销售网络，借助网络的交互性、实时性和经济性等特征，降低营销费用，为消费者提供方便及时的网上销售点，改进营销效率，促进销售管理，提高企业竞争力。

（2）服务型网络营销目标　指主要为消费者提供网上联机服务，即消费者通过网上服务人员，可以及时获取咨询信息和售后服务。

（3）品牌型网络营销目标　指主要在网上建立企业的品牌形象，加强与消费者直接联系和沟通，建立消费者的品牌忠诚度，为企业的后续发展打下基础，配合企业现行营销目标的实现。

（4）混合型网络营销目标　指同时有以上几种目标，既以拓宽销售网络，提高营销效率为目标，同时也为创立品牌知名度服务，并利用这种新型营销模式提升企业的竞争优势。

2. 选择网络营销战略模式

企业开展网络营销，首先要确定其网络营销战略的目标，而后根据自身的特点、能力及消费者的需求特征，选择一种网络营销战略模式。当前，常见的网络营销战略模式有以下几种。

（1）留住消费者型。留住消费者，增进与消费者的联系，以及最终提升企业获利能力的网络营销模式如图 13-1 所示。

图 13.1　留住消费者型网络营销战略模式

互联网的双向互动、信息量大、选择性强等特征决定了它是一种优于其他媒体的消费者服务工具。通过网络营销可以实现更好地服务于消费者，提升品牌知名度，从而使企业与消费者的关系更加密切，建立消费者忠诚度，长久留住消费者。对企业有信心、满意且忠诚的消费者总是乐意购买该企业的产品或服务，并且会给企业带来好的口碑，这样就会在增加了企业的销售额的同时，协助企业实现市场渗透，最终实现提高市场占有率的目的。

（2）刺激消费型。有的放矢地向消费者提供实时、有用信息来促进消费的网络营销战略模式如图 13.2 所示。

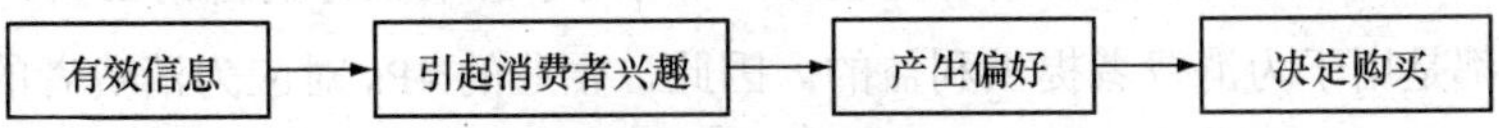

图 13.2　刺激消费型网络营销战略模式

企业通过互联网向消费者经常提供其所好所欲的信息，如新产品信息、服务信息等，并且企业对信息根据实际情况进行适时更新，保持网络站点上的新鲜感和吸引力。这些有效营销能引导消费者消费，刺激消费者的消费欲望，从而增加购买量。

（3）降低成本型。企业利用网络的跨越时空、实时性和交互性等特征，在网上开展直复营销，简化销售渠道，减少销售成本，降低营销管理费用。同时，利用直复营销可以方便消费者购买，减少消费者购物的时间、精力和体力的消耗，从而降低消费者总成本，提升消费者让渡价值，提高消费者的满意度，增加企业利润。

（4）数据库营销。网络具有即时、互动的特性，所有企业可以对其营销数据库实现动态的添加和更新。拥有一个即时跟踪市场变化的营销数据库，是企业管理层做出正确决策的基础。例如，营销数据库能为企业进行市场细分、产品价格的即时调整等决策提供科学而及时的信息。

3. 网络营销战略规划

企业确定了网络营销战略目标和模式后，就必须展开战略规划和执行控制活动。网络营销是通过采取新技术来改进企业原有的营销渠道和营销方法，涉及企业的组织、文化和管理的各个方面。若不进行有效的规划和执行，该战略也就只是一种附加的营销方法，无法体现出其战略竞争优势，相反还会增加企业的营销成本和管理的复杂性。

（1）目标规划。网络营销规划首先任务是明确营销目标。只有确定了明确的营销目标，才能对网络营销活动进行及时的评价。由于网络营销尚处于初级阶段，无论是理论还是实践都有许多不完善之处。所以许多企业在互联网上设置自己的网站，其目标大多不在直接的销售量上，而是着眼于网络营销带来的其他效益，包括通过网络营销向潜在消费者提供有用信息使之成为实际购买者；提供品牌知名度；支持营销活动；降低成本等。企业可以根据自身的目标、能力和所处的环境，设定网络营销的明确目标。

（2）技术规划。技术的支持对于网络营销来说是非常重要的。企业应在技术、资金投入，系统设备购买安装，网络维护，人员招聘、培训等方面，进行统筹安排。

（3）组织规划。网络营销涉及的部门较多，如营销部门、信息技术部门、研发部门等。企业必须确定其组织结构，以及各部门间的关系。大多数企业网络营销是由营销部门总负责。这是由于营销部门对公司整体的状况、产品、市场等都较为了解，利于从公司总体层面上开展营销活动，实现整体效益最大化。

（4）管理规划。为了保证网络营销战略实施的效果，企业必须针对从事网络营销活动的各级员工制定严格、有效的管理政策，确定切实可行的操作模式，以及评估体系。使所有员工在明确其责、权、利的基础上，工作的目标均与企业目标保持一致。

二、从4Ps到4Cs的营销组合

市场营销策略组合 4Ps 代表了营销者的观点，即可用于影响买方的营销工具。从买方的角度看，每一个营销工具都是用于为消费者提供利益的。因此，企业的 4Ps 对应为消费者的 4Cs 营销组合。互联网和电子商务技术的发展，加速了营销组合从 4Ps 到 4Cs 的演变过程。

4Ps	4Cs
产品（Product）	消费者（Customer）
价格（Price）	成本（Cost）
分销（Place）	便利（Convenience）
促销（Promotion）	沟通（Communication）

1. 从产品策略到为消费者提供问题解决的方案

消费者真正需要的是什么？是产品，还是服务？这个答案决定了企业市场营销的发展方向。其实，企业应该以消费者服务为中心，依靠在提供一系列满足消费者需求的服务的同时，谋求企业利润和发展。在这一系列的服务中，物理化的产品已经演变为企业为消费者提供服务的技术基础和平台。

传统营销活动是以产品为中心展开的。在传统的营销模式中，产品的功能和款式均由工程师和新产品开发部门来设计。设计完成后，由生产部门组织生产管理、质量控制、成本控制等，都是为了更快、更好、更省地生产出优质产品。产品生产出来后，由销售部门千方百计地将产品出售给中间商，中间商再将产品转卖给消费者。整个过程均是围绕着产品这个中心来展开的。

随着市场竞争加剧、市场环境的变化，消费者关心的并非其购买的产品，而是通过这个物理化的产品所提供的综合服务。以产品为中心的营销模式已经不能满足消费者需求，迫使企业不得不向以消费者为中心的经营模式发展。在以消费者为中心的营销模式中，企业新产品开发人员必须深入了解消费者需求，根据消费者的需求设计产品的功能和特性。营销部门也不再简单地只考虑销售额，而是必须直接面对消费者，为他们提供服务。这种从产品策略到以消费者为中心的服务策略的演变过程，将会对传统企业的营销产生巨大的冲击和影响。

（1）产品和产品生命周期的概念逐步淡化。由于以消费者服务为中心，消费者和企业关注的交点均放在了服务质量上，原来产品的一些特点和概念开始淡化，产品生命周期各阶段也变得逐渐模糊。被产品系列化的概念所替代。

（2）产品系列化，服务产品化。产品系列化是指产品不是一次性形成并售出，而是一个根据消费者需求的变化，逐渐发展，不断维护、持续更新的过程。这将会引发产品自身结构和企业市场运作模式的巨大变化。产品不再是最终定义上的商品形式，而是一个不断变化、维护和更新的过程。同时，对于服务型企业必须将自己的服务产品化，即服务是标准的、规范的，任何人提供的服务都是一致的。

（3）利润滞后，核算模式变化。传统的营销模式中，企业的成本和利润可以通过产品的出售而一次性获得。但在产品系列化时代，生产产品的成本和利润是要通过整个服务期逐步地实现。这将会导致企业利润滞后，以及经营核算模式等一系列变化。

2. 从价格策略到消费者成本策略

所谓消费者成本策略是指在市场信息对称、交易过程透明的情况下，同样质量和性能的产品，成本最低的将会赢得消费者、赢得竞争、赢得市场。在传统营销策略中，定价策略是技术性非常强的工作。高报价、低底价、在讨价还价的过程中，以尽量高的价位出售产品；拉大批发价/零售价差，给中间商创造更大的利润空间，以提高其推销产品的积极性；按消费者心理定价等，这些都是传统价格策略中人们常用的策略和方法。

价格策略中的这些策略和技巧有效性，是由于在传统市场中，信息不对称和交易过程不透明而引起的。互联网和电子商务技术的出现，极大地促进了各类商务信息的交流。在网络环境下的市场信息是公开的、对称的，生产某种产品的原料价格、加工成本等人人皆知，从而使得传统的“价格游戏”失去了其原有的作用。在这种情况下，成本被放在了一个非常突出的位置上。

在消费者成本策略中，企业必须要有完整的应对策略。首先，应加大对产品研发的技术投入，增加产品的技术含量和差异化程度，提高产品的附加值。其次，在标准化产品和基础材料领域，应增加生产批量，加强内部管理，降低生产成本；开展网上采购、网络营销、供应链管理，整顿物流，降低外部经营环节的成本。

3. 从分销策略到为消费者提供便利

网络环境下的消费者便利是指既为消费者提供产品信息，供其选择，又在消费者选择产品后能完成一手交钱一手交货的交易手续，当然交钱和交货的在时间上可以分离。因此，消费者便利策略利用互联网技术，将订货系统、结算系统和配送系统集于一体，既节约了企业外部流通领域的成本，同时又降低了消费者的交易成本，为消费者带来很多的方便。

订货系统为消费者提供产品信息，同时方便厂商获得消费者的需求信息。一个完善的订货系统，可以最大限度地降低库存，减少销售成本。结算系统是企业多种结算模式的组合。企业具有多种结算模式，就会给消费者带来便利，即消费者在购买产品后，可以有多种方便的支付方式。网上的配送系统将是当前情况下，比任何一种分销渠道都更为方便、便宜的购买形式。同时，也是消费者乐于接受的形式。

4. 从推出式为主的促销策略到双向沟通

传统营销组合中促销是非常重要的工具。传统的促销是企业预先策划，而后大规模地推广和宣传，以吸引消费者，促进销售。消费者只能被动地“接受”或“不接受”。这种促销是推出式、单向的。在网络环境下，企业的促销从推出式变为双向沟通模式，它是通过客户参与，与客户充分沟通来了解市场需求，制定促销策略。在一些看似“不经意”的双向交流中，宣传和促销产品，引导消费趋势，其效果远比传统的促销好得多。

企业的现有和潜在消费者分布在全国甚至全球，要想与这些消费者保持双向、动态的交流，并且不受时空限制，目前只能依托于互联网来进行。通过网站，可巧妙地吸引消费者的注意，了解消费者的兴趣，宣传企业的产品和服务。

本章习题

一、判断题

1. 网络营销的目的，是利用各种互联网工具为企业营销活动提供有效的支持。（ ）

2. 适合在互联网上销售的产品，主要是一些鲜活商品。（ ）

3. 网上调研通常回收率低、成本高，因而不适合中小企业采用。（ ）

4. 网络营销能够为企业节省巨额促销和流通费用，从而降低了产品的成本和价格。（ ）

5. 企业网站设计过程中，必须重视的问题之一是在主要的搜索引擎上注册并获得最理想的排名。（ ）

二、单选题

1. 以下哪一个不是网络营销的优势？（ ）

A. 竞争更公平　B. 沟通更有效

C. 成本更节省　D. 品质更有保障

2. 以下哪个不是网络营销的手段？（ ）

A. 搜索引擎注册与排名　B. 交换链接

C. 商品展销会　D. 网上商店

3. 网络营销的分销链比传统的要（ ）。

A. 短　B. 宽　C. 长　D. 一样

三、简答题

1. 网络营销是什么？

2. 举例说明网络营销的特点。

3. 论述网络营销的基本步骤。

4．分析说明网络营销消费者购买模式。

5．简述网络营销战略模式。

6．从一般意义来说，网络环境对哪些企业意味着更多的机遇？对哪些企业意味着更多的挑战？

7．访问几个著名企业的网站，分析它们是如何通过网站来展示营销策略和吸引消费者的，同时对比这些企业传统的营销媒体，说明网络营销与传统营销的异同。

四、案例分析题

亨氏公司的网络营销

亨氏（Heinz）公司是世界著名的食品生产企业，其主要产品包括婴儿营养商品、调味品、食品添加剂等。产品销售遍及世界各国，深受消费者的喜爱。自 20 世纪 90 年代后期，亨氏公司开始投入大量资源建立自己企业的商务网站。网站内容丰富，在科普宣传和促进销售方面都起到很好的作用。

亨氏网站是亨氏公司为其商务目的建立的电子商务网站，但网站本身并不出售任何产品。非但不出售产品，而且也没有刻意强调、宣传和推销自己产品，给人感觉完全是科普性宣传。网站内容以宣传婴幼儿科学喂养知识为主。

亨氏网站推出后，为了配合网络营销策略的展示，亨氏公司在传统营销手段上进行了一系列的改变。首先是在产品包装上，亨氏产品的包装简直就是一个该产品使用说明书和科学喂养宣传材料。包装没有太多的图案和画面，全是放大了字号的文字说明。其次是在其所有的宣传资料上明显地印有亨氏网站的网址，以及 800 免费服务热线电话，新产品内设“科学育儿小锦囊”等。

【思考与讨论】

1．亨氏公司为什么不在网上销售产品？

2．浏览亨氏公司的网站，分析说明网络营销能为企业带来些什么。

3．网络营销的方式很容易被人模仿。若你花了很大的人、财、物的投入，引导了消费理念，但竞争对手却坐享其成，模仿用类似的方法开展营销活动。说明你的观点，并找出解决方法。

第十四章 国际市场营销

【学习目标】

（1）明确国际市场营销的概念、内容、特点和环境。

（2）理解国际市场营销的进入方式和国际目标市场的选择。

（3）掌握国际市场营销的策略。

【导入案例】

华为、联想等中国智能手机厂商涌入国际市场

第二次世界大战以来，随着世界经济的迅速发展，各国在商品、劳动力、资本、科技情报等方面的交流日益频繁，经济全球化的步伐日益加速，越来越多的国家积极参与到国际市场的竞争中来。国际市场营销是跨国界的企业市场营销活动，与国际贸易及国内市场营销既有联系也有区别。因此，在营销环境分析、目标市场选择、进入国际市场的方式以及营销组织结构、市场营销策略上，都有自身的特点。把握国际市场营销的特点，积极开展国际市场营销，对于开拓国际市场、扩大规模经济，具有积极的意义。

据美国《华尔街日报》2014年8月21日消息，如今，越来越多的中国智能手机制造商希望增加自己在全球市场的影响力。2014年，联想集团和华为公司在全球市场中都获得了不错的成绩，对三星市场领导地位的威胁逐渐增加。多家新兴公司也在不断扩大海外市场。例如，总部位于深圳的智能手机制造商酷派，其负责人近日在采访中表示，计划今年斥资数百万美元将其产品向东南亚、欧洲、美国等国家和地区推广。

为什么中国智能手机制造商们对海外市场如此热衷呢？对此，法国巴黎银行分析师Peter Yu说："中国的智能手机市场正在逐渐饱和。公司想要继续发展，就不得不向海外市场进军。"

根据研究公司IDC的数据显示，在2011—2013年，中国市场的智能手机出货量几乎翻了两番。如今，年增长率或将变缓。与此同时，在印度、东南亚、拉丁美洲等新兴市场，智能手机的销量迅速增长，许多用户使用的仍是基础手机。据IDC统计，2014年上半年中国市场销售的所有手机中，89%为智能手机。同期相比，在印度市场中智能手机的销量只占了28%。

对于中国智能手机制造商来说，进行海外扩张可以保持自己的发展并增加盈利。IDC分析师Kiranjeet Kaur 说："中国市场的价格战过于激烈。"在最近的采访中，联想CEO杨元庆也表示中国是智能手机竞争最为激烈的市场。

联想是世界上最大的个人计算机制造商，而华为是全球最大的电信设备供应商之一，如今它们都加入了全球市场的竞争，并在新兴市场中迅速发展。联想透露，在截至六月的季度中，其智能手机出货量在东南亚市场上涨近4倍，在东欧市场上涨近6倍。而2014年8月华为表示，2014年上半年其智能手机出货量在中东和非洲市场的增长超过了6倍，在拉丁美洲增长了近4倍。

不过分析师们表示，并非所有的中国智能手机制造商都有能力向海外进军。联想和华为有足够的财政资源来进行海外营销、增加分销渠道，但是其他制造商们大都资金有限，因而面临的挑战也将更大。

此外，另一个潜在的障碍便是知识产权。一些中国制造商们缺乏大量的国际专利，如果贸然向海外进军，特别是美国和欧洲地区，可能会有面临法律诉讼的风险。2014年年初，联想收购了日本公司NEC的手机专利，随后又以29.1亿美元从谷歌收购了摩托罗拉移动手机业务，这些举措将使联想在获得新专利的同时，也获得更多的分销渠道。

中国企业走出国门进军海外，应该注意哪些问题呢？通过本章内容的学习，我们将会对这一问题有更为深刻的认识。

资料来源：环球网科技，2014年8月22日

第一节 国际市场营销概述

一、国际市场营销的概念

国际市场营销是指企业在两个或两个以上的国家，以全球性资源优化配置为手段，从事跨国界的生产经营销动。它作为进军国际市场的企业行为，是世界经济发展的必然产物。

进入20世纪以来，新的政治经济秩序与世界经济迅速增长。随着经济的高速增长，科学技术也以前所未有的速度迅速发展，反过来又进一步促进了世界经济的发展。

在世界经济的迅速发展中，国际贸易也迅速发展起来，越来越多的商品、劳动力、科技情报进入了国际交流，加大了国际经济的开放性。与此同时，由于新的贸易保护主义的势头上升，也使发达国家和发展中国家的企业纷纷采用资本转出的方式来规避关税与非关税壁垒，因此形成了商品、服务与资本全方位的国际流动，加速了经济全球化进程。一些国家和地区在参与国际经济交流过程中迅速崛起，经济发展突飞猛进；一些国家和地区则在这一进程中落后了，闭关锁国的经济战略制约了经济发展的速度。以上事实促使越来趋多的国家和地区开始反思自身的经济发展战略，重新调整经济结构，积极参与到国际市场的竞争中来。

国际市场营销是在国际经济交流日益频繁、国际竞争日益激烈的形势下产生并发展起来的，各企业营销目标、经济实力以及营销经验不同，其国际营销开展的程度也会不同。为此可以把国际市场营销分为4个阶段。

① 被动的国际市场营销。这类企业的目标市场主要在国内，其内部未设专业的出口机构，也不主动面向国际市场，只是在外同企业或本国外贸企业求购订货时，产品才进入国际市场。这类企业的产品虽然进入国际市场，但显然是被动而非主动出击。因此属于最低层次的国际市场营销。

② 偶然的国际市场营销。这类企业的目标市场仍然在国内，一般也不设立对外出口的机构，但

在某一特定情况下却主动面向国际市场。这些企业偶然进入国际市场，主要是因为某一时期国内市场供过于求、竞争激烈或其他原因一次性外销产品，视国外市场为短期销售地。当国内供求及竞争趋于缓和时，这些企业又转向国内，生产本国市场所需要的产品。

③ 固定的国际市场营销。这类企业的目标市场既包括国内市场也包括国际市场，一般成立专门的出口机构甚至在国外成立分销机构，在不放弃国内市场的前提下，制定国际市场营销战略，专门开发国外消费者所需的产品，针对国际市场营销环境，制定国际市场营销组合策略，参与国际竞争，企图在国际市场上建立持久的市场地位。

④ 完全的国际市场营销。这类企业完全把国际市场作为目标市场，甚至把本国市场视为国际市场的一个组成部分。他们一般在本国设立公司总部，在世界各国发展参股比例不等的子公司，并在这些国家从事生产经营活动，其产品资源在国际市场流通，依靠国际市场获取利润。

以上 4 个阶段，反映了国际市场营销的历史进程，其中前两种类型属于国际市场营销的初级形式。后两种类型则属于国际市场营销的发达形式。由于各个企业处于国际市场营销发展的不同阶段，因而必须据此来确定自己的营销策略，以便达到预期的目标。

二、国际市场营销的理论基础

国际市场营销是在国际贸易的基础上产生的，许多关于国际贸易的理论可用以解释国际市场营销活动的产生和发展。

（1）重商主义与国际营销。重商主义主要研究国际贸易如何为一国增加财富，强调国家应大力干预经济，扩大出口、限制进口以保证贸易顺差，是最早的保护贸易赢论。在资本的原始积累时期，重商主义为资本主义开展对外贸易，进行海外掠夺提供了理论依据。为了更好地开展对外贸易，资本主义国家建立了大量的海外贸易公司，标志着国际市场营销萌芽。

（2）马克思主义经济学与国际营销。马克思主义认为：国际分工是社会生产分工跨越国界的产物，是一国内部生产社会分工的空间扩展，是若干国家参与世界资源配置的国际生产专业化、任何国家参与国际分工和国际贸易都会从中获得一定的利益。马克思的劳动价值理论里的剩余价值理论是马克思主义经济学的核心，也是马克思国际贸易理论的基石。价值规律客观地要求国际商品交换比例或贸易价格必须以商品的国际价值作为衡量的价值尺度。国际分工与国际价值理论，为国际营销中贯彻“双赢”原则奠定了理论基础。

（3）比较利益理论与国际营销。比较利益理论认为：各国应根据生产成本进行国际分工，主张实行自由贸易，为国际市场营销提供较宽松的大环境，促使更多的国家参与到国际贸易中来。自由竞争也为各国进行营销手段创新提供了动力。

（4）产品生命周期理论与国际营销。产品生命周期理论认为：如同人的生命从出生到死亡有一个周期一样，产品在市场上的变化也要经历一个导入、成长、成熟、衰退的过程。由于国与国之间在生产结构、技术条件，管理水平及市场因素等方面存在的差异，决定了同一产品在不同国家存在着生命周期发展的不同阶段。只有当产品在所有国家都经历了成熟期与衰退期后，该产品的全球生命周期才告结束。

三、国际市场营销与国际贸易的异同

把国际市场营销界定为国际贸易的企业行为，本身就点明了国际市场营销与国际贸易两个范畴既有联系又有区别。

国际市场营销与国际贸易具有相联系或相同性质的一面，因为两者涉及的都是跨国界的商品交易活动，从总体上看都属于国际贸易范畴，从企业运作看则属于国际市场营销范畴。换而言之，国际市场营销与国际贸易事实上是一个问题的两个方面，是从不同角度和视野上看的跨国界的商品交易活动。

当然，两者也存在着明显的区别，具体表现在以下几个方面。

① 角度不同。国际贸易从跨国界交易活动的总体上来研究国与国之间的贸易关系，如对外贸易理论与政策，国际贸易条例与法规以及外贸实务等。国际市场营销则站在企业的角度，从微观上研究企业跨国界的商品销售问题，如营销环境分析、制定营销组合策略等。

② 范围不同。国际贸易涉及的范围是国际间的商品流通或商品交易的问题，而国际市场营销涉及的则是这种跨国界的商品交易的具体策略以及与此相关的问题，如市场预测、产品开发、售后服务等问题。

③ 流向不同。国际贸易涉及商品交易的两个方面，即涉及本国产品向外国的销售，也涉及本国购买外国的产品，这一卖一买的两个方面涉及商品交易的两个流向。而国际市场营销涉及的一般只是本国产品如何向国际市场销售这一单一流向的交易。

④ 对象不同。国际贸易的对象是外国厂商或政府，一般不涉及最终购买者；国际市场营销的对象则主要是外国的最终消费者。前者从总体上把握交易的对象，后者则从具体的营销指向把握营销的对象。

四、国际市场营销与国内市场营销的异同

国际市场营销与国内市场营销从本质上来说，两者并无根本的不同，市场营销的基本原则对两者是适用的。具体而言，国际市场营销和国内市场营销都要进行环境分析、选择目标市场，都要做出营销决策，完成商品和劳务的交换，实现商品从生产者到消费者的转移。但是，国际市场营销和国内市场营销毕竟处于两个不同的营销地域，前者与后者相比，具有跨国界、异国性、多国性的特点，在具体的营销过程中，国际市场营销又有不同于国内市场营销的操作层面。

国际市场营销与国内市场营销的区别，主要表现在以下几个方面。

① 复杂性。各国由于特定的社会文化、政治法律和技术经济环境不同，使国际市场营销的复杂性远远大于国内不同地区的市场营销。社会文化不同表现在语言障碍、文化差异、风俗习惯、社会制度不同等，给国际营销带来市场调查不易、了解贸易对手困难、交易双方沟通障碍、交易接洽不便等诸多困难。在政治法律方面的不同表现在政治体制、海关制度及有关贸易法规不同等，给国际市场营销带来障碍；在技术经济环境方面的不同表现在居民收入水平不同、经济发展水平不同、经济体制不同等，对国际市场营销也产生极大影响。

② 风险性。国际市场营销由于是进行跨国界的交易活动，很多情况不易把握，其产生的风险如

信用风险、汇兑风险、运输风险、政治风险、商业风险等，远远大于国内市场营销。

③ 激烈性。进入国际市场的企业都是各国实力强大的企业，使国际市场营销企业参与的国际竞争比之国内市场的竞争更为激烈，也更为残酷。世界各国在国际市场上，营销的参与者与国内也有很大不同，除国内市场竞争的常规参与者外，政府、政党、有关团体也往往介入营销活动中，政治力量的介入，使国际市场的竞争更加微妙，竞争的激烈程度也比国内市场大为提高。对于发展中国家的企业来说，参与国际竞争必然要承受巨大的竞争压力。

五、开展国际营销的重要意义

积极开展国际市场营销，从宏观上和微观上都具有重要的意义。

① 加速经济建设。世界各国经济、技术发展不平衡，特别是科学技术高速发展的今天，任何一个国家都不可能拥有发展本国经济所需要的一切资源，更不可能拥有发展所需要的所有先进技术。要加速发展本国经济，就需要积极开展国际市场营销，将国内产品打入国际市场，顺利实现产品的价值并获取更多的盈利，通过出口创汇，引进先进的科学技术和设备，加速本国的经济发展。

② 扩大产品销售。积极开展国际市场营销，为企业开拓了营销领域，可以寻求更广泛的市场，扩大企业的产品销售。扩大销售不仅能获得更大的利润回报，而且扩大了企业的生产规模，降低了产品单位成本，获得规模效益。

③ 规避经营风险。积极开展国际市场营销可以在本国经济不景气时，积极开拓国际市场，寻求有利的市场机会，在一定程度上避开国内市场饱和与竞争过度，给企业带来的损失。同时，对于跨国公司来说，开展多国的市场营销，可以在全球范围内选择有利的市场机会，保证企业的健康发展。

④ 加速企业成长。积极开展国际市场营销，使企业投身到激烈的国际市场竞争中去，可以加强企业的生存发展能力，加快技术进步，提高经营管理水平，从而加速企业成长壮大。对于我国这样一个发展中国家来说，加入世界贸易组织对众多的企业既是压力也是动力，既有竞争又有机会，在我国现代化建设进程中，鼓励国内企业积极开展国际市场营销，参与国际竞争，可以在强手如林的激烈竞争中锻炼企业，在融入世界经济主流的同时从根本上转变我国企业的发展思路，锻造出适应国际竞争趋势的新型现代企业。

【课间案例】

星巴克东征

27年间，星巴克从西雅图一条小小的“美人鱼”进化到今天分布在全球39个国家和地区，连锁店总数达13 000余家的“绿巨人”。每年递增超过500家，平均每周超过1亿人在店内消费。其品牌形象也已经在全球得到认同。《商业周刊》多次将该公司评为世界100个最知名的品牌之一。1993—2003年10年间，星巴克股票经历了4次分拆之后攀升了22倍，收益之高超过沃尔玛、通用电气、百事可乐、可口可乐、微软以及IBM等大公司股市收益的总和。

在21世纪初，尽管美国还有8个州没有它的连锁店，但大城市已经没什么发展空间。西雅图平均每9400人就有一家星巴克，星巴克之父霍华德·舒尔茨认为这已经是最密的限度了，再在西雅图建店就将是一种浪费。鉴于店面分布高度集中，如果公司寄希望于销售额的年均增长率达到10%，甚至更高，按照星巴克员工的说法，这是一个难以实现的目标。欧洲的发展可能更难。在欧洲同行看来，星巴克不过是一种价格昂贵的貌似咖啡的仿制品，无论在咖啡文化传统方面还是在价格上都不具备竞争优势。约有330家连锁店的英国，星巴克大杯拿铁咖啡售价为2.93美元，同量的同种饮品，它的竞争对手之一雷诺咖啡有限公司只售2.12美元。在这种情况下，如果还想继续维持20%的营业额增长率，“绿巨人”不得不选择新的扩张道路。

最终，舒尔茨选择了亚洲。结果，星巴克咖啡在亚洲市场非常畅销，发展也很迅速。星巴克在亚洲的运营成功，“口味独特”是因素之一。在这里，人们不仅可以享受到15种以上享誉全球的高原咖啡及综合咖啡，还可品尝各式各样新鲜烤制的糕点，并可买到与咖啡制作有关的器具及相关的小商品。这在一般的咖啡店是难以见到的。但更重要的是，同有着悠久咖啡文化传统的欧洲市场相比，定位新潮的星巴克在亚太市场上能赢得更多掌声。它不必理会欧洲同行们对其“百无禁忌”喝咖啡方式的嘲笑，也无须顾忌他们带来的竞争压力，唯一要担心的是亚洲消费者哪天会对它厌烦了。

无论从零售还是原料资源方面看，亚洲都为公司的咖啡业务提供了巨大的拓展空间。首先，扩张计划可以延伸到目前尚未进入的市场、即越南、文莱和印度；而已进入的数个市场仍有潜力可挖，包括中国（包括中国香港、中国台湾）、泰国、菲律宾、印度尼西亚、马来西亚、新加坡、韩国、澳大利亚和新西兰。

除放眼扩大咖啡零售业务市场占有率外，星巴克还在考虑把亚洲作为向其客户提供优质阿拉伯咖啡豆的原料来源地。从今年开始，星巴克依照其“咖啡原产地承诺”计划购买了泰国产的阿拉伯咖啡豆。这个讨巧的计划，按照星巴克的说法，旨在支持当地的咖啡农、社团和环境。到底支持的结果如何，目前还不得而知。不过，星巴克借此打了一张绝好的人情牌。

此外，亚洲合作者们对星巴克的创新更让舒尔茨赞叹不绝。自2002年中国台湾统一星巴克推出月饼并狂卖5万盒。2003年中秋节，星巴克乘胜追击，从8月底到9月3日开始接受月饼预购，推陈出新的“月宴”及“秋飨”两款冷藏月饼，因其独特的口味、上乘的选料、时尚的包装成为首推的节日礼品。舒尔茨极爱这个创意，尤其是提前接受预购可避免处理存货的风险。他正在考虑把这个创意运用到美国的父亲节、母亲节上。

但到2003年为止，占星巴克23%的1532家海外分店的入账只有总盈利的9%，纯粹是只赔不赚的买卖。因此，当时星巴克公司重申的至少在全球开设1.5万家分店的计划已受到质疑。欧洲星巴克面临的启动资金过高、竞争环境恶劣、扩张遭遇排斥等大量问题会不会同样考验星巴克在亚洲的扩张计划？2003年年初日本星巴克曝出的财务亏损，多少印证了人们的猜测，也给星巴克带上了过度扩张的阴影。尤其是2002年增开的100余家分店大都与原有店面近在咫尺，更让人指责新店抢了老店的生意。

事实上，巨大的投资压力是开设分店的第一个门槛。这些投资主要包括从美国进口设备、报关费用、场地租金、人员招募、培训费用等。虽然说星巴克把每家店几乎都开在租金极高的昂贵地段是为了吸引客流和打造精品品牌，但这种“圈地”的做法被有些人看作是在“烧钱”。这是星巴克刻意推行的，却同时成为了星巴克潜在的风险所在。

此外，投资与合作模式也不被看好。同麦当劳的全球扩张一样，星巴克很早就开始了跨国经营，在全球普遍推行3种商业组织结构：合资公司、许可协议、独资自营。由于大多数海外连锁店是与当地合伙人合作经营，星巴克在每家店中的盈利有所减少。尽管合作经营使它更轻松地立足于海外市场，但公司利润分成的比例却下滑到了20%~50%。而且30多年来，星巴克对外宣称其整个政策都是：坚持公司直营店方式，在全世界都不要加盟店。

亚洲星巴克比在欧洲星巴克的处境好不了多少，也拥有了越来越多的竞争对手，除了上岛咖啡、日本真锅咖啡以及后来的加拿大百怡咖啡，跟风而来的仿效者也不容小视。同时，要将非本土的咖啡文化融入亚洲人的生活并非易事。例如，让习惯喝茶的日本人和中国人来普遍地喝咖啡就有很长的路要走，它挑战的是千年历史的茶文化传统。至于那些亚洲星巴克寄望的主要消费者群——年轻的白领阶层和追逐时尚的青少年消费者，谁能保证他们对星巴克的热爱不会转移到另一个随时到来的新潮替代品上。毕竟，他们不是伴随着根深蒂固的咖啡文化成长的。

不过在公司财务总监迈克尔·卡西看来，"绿巨人"仍有胜算：目前几乎没有债务，年现金流超过3亿美元，从中还可拿出部分来满足它在亚洲的野心。卡西预测在2004年星巴克的海外业务将实现盈利。

第二节 国际市场营销环境

一、国际政治法律环境

当今世界各个主权国家的政治法律制度有很大差别会受到以下这些因素的影响和制约。

（一）政治环境

（1）政治体制。在国际市场营销中，首先要考虑所进入国家或地区的政治体制状况，如它是社会主义国家还是资本主义国家，是一党制还是多党制，是君主制还是共和制等。政治体制的差异会决定国家的政治主张和经济政策的差异，进而影响和制约国际市场营销活动。

（2）行政体制。要考虑所进入国家或地区的行政结构和效率、政府对经济的干预程度、政府对外国企业经营的态度等，对进入该国市场和在该国市场经营做出适当决策。

（3）政治稳定性。一个国家的政治稳定必然伴随持续稳定的经济政策，从而有利于企业正常经营。相反，一个国家政局不稳定，政府频繁更迭、人事频繁变动，甚至发生政变、战争等动荡因素，则影响经济发展，给国际市场营销企业带来严重的损失。

（4）国际关系。国际营销企业在东道国经营过程中，必然会与其他国家发生业务往来，特别是与企业所在母国有着千丝万缕的关系。因此，东道国与母国之间、东道国与其他国家之间的国际关系状况，也必然会影响国际市场营销活动。

（二）法律因素

现代企业在市场经济中的行为主要由法律来规范和约束，企业在进行国际市场营销活动时必须了解国际法律的有关因素，才能依法经营，避免不必要的法体纠纷。

（1）国际公约。国际公约是两国或多国之间缔结的关于确定、变更或终止它们权利与义务的协议。一国只有依法定程序参加并接受某一国际公约，该条约才对该国具有法律约束力。进行国际市场营销活动的企业，必然要遵循有关国际公约，才能在经营中获得法律的保护。

（2）国际惯例。国际惯例是指在长期国际经贸实践中形成的一些通用的习惯做法与先例。它们通常由某些国际性组织归纳成文，并加以解释，并为许多国家所认可。国际惯例虽然不是法律，但在国际商贸活动中，各国法律都允许各方当事人选择所使用的惯例。一旦某项惯例在合同中被采用，该惯例使对各方当事人具有法律约束力。

（3）涉外法规。东道国的涉外法规是每个进入东道国的企业必须遵守的。这些涉外法规主要有3 个方面：一是基本法律，如外资法、商标法、专利法、反倾销法、环保法、反垄断法、保护消费者权益法等，这些法规虽然都是国内立法，但对进入该国的国际企业仍然具有直接的约束：二是关税政策，包括进口税、出口税、进口附加税、差价税、优惠税等税种的设置以及关税的征收形式，如从量计税、从价计税和混合计税、选择计税等；三是进口限制或非关税壁垒，如进口配额制、进口许可证制、进口押金制、进出口国家垄断，以及各种苛刻的商品检验技术标准等。所有这些法律、法规，国与国之间不尽相同，有的差别甚大，因此，在进行国际市场营销活动中，必须了解东道国的法律法规的性质和具体内容，才能进行最有成效的营销活动。

二、国际经济技术环境

世界各国的经济技术环境不同，导致不同的市场需求服务的数星、质量、价格提出不同的要求。

（1）经济体制。世界各国经济体制不尽一致，有以公有制为主体的经济，也有以私有制为主体的经济。在市场经济体制中，具体的组织形式和经济调控程度也不尽相同。在国际市场营销中，首先要对东道国的经济体制予以充分了解，才能制定相应的营销策略。

（2）经济发展水平。各国的国民经济情况按其发展水平大致可分为原始农业型、原料输出型、工业发展型和工业发达型四大类。原始农业型国家主要从事农业生产，基本属于自给自足的自然经济，少有商品推销机会；原料输出型国家某种自然资源十分丰富，其他资源贫乏，因而以该种自然资源的出口换汇便成了国民经济的支柱，对生活消费品的进口依赖性很强：工业发展型国家是众多的工业化初期已建立一定工业技术基础的国家，它们需要先进的设备和本国无力生产的关键中间产品；工业发达型国家大多是高技术产品、资金、技术的出口国，但又是大量传统商品的最大市场。由此可以看出，这四类国家各自出口的项目与货物很不相同，对进口货物的需求也各不相同，因而对各国营销的内容和方式也应有所区别。

（3）市场规模。市场规模主要由人口和收入水平所决定。从人口方面看，总人口是最主要的指标，一般来说，人口总是与需求总量成正比，总人口数越多，总需求量也越大。此外，人口增长率、人口的区域分步、人口的年龄结构、人口的性别结构及家庭数目等因素，对需求也产生不同程度的影响。从收入方面看，收入水平制约着市场规模。国民收入水平是衡量一个国家总体经济实力和购买力的重要指标，个人可支配收入、个人可自由支配收入则与商品购买力呈正比。

（4）基础结构。一个国家的能源供应、交通运输、通信设施以及商业基础设施等基础结构状况，与国际市场营销活动有着密切的关系，这些基础结构越是完善，数量越多，业务质量越高，就越能促进经济的顺利运行。

（5）外汇管理。一个国家的外汇汇率以及对外汇进出的管制，对国际市场营销的影响极大。一个国家对另一国家货币的比率定得过低，则该国必须为进口支付更多的本国货币，对依赖原料进口的国家会造成困难，反之若货币升值则通常给某些商品的出口带来困难。此外，一个国家对外汇管制的程度，也会影响国际市场营销的发展。

（6）自然资源。自然资源包括气候、地理位置、地形、资源分布等，对于进出口商品结构会有重大影响，因此，企业在开展国际市场营销活动时应因地制宜，使其决策适应不同国家或地区的自然环境。

（7）科技水平。企业在开展国际市场营销时，要正确认识和分析东道国的科技发展水平，以增强市场营销决策的针对性和适应性。科技水平高的发达国家，其产业结构也正在进行重大调整，集中发展技术密集型产业，而技术性不强的产品往往需要大量进口，这就为发展中国家提供了一个市场发展的机会。相对而言，发展中国家则往往由于科技水平不高，迫切需要进口先进的技术设备。了解国际上的技术进步状况，有利于针对不同的国家发挥本国企业的技术优势。

三、国际社会文化环境

世界各国社会文化的差异，决定了各国消费者在购买方式、消费偏好、需求指向都具有较大差别。在一个国家行之有效的营销策略，在另一个国家未必可行。因此，开展国际市场营销需要仔细研究各国的社会文化差异，以适应东道国社会文化的感性形式进入东道国市场，往往能取得良好的营销效果。

（1）社会结构。社会结构确立了人们的社会角色与社会关系形态。考察社会结构一般考察亲属群体和社会群体两大类。亲属群体中最基本的单位是家庭，家庭又分为核心家庭和扩展家庭。通过对所进入国家的家庭结构、家庭生命周期等因素的研究，探求以家庭为购买单位的市场营销问题，对国际市场营销企业是有很大帮助的。社会群体主要指家庭以外的其他群体，如年龄群体、性别群体、共同利益群体等。除了对不同年龄、性别群体的研究，国际营销企业对各种社会组织、协会、行会等共同利益群体也应引起高度重视，因为在市场营销中，这些共同利益群体对该企业能否顺利在东道国及其社区顺利经营有着举足轻重的作用。

（2）语言文字。语言是人类交流沟通的载体，反映了一种文化实质。在国内市场营销中，语言障碍尚不大，但在跨国界营销中，如不熟悉东道国语言，或不能准确表达自己的意愿，就会产生沟通障碍，无法进行销售宣传，难以达到营销目标。

（3）宗教信仰。宗教信仰是一种重要的意识形态。在当今世界上的各宗教及其教派中，有各种不同的教义、宗教节日、禁忌，从而对信徒的价值观念和消费需求形成巨大的约束。在宗教色彩浓重的地区，撇开宗教因素的营销将寸步难行。

（4）价值观念。价值观念是人们对事物的态度和评估标准。不同国家和民族，以及同一民族不同的文化教育都会影响价值观念的变化。不同的价值观对人们的消费习惯和审美标准有很大影响，从而制约企业的营销决策。

（5）教育水平。一个国家的教育水平与其经济发展水平密切相关。教育水平的高低往往与消费结构、购买行为联系在一起。受教育程度高的消费者，一般从事较良好的职业并有较高的购买力，对产品质量、品牌等因素考虑较多，反之则可能仅有较低的购买力，商品品牌选择力度也要弱一些。

（6）民风民俗。一个社会、一个民族传统的风俗习惯对消费嗜好、消费方式起着决定性的作用。因此，国际营销企业在不同国家销售产品、设计品牌、广告促销时，都要充分考虑该国特殊的风俗习惯。

四、21世纪各国际市场营销展望

20 世纪的最后 10 年全球国际贸易总额翻了一番以上，从 1990 年的 7 万亿美元增加到 15～16 万亿美元。21 世纪，国际市场营销环境有着更为巨大的变化。

（1）多极化的世界。20 世纪 90 年代，美国是唯一具备超级大国一切因素的国家，但美国试图建立一种单极体制的努力，无疑会刺激所有地区大国争取向多极世界努力。就经济实力而言，美国霸主地位的动摇，西欧经济实力迅速增长，亚洲太平洋地区正在成为新的世界经济中心，亚太地区将和北美、欧盟鼎足而立。

（2）经济全球化。近 20 年来，世界经济全球化日趋明显，已成为不以某一国家利益为转移的必然趋势。科学技术的进步，信息网络的发展，通行能力的增强，对经济全球化的趋势的形成起到了不可低估的推动作用。经济全球化以各国国内市场国际化为依托，其发展又进一步促进了国内市场国际化程度的提高。

（3）面向知识经济。21 世纪人类将走向知识经济时代。在直接依据知识和信息的生产、分配和使用的经济中，知识已成为生产的支柱和主要产品，服务业将在国民经济中占据主要地位，高新技术产业的飞速发展是重要标志之一。知识经济为企业创新提供了良好的外部环境，给企业的发展带来全方位的影响。企业必须进行营销因素的重新组合才能更好地生存和发展。

（4）商品结构高级化。科技进步和消费的增长将引起国际贸易商品结构的重大变化。越来越多的产品趋向小型化、轻型化，科技含量高、附加值大是产品创新的主要选择。由于新技术的开发与应用的周期逐渐缩短，企业必须坚持经常性和前瞻性的产品开发，以满足不断变化的消费需求。

（5）老龄化社会。20 世纪 65 岁以上的人口在世界总人口中的比例不仅超过 10%，到 2030 年可能上升到 15%，有的国家则将达到 20%。退休提前化的趋势将出现逆转，平均退休年龄可能上升到 65 岁以上。随着人口老龄化趋势日益加剧，将对保健服务，尤其是精神保健产生很大的需求，银色市场成为潜力最大的市场之一。

（6）网络化营销。随着网络的普及和发展，由于电子商务的发展，消费者可从因特网上得到任何产品的图片、阅读产品说明书、按最适宜的价格和条件从自动售货机上买到商品。商店的交易量趋于减少，更多的商店经营娱乐性项目。大多数的公司建立了专门消费者的基本资料，据以向个别消费者提供按要求定做的产品。

第三节 国际目标市场选择

一、选择国际目标市场的必要性

进行国际市场营销活动，同样必须选定目标市场。针对世界各国的市场，并不是每一个市场都是国际营销企业应该进入和能够进入的市场。

① 选择国际目标市场可以发现潜在的市场，寻求国际购买者。由于全球经济一体化进程的加快，许多企业都把目光转向国际市场，使国际市场竞争日益激烈。选择国际目标市场，意味着企业要在激烈的竞争中发掘出国际市场的潜在需求，分析竞争对手的弱项，从而选择出适合本企业生存发展的国际市场空间，支持企业持续稳定地生产经营。

② 选择国际目标市场可以充分利用资源，发挥企业营销优势。世界各国资源分布不同，国际营销可以针对目标市场，充分运用本国资源，扬长避短，集中力量生产和销售自己的优势产品。

③ 选择国际目标市场可以把市场需求与企业优势有机结合，提高营销效率。国际市场上各种需求纷繁复杂，选择目标市场过程中可以对这些需求进行充分研究，将市场需求与企业能力结合起来，围绕企业可满足的市场需求来进行营销管理，有效地组合人、财、物诸要素，满足市场的现实需求和潜在需求，从而使营销管理更具效率并获取较好的经济效益。

二、国际市场的细分与目标市场的选择

国际市场是一个庞大的、多变的市场，为了选择目标市场，首先要根据各国消费者的不同需要和购买行为，对国际市场进行细分。

国际市场可按多种不同的标准进行细分：按经济发展水平，可以将国际市场细分为原始农业型、原料出口型、工业发展型和工业发达型四类市场；按国别和地区，可以以国别划分为不同的市场，也可以按地区分为北美、欧洲、拉美、东南亚等市场；按商品性质，可以分为工业品、消费者和服务市场；按人均国民收入，可以划分为高、中、低收入三类市场。此外，还可以按家庭规模、性别、年龄、文化程度、家教、种族、气候等标准进行进一步的细分。

在市场细分的基础上，就需要决定哪些市场是企业的目标市场。选择目标市场的依据主要有在以下几个方面。

① 市场规模。没有规模的市场，营销发展就非常有限。因此，选择目标市场首先要考察市场的规模。一个国家或地区的市场规模，取决于人口总量和人均收入水平。

② 市场增长速度。有的市场尽管规模不大，但潜力很大，未来市场的增长速度快，因某些条件的创造会产生出一个巨大的市场。这种市场是选择目标市场绝对不能错过的。选择这种市场作为目标市场，其未来营销收益十分可观。

③ 交易成本。市场交易所发生的费用多少，直接关系产品成本和利润的高低。在不同市场中每

项交易所发生的运费、调查费、保险费、税收、劳动力成本以及广告宣传费用是远远不同的，国际营销企业往往选择那些交易成本较低的市场作为目标市场。

④ 竞争优势。国际市场竞争十分激烈，选择目标市场，要同竞争对手相比较，选择在产品质量和花色品种、企业规模、经营组织上竞争对手较弱的市场作为自己的目标市场。

⑤ 风险程度。国际市场营销是跨国界的营销活动，市场风险是十分突出的问题。由于自然灾害、意外事故、战争、政局不稳、两国关系恶化以及原料供求变化、货币贬值等原因，都会导致合同废除、货物丢失、交货延误、贸易歧视，甚至产生没收财产等风险，因而原则上说目标市场应选择风险较小的市场。当然高收益往往伴随高风险，企业要视具体情况而定，具体问题具体分析。

三、国际目标市场的估测

企业在初步选定目标市场后，还要对目标市场进行深入的分析研究，对市场潜力、市场占有率、经营收益、投资收益以及风险进行认真估测，最终确定目标市场并为进入目标市场打下坚实的基础。

① 估计现有市场潜力。通过已公布的资料或企业组织调查获取的资料，对目前市场需求的状况进行估计。由于跨国界的营销活动，其调查研究远比国内困难，访问调查的合作率不高，而花费的时间和费用却很多。但只有对现状进行充分的分析研究，进入目标市场才能有的放矢，后续的营销活动才能顺利展开。

② 预测未来市场潜力。未来目标市场需求的发展变化，对企业组合营销策略至关重要。因此，不仅要估计目前的市场潜力，而且要分析判断随着该国经济发展、政局变动等环境的变化，目标市场潜力的发展及其走向如何。预测未来市场潜力更为困难，因而，要求调查研究人员一定要熟悉外国政治、经济、文化的状况以及政策走向，综合判断未来市场的发展变化。

③ 预测市场占有率。研究目标市场的竞争状况以及有关方面可能设置的种种限制，应正确判断该企业在目标市场的市场份额。

④ 预测成本和利润。成本高低与进入市场的策略或方式有关。若以出口商品方式进入，商业责任与销售成本由合同标明；如果以投资设厂方式进入，则成本估计尚要涉及折旧、利息、员工工资、税款、原材料及能源价格等因素。成本估算出来后，从预计销售额中减去成本，即可测算出企业利润。

⑤ 估计投资收益率与风险。将某一产品在国外市场的预测利润流量与投资流量进行比较，估计投资收益率。估计的投资收益率必须高于正常的投资收益率，并能抵消在国外市场营销可能遇到的政治风险、商业风险、货币风险以及其他各种风险。

第四节 进入国际市场的方式

国际营销企业及其产品采取什么方式进入国际市场十分重要，它不仅涉及企业及产品如何跻身国际市场，而且还涉及进入国际市场后如何根据实际情况的变化进行调整后再进入，从而有效地开展营销活动。企业应根据本国及所进入国家的各种政治经济情况，根据企业自身的各种条件选择适当的进入方式。

一、出口进入方式

出口进入是指产品在国内生产，然后通过适当渠道销往国际市场的方式。这是一种传统的企业进入国际市场的方式，也是目前进入国际市场普遍采取的一种方式。采用这种方式生产地点不变，生产设施仍然留在国内，劳动力没有国际间流动，出口的产品可与内销产品相同，或根据国际市场需要做适当的变动，产品在国际市场遇到阻力时，还可及时转向国内市场。因此，这种方式的经营风险相对较小，对产品结构调整、生产要素组合的影响都不大。

出口进入又分为间接出口和直接出口两种方式。

（一）间接出口

间接出口是利用本国中间商向国际市场出口产品的方式，是最常用的方式。

间接出口的主要做法有：①生产企业把产品卖给外贸公司，产品所有权由生产企业转向外贸企业，由外贸企业再将产品销往国际市场；②生产企业委托外贸公司代理出口产品，产品所有权未转移，外贸公司是生产企业的代理商；③生产企业委托本国其他企业在国外的销售机构代销自己的产品，合作开拓国际市场。

间接出口方式的优点是：①投资少，企业不需要建立自己的国外销售权构，甚至不需要聘请专门的国际营销专门人才；②风险小，经由国内专门的外销机构，通过这些机构积累的国际营销经验为自己服务，可减小风险，同时，由于没有为国际营销设立专门机构，也会减小损失；③企业可集中精力生产，不必为外销渠道分心。但是，间接出口的缺点也是明显的：①不能直接了解国际市场，难以围绕国际市场需求展开营销；②过于依赖国内中间商，易于造成外销失控，甚至造成被中间商抛弃的风险。

（二）直接出口

直接出口是指生产企业自行承担一切出口业务。企业产品如果有外商前来洽谈购买，或企业生产规模很大并且出口额也很大时，往往采取直接出口的方式。

直接出口的主要做法有：①直接向外国用户提供产品：②直接接受外国政府或厂商订货；③根据外商要求定做销往国外的产品；④参与国际招投标活动，中标后按合同生产销往国外的产品；⑤委托国外代理商代理经营业务；⑥在国外建立自己的销售机构。

直接出口方式的优点是：①可以节省国内中间环节的费用；②可以直接面对国际市场，获取国际市场的需求变动信息，及时调整生产经营活动；③可以在一定程度上自主决策，控制产品外销。当然，这种方式也有不足：①一般需要建立产品出口的专门机构，在国外建立机构后并需要聘用专门的国际营销人才，增加一定的费用；②需要自己承担由直接出口带来的经营风险。

二、合同进入方式

合同进入是指国际营销企业通过与国外企业签订合同来转让技术、服务等无形产品而进入国际市场的方式。20 世纪 70 年代以来，由于国际上贸易保护主义盛行，出口进入受到一定阻碍，迫使一些企业转向合同进入方式，向国外目标市场输出技术和服务，带动产品出口。采用这种方式，可以降低生产成本，避免经营风险，减少汇率被动损失，加强经济技术合作，正是这些优点使之在贸易保护主义盛行的时代，日益得到各国企业青睐。

合同进入又有许可证贸易、特许经营、合约管理等方式。

（一）许可证贸易

许可证贸易是指签订许可证合同的方式，出口企业（认可人）在指定的时间、区域内将其工业产权（专利、专门技术、工艺、注册商标等）的使用权转让给外国法人（持证人）。许可证贸易是技术的有偿转让，出口企业可获得技术转让费或其他形式的报酬。

许可证贸易根据不同的划分标准，可分为多种类型：①根据被许可方取得的权限大小，可分为独立许可、排他许可、普通许可等类型；②根据合同对象划分，可分为专利许可、商标许可、专有技术许可等类型；③根据被许可方是否有技术的再转让权划分，可分为可转让许可、不可转让许可等类型；④此外还有一些特殊类型如交叉（交换）许可等类型。

许可证贸易是一种简单的走向国际市场的方式，它的优点是：①可避开进口国提高关税、实行进口配额等限制，使自己的产品快速进入国际市场；②不用承担东道国货币贬值、产品竞争的风险和其他政治风险；③不需支付高昂运输费用，节约经营成本。它的缺点是：①对被授权企业的控制有限；②可能会培养出国际竞争对手。

（二）特许经营

特许经营是许可证贸易的一种特殊方式，企业（特许人）持其工业产权（专利、专有技术、工艺、商号、商标等）的使用权以及经营风格、管理方法转让给国外企业（持证人），持证人按特许人的经营风格、管理方法从事经营业务活动。特许合同双方的关联程度较高，特许人往往将持证人作为自己的分支机构，统一经营政策、统一风格、统一管理，向消费者提供标准化的服务。

特许经营的优点是：①标准化的经营方式可最大限度地扩大特许企业的影响力；②可化激烈的竞争关系为利益分享的伙伴关系，以较低的资本迅速扩展国际市场；③商业风险和政治风险较小。这种方式的缺点是：①正是由于特许本身，使得加盟商得到了一套完善的、严谨的经营体系。可是，正因如此，加盟商很难通过改变这种经营模式来适应市场的、政策的各种变化。另外，由于各个地区消费者的需求不同，特许经营也很难在任何地方都能保持持续的优势；②对待证人的控制有一定难度。

（三）合约管理

合约管理方式是通过签订合同（合约）的方式，由国际营销企业向外国企业提供管理知识和专门技术，并提供管理人员，参与指导外国企业的经营管理。

合约管理方式是通过提供管理这种技术和服务的方式而得到回报的。这种方式的优点是：①可迅速进入国际市场，开展市场营销活动；②政治风险和商业风险较小。这种方式的不足，最明显的是在合约期满后培养出自己的竞争对手。

三、投资进入方式

投资进入方式是指企业在国外进行投资生产，并在国际市场销售产品的方式。企业通过投资方式进入国际市场，可以及时了解市场行情，充分利用东道国的资源，取得东道国政府的理解和支持，但由于投入了资本及其他生产要素，政治风险和商业风险明显增大。

投资进入又分为独资和合资经营两种类型。

(一)独资经营

独资经营方式是企业在国外单独投资兴办企业，自负盈亏。

独资经营的优点是：①可获得东道国的支持与鼓励；②可获得东道国廉价的生产要素，降低经营成本；③可加强对独资企业的控制，避免工业产权向本企业外转移，避免竞争对手的迅速成长。但是，独资经营也是所有进入国际市场方式中风险最大的方式，如东道国没收、征用、通货膨胀、价格限制等，都可能使企业遭受全部或极大的损失。

(二)合资经营

合资经营方式是本国企业与国外一个或一个以上企业按一定比例共同投资兴办企业，共同生产经营并承担经营风险，获取经营收益的方式。

合资经营方式的优点是：①由于与东道国企业合资经营，政治风险较小，并可能享受较多的优惠；②可以利用国外合营伙伴熟悉该国政治法律、社会文化及经济状况的优势，比较容易取得当地资源并打开当地市场。合资经营的缺点是投资各方人员管理上难以协调，利润分配和使用上也容易产生矛盾。

四、对等进入方式

对等进入是指企业出口商品时必须购入国外一定数量的商品国际市场的方式。对等贸易的双方都达到了进入对方市场的目的。

对等贸易具体有补偿贸易和易货贸易两种方式。

(一)补偿贸易

补偿贸易是一种与信贷相结合的贸易方式。设备进口方以贷款形式购进国外机器设备、技术和专利，进行项目新建或改建、扩建，使项目竣工投产后，以该项目的产品或其他产品予以偿还贷款。

补偿贸易有以下几种具体形式。

① 产品返销。它是设备进口方从设备出口方购进技术设备，生产出产品后用产品来抵付进口贷款的方式。这是最典型、最常见的补偿贸易方式。

② 互购。它是设备进口方用其他产品来抵付进口贷款的方式。换言之，此方式是设备进口方购进设备，设备出口方购进其他产品的互相购买的方式。这种方式也称为间接产品补偿方式。

③ 部分补偿。它是设备进口方的贷款部分用产品偿还、部分用货币偿还的方式。偿还的产品既可以是该项目生产的产品，也可以是项目外的其他产品。偿还的货币既可以是现汇，也可以是用制成品的销货款或新的货款在后期偿还。

补偿贸易的优点是：①可以避免外汇短缺造成的市场收缩，扩大产品出口；②可以在一定程度上较为容易地进入贸易保护程度较高的国家。补偿贸易的缺点是交易带有信贷性质，交换的对等性和互利性有时难以真正实现。

（二）易货贸易

易货贸易是一种以价值相等的商品直接交换的方式。易货贸易不需要货币媒介，并且往往是一次性的交易，履约时间较短。

易货贸易的优点是在不动用现汇的情况下出口商品并取得国内急需的设备和产品；缺点是交易的商品有局限性，达成大宗的易货贸易较难。

五、加工进入方式

加工进入是利用国外原材料，经过生产加工重新进入国际市场的方式。它主要有来料加工和进料加工两种类型。

（一）来料加工装配贸易

来料加工装配贸易包括来料加工、来样制作、来件装配，它是以外商为委托方，本国企业为加工方，由委托方提供原材料、半成品，加工方承担加工任务，产品经检验合格后由委托方负责销售，加工方收取相应的加工费。

来料加工双方并非商业买卖关系，原材料及制成品的所有权属委托方。从事加工装配的企业通常是劳动密集型企业，因而这一方式在发展中国家中发展迅速。

（二）进料加工贸易

进料加工也称以进养出，它是企业购进外商提供的原材料、半成品加工生产后产品重新进入国际市场。

进料加工与来料加工装配都是通过加工生产获得一定的收益，但不同的是进料加工双方是商业买卖关系，买方向卖方支付贷款后拥有货物的所有权，加工产品的销售也随贷款的支付而伴之以所有权的转移。

加工进入方式的优点是：①可以引进国外先进技术，利用国外资源；②可以充分利用本国廉价的劳动力、土地资源，增加就业；③可以增加外汇收入。加工进入方式的不足是：不直接面对国际市场，市场控制程度差，有一定程度的风险。

第五节 国际市场营销策略

一、产品策略

国际市场营销产品，是指适应国际市场需求的产品。因此，无论企业产品的设计、产品包装及商标、新产品开发等，都必须符合特定国家和地区的社会文化以及消费者购买偏好。与此相适应，国际营销产品策略主要有以下几个方面。

(一)产品延伸策略

产品延伸策略是一种对现有产品不加任何变动，直接延伸到国际市场的策略。这一策略的核心是在原有生产基础上的跨国界规模扩张，即在产品功能和外形的设计上、在包装广告上都保持原有产品的面貌，不做任何改动，不增加任何产品研制和开发费用，只是将现有产品原封不动地打入国际市场。

对企业生产上要求规模经济、市场需求具有同质性的产品，在国际市场营销中往往来用产品延伸策略。

产品延伸的优点是：①可以获得规模效益，把生产成本和营销费用保持在最低水平：②可以壮大企业声势，在国际市场上以同样产品、同样包装、同样广告形成巨大的宣传综合效应。产品延伸的缺点是对国际市场的适应性差，很多产品在不同国家的需求或多或少总会有所区别。

(二)产品适应策略

产品适应策略是对一种现有产品进行适当变动，以适应国际市场不同需求的策略。这一策略的核心是对原有产品进行适应性更改或部分更改。即一方面保留原产品合理的部分，另一方面对某些部分做适当更改，以适应不同国家客户的具体需要。通常产品更改包括：功能更改、外观更改、包装更改、品牌更改。

在消费者需求不同、购买力不同、技术不同的情况下，企业在国际市场营销中往往采用产品适应策略。

产品适应策略的优点是增加产品对国际市场的适应性，有利于扩大销售，增加企业的收益：缺点是增加更改费用，提高产品成本。

(三)产品发明策略

产品发明策略是一种全面开发设计新产品，以适应特定国际目标市场的策略。产品发明策略的核心是产品的全面创新，即在产品功能、外观、包装、品牌上都针对目标市场进行了新产品的开发。

在市场具有独特的巨大需求，企业技术规模都比较大的情况下，可以采用产品发明的策略。

产品发明策略的优点是产品对国际市场的适应性强，能够大大提高对消费者的吸引力，减少销售风险，迅速有效地进入国际市场；其缺点是研制开发投资大、费用高、困难多。

二、渠道策略

国际营销企业的产品从本国转移到国外市场的最终消费者，形成国际市场营销渠道。由于各国市场环境不同，渠道安排错综复杂，因而存在着许许多多国际市场营销渠道形式。企业可根据不同国家的市场状况，采用不同的渠道策略。

(一)窄渠道策略

这一策略是指国际营销企业在国际市场上给予中间商一定时期内独家销售特定商品的权力。其中又包括独家包销和独家代理两种形式。独家包销是国际营销企业将产品的专卖权转移给国外的中间商，产品所有权转移，再由中间商将产品在国际市场销售，并承担经营风险。独家代理则是国际营销企业将产品委托国外中间商独家代理销售，产品所有权未发生变化，代理商只收取佣金但不承担经营风险。

窄渠道策略的优点是有利于鼓励中间商开拓国际市场，并依据市场需求订单和控制销售价格。其缺点是独家经营容易造成中间商垄断市场。

（二）宽渠道策略

这一策略是指国际营销企业在国际市场上的各个经营环节中选择较多的中间商来销售企业的产品。与窄渠道策略相反，宽渠道策略强调选择中间商的广泛性，要求在特定目标市场上形成众多中间商销售特定产品的格局。

宽渠道策略的优点是：①促进企业产品进入广阔的国际市场；②有利于中间商之间展开销售竞争，扩大商品销售。其缺点是：①中间商不愿意为产品承担广告宣传费用；②可能造成中间商互相削价竞销，损害产品在国际市场的形象。

（三）短渠道策略

短渠道策略是指国际营销企业直接与国外零售商或产品用户交易。短渠道策略尽可能超过中间环节，使商品在跨国界销售中的中间环节减少到最少的层次。短渠道策略可采取两种具体方式：一是国际营销企业直接与大百货公司、超级市场、大连锁商店进行交易，二是国际营销企业直接在国外建立直销机构进行销售。

短渠道策略的优点是：越过大量中间环节，可以节约经营成本，让利于消费者，有利于增强竞争能力，扩大产品销售。其缺点是有的商品难以缩短中间环节不利于产品进入广阔的国际市场。

（四）长渠道策略

长渠道策略是指国际营销企业选择两个或两个以上环节的中间商来销售企业的产品。对于那些与广大的消费者贴近的商品，国际营销企业往往必须采用多个环节的中间商将产品分散出去。

长渠道策略的优点是产品易于进入国外更广阔的地理空间和不同层次的消费者群；其缺点是容易形成产品在各个层次上有较大存量，增加销售成本。

三、定价策略

（一）影响国际市场营销定价的因素

国际市场环境比之国内市场更为复杂，其定价也受诸多因素影响。

① 经营成本。除生产成本外，产品的国际市场营销成本还包括关税和其他税收、国际中间商成本、运费及保险费以及营销业务费等。

② 国外法规。关税和非关税壁垒、反倾销法、反托拉斯法、价格控制法、产品安全法等国外法规，对产品定价也有诸多影响。

③ 国际市场供求及竞争。国际市场基本属于买方市场，竞争激烈，制定国际营销产品价格，必须考虑市场供求及竞争状况。

④ 经济周期与通货膨胀。国外市场经济的周期变动，会导致不同产品的价格升降，通货膨胀则

会增加产品成本，引起产品价格上升。

⑤ 汇率变动。国际市场营销活动中使用的计价货币是可以选择的，在实行浮动汇率的情况下，汇率变动使产品价格相对发生变动，极大地影响营销的收益。

（二）国际市场营销的定价策略

（1）统一定价策略。这一策略是指企业的同一产品在国际市场上采用统一价格的策略。这一方式简便易行，但难以适应国际市场的需求差异和竞争变化。

（2）多元定价策略。这一策略是指国际营销企业对同一产品采取不同价格的策略。采用这一策略时，企业对国外子公司的定价不加干预，各子公司完全根据当地市场情况做出价格决策。这一策略使各个国外分支机构有最大的定价自主权，有利于根据市场情况灵活机动地参与市场竞争，但易于引起内部同一产品盲目的价格竞争，影响公司的整体形象。

（3）控制定价策略。这一策略是指国际营销企业对同一产品采取适当控制价格的策略。采用这种策略是为了利用统一定价与多元定价的优点，克服其缺点，对同一产品的定价实行适当控制，既不采用同一价格，也不完全放手由各子公司自主定价，而是对引起内部竞争的因素做出控制，同时又准许子公司根据市场状况进行灵活定价。这一策略既使定价适应了市场变化，又避免了公司内部的盲目竞争，但采用这一策略也会增大管理的难度和成本。

（4）转移价格策略。转移价格策略是指国际营销企业通过母公司与子公司、子公司与子公司之间转移产品时确定某种内部转移价格，以实现全球利益最大化的策略。采用这一策略，母公司与子公司、子公司与子公司之间转移产品时，人为提高内部结算价格，造成总公司内部某一子公司利润或亏损转移到另一子公司的状况，但从整体上看总公司的利益达到最大化。

转移价格策略常用的方法如下：①当产品由 A 国转到 B 国时，如 B 国采用从价税且关税高，则采取较低的转移价格，以减少应纳的关税；②当某国所得税较高时，进入该国的产品价格定高，转出该国的产品价格定低，以少纳所得税；③当某国出现高通胀时，也采用高进低出的转移价格，避免资金在该国大量沉淀；④在外汇管制国家，高进低出的转移价格，既可避免利润汇出的麻烦，又可少纳所得税。

转移价格策略有利于公司整体利益的最大化，但易于损害某些国家的利益。

四、促销策略

国际市场促销的主要任务是实现国际营销企业与外国客户之间的沟通。国内市场促销策略中有关人员推销、公共关系、营业推广、广告宣传的策略，很多内容同样适用于国际市场促销。但是，由于国际市场营销环境的复杂性，国际市场促销策略的运用比之国内市场要复杂得多。

（一）人员促销

在国际市场上，人员促销由于其选择性强、灵活性高、能传递复杂信息、有效激发购买欲望、及时反馈信息等优点而成为国际营销中不可或缺的促销手段。然而国际营销中使用人员促销往往面临费用高、培训难等问题，因此在使用这一促销手段时应招聘有潜力的优秀人才，严格培训并加以有效的激励措施。

① 营销人员来源。一是企业的外销人员，其优势是易与公司沟通，忠诚度高；二是母公司所在国移居国外的人员，其优势是懂得两国的语言和文字；三是国外当地人员，其优势是在当地有一定社会关系，且熟悉目标市场的政治经济和社会文化。

② 营销人员培训。对营销人员的培训集中在适应性和技能性两个方面。一是要使营销人员熟悉当地的社会、政治、经济、法律，特别要适应当地的文化，包括价值观、审美观、生活方式、宗教信仰、商业习惯等；二是要使营销人员熟悉营销的技能和技巧，提高他们市场营销的能力。

③ 营销人员激励。除对营销人员进行精神激励外，在物质上采用以下激励方式：一是固定薪金加奖励；二是佣金制；三是固定薪金与佣金混合制。

（二）公共关系

国际市场营销中，公共关系促销的作用日益加强，特别是进入一些封闭性较强的市场，公共关系好坏直接关系到能否进入市场并在进入后能否取得较好的经济效益。

在国际市场营销中，公共关系应特别重视以下工作。

① 与当地政府保持良好关系，争取当地政府的支持和帮助。

② 利用有关传媒正面宣传企业经营活动和社会活动，树立良好的企业形象。

③ 建立多条沟通渠道，收集各阶层公众对企业的意见，及时消除相互间的误解和矛盾。

（三）营业推广

营业推广的手段非常丰富，但在运用时要考虑有关法律和文化习俗因素。此外，国际市场营销中，博览会、交易会、巡回展览等营业推广形式对产品促销具有十分重要的作用。

（四）国际广告

国际营销企业的产品进入国际市场初期，广告通常是促销的先导以帮助产品实现预期定位，也有助于树立国际营销企业的形象。

国际广告促销要注意以下几个问题。

① 广告限制因素。在国际市场上进行广告活动，有诸多限制因素，需要国际营销企业认真分析，以便择善而行。一是法律限制，不同国家对广告有不同法规，须遵守这些国家的广告法及有关法规；二是媒体限制，不同国家广告媒体的可利用性、质量、覆盖面及成本不同，应根据媒体情况做出适当选择；三是受众限制，不同国家的居民有自己的价值准则和审美观、宗教信仰，须认真进行分析，使广告真正切合当地消费者的需求动机及文化背景。

② 广告标准化及差异化。广告标准化是指在不同的目标市场对同一产品使用统一的广告，这种选择突出了国际市场基本需求的一致性，节约广告费用，但针对性不强。广告差异化则充分关注国际市场需求的差异性，对同一产品在不同目标市场使用不同的广告，针对性强但广告成本较高。

③ 广告管理。国际广告管理方式有：集中管理、分散管理、集中管理与分散管理相结合。这3种方式中，集中管理有利于总公司控制成本：分散管理使广告决策权分散到国外各子公司，有利于开展差异化广告促销；集中管理与分散管理相结合，则试图按目标市场的具体情况，分别采取集中或分散的管理方式，使国际广告形成有效的管理方式。

本章习题

一、判断题

1．国际市场营销与国际贸易是一回事。（　　）

2．直接出口进入国际市场方式与间接出口进入相比的优点在于投资少、风险小。（　　）

3．独资经营是进入国际市场方式中风险最大的方式。（　　）

4．国际营销中，产品延伸策略只适用于少数名牌产品、能够形成国际消费时尚潮流的产品等。（　　）

5．拥有商品所有权的中间商就是出口中间商。（　　）

二、单选题

1．以下哪种类型经济结构的国家市场机会最为有限？（　　）

A．原料输出型　　B．传统经济型

C．工业化型　　D．工业发达型

2．直接出口策略的主要缺点是（　　）。

A．投资大、风险多、费用高　　B．获得的利润少

C．企业无法掌握对国际营销活动的控制权　　D．有可能为自己创造竞争对手

3．对企业生产上要求规模经济且市场需求具有同质性的产品，在国际市场营销中往往采用（　　）。

A．产品调整策略　　B．产品扩展策略

C．产品延伸策略　　D．产品创新策略

4. 国际营销企业通过母公司与子公司、子公司与子公司之间转移产品时确定某种内部转移价格，以实现全球利益最大化的策略就是（　　）。

A．统一定价策略　　B．多元定价策略

C．控制定价策略　　D．转移定价策略

5．以下哪一个不是影响国际营销定价的因素？（　　）

A．成本　　B．竞争

C．汇率变动　　D．中间商的资信条件

三、简答题

1．什么是国际市场营销？开展国际市场营销的意义何在？

2．国际市场营销与国际贸易、国内市场营销的联系与区别有哪些？

3．国际市场营销环境包括哪些方面？

4．选择目标市场的必要性及主要依据有哪些？

5．企业以何种方式进入国际市场？各有什么优缺点？

6．国际市场营销有哪些渠道策略？

7. 影响国际市场营销价格的因素有哪些？定价策略有哪些？

8. 国际市场营销策略应把握哪些要点？

四、案例分析题

健力宝借力进入美国市场

在美国饮料“可口可乐”和“百事可乐”在中国市场攻城掠地，与中国饮料企业开展激烈的市场争夺战中，健力宝作为民族饮料工业的骄子之一，高举“团结、奋斗、开拓、进取”的旗帜，不断创新，在激烈的市场竞争中在饮料行业占有一席之地，健力宝产品覆盖全国30个省市，出口18个国家和地区。

1992年，健力宝集团借美国总统大选的时机，高台跳水，进入美国市场，可以看到健力宝具有一股“骑马挎枪走天下”的豪气，充分展现了中国企业不断开拓新市场，迈向国际市场的营销策略。

美国，是堪称世界饮料双臂的“可口可乐”和“百事可乐”的故乡。健力宝毫不迟疑地把步子迈向了这里，它想占领制高点，不愿意从低谷开始顺着山道慢慢盘旋。

1992年12月20日，《纽约时报》刊登了当选总统克林顿的夫人希拉里举起健力宝畅饮的照片。站在克林顿夫人身旁的是戈尔夫人——美国的第二夫人。与照片同时刊发的是介绍“健力宝”的文章。

拿破仑曾经感叹：“政治，是近代无法躲避的东西。”对于商品，政治同样有不可低估的意义。美国第一夫人手中的健力宝会给社会带来什么呢？

这不但是“健力宝”魅力的展示，也是健力宝“外交”风格的体现。对于任何一种饮料来说，这都是一个极大的成功。

照片摄于1992年10月1日。那一天晚上，克林顿的助选大会在纽约港湾的一条豪华游艇上举行。4点半，离会议开始还有2个小时，健力宝美国有限公司总经理林齐曙和公司员工一起到了码头。他们带来的不是对于竞选的热情，他们带来了健力宝与照像机，还有就是“外交”事务所需要的耐心与细心。他们通过了严密的检查，然后在游艇上详细勘察了将要到会的克林顿夫人所经过的路线，预测了克林顿夫人可能停留的位置，并选定可拍摄的角度。

6点30分，克林顿夫人和戈尔夫人在大批保安人员的簇拥下登上了游艇。按照惯例，他们首先来到客厅会见当地名流和有关客人，当他们与站在纽约市政府代表旁边的健力宝公司人员握手之际，健力宝美国有限公司的员工不失时机地用托盘奉上几罐健力宝。纽约市政府的美国朋友向两位夫人介绍健力宝是中国著名的健康饮品，就在两位夫人笑盈盈地举杯饮用健力宝的时候，早已等候的摄影师急忙频频按下快门。于是，健力宝与克林顿夫人在一起的情景被载入历史史册。

这一晚，“中国魔水”的魅力在高举火炬的自由女神像下大放光彩。两位华裔小姐身着色彩艳丽的中国旗袍，披着“健力宝小姐”绶带，不断将健力宝送到热情洋溢的宾客手中。在场的记者对健力宝产生了浓厚的兴趣。

林齐曙在回答《美国之音》记者现场采访说：“我们无意关注美国政治和总统大选。我们公司的目标是让美国人民了解认识健力宝。如果有机会，我们同样乐于参加共和党选举大会。我们也希望布什总统夫人芭芭拉女士能够喝上健力宝。”说话间，健力宝又扩大了自己的市场。

中国的企业已不是政治附庸，它们关注着市场。同时，它们又为市场展开了自己的“外交”攻势。这是一种崭新的取向，一次崭新的浪潮。健力宝正是浪尖上放歌的弄潮儿。

正由于第一夫人高举健力宝光可鉴人，健力宝集团公司总经理李经纬岁末飞抵美国召开新闻发布会时备受关注。从东海岸的纽约到西海岸的洛杉矶掀起阵阵热浪。与此同时，健力宝投资兴办的李宁国际体操舞蹈学院开学，成百上千的美国人走进了健力宝营建的效应场。

健力宝就在这种氛围中举起旗帜，向美国市场进军。第一批50万箱健力宝在鸡年春节过后开始远涉重洋，市场售价不低于可口可乐和百事可乐。

百年［老字号］品牌可口可乐正在中国高视阔步。健力宝却到它的故乡去瓜分地盘。而且整个过程丝丝入扣。每一步都有一个铺垫。“运用之妙，存乎一心。”有强烈的走向世界意识，才会有这样的奇效。

健力宝开拓美国市场的营销活动中，针对美国市场文化的特点，借总统大选的机会，把产品国际市场定位于世界的政治、经济的中心——美国市场，其最终的目标是通过美国市场辐射整个国际市场。在进行正确的市场定位后，抓住美国总统大选这一全世界注目的时机，运用营销公关策略，让克林顿夫人举起健力宝畅饮，并将此照片刊登在《纽约时报》上，极为有效地在美国公众面前提高了健力宝的知名度。虽然，健力宝在美国没有通过商品广告宣传自己如何了得，但克林顿夫人畅饮健力宝的照片和新闻报道等于为健力宝集团做了一次极为成功的营销宣传活动，使健力宝以较高的水平进入美国市场，并取得了开拓欧美其他国家市场的制高点。

【思考与讨论】

1．本案例中，健力宝饮料进入美国市场，采用什么类型的进入方式？

2．试分析和评价本案例中健力宝集团使用的促销策略。

3．从健力宝饮料进入美国市场的营销策略中，你得到什么启示？

参考文献

[1] 阿姆斯特朗 G，科特勒 P. 市场营销学[M]. 吕一林，等译. 9 版. 北京：中国人民大学出版社，2010.

[2] 科特勒 P，阿姆斯特朗 G. 市场营销原理[M]. 何志毅，赵占波，译. 亚洲版. 北京：机械工业出版社，2011.

[3] 迈克丹尼尔 C，兰姆 C W，Jr，海尔 J F，Jr. 营销学精要[M]. 5 版. 北京：电子工业出版社，2007.

[4] 科特勒 P，凯勒 P L.营销管理[M]. 王永贵，等译. 全球版. 14 版. 北京：中国人民大学出版社，2012.

[5] 科特勒 P. 营销管理[M]. 梅如和，梅清豪，周安柱，译. 新千年版. 10 版. 北京：中国人民大学出版社，2001.

[6] 科特勒 P. 市场营销管理[M]. 洪瑞云，梁绍明，陈振忠，译. 亚洲版. 2 版. 北京：中国人民大学出版社，2003.

[7] 吴建安. 市场营销学[M]. 3 版. 北京：高等教育出版社，2011.

[8] 郭国庆. 市场营销学通论[M]. 6 版. 北京：中国人民大学出版社，2014.

[9] 郭国庆. 现代市场营销学[M]. 北京：清华大学出版社，2008.

[10] 吕一林，冯蛟. 现代市场营销学[M]. 5 版. 北京：清华大学出版社，2012.

[11] 兰苓. 市场营销学[M]. 北京：机械工业出版社，2008.

[12] 杨洪涛. 现代市场营销学[M]. 北京：机械工业出版社，2009.

[13] 吴健安. 市场营销学[M]. 北京：高等教育出版社，2000.

[14] 江林，张险峰，任锡源.现代市场营销管理[M]. 北京：电子工业出版社，2002.

[15] 贾名清，蒋善涛. 市场营销学[M]. 南京：东南大学出版社，2011.

[16] 梅清豪，林新法，陈洁光. 市场营销学原理[M]. 北京：电子工业出版社，2001.

[17] 张雁白，苗泽华. 市场营销学概论[M]. 2 版. 北京：经济科学出版社，中国铁道出版社，2010.

[18] 科特勒 P，卡塔加雅 H，塞蒂亚万 I. 营销革命 3.0：从产品到顾客，再到人文精神[M]. 毕崇毅，译. 北京：机械工业出版社，2011.

[19] 郝渊晓，费明胜，靳明. 市场营销学[M]. 广州：中山大学出版社，2010.

[20] 苗泽华. 商业企业营销道德与文化研究[M]. 北京：新华出版社，2005.

[21] 李光明. 网络营销[M]. 北京：人民邮电出版社，2013.

[22] 万后芬. 绿色营销[M]. 北京：高等教育出版社，2006.

[23] 希夫曼 LG，卡纽克 LL，韦森布利特. 消费者行为学[M]. 江林，等译. 10 版. 北京：中国人民大学出版社，2011.

[24] 白自立. 市场营销学教程——理论与案例[M]. 北京：海洋出版社，2001.

[25] 白自立，王辉，史森林. 管理案例分析与模式研究[M]. 北京：海洋出版社，2002.

[26] 苗泽华，赵淑琴，谢军安，等. 中国市场经济构筑与发展[M]. 北京：新华出版社，1999.

[27] 钱旭潮，王龙，韩翔. 市场营销管理：需求的创造、传播和实现[M]. 2 版. 北京：机械工业出版社，2010.

[28] 吴涛，王建军. 市场营销管理[M]. 北京：中国发展出版社，2005.

[29] 吴健安. 营销管理[M]. 北京：高等教育出版社，2004.

[30] 科特勒 P，詹恩 DC，麦森西 S. 科特勒营销新论[M].高登第,译.北京：中信出版社，2002.

[31] 纪宝成.市场营销学教程[M].北京：中国人民大学出版社，2002.

[32] 洛夫洛克 L，沃茨 J. 服务营销[M]. 6 版. 谢晓燕，赵伟韬，译. 北京：中国人民大学出版社，2010.

[33] 白自立，于强，苗泽华. 市场营销学[M]. 石家庄：河北人民出版社，2003.

[34] 吴良勇. 市场营销实务与案例分析[M]. 北京：清华大学出版社，2011.

[35] 刘莉，尚会英，陶晓波. 市场营销管理实训教程[M]. 北京：清华大学出版社，北京交通大学出版社，2010.

[36] 李帮义，张捷. 市场营销管理[M]. 北京：科学出版社，2011.

[37] 李晏墅. 市场营销学[M]. 大连：大连理工大学出版社，2011.

[38] 曹小春. 市场营销学[M]. 北京：北京大学出版社，2001.

[39] 何永祺，张传忠，蔡新春.市场营销学[M]. 大连：东北财经大学出版社，2001.

[40] 苏亚民. 现代营销学[M]. 6 版. 北京：中国商务出版社，2009.

[41] 张梦霞. 中国消费者购买行为的文化价值观动因研究[M]. 北京：科学出版社，2010.

[42] 马尔霍特拉 NK.市场营销研究：应用导向[M]. 涂平，译. 5 版. 北京：电子工业出版社，2009.

[43] 李强. 市场营销学教程[M]. 2 版. 大连：东北财经大学出版社，2000.

[44] 科特勒 P，阿姆斯特朗 G，营销学导论[M]. 余利军，译. 北京：华夏出版社，1998.

[45] 牛海鹏，郝建华. 新销售通路管理[M]. 2 版. 北京：企业管理出版社，2003.

[46] 屈云波，李奕霏，黄盛. 营销企划手册[M]. 北京：企业管理出版社，2009.

[47] 傅浙铭. 定价与分销策略[M]. 广州：南方日报出版社，2004.

[48] 郝渊晓. 市场营销调研[M]. 北京：科学出版社，2010.

[49] 吴健安. 市场营销学[M]. 北京：高等教育出版社，2000.